नीतिदर्शन : एक नियामक अध्ययन

MORAL PHILOSOPHY
A NORMATIVE STUDY

नीतिदर्शन : एक नियामक अध्ययन

MORAL PHILOSOPHY
A NORMATIVE STUDY

श्याम किशोर सेठ

नीलिमा मिश्र

लोकभारती प्रकाशन

लोकभारती प्रकाशन
पहली मंजिल, दरबारी बिल्डिंग, महात्मा गाँधी मार्ग
प्रयागराज-211 001
वेबसाइट : www.lokbhartiprakashan.com
ईमेल : info@lokbhartiprakashan.com
शाखाएँ : 1-बी, नेताजी सुभाष मार्ग, दरियागंज
नयी दिल्ली-110 002
अशोक राजपथ, साइन्स कॉलेज के सामने
पटना-800 006 (बिहार)
36-ए, शेक्सपियर सरणी
कोलकाता - 700017 (प.बंगाल)

मूल्य : ₹ 600

प्रथम संस्करण : 2020

आस्था पेपर कन्वर्टर
प्रयागराज द्वारा मुद्रित

NEETIDARSHAN : EK NIYAMAK ADHYAYAN
by Shyam Kishore Seth, Nilima Misra

ISBN : 978-93-89742-66-4

विषय-सूची

प्राक्कथन
(Preface)

परम्परा से सत् (Reality), ज्ञान (Knowledge) एवं मूल्य (Values) दार्शनिक चिन्तन के प्रमुख विषय माने गये हैं। आधुनिक समय में भाषा-विश्लेषण को (जो पहले भी कुछ हद तक विद्यमान था) विशेष रूप से दर्शन के विषय-क्षेत्र में जोड़ा गया, परन्तु उसे भी ज्ञान के दार्शनिक अध्ययन का ही अंग माना जाता है। सत् व ज्ञान सम्बन्धी चिन्तन यानी क्रमशः **तत्त्वदर्शन (Metaphysics)** एवं **ज्ञानदर्शन (Epistemology)** के बाद मूल्य के प्रश्नों पर विचार-विमर्श दर्शन की स्वाभाविक परिणति है जिसका मनुष्य के जीवन से सीधा सम्बन्ध है। वास्तविकता तथा उसके ज्ञान की समस्याओं से उलझने के बाद मनुष्य यह जानना चाहता है कि उसके जीवन का अर्थ और उद्देश्य क्या है ! केवल 'क्या है' नहीं, 'क्या उसके लिए श्रेयस्कर है', यह भी उसकी चिन्ता है। यह चिन्ता उसे नैतिकता सम्बन्धी उस दार्शनिक चिन्तन की ओर ले जाती है जिसे नीतिदर्शन या नीतिशास्त्र (Moral Philosophy or Ethics) कहा जाता है। यह नैतिक चिन्तन उस **मूल्यदर्शन (Axiology)** का ही एक महत्त्वपूर्ण अंग है जिसके अन्तर्गत सौन्दर्यदर्शन (Aesthetics) भी आता है।

नैतिकता मानव-जीवन की वास्तविकता है और सच्चे अर्थ में बौद्धिकता सहित मनुष्यत्व को परिभाषित करती है। नैतिकता सम्बन्धी दो समस्याएँ हैं - पहली, मनुष्य नैतिक दृष्टि से अच्छा व्यक्ति यानी सच्चरित्र कैसे बने या कि नैतिक कार्य हेतु हम प्रेरित कैसे हों (Problem of Motivation) तथा दूसरी, यह कि वे कौन-से आचरण हैं जिन्हें उचित कहा जा सकता है (Problem of Justification)। संक्षेप में, ये दो समस्याएँ क्रमशः नैतिक संकल्प (Moral Will) तथा नैतिक अन्तर्दृष्टि (Moral Insight) की हैं। यह व्यक्ति का नैतिक संकल्प ही है जो उसे सच्चरित्र बनने में सहायता करता है और उसकी अन्तर्दृष्टि, साधारणतः जिसका स्रोत परम्परा, धर्म अथवा कुछ अन्य हो सकता है, ही उसे बताती है कि नैतिक दृष्टि से उचित क्या है। सम्भव है, यह जानने के बाद भी कि 'नैतिक आचरण क्या है' कोई व्यक्ति उसके अनुरूप आचरण न करे लेकिन इसमें सन्देह नहीं है कि नैतिकता का ज्ञान नैतिक दृष्टि से उचित आचरण में सहायक हो सकता है।

जैसा कि ऊपर कहा गया, आम तौर से परिवार, परम्पराओं, धर्म इत्यादि से हमें उचित आचरण सम्बन्धी जानकारी व निर्देश मिलते हैं। किन्तु जब नैतिकता के किसी दृष्टिकोण में अस्पष्टता हो अथवा दो दृष्टिकोणों या नैतिक आदेशों/आदर्शों में टकराव हो तो हमें दर्शन की शरण में जाना पड़ता है। दर्शन का कार्य है कि विभिन्न स्रोतों - यथा परम्परा, परिवार, शिक्षण संस्थाओं, समाज सुधारकों, धर्म व सन्तों, इत्यादि - से प्राप्त विशिष्ट नैतिक सामग्री पर तार्किक रूप से विचार करे और उन मूलभूत सामान्य सिद्धान्तों की खोज करे जिनके प्रकाश में उस विशेष नैतिक सामग्री का सही मूल्यांकन किया जा सके। इस तरह, वह बदलते परिवेश के अनुसार, पुराने पड़े नैतिक नियमों को आमूल निरस्त करने और/या नये सिरे से नैतिकता के सृजन में रुचि नहीं रखता क्योंकि नैतिकता उसके द्वारा निर्मित नहीं है अतः वह उसे मिटा भी नहीं सकता। सामान्य रूप से एक दार्शनिक का कार्य प्रचलित नैतिकता पर आलोचनात्मक दृष्टि से विमर्श (critical reflection) करना है जिसके फलस्वरूप वह तत्सम्बन्धी हमारी समझ को बढ़ाता व गहरा करता है। यह सत्य है कि कुछ दार्शनिक, जैसे फ्रेडरिक विल्हेम नीत्शे, ऐसे हैं जो स्वीकृत नैतिक मूल्यों को पूर्णतः विस्थापित कर नये मूल्यों के गठन की सिफ़ारिश करते हैं और इस प्रक्रिया में हमारे नैतिक परिदृश्य में उथल-पुथल पैदा कर देते हैं। मगर इनके वैचारिक प्रयत्नों का भी दार्शनिक महत्त्व है क्योंकि ये स्वीकृत स्थापित मूल्यों के सम्बन्ध में प्रश्न उठाकर हमें उनके मूल में जाने व उनको नयी दृष्टि से समझने को प्रेरित करते हैं। इन कुछ अपवादों को छोड़कर अधिकांश दार्शनिक नये नियंम गढ़ने की बजाय, स्थापित नैतिकता सम्बन्धी विशिष्ट सामग्री पर दार्शनिक चिन्तन व मूल्यांकन करते हैं और इसके द्वारा नैतिकता की व्याख्या करते हुए अपना दृष्टिकोण स्थापित करने का प्रयत्न करते हैं।

कुछ दार्शनिक ऐसे भी हुए हैं जो नैतिकता को कोई मूल्य ही प्रदान नहीं करते। उनकी मान्यता है कि कुछ भी उचित/अनुचित नहीं है और नैतिकता केवल हमारे भावों की अभिव्यक्ति मात्र है। किसी कार्य को नैतिक दृष्टि से उचित कहने का अर्थ केवल इतना है कि उस कार्य के प्रति हमारे भाव सकारात्मक हैं या कि वह हमें पसन्द है, ऐसा इन विद्वानों का मत है। अब यदि यह दृष्टिकोण सत्य है और नैतिकता वास्तविक नहीं है तो नैतिकता सम्बन्धी दार्शनिक विमर्श फ़िज़ूल ही है तथा तत्सम्बन्धी सभी वैचारिक प्रयास व्यर्थ हो जायेंगे। इस दृष्टिकोण का खण्डन पुस्तक के अध्याय 12 के प्रारम्भ में ही वर्णित है। फिर भी यह प्रश्न स्वाभाविक लगता है कि हम आख़िर नैतिक क्यों बनें या नैतिक आचरण क्यों करें!

इस सन्दर्भ में एफ़. एच. ब्रैडले ने अपनी पुस्तक 'इथिकल स्टडीज़' (पृ. 58) में कहा है कि 'हम नैतिक आचरण क्यों करें', यह प्रश्न यद्यपि व्यक्ति को स्वाभाविक रूप से पूछना तो चाहिए मगर ऐसा पूछना थोड़ा विचित्र ज़रूर लगता है। क्योंकि जब भी यह प्रश्न पूछा जाता है तो इसमें एक निहितार्थ भी होता है कि नैतिकता किसी अन्य

लक्ष्य हेतु साधन मात्र है। साधारणतः 'क्यों' पूछना बौद्धिकता की निशानी है क्योंकि बुद्धि यह सिखाती है कि हमें किसी भी चीज़ को आँख मूँदकर, बिना यह जाने कि उसका लक्ष्य क्या है, स्वीकार नहीं करना चाहिए। क्योंकि हम यह मानकर चलते हैं कि यदि कुछ अच्छा है तो उसे किसी-न-किसी चीज़ के लिए अच्छा होना चाहिए और जो किसी के लिए अच्छा नहीं है, वह कदापि अच्छा नहीं हो सकता। अब यदि नैतिकता की स्वीकृति इस आधार पर हो कि वह किसी अच्छे लक्ष्य की प्राप्ति का हेतु है तो मानना होगा कि नैतिकता एक साधन है। इस तरह, जब यह प्रश्न उठाया जाता है कि हम नैतिक क्यों बनें, तो इस 'क्यों' के एक अर्थ में यह मान लिया जाता है कि नैतिकता अन्य किसी उद्देश्य हेतु उपयोगी है। मगर ब्रैडले का मानना है कि यह स्वीकृति हमें नैतिकता से विमुख कर देती है क्योंकि साधन के रूप में स्वीकृत नैतिकता सच्चे अर्थ में नैतिकता नहीं है। नैतिकता का दावा है कि वह ऐसा लक्ष्य है जिसकी इच्छा केवल उसके अपने लिए ही होनी चाहिए, उससे परे व भिन्न किसी चीज़ के साधन के रूप में नहीं, यानी नैतिकता साध्य है, साधन नहीं।

इस तरह, ब्रैडले का मत है कि यद्यपि साधारणतः प्रश्न उठाना बौद्धिकता का सूचक है किन्तु सामान्य रूप से नैतिकता (Morality as Such) पर प्रश्न उठाना वस्तुतः उसे समाप्त कर देना है क्योंकि वह किसी लक्ष्य का साधन न होकर अपना लक्ष्य स्वयं है, अपनी सार्थकता का स्वयं ही कारण है और स्वतः प्रमाण्य या अपने स्वरूप से ही औचित्यपूर्ण (self-justified) है। बल्कि सच्चाई तो यह है कि नैतिकता अन्य आचरणों की स्वीकृति के लिए एक न्यायोचित आधार है। इस दृष्टि से, 'हम कोई विशेष आचरण क्यों करें', इस प्रश्न का सर्वोत्तम उत्तर यही है कि वह आचरण इसलिए किया जाये क्योंकि वह नैतिक है।

इसी प्रश्न को एक अन्य ढंग से भी उठाया जा सकता है कि व्यक्ति सद्गुणी क्यों बने। इस प्रश्न में पहले उठाये गये प्रश्न की भाँति ही, यह स्वीकृति निहित है कि सद्गुण केवल साधन के रूप में शुभ हैं, अपने-आप में नहीं। मगर यह स्वीकृति हमारी समस्त नैतिकता चेतना के विरुद्ध है। जिस प्रकार हम विवेकपूर्णता (Rationality) व सामाजिकता (Sociality) को स्वीकार करते हैं और यह प्रश्न उठाना निरर्थक है कि हम क्यों विवेकपूर्ण बनें व दूसरों से प्रेम करें, उसी प्रकार यह प्रश्न उठाना भी अर्थहीन है कि हम नैतिक क्यों बनें। संसार की असंख्य चीज़ें साधन के रूप में अच्छी हैं, मगर यह भी मानना पड़ता है कि कुछ चीज़ें साधन के रूप में नहीं, बल्कि साध्य के रूप में अच्छी हैं और नैतिकता उनमें से एक है। वस्तुतः नैतिकता, बौद्धिकता व सामाजिकता, ये तीनों 'हमारे मनुष्य होने की पहचान' (Self Realisation as Human Being) के ही विभिन्न तत्त्व हैं। और इन्हें खो देना 'मनुष्यत्व' खो देना है।

लेखक-द्वय की प्रथम दो पुस्तकें 'ज्ञान-दर्शन : Philosophy of Knowledge' तथा 'तर्कशास्त्र : एक आधुनिक परिचय' ज्ञान के दार्शनिक अध्ययन से सम्बन्धित हैं।

तत्पश्चात् तीसरी पुस्तक 'ईश्वर, स्वतन्त्रता और अमरत्व : एक तत्त्वदार्शनिक अध्ययन' प्रकाशित हुई जिसका विषय, स्पष्ट ही है, तत्त्व सम्बन्धी दार्शनिक चिन्तन है। जिसे वर्ष की सर्वश्रेष्ठ हिन्दी पुस्तक का 'स्वामी प्रणवानंद दर्शन पुरस्कार' (2009) प्राप्त हुआ। अब मूल्यदर्शन के एक भाग नीतिदर्शन पर लिखी यह पुस्तक सुधीजन को समर्पित है। इसके प्रकाशन के साथ ही लेखक-द्वय का स्वयं से किया हुआ एक वादा भी पूरा हुआ कि वे दर्शन की तीनों प्रमुख समस्याओं - सत् (Reality), ज्ञान (Knowledge) व मूल्य (Value) - के विषय में अपनी लेखनी का प्रयोग करेंगे। आशा है, पूर्व की भाँति यह पुस्तक भी विद्वान् पाठकों को कुछ उपयोगी प्रतीत होगी।

इस पुस्तक की लेखन-यात्रा में हम अपने परिवार के सहयोग के आभारी हैं। साथ ही, प्रेरणा व शुभकामनाओं हेतु मित्रों व अन्य सहयोगियों का हृदय से धन्यवाद। इस पुस्तक में जो भी कुछ अच्छा है, उसका श्रेय उन सम्माननीय विद्वानों को जाता है जिनकी लेखन-सामग्री से हमने सहायता ली। इसमें जो त्रुटियाँ हैं, उनका उत्तरदायित्व हमारा है। पाठकों के सुझावों का हम स्वागत करेंगे।

फरवरी 15, 2020

श्याम किशोर सेठ
नीलिमा मिश्र

अध्याय 1

नीतिदर्शन की परिभाषा एवं प्रकृति

(Definition and Nature of Moral Philosophy)

नीतिदर्शन या नीतिशास्त्र (Moral Philosophy or Ethics) की प्रकृति को समझाने या उसकी औपचारिक परिभाषा देने से पहले उन परिस्थितियों की चर्चा वांछनीय होगी जिनसे उत्पन्न समस्याओं पर किये गये आलोचनात्मक विमर्श (critical reflection) से इस विषय का प्रादुर्भाव होता है। निम्नलिखित कहानियाँ ऐसी ही परिस्थितियों (जिन्हें **नैतिक परिस्थितियाँ Moral Situations** कहा जाता है) तथा तत्सम्बन्धी ऐसी समस्याओं के विशिष्ट उदाहरण हैं जिनके निवारण हेतु गम्भीर चिन्तन-मनन की आवश्यकता होती है।

सर्वप्रथम फ़िलिप व्हीलराइट की पुस्तक का एक उदाहरण लें।[1] एक युवा ज़िला वकील एक महत्त्वपूर्ण केस में उलझा हुआ है। देश के प्रमुख राजनीतिक दल के नेता की हत्या हुई है। हत्या का आरोप एक ऐसे असामाजिक व्यक्ति पर लगाया जाता है जो लूट, जालसाज़ी, आगज़नी, गुण्डागर्दी इत्यादि अपराधों में कई बार जेल जा चुका हैं। विभिन्न समाचार-पत्रों की खोजी रिपोर्ट भी उस दुश्चरित्र व्यक्ति को हत्यारा ठहराती हैं। किसी ने उसको हत्या करते हुए नहीं देखा है मगर उसके विरुद्ध परिस्थित्यात्मक साक्ष्य (circumstantial evidences) इतने मज़बूत हैं कि उनके आधार पर उस सामाजिक रूप से अवांछनीय व्यक्ति को फाँसी की सज़ा मिल जायेगी, ऐसा उस वकील का दृढ़ विश्वास है। वह वकील सोचता है कि उस हत्यारोपी को फाँसी की सज़ा दिलवाकर उसे (वकील को) न केवल धन-सम्मान तथा उसके पत्नी व बच्चों को एक सुविधाजनक जीवन मिलेगा बल्कि उसकी अपनी राजनीतिक महत्त्वाकांक्षाएँ भी पूरी हो सकेंगी और वह विधानसभा के आगामी चुनावों में एक प्रबल प्रत्याशी के रूप में उभरेगा। साथ ही, उस अवांछित दुश्चरित्र अपराधी से समाज को मुक्ति भी मिल जायेगी।

परन्तु मुक़दमे के दौरान उस वकील को संयोग से एक ऐसा नवीन साक्ष्य मिलता है जिससे उस आरोपी के हत्यारे होने का निश्चित रूप से खण्डन हो जाता है। इस साक्ष्य के बारे में केवल उस वकील को पता है और यदि वह चाहे तो उस साक्ष्य को नष्ट कर सकता है। इस नये साक्ष्य को अदालत में प्रस्तुत कर देने पर वह आरोपी बरी हो जायेगा, यह तय है। उस वकील को क्या करना चाहिए ? वह दुविधा में है। अगर वह उस साक्ष्य

को नष्ट कर देता है तो धन-सम्मान, पारिवारिक सुख-शान्ति के अलावा वह वकील अपने राजनीतिक भविष्य को सुरक्षित कर लेता है, साथ ही, समाज का भी हित हो जायेगा क्योंकि एक अवांछनीय व्यक्ति से समाज को छुटकारा मिल जायेगा। किन्तु तब एक व्यक्ति को उस हत्या के आरोप में फाँसी हो जायेगी जो उसने नहीं की है और यह न्याय के सिद्धान्त (Principle of Justice) के विरुद्ध होगा। इसके विपरीत, यदि वकील उस साक्ष्य को अदालत में प्रस्तुत करता है तो न केवल वह दुष्ट अपराधी छूट जायेगा बल्कि उस वकील के उज्ज्वल भविष्य की उम्मीदें भी समाप्त हो जायेंगी। इस दुविधा की स्थिति में उस वकील को क्या करना चाहिए ? एक ओर उसका व्यक्तिगत व सामान्य सामाजिक हित है तो दूसरी ओर न्याय का सिद्धान्त है जिसके अनुसार, किसी व्यक्ति को ऐसे अपराध की सज़ा नहीं मिलनी चाहिए जो उसने नहीं किया है।

नैतिक परिस्थिति का एक दूसरा ज्वलन्त दृष्टान्त प्रस्तुत है।[2] एक शहर में सार्वजनिक यातायात सड़क परिवहन के सभी निम्न श्रेणी के कर्मचारी हड़ताल पर चले जाते हैं क्योंकि उन्हें अत्यधिक कम वेतन मिलता है जबकि उनकी सेवा-शर्तें बहुत कठोर है, साथ ही, उनके काम की दशाएँ (working conditions) भी बहुत ख़राब हैं। उनकी परेशानियों की कोई सुनवायी भी नहीं होती। अपनी बदतर स्थिति से व्यथित व त्रस्त कर्मचारियों ने अपनी न्यायोचित माँगों को मनवाने हेतु अन्तिम हथियार के रूप में हड़ताल का रास्ता अपनाया है। मगर इस हड़ताल से व्यापार को तो नुक़सान पहुँचता ही है, सामान्य जनता को भी आवागमन में बहुत परेशानी होती है क्योंकि उनके पास यातायात का अन्य कोई सस्ता साधन नहीं है। इस परेशानी से निबटने के लिए नगर-प्रशासन ने एक प्रमुख महाविद्यालय के छात्रों से अपील की कि वे अपने ख़ाली समय में ड्राइवर व उसके सहायक का कार्य सँभाल लें जिससे कि आम-जन को परेशानी न हो। उन्होंने यह भी कहा कि इस सेवा के बदले उन छात्रों को अच्छा भत्ता भी मिलेगा। यदि वे इस कार्य हेतु कॉलेज से अनुपस्थित रहते हैं तो कॉलेज के व्यवस्थापक उन्हें कक्षा में उपस्थिति से आवश्यक छूट भी देंगे। अब समस्या है कि छात्र-समुदाय को क्या करना चाहिए ! अगर वे नगर-प्रशासन की सहायता करते हैं तो वे सार्वजनिक यातायात सड़क परिवहन के नियमित कर्मचारियों को अपनी हड़ताल तोड़ने पर मजबूर कर देंगे। ऐसी दशा में वे निम्न श्रेणी के कर्मचारी व्यवस्था की शर्तों के अनुरूप कार्य करने के लिए बाध्य होंगे, परिणामस्वरूप उनकी स्थिति, जो पहले से ही ख़राब है, और भी अधिक ख़राब हो सकती है, अथवा कम-से-कम उसके फ़िलहाल सुधरने के सभी रास्ते बन्द हो जायेंगे। इसके विपरीत, यदि छात्र नगर-प्रशासन की बात मानने से इन्कार करते हैं तो आम जनता तब तक बेहाल रहेगी जब तक हड़ताल का कोई अन्त नहीं निकलता। इस परिस्थिति में छात्रों का क्या कर्त्तव्य है ? उनके लिए उचित मार्ग क्या है, यह एक नैतिक प्रश्न (moral question) है।

ऐसी किंकर्त्तव्यविमूढ़ कर देनेवाली परिस्थितियाँ लगभग प्रत्येक व्यक्ति के जीवन

में आती हैं। भारतीय पौराणिक कथाओं में भी इनके अनेक दृष्टान्त उपलब्ध हैं। कुरुक्षेत्र में, कौरव व पाण्डवों के बीच युद्ध के प्रारम्भ में अर्जुन के सामने ऐसी ही परिस्थिति थी जिसमें उसने अपने आपको कर्त्तव्य-निर्धारण में असमर्थ पाया। उसके सामने समस्या थी कि वह न्याय का मार्ग तथा गुरु व परिवार के प्रेम, इन दोनों में से किसका चुनाव करे। रामायण में दशरथ भी स्वयं को एक नैतिक परिस्थिति में फँसा पाते हैं जब कैकेयी ने उनके सामने पूर्वकाल में दिये गये दो वचनों के फलस्वरूप भरत को राजगद्दी एवं राम को चौदह वर्ष के वनवास की माँग की थी जो राम के साथ अन्याय था। दशरथ के सामने दुविधा थी, वचन-पालन एवं न्याय-पालन के बीच। ऐसी अनगिनत कथाओं व वास्तविक जीवन-स्थितियों (real life or concrete situations) का वर्णन मिल जायेगा जो नैतिक परिस्थिति का दृष्टान्त हो सकती हैं।

नैतिक परिस्थिति के सन्दर्भ में सामान्य रूप से हमारे सामने दो प्रश्न उठते हैं। पहला प्रश्न है, नैतिक परिस्थिति की क्या विशिष्टताएँ हैं और उन्हें अन्य प्रकार की स्थितियों से कैसे पृथक् किया जा सकता है। दूसरा प्रश्न है कि ऐसी परिस्थिति में कर्त्तव्य-निर्धारण हेतु किस प्रकार का चिन्तन किया जाये जिससे समस्या का हल निकाला जा सके। अब इन प्रश्नों पर बारी-बारी से विचार किया जायेगा।

नैतिक परिस्थिति की प्रथम विशेषता है कि उसमें कर्म करने के **'विकल्पों की उपस्थिति' (Presence of Alternatives)** होती है जिसके कारण हमारे सामने समस्या होती है कि हम 'अ' कर्म करना चुनें अथवा 'ब' कर्म। कभी-कभी 'कुछ न करना' भी एक विकल्प हो सकता है। यह 'विकल्पों की उपस्थिति' नैतिक परिस्थिति की एक मूलभूत व अनिवार्य शर्त है। यहाँ एक बात स्पष्ट हो जानी चाहिए कि प्रस्तुत विकल्प ऐसे होने चाहिए जिन्हें चुनना सम्बन्धित व्यक्ति के लिए सम्भव हो। यदि हमारे सामने विकल्प हो कि या तो हम हवा में ऊपर उड़ जायें या नीचे गिर जायें तो यह दुविधा नैतिक परिस्थिति नहीं हो सकती क्योंकि प्रस्तुत दो तथाकथित विकल्पों में मात्र दूसरे का चुनाव ही सम्भव है। जो पहला विकल्प प्रतीत हो रहा है, उसका चुनाव करना वस्तुतः किसी व्यक्ति के लिए सम्भव ही नहीं है, अतः उसे एक विकल्प के रूप में मान्यता नहीं दी जा सकती। इसी तरह, एक अन्य उदाहरण भी लिया जा सकता है। देश की ग़रीबी को पूर्णरूपेण दूर करना क्या हमारे देश के प्रधानमन्त्री के लिए एक विकल्प हो सकता है ? उत्तर है, नहीं। क्योंकि ऐसा करना असम्भव है। ग़रीबी-उन्मूलन की दिशा में प्रधानमन्त्री के लिए सम्भव विकल्प केवल इतना हो सकता है कि वह उस दिशा में कुछ सन्तोषजनक क़दम उठाये तथा प्रगति करे। इस तरह, किसी नैतिक परिस्थिति के विकल्प ऐसे होने चाहिए जिन्हें चुनने में व्यक्ति सक्षम व स्वतन्त्र हो।

स्पष्ट है, नैतिक परिस्थिति को परिभाषित करने हेतु केवल विकल्पों की उपस्थिति का उल्लेख करना ही पर्याप्त नहीं है। बिस्तर पर लेटे हुए मैं अपना हाथ छत की ओर उठाऊँ या पैर, अथवा किसी पत्थर को स्पर्श करूँ या न करूँ, जैसी स्थितियों में भी

हमारे पास विकल्प होते हैं। परन्तु इन स्थितियों को नैतिक परिस्थिति नहीं कहा जा सकता। ऐसी 'साधारण विकल्पात्मक स्थिति' (Ordinary Situation having Alternatives) से नैतिक परिस्थिति इस अर्थ में भिन्न है कि उसके सम्भावित विकल्पों में कुछ 'मूल्य' (value) होता है। यह नैतिक परिस्थिति का दूसरा अनिवार्य लक्षण है। हाथ छत की ओर उठाऊँ अथवा पैर, इन दोनों में किसी भी प्रकार का 'मूल्य' प्रतीत नहीं होता। अतः केवल विकल्पों की उपस्थिति ही किसी परिस्थिति को नैतिक नहीं बनाती। विकल्पों में किन्हीं **'मूल्यों का होना' (Presence of Values)** वह महत्त्वपूर्ण शर्त है जो नैतिक परिस्थिति की पहचान है। यहाँ 'मूल्य' के विषय में संक्षेप में स्पष्ट कर दिया जाये कि किसी चीज़ में 'मूल्य' मानने का अर्थ है कि वह चीज़ किसी-न-किसी दृष्टि से इस अर्थ में अच्छी (good) समझी जाती है कि हम उसकी इच्छा करते हैं या उसे किसी-न-किसी रूप में पसन्द करते हैं। यह मूल्य की सर्वाधिक प्रारम्भिक प्राथमिक परिभाषा है। कुछ अधिक गम्भीर चिन्तन करने पर कहा जा सकता है कि उपर्युक्त के अतिरिक्त 'मूल्य' प्रत्येक वह चीज़ है जो जैविक जीवन (biological life or mere life) के संरक्षण (preservation) व वृद्धि (furthering) में सहायता करे। पर उससे भी आगे बढ़कर, 'मूल्य' वे हैं जो जीवन की गुणवत्ता (quality) को बढ़ाते हैं। मानव-जीवन केवल वर्षों की गिनती नहीं है और उसका सांस्कृतिक, बौद्धिक, सामाजिक विकास एवं समृद्धि ही उसके जीवन को अर्थवत्ता प्रदान करता है। इसी दृष्टि से धर्म, दर्शन, कलाएँ, साहित्य, ज्ञान-विज्ञान, प्रेम व सद्‌भावना, सहानुभूति, अनुशासन, बुद्धिमत्ता इत्यादि महत्त्वपूर्ण 'मूल्य' हैं और इन्हें अच्छा या श्रेयस्कर माना जाता है। सारांश में, मनुष्य के लिए मूल्यवान् वह है जो उसके जीवन की वृद्धि तथा समृद्धि करे अर्थात् उसके जीवन को संरक्षण व गुणवत्ता प्रदान करे एवं उसे आनन्दमय बनाये। चूँकि 'अच्छा' एक सापेक्षिक (relative) पद है इसलिए यदि किसी चीज़ 'क' को दूसरी चीज़ 'ख' से अच्छा माना जाता है तो इसका अर्थ है कि 'ख' 'क' से अपेक्षाकृत कम अच्छा है अथवा तुलनात्मक रूप से बुरा है। इसी दृष्टि से कहा जा सकता है कि कोई परिस्थिति नैतिक परिस्थिति तभी होगी जब उसमें उपस्थित विकल्प मूल्ययुक्त होंगे।

अब यह विचार किया जाये कि क्या उपर्युक्त दो बातें ही किसी स्थिति को नैतिक परिस्थिति बनाने के लिए यथेष्ट हैं। एक उदाहरण लिया जाये। मेरे सामने स्थिति है कि मैं नीली क़मीज़ पहनूँ या सफ़ेद। मुझे दोनों रंग पसन्द है और दोनों रंगों की क़मीजें मेरे पास उपलब्ध भी हैं। इसी तरह, एक अन्य परिस्थिति है कि मैं रसगुल्ला खाऊँ या बरफ़ी (मेरे सामने रखी गयी दोनों मिठाइयाँ मुझे अच्छी लगती हैं)। इन जैसी स्थितियों में विकल्प तो हैं ही, साथ ही, उनमें इस अर्थ में 'मूल्य' भी है कि वे मुझे 'आनन्द' (happiness) प्रदान करने में सक्षम हैं। और 'आनन्द' एक अच्छाई तो है ही। किन्तु उपर्युक्त चुनाव की स्थितियों को नैतिक कदापि नहीं माना जा सकता। इसका कारण यह है कि इनमें मेरे द्वारा जो भी विकल्प चुना जाता है, उसका मेरे या दूसरों के जीवन पर

कोई गहरा या दूरगामी प्रभाव नहीं पड़ता और उसकी अच्छाई तात्कालिक उपभोग (immediate enjoyment) में समाप्त हो जाती है। मेरे चुनाव की वर्तमान उपभोग से आगे अन्य कोई महत्ता नहीं रहती, वे अभी और यहीं समाप्त हो जानेवाले होते हैं। परन्तु अगर विकल्पों में निहित मूल्य वर्तमान उपभोग से आगे जानेवाले अथवा गहन तथा दूरगामी प्रभाव से युक्त हों, दूसरे शब्दों में, यदि विकल्प जीवन के लिए '**परिणामिक या प्रभावकारी**' **(Consequential)** हों तो उनसे युक्त परिस्थिति नैतिक कहलाती है। वस्तुतः किसी विकल्प को 'परिणामिक या प्रभावकारी' होने के लिए दो बातें आवश्यक हैं। पहला, विकल्प में उपस्थित मूल्य का जीवन के अन्य मूल्यों से इस तरह सम्बन्धित होना कि वह मूल्य हमें उन अन्य मूल्यों की ओर अग्रसरित करे, और इस दृष्टि से उस मूल्य के चुनाव का अर्थ होगा उन समस्त सम्बन्धित मूल्यों को चुनना। दूसरे शब्दों में, परिस्थिति में उपस्थित मूल्यों को आंगिक (organic) होना चाहिए जो अन्य मूल्यों से जुड़ें। दूसरी बात जो विकल्प को परिणामिक बनाती है, वह है कि उसमें निहित मूल्य तात्कालिक उपभोग में समाप्त न होनेवाला हो। इन दोनों बातों के होने पर ही किसी मूल्य का चुनाव जीवन पर दीर्घकालीन प्रभाव डालनवाला होता है। यह प्रभावकारिता या परिणामिकता ही साधारण मूल्यात्मक परिस्थिति (ordinary situation involving values) की तुलना में नैतिक परिस्थिति की विशिष्टता को रेखांकित करती है।

अधिकांश नीतिदार्शनिकों की मान्यता है कि नैतिक परिस्थिति की एक अन्य स्वरूपगत विशेषता है, उनमें किये गये चुनाव का '**सामाजिक प्रभाव**' **(Social Impact)**। उनका दृष्टिकोण है कि नैतिक परिस्थिति के विकल्प यानी नैतिक चुनाव अनिवार्य रूप से समाज को प्रभावित करनेवाले होते हैं, अन्यथा उनका नैतिक दृष्टि से कोई महत्त्व नहीं होगा। दूसरे शब्दों में, किसी परिस्थिति को नैतिक कहने का तात्पर्य है कि उस परिस्थिति में किये गये एक व्यक्ति के चुनाव का अन्य व्यक्तियों पर भी प्रभाव पड़ता है।

किन्तु कतिपय विद्वान् इस विचार से सहमत नहीं हैं। उनका मत है कि कभी-कभी व्यक्ति का चुनाव केवल उस चुनावकर्त्ता के जीवन पर ही दूरगामी प्रभाव डालनेवाला प्रतीत होता है, यद्यपि यह तय कर पाना अक्सर कठिन होता है कि किसी चुनाव का प्रभाव केवल व्यक्तिगत है और उसका कोई सीधा या परोक्ष सामाजिक असर नहीं है। इन विद्वानों के अनुसार, ऐसे व्यक्तिगत प्रभाववाली स्थिति को भी नैतिक परिस्थिति माना जाना चाहिए। उदाहरण के लिए, समाज व संसार से पूर्णतः विरत, गिरि-कन्दरा में रहनेवाला कोई संन्यासी अपने आध्यात्मिक उत्थान के लिए एक व्रत धारण करता है किन्तु किन्हीं प्रलोभनों के कारण उस व्रत को पूरा नहीं कर पाता तो उसका प्रलोभन सम्बन्धी चुनाव केवल व्यक्तिगत प्रभाव रखनेवाला है, फिर भी जिस परिस्थिति में उसने चुनाव किया, उसे नैतिक परिस्थिति की श्रेणी में रखा जायेगा। वस्तुतः यह उचित भी है

क्योंकि नैतिकता केवल सामाजिक ही नहीं, व्यक्तिगत सरोकार भी रखती है। इसलिए यदि हमारे चुनाव का गम्भीर मूल्यात्मक प्रभाव केवल हमारे ही ऊपर पड़ता हो तो भी उसे नैतिक चुनाव के रूप में मान्यता मिलनी चाहिए और उस चुनाव स्थिति को नैतिक परिस्थिति का उदाहरण माना जाना चाहिए।

यहाँ यह समझ लेना चाहिए कि किसी जीव (being) के लिए कोई परिस्थिति नैतिक परिस्थिति केवल तभी हो सकती है जब उस जीव में चुनाव करने की क्षमता (ability to choose) व स्वतन्त्रता (freedom) हो, साथ ही, विकल्पों में तुलनात्मक मूल्यों को पहचानने की अन्तर्दृष्टि (insight) भी हो। माना जाता है कि ऐसा जीव केवल मनुष्य है, इसीलिए उसे ही नैतिक प्राणी (moral being) कहा जाता है। मनुष्यों में भी बच्चों एवं पागलों के लिए कोई परिस्थिति नैतिक नहीं हो सकती क्योंकि उनमें उपर्युक्त क्षमताओं का अभाव होता है।

नैतिक परिस्थितियाँ अक्सर इसीलिए अधिक गम्भीर हो जाती हैं कि उनके विकल्पों में निहित मूल्य भिन्न या परस्पर असंगत (incompatible) हो उठते हैं। फलतः चुनाव सम्बन्धी दुविधा या समस्या खड़ी हो जाती है। इसी कारण, नैतिक परिस्थिति वस्तुतः मूल्यों के संघर्ष की स्थिति है जिसमें किसी विकल्प का चुनाव वास्तव में किसी मूल्य का चुनाव होता है। इस दृष्टि से यह कहा जा सकता है कि जिस परिस्थिति में जीवन के लिए महत्त्वपूर्ण विभिन्न मूल्यों में टकराव हो, और उनमें चुनाव सम्बन्धीं दुविधा हो, तो ऐसी परिस्थिति को नैतिक परिस्थिति के रूप में परिभाषित किया जा सकता है।

इस दुविधा में किसी भी विकल्प को चुनना **'नैतिक चुनाव' (Moral Decision)** कहलाता है। वस्तुतः नैतिक चुनाव में एक वैचारिक प्रक्रिया निहित होती है, भले ही चुनावकर्त्ता उसके बारे में सजग न हो। इसे नैतिक चिन्तन की प्रक्रिया (method of moral deliberation) कहा जाता है। कोई दो नैतिक परिस्थितियाँ बिल्कुल एक समान नहीं होतीं और न ही उनमें विचार-विमर्श या चिन्तन-मनन एक जैसा होता है। कुछ नैतिक परिस्थितियाँ ऐसी होती हैं कि चुनावकर्त्ता को बहुत अधिक गम्भीर चिन्तन-मनन की आवश्यकता नहीं होती और अधिकांशतः तो ऐसा अवसर भी नहीं मिलता कि उतना सोच-विचार किया जा सके जितना उस परिस्थिति में चुनाव की माँग है। फिर भी, अनेक दशाओं में चुनाव से पहले चिन्तन किया जा सकता है। यदि इस नैतिक चिन्तन की प्रक्रिया को पूरी तरह से सम्पन्न किया जाये तो उसके (नैतिक चिन्तन के) कुछ लक्षणों को पहचाना जा सकता है। अब **नैतिक चिन्तन के आदर्श रूप (Nature of Ideal Moral Deliberation)** में कौन-से विभिन्न तत्त्व निहित हैं, इसकी व्याख्या प्रस्तुत की जायेगी।[3]

(1) नैतिक चिन्तन की प्रक्रिया में सर्वप्रथम चुनावकर्त्ता के समक्ष उपस्थित

विकल्पों का स्पष्टीकरण व परीक्षण किया जाता है। एक नैतिक दुविधा के अवसर पर कौन-कौन-से प्रासंगिक सम्भावित विकल्प हैं? क्या उनके स्वरूप के विषय में व्यक्ति स्पष्ट है? क्या उन सबका एक-दूसरे से पूरी तरह भेद कर लिया गया है? क्या जो विकल्प सामने हैं, उनके अलावा अन्य विकल्प भी खोजे जा सकते हैं या मात्र वे ही चुनाव के रास्ते हैं ? उदाहरण के लिए, वकीलवाले दृष्टान्त में पूर्वोक्त दो विकल्पों के अलावा एक तीसरा विकल्प भी सम्भव है। वह वकील उस आरोपी व्यक्ति से एक समझौता कर सकता है कि वह अदालत में उस निर्णायक साक्ष्य को प्रस्तुत कर उसे हत्या के दोष से मुक्त करा देगा, पर बदले में वह अपराधी-हत्यारोपी अपने अन्य जघन्य अपराधों के सम्बन्ध में कुछ निर्णायक साक्ष्य देगा या यथेष्ट धन देगा अथवा भविष्य में समाज व जन विरोधी कार्यों से स्वयं को अलग रखने का वादा करेगा। इस समझौते के फलस्वरूप वह वकील न्याय के सिद्धान्त की रक्षा के साथ ही अपना व्यक्तिगत व सामाजिक लाभ भी सुनिश्चित कर सकता है। इसमें कोई शंका नहीं कि इस तरह का विकल्प एक सम्मानजनक व्यक्ति को शायद ही पसन्द आये लेकिन इसकी उपस्थिति से इन्कार नहीं किया जा सकता।

(2) नैतिक चुनाव की वैचारिक प्रक्रिया में दूसरा क़दम है, सभी विकल्पों के प्रसम्भावित भावी परिणामों का अन्दाज़ा लगाना तथा उन पर 'कालिक' व 'सामाजिक दृष्टि' से विचार करना। 'कालिक दृष्टि' (Temporal Perspective) का अर्थ है कि चुनावकर्त्ता सभी उपस्थित विकल्पों में से प्रत्येक के प्रसम्भावित परिणामों से उत्पन्न स्थितियों में स्वयं को बारी-बारी से कल्पना के द्वारा रखकर देखे। किन्हीं दो प्रसम्भावित भावी परिणाम-स्थितियों की वांछनीयता जाँचने का इससे अच्छा दूसरा कोई तरीक़ा नहीं है कि हम स्वयं को उन स्थितियों में रखकर कल्पना करें। यह 'कालिक दृष्टि' इसलिए आवश्यक है कि हम भविष्य के परिणामों को उतनी ही गहनता से महसूस करें जैसा कि वर्तमान को करते हैं, तभी हम उसका नैतिक दृष्टि से सही आकलन कर सकते हैं। यह 'वर्तमान स्व' (present self) तथा 'भावी स्व' (future self) में एक तरह का काल्पनिक तादात्म्य (Imaginative Identification) है जिससे कल्पित भविष्य एक तरह से वास्तविक हो उठता है।

इसी सन्दर्भ में 'सामाजिक दृष्टिकोण' (Social Perspective) से तात्पर्य है कि चुनावकर्त्ता स्वयं को उस व्यक्ति (व्यक्तियों) के साथ एकीकृत करके देखे जिन पर उसके चुनाव का प्रभाव पड़ने की सम्भावना है। किसी व्यक्ति द्वारा नैतिक परिस्थिति में जो भी चुनाव किया जाता है, वह अधिकांशतः स्वयं के अलावा अन्य व्यक्तियों पर भी गहरा व दूरगामी प्रभाव डालता है। वकील का चुनाव हत्यारोपी व्यक्ति के लिए कितना महत्त्वपूर्ण है, यह आसानी से समझा जा सकता है। चुनाव से पहले चिन्तन-मनन का यह एक महत्त्वपूर्ण पड़ाव है जिसमें चुनावकर्त्ता प्रभावित व्यक्ति (व्यक्तियों) के साथ एक

नाटकीय तादात्म्य (Dramatic Identification) स्थापित करता है। जैसा कि स्पष्ट है, ऐसा करना इसलिए आवश्यक है क्योंकि इसके द्वारा ही हम अपने चुनाव का वास्तविक नैतिक महत्त्व समझ सकते हैं।

बर्ट्रेण्ड रसेल के द्वारा दिये गये एक दृष्टान्त के उल्लेख से इस सामाजिक दृष्टिकोण को अधिक स्पष्टता से समझने में सहायता मिल सकती है। द्वितीय विश्वयुद्ध के पश्चात् मित्र देशों की सेना जर्मनी के लोगों के प्रति आक्रोश व घृणा से उद्वेलित थी। इसी कारण युद्ध में विजय के बाद, जर्मनी के शहरों में बसनेवाले बच्चों, वृद्धों व औरतों को मित्र-सेना के आक्रोश का सामना करना पड़ा, कई स्थानों पर जर्मन वृद्धों, बच्चों व औरतों का जघन्य उत्पीड़न हुआ और उन्हें अनेक यातनाएँ सहनी पड़ीं। जब इन घटनाओं का विवरण समाचार-पत्रों में प्रकाशित हुआ तो ब्रिटेनवासियों की कोई विशेष प्रतिक्रिया नहीं हुई। सामान्य रूप से इन सब घटनाओं को युद्ध में जर्मनों द्वारा किये गये अत्याचार का बदला माना गया, साथ ही, यह भी कहा गया कि उनके साथ जो भी हुआ, वह कुछ बुरा नहीं था। इन सब घटनाओं के कुछ वर्षों बाद एक लेखक ने एक नाटक लिखा जिसमें मित्र-सेना द्वारा निर्दोष जर्मन वृद्धों, बच्चों व औरतों पर हुए अत्याचार को इस ढंग से प्रस्तुत किया गया कि अंग्रेज़ दर्शकों ने मित्र-सेना के अत्याचार की पीड़ा को महसूस किया और वे ख़ूब रोये। उन्हें अपनी भूल का एहसास हुआ और उन्होंने मित्र-सेना के निर्दोष जर्मनों के प्रति किये गये कृत्यों के अनौचित्य को गहरे महसूस किया। उन्हें समझ में आया कि अत्याचार व उत्पीड़न कोई भी व्यक्ति किसी पर भी करे, वह सदैव ग़लत ही होता है। इस नाटक के माध्यम से दर्शकों का जर्मनी की जनता के साथ नाटकीय तादात्म्य स्थापित हुआ और उन्होंने जर्मन जनता की पीड़ा को महसूस किया। यही नैतिक चिन्तन का सामाजिक दृष्टिकोण है। यही दृष्टिकोण हमें यह सामर्थ्य देता है कि चुनाव करते समय हम दूसरों की ज़रूरतों तथा माँगों को समझ सकें क्योंकि यही न्याय का आधार है।

(3) विकल्पों के परिणामों का कालिक व सामाजिक दृष्टि से आकलन करने के बाद नैतिक चिन्तन का अगला सोपान है, विभिन्न विकल्पों में निहित मूल्यों का स्पष्टीकरण व उनकी परस्पर तुलना। विकल्पों में निहित भिन्न व परस्पर असंगत मूल्यों के बारे में स्पष्ट होना नैतिक चुनाव के लिए अत्यधिक महत्त्वपूर्ण है क्योंकि तभी उनकी आपस में तुलना की जा सकती है जिसके परिणामस्वरूप ही अधिक श्रेयस्कर मूल्य के पक्ष में निर्णय लिया जा सकता है। इस तरह, मूल्यों के तुलनात्मक मूल्यांकन के पश्चात् व्यक्ति निर्णय की स्थिति में पहुँच जाता है और तदनुरूप अपना कर्त्तव्य निर्धारित कर लेता है।

जब किसी विकल्प के पक्ष में निर्णय कर लिया जाता है और तदनुसार कर्म किया जाता है तो स्पष्ट है कि उस विकल्प को उपस्थित विकल्पों में से सर्वाधिक मूल्यवान् माना जाता है। नैतिक चिन्तन के इस चरण को सम्पादित करने के लिए कुछ सामान्य

मानदण्डों की आवश्यकता होती है जिनके आधार पर तुलना करके अधिक श्रेयस्कर मूल्ययुक्त विकल्प का चुनाव किया जा सके। वस्तुतः इन मानदण्डों की खोज ही नीतिशास्त्र का प्रमुख ध्येय है। दूसरे शब्दों में, **नीतिशास्त्र या नीतिदर्शन (Ethics or Moral Philosophy) का कार्य यह जानना या बताना नहीं है कि विशिष्ट व्यक्तिगत परिस्थितियों में व्यक्ति क्या चुनता है और उसका क्या कर्त्तव्य है, बल्कि नीतिदर्शन का कार्य ऐसे सामान्य सिद्धान्तों की खोज है जिनके आधार पर विभिन्न परिस्थितियों में प्रस्तुत मूल्यात्मक विकल्पों में से नैतिक दृष्टि से सही विकल्प का चुनाव किया जा सके।**

नैतिक परिस्थिति तथा नैतिक चिन्तन के सन्दर्भ में नीतिदर्शन के महत्त्व या उपयोगिता को समझने के बाद, हम उसके स्वरूप के विषय में स्पष्ट हो सकते हैं एवं उसको सामान्य नैतिक मानदण्डों के खोज सम्बन्धी अध्ययन के रूप में परिभाषित कर सकते हैं। इन सामान्य मानदण्डों की आवश्यकता नैतिक चिन्तन के दौरान चुनाव करने हेतु पड़ती है जैसा कि उपर्युक्त चर्चा से प्रकट है, साथ ही, विभिन्न नैतिक परिस्थितियों में व्यक्ति के द्वारा जो भी चुनाव किये जाते हैं, उनका सही-ग़लत, उचित-अनुचित (right or wrong) अथवा शुभ-अशुभ (good or bad) की दृष्टि से मूल्यांकन करने के लिए भी ये आवश्यक हैं। इस तरह, नीतिशास्त्र का कार्य है कि वह ऐसी सामान्य कसौटियों या मानकों की खोज व विश्लेषण करे जिनके आधार पर चुनावकर्त्ता नैतिक दृष्टि से सही चुनाव कर सके अथवा उसके चुनाव का नैतिक दृष्टि से मूल्यांकन हो सके। अनेक विद्वानों ने इसी बात पर बल देते हुए **नीतिशास्त्र या नीतिदर्शन की विभिन्न परिभाषाएँ (Various Definitions of Ethics or Moral Philosophy)** दी हैं।

जे. एस. मैकेञ्जी[4] के अनुसार, "नीतिशास्त्र आचरण (conduct) में क्या अच्छा, उचित या शुभ है, उसका अध्ययन है। यह आचरण की सामान्य मीमांसा है, और मनुष्यों के कामों पर यह अच्छाई-बुराई, औचित्य-अनौचित्य, शुभ-अशुभ की दृष्टि से विचार करता है।" जार्ज एडवर्ड मूर के अनुसार, "नीतिदर्शन 'शुभ' क्या है, इसके विषय में एक सामान्य विवेचन है।"[5] इसी तरह, डब्ल्यू. एम. अर्बन[6] इस विषय को परिभाषित करते हुए कहते हैं कि "नीतिशास्त्र वह विज्ञान है जिसका सम्बन्ध आचरण के उचित या अनुचित, अच्छे या बुरे होने से है। दूसरे शब्दों में, नीतिशास्त्र एक ऐसा अध्ययन है जिसका सम्बन्ध चीज़ों के मूल्यों से है। फ़िलिप व्हीलराइट[7] ने इस विषय को परिभाषा देते हुए कहा कि नीतिदर्शन या नीतिशास्त्र अध्ययन है - (i) स्वतन्त्र सुचिन्तित चुनावों (reflective choices) का (ii) उचित-अनुचित, सही-ग़लत के मानदण्डों (standards of right or wrong) का जिनसे वे चुनाव निर्देशित होते हैं और (iii) उस प्राप्य शुभ (attainable good) का जिसकी ओर वे चुनाव लक्ष्य करते हैं। जॉन एच. म्योरहेड[8] का कहना है कि यह नैतिक चरित्र का विज्ञान है। और चरित्र का अर्थ है

आचरण की प्रचलित रूढ़ियाँ या आदतें (customs or habits)। इसे आचरण का विज्ञान भी कहा जा सकता है। विलियम लिली के अनुसार[9], नीतिशास्त्र समाज में रहनेवाले मनुष्यों के आचरण का आदर्शमूलक विज्ञान है। हेनरी सिजविक नीतिशास्त्र को उचित मानव आचरण की मौलिक समस्याओं का सुगठित अध्ययन मानता है।[10] हेस्टिंग्स रैशडल के अनुसार, नीतिशास्त्र मानव-कल्याण की सिद्धि को सम्भव बनाने के लिए शुभ तथा अशुभ का विवेचन करता है। जॉन डेवी का मत है कि नीतिशास्त्र व्यवहारपरक शुभ को खोजनेवाला शास्त्र है। ए. सी. इविंग के शब्दों में, नीतिदर्शन एक व्यवस्थित विषय के रूप में अच्छा-बुरा, उचित-अनुचित जैसे सम्प्रत्ययों का अध्ययन है। यह दो मुख्य प्रश्नों से सम्बन्धित है - पहला, उन सामान्य सिद्धान्तों से जिनके आधार पर किसी चीज़ पर शुभ-अशुभ, कर्त्तव्य-अकर्त्तव्य, उचित-अनुचित इत्यादि नैतिक पद लागू किये जाते हैं, और दूसरा, इस बात से कि इन पदों का क्या सुनिश्चित अर्थ है।[11]

हिन्दी के '**नीतिशास्त्र**' शब्द के लिए अंग्रेज़ी शब्द 'Ethics' का प्रयोग किया जाता है जो यूनानी भाषा के शब्द 'Ethos' से व्युत्पन्न है जिसका अर्थ है चरित्र, आदत या प्रचलित रूढ़ियाँ। इसी तरह, एक दूसरा अंग्रेज़ी शब्द भी इस विषय के लिए इस्तेमाल होता है, वह है 'Moral Philosophy' जो इस विषय की प्रकृति को देखते हुए अधिक उपयुक्त है। इसमें 'Moral' शब्द लैटिन भाषा के 'Mores' शब्द से बना है जिसका अर्थ भी आदत या रीतियाँ हैं। हिन्दी शब्द 'नीति' एवं 'आचार' (आचारशास्त्र) भी मनुष्य के आचरण व कर्मों से सम्बन्धित है। इन सबकी दृष्टि से यह भी कहा जा सकता है नीतिशास्त्र या नीतिदर्शन उस चरित्र का विज्ञान है जिसकी अभिव्यक्ति उचित या अनुचित आचरण में होती है।

उपर्युक्त चर्चा के प्रकाश में **नीतिशास्त्र की प्रकृति (Nature of Ethics)** के विषय में यह स्पष्ट हो जाता है कि नीतिशास्त्र एक तरह का विज्ञान (Science) है। अब उसके इस विज्ञान-स्वरूप के विषय में विस्तृत विवेचना की आवश्यकता है।

नीतिशास्त्र विज्ञान के रूप में
(Ethics as a Science)

जब नीतिशास्त्र या नीतिदर्शन को चरित्र या आचरण का विज्ञान कहा जाता है तो सर्वप्रथम यह स्पष्ट करना आवश्यक है कि यह उस अर्थ में विज्ञान नहीं है जिस अर्थ में भौतिकशास्त्र, रसायनशास्त्र, जीवशास्त्र इत्यादि को विज्ञान कहा जाता है। इन विषयों को भौतिक तथ्यों के अनुभवाश्रित व प्रयोगात्मक (empirical and experimental) अध्ययन होने के कारण एक संकीर्ण अर्थ में विज्ञान कहा जाता है। परन्तु नीतिशास्त्र किसी प्राकृतिक तथ्य का अनुभवाश्रित या प्रायोगिक अध्ययन नहीं है क्योंकि मनुष्य के कर्म केवल शारीरिक गतियाँ (bodily movements) यानी भौतिक घटनाएँ नहीं हैं।

कर्म के विचार में शारीरिक गति के अतिरिक्त सामाजिक सन्दर्भ (social contexts), उसके इरादे (intentions) और आदर्श (norms) भी महत्त्वपूर्ण रूप से शामिल होते हैं। इसलिए कर्म के विज्ञान को भौतिकशास्त्र, रसायनशास्त्र, जीवशास्त्र सरीखे विज्ञान-विषयों के अर्थ में विज्ञान कहना उचित नहीं है। नीतिशास्त्र की परिभाषा के सन्दर्भ में विज्ञान शब्द एक व्यापक अर्थ में ग्रहण किया जाता है जिसमें इस शब्द का अर्थ है किसी भी विषयवस्तु का व्यवस्थित व विवेकपूर्ण अध्ययन (systematic and logical study of any subject matter)।

व्यवस्थित व विवेकपूर्ण अध्ययन के रूप में विज्ञान के दो रूपों में भेद करना आवश्यक है। पहला, वर्णनात्मक (descriptive), विधायक (positive) या तथ्यात्मक (factual) विज्ञान तथा दूसरा, मूल्यात्मक, आदर्शमूलक या नियामक (normative) विज्ञान। वर्णनात्मक विज्ञान व्यवस्थित व्याख्या (systematic explaining) है। यह 'वास्तव में क्या और क्यों है' (what really is and why it is so) का ज्ञान देने का प्रयास है। इसमें सामान्यतः किसी तथ्य या घटना का विवरण तथा उसके कारणों की खोज कर उस तथ्य या घटना के स्वरूप को पूर्णरूपेण स्पष्ट करने की चेष्टा होती है। इस दृष्टि से वर्णनात्मक विज्ञान वस्तु या घटना की कारणात्मक व्याख्या (causal explanation) प्रदान करते हैं। विभिन्न 'विज्ञान विषय' तथा मनोविज्ञान[12], समाजशास्त्र, इतिहास, इत्यादि इसी श्रेणी में आते हैं। इससे भिन्न नियामक या मूल्यात्मक विज्ञान का लक्ष्य मूल्यांकन के आधारों का व्यवस्थित ढंग से अध्ययन करना है। इसमें ऐसे सामान्य मानक पर चिन्तन-मनन किया जाता है जिसके बल पर किसी विशेष दृष्टि से किसी विशेष विषयवस्तु का मूल्यांकन किया जा सके। नीतिशास्त्र एक नियामक विज्ञान है क्योंकि इसमें एक विशेष विषयवस्तु (मनुष्य के कर्म या चरित्र) पर एक विशेष दृष्टि से (नैतिकता या शुभत्व की दृष्टि से) जो मूल्यात्मक निर्णय (value judgments) दिये जाते हैं, उनके मानदण्डों पर विमर्श किया जाता है। नीतिशास्त्र के अलावा, मुख्य रूप से दो अन्य विषय भी इस श्रेणी में आते हैं - सौन्दर्यशास्त्र (Aesthetics) तथा तर्कशास्त्र (Logic)। सौन्दर्यशास्त्र का सम्बन्ध प्रकृति की वस्तुओं या मनुष्य की कलाकृतियों के सौन्दर्यात्मक मूल्यांकन सम्बन्धी मानकों से है तो तर्कशास्त्र सही या वैध तर्क (reasoning) के सिद्धान्तों पर चिन्तन-मनन है।

यह स्पष्ट करना आवश्यक है कि नीतिशास्त्र का कार्य किसी व्यक्तिगत कर्म या चरित्र पर निर्णय देना नहीं है, बल्कि ऐसे सामान्य नियमों की खोज व उन पर विमर्श करना है जिनके बल पर ये मूल्यात्मक या नैतिक निर्णय (Moral Judgments) दिये जाते हैं। वस्तुतः ये मूल्यात्मक या नैतिक निर्णय - कि अमुक कर्म उचित है, अमुक व्यक्ति का यह कर्त्तव्य है, इत्यादि - नीतिशास्त्र की विषयवस्तु हैं और इसमें यह चर्चा की जाती है कि किन आधारों पर ऐसे नैतिक निर्णय लिये जाते हैं तथा क्या वे आधार सन्तोषजनक हैं। इसी तरह, जब कला पारखी व आलोचक विभिन्न कलाओं, साहित्य

व संगीतात्मक प्रस्तुतियों पर सौन्दर्यात्मक निर्णय (Beauty Judgments) देते हैं तो उन निर्णयों को विषयवस्तु बनाते हुए उनके आधारों या मानकों से सम्बन्धित आलोचनात्मक विमर्श ही सौन्दर्यशास्त्र है। तर्कशास्त्र भी उस तर्क-प्रक्रिया के वैध-अवैध होने के मानदण्डों की खोज व विश्लेषण है जिसकी सहायता से विभिन्न सामाजिक व प्राकृतिक विज्ञानों में सत्य का अन्वेषण किया जाता है। इस प्रकार, नीतिशास्त्र, सौन्दर्यशास्त्र तथा तर्कशास्त्र इत्यादि नियामक विज्ञान (Normative Sciences) क्रमशः नैतिक-अनैतिक, सही-ग़लत समझानेवाले विभिन्न सन्तों व अनुभवी जनों के, सौन्दर्य की रचना करनेवाले कलाकारों तथा कला-पारखियों के एवं सत्य या ज्ञान की खोज में लगे सामाजिक व प्राकृतिक वैज्ञानिकों व विद्वानों के ऋणी हैं क्योंकि उनके द्वारा प्रदत्त नैतिक, सौन्दर्यात्मक व ज्ञान-सम्बन्धी निर्णयों ने उपर्युक्त नियामक विज्ञानों के लिए विषय-सामग्री प्रदान की है। दूसरी ओर, इन नियामक विषयों ने भी अपने विषयक्षेत्र-सम्बन्धी चिन्तन को दिशा देने का महती कार्य किया है जिससे सम्बन्धित तथ्यात्मक विषयों (Factual Sciences) के विद्वज्जन लाभान्वित होते हैं।

नीतिदर्शन एवं व्यावहारिक विज्ञान (Ethics and Practical Sciences)

जब नीतिदर्शन को मनुष्य के कर्मों से सम्बन्धित मूल्यात्मक विषय के रूप में परिभाषित किया जाता है तो कभी-कभी एक भ्रम की स्थिति बन जाती है और ऐसा प्रतीत होता है कि यह एक व्यावहारिक विज्ञान (Practical Science) है। नैतिक परिस्थितियाँ, चिन्तन व चुनाव, ये सभी मनुष्य की व्यावहारिक समस्याओं से सम्बन्धित हैं। अतः ऐसा लगने लगता है कि कर्म का विज्ञान व्यावहारिक विज्ञान है। परन्तु पारिभाषिक दृष्टि से व्यावहारिक विज्ञान एक विशिष्ट प्रकार का अध्ययन है जो उन साधनों (means) से सम्बन्धित है जिनके माध्यम से एक निश्चित लक्ष्य प्राप्त किया जा सकता है; साथ ही, ऐसा विज्ञान किन्हीं व्यक्तियों को उन साधनों का उपयोग करने हेतु प्रशिक्षित भी करता है जिससे वह निश्चित लक्ष्य प्राप्त किया जा सके। उदाहरण के लिए, चिकित्सा विज्ञान एक व्यावहारिक विज्ञान है क्योंकि इसका लक्ष्य है समय-समय पर खोजी गयी विधियों के प्रयोग द्वारा रोग का उपचार व सामान्य स्वास्थ्य। इस लक्ष्य को प्राप्त करने हेतु यह विषय किन्हीं व्यक्तियों को प्रशिक्षित कर चिकित्सक बनाता है जो बीमारियों का इलाज कर सकें तथा उनका होना रोकें। इसी तरह, अभियान्त्रिकी या इंजीनियरिंग व वास्तुशिल्प या आर्किटेक्चर भी व्यावहारिक विज्ञान है। किन्तु नीतिशास्त्र इनसे भिन्न है क्योंकि एक तो कोई एक अकेला नैतिक आदर्श, सिद्धान्त या नियम नहीं है जिसकी प्राप्ति इसका लक्ष्य हो; दूसरे, इसका उद्देश्य किन्हीं व्यक्तियों को नैतिक जीवन के लिए प्रशिक्षित करना नहीं है। यह मुख्यतः एक बौद्धिक उपक्रम है जिसमें नैतिक आचरण के मानदण्डों

व आदर्शों सम्बन्धी आलोचनात्मक विमर्श होता है। यह उन आदर्शों की प्राप्ति हेतु व्यक्ति को प्रशिक्षित नहीं करता। उचित-अनुचित समझाना व उसमें व्यक्ति को प्रेरित करने का यह काम विभिन्न सन्तों व सामाजिक संस्थाओं, यथा परिवार, शैक्षणिक संस्थानों इत्यादि, का है। इसलिए तर्कशास्त्र व सौन्दर्यशास्त्र की भाँति ही तकनीकी दृष्टि से नीतिशास्त्र व्यावहारिक विज्ञान नहीं है। किन्तु यह तो सही है कि इसका ज्ञान हमको उचित-अनुचित सम्बन्धी एक ऐसी अन्तर्दृष्टि दे सकता है जो हमारे सामाजिक-व्यक्तिगत व्यवहार को परोक्ष रूप से प्रभावित कर सकती हो। जॉन डेवी की परिभाषा कि 'नीतिशास्त्र व्यवहारपरक शुभ को खोजनेवाला शास्त्र है', इसी ओर संकेत करती है।

नीतिदर्शन कला के रूप में
(Ethics as an Art)

नीतिदर्शन को कभी-कभी आचरण की कला (Art of Conduct) कह दिया जाता है किन्तु यह एक तरह का भ्रम है। कलाएँ विशिष्ट प्रकार के कौशल (skill) से सम्बन्धित होती हैं। परन्तु नीतिशास्त्र एक अध्ययन है, कौशल नहीं। अतः यह कला नहीं हो सकता। यह कौशल सिखाने वाला विषय भी नहीं है। अतः इसे किसी भी दृष्टि से कला कहना बेमानी है। यदि किसी अर्थ में आचरण या नैतिकता को कला कह दिया जाता है तो यह स्पष्ट हो जाना चाहिए कि आचरण या नैतिकता भी कला नहीं है क्योंकि यह साइकिल चलाने, गिटार बजाने या चित्रकारी करने की भाँति कोई कौशल नहीं है। कलाओं में निरन्तर अभ्यास का महत्त्व है और सद्‌गुण भी अभ्यास का विषय हैं, शायद इसीलिए यह भ्रम उत्पन्न हुआ हो। मगर मैकेञ्ज़ी[13] इत्यादि विचारकों ने कला व नैतिक आचरण या सद्‌गुण में भेद स्थापित किया है।

(1) उनके अनुसार, कला एक क्षमता (ability) व योग्यता (potentiality) है जबकि नैतिकता क्षमता में नहीं, वास्तविक कर्मों में निहित होती है। कलाएँ कुछ करने का कौशल हैं। उदाहरण के लिए, एक अच्छा चित्रकार वह है जो सुन्दर चित्र बना सके लेकिन एक व्यक्ति को अच्छा इसलिए नहीं कहा जाता कि वह शुभ कार्य कर **सकता है**। शुभ कार्य करने की योग्यता तो प्रत्येक बौद्धिक प्राणी में होती है। वस्तुतः नैतिक दृष्टि से अच्छा मनुष्य वह है जो शुभ कार्य **करता है**। इससे स्पष्ट है कि कलाएँ क्षमता या योग्यता हैं जबकि नैतिकता क्षमता या योग्यता नहीं, वास्तविक कर्मों का गुण है। नैतिकता मूलभूत रूप से हमारे संकल्प (will) का एक विशिष्ट प्रकार का रुझान (orientation) है, कला की भाँति एक विशिष्ट प्रकार का कौशल प्राप्त करना नहीं।

(2) इसी तरह, एक अच्छे कलाकार का ऐसा मूल्यांकन उसकी 'निर्मित कलाकृति' (created artifact) के आधार पर किया जाता है जबकि नैतिक कहलाने के लिए केवल सम्पन्न कर्म (finished action) ही नहीं, बल्कि उस कर्म के पीछे उसके इरादे

(intentions) का भी महत्त्व है। किसी व्यक्ति के कर्मों की जाँच हेतु उसके इरादों या कार्य के उद्देश्यों पर ध्यान देना सर्वाधिक आवश्यक है, भले ही वह उस उद्देश्य को अन्ततः प्राप्त करने में असफल हो जाये। उदाहरण के लिए, एक डॉक्टर अपने मरीज़ को बचाने में सफल न भी हो किन्तु यदि उसके पास योग्यता है, उसने जी-जान से कोशिश की है और उसका उद्देश्य उस मरीज़ को अच्छा करना है तो उसे एक अच्छा डॉक्टर माना जायेगा। इसके विपरीत, यदि कलाकार अच्छी कृति की रचना या निर्माण करने में असफल हो जाता है तो उसे अच्छा कलाकार नहीं कहा जा सकता, भले ही, उसके इरादे कितनी ही अच्छी कृति बनाने के हों।

(3) इसी तरह, नैतिकता से कभी भी अवकाश नहीं लिया जा सकता क्योंकि मनुष्य अन्तिम समय तक कर्मशील रहता है एवं चुनाव करता है और नैतिक परिस्थिति में किये गये उसके प्रत्येक ऐच्छिक चुनाव को नैतिकता की दृष्टि से जाँचा-परखा जाता है। किन्तु कलाओं से अवकाश व सेवा निवृत्ति ली जा सकती है और कलाकार कलात्मक रूप से निष्क्रिय हो सकता है।

इसलिए यह उचित ही है कि सद्‌गुण या आचरण को कलाओं से भिन्न माना जाये। और जैसा कि ऊपर कहा गया है, आचरण का अध्ययन तो कला-विषय है ही नहीं।

उपर्युक्त सम्पूर्ण चर्चा से यह स्पष्ट हो जाता है कि नीतिशास्त्र हमारे जीवन की व्यावहारिक समस्याओं से सम्बन्धित नियामक विज्ञान है और दर्शनशास्त्र का अंग है इसीलिए इसे उचिततः ही **नीतिदर्शन (Moral Philosophy)** कहा जाता है।

नियामक नीतिदर्शन एवं अधिनीतिदर्शन (Normative Ethics and Meta Ethics)

परम्परा से नीतिदर्शन का उपर्युक्त स्वरूप ही स्वीकृत रहा है। परन्तु आधुनिक काल में विश्लेषणात्मक स्कूल से प्रभावित कुछ नीतिदार्शनिक इस विषय को नैतिक सिद्धान्त (Principles), नियमों (Laws), मानदण्डों (Standards) या आदर्शों (Ideals) का आलोचनात्मक अध्ययन मानते हुए इसे नैतिक विचारों या सम्प्रत्ययों (moral concepts) का अध्ययन भी समझते हैं। उनके अनुसार, नीतिदार्शनिकों का कार्य शुभ (good), उचित (right), कर्त्तव्य (duty), दायित्व (obligation), मूल्य (value) इत्यादि नैतिक सम्प्रत्ययों का विश्लेषण भी है। इस सन्दर्भ में इविंग की परिभाषा उद्धृत की जा सकती है जिसमें उसने स्पष्ट किया है कि नीतिशास्त्र का काम उन सामान्य सिद्धान्तों जिनके आधार पर किसी चीज़ को शुभ-अशुभ कहा जाता है, के अध्ययन के अलावा शुभ-अशुभ इत्यादि पदों के सुनिश्चित अर्थ को सपष्ट करना भी है। इस आधुनिक विचारधारा के आधार पर नीतिशास्त्र दो प्रकार का माना जाने लगा है

- नियामक नीतिशास्त्र और अधिनीतिशास्त्र। नैतिक नियमों, मानकों का विमर्श **नियामक नीतिशास्त्र (Normative Ethics)** कहलाता है और यह इस विषय से सम्बन्धित परम्परागत दृष्टिकोण है। आधुनिक दृष्टिकोण के अनुसार, इस विषय का कार्य नैतिक सम्प्रत्ययों का अर्थ सुनिश्चित करना भी है और इस कार्य सम्बन्धी अध्ययन को **अधिनीतिशास्त्र (Meta Ethics)** नाम दिया गया है। इसे विश्लेषणात्मक नीतिशास्त्र (Analytic Ethics) अथवा आलोचनात्मक नीतिशास्त्र (Critical Ethics) भी कहा जाता है। इसका उद्देश्य नैतिक आदर्शों व मानकों की खोज व विवेचन नहीं (यह नियामक नीतिशास्त्र का लक्ष्य है) बल्कि नैतिक निर्णयों के स्वरूप तथा अर्थ का विश्लेषण करना और उन तर्कों की वैधता को जाँचना है जिनके द्वारा इन निर्णयों का औचित्य-अनौचित्य तय किया जाता है। जब कहा जाता है कि सत्य बोलना हमारा कर्त्तव्य है, या अमुक कार्य शुभ या उचित है तो इन मूल्यात्मक निर्णयों में प्रयुक्त शुभ, कर्त्तव्य, उचित इत्यादि शब्दों का क्या वास्तविक्र अर्थ है, यह जानना नैतिक मूल्यात्मक निर्णयों के स्वरूप को समझने के लिए अपरिहार्य है। नैतिक निर्णयों व अन्य निर्णयों में क्या मूलभूत अन्तर है और उस अन्तर को कैसे समझा जाता है ? क्या नैतिक निर्णय पूर्णतः आत्मनिष्ठ या व्यक्तिनिष्ठ (subjective) हैं अथवा उन्हें वस्तुनिष्ठ (objective) माना जा सकता है ? क्या इन निर्णयों को सत्य या असत्य प्रमाणित किया जा सकता है ? 'सत्य बोलना हमारा कर्त्तव्य है', सरीखे नैतिक निर्णय सत्य हैं या नहीं, यह जानना मनुष्य के लिए बहुत महत्त्वपूर्ण हैं क्योंकि ये उसके जीवन की दिशा या मूल्य तय करते हैं। यदि ये नैतिक निर्णय सत्य हैं तो एक दूसरा महत्त्वपूर्ण प्रश्न उठता है कि वे कौन-से तरीक़े या विधियाँ (methods) हैं जिनसे इन्हें सत्य या असत्य प्रमाणित किया जा सकता है। किन तर्कों को इनके औचित्य की सिद्धि हेतु पर्याप्त माना जा सकता है और क्यों ? इस सन्दर्भ में इन तर्कों के स्वरूप के सम्बन्ध में भी प्रश्न उठाया जाता है कि ये किस अर्थ में उन तर्कों से भिन्न होते हैं जिनका प्रयोग अन्य विवरणात्मक विज्ञानों में होता है। इन सभी प्रश्नों का संक्षिप्त वर्गीकरण करने पर कहा जा सकता है कि अधिनीतिशास्त्र की दो मुख्य समस्याएँ हैं - पहली, नैतिक शब्दों के अर्थ एवं नैतिक निर्णयों के स्वरूप का स्पष्टीकरण करना तथा दूसरी, उन तर्कों की निष्पक्ष परीक्षा करना जो नैतिक निर्णयों के औचित्य, अनौचित्य का निश्चय करने के लिए प्रस्तुत किये जाते हैं।

बीसवीं सदी में तार्किक भाववाद (Logical Positivism) के उदय के पश्चात् रुडॉल्फ़ कार्नप, सी. एल. स्टीवेन्सन, ए. जे. एयर, एस. ई. टूलमिन, आर. एम. हेयर, पी.एच. नॉवेल स्मिथ आदि अनेक दार्शनिकों ने नैतिक निर्णयों के अर्थ, स्वरूप तथा औचित्य सम्बन्धी उपर्युक्त प्रश्न उठाये। विभिन्न नैतिक सिद्धान्तों के सन्दर्भ में मतैक्य न हो पाने की दशा में कतिपय दार्शनिकों को महसूस हुआ कि यह मत-वैभिन्न सम्भवतः नैतिक पदों या सम्प्रत्ययों को ठीक से न समझने के कारण है। इसलिए नैतिक भाषा व

शब्द का विश्लेषण व अर्थ सुनिश्चित करने की चेष्टा की जाने लगी। इन दार्शनिकों का विचार है कि इसके पहले कि हम नैतिकता के मानदण्डों की खोज करें, यह आवश्यक है कि नैतिक पदों का अर्थ-विश्लेषण कर उनके अर्थ को सुनिश्चित कर लिया जाये। साथ ही, उस बौद्धिक प्रक्रिया के तार्किक स्वरूप को भी समझ लें जिसके द्वारा नैतिक मानदण्ड स्थापित किये जाते हैं। इन सबसे सम्बन्धित गम्भीर प्रयासों के फलस्वरूप अधिनीतिशास्त्र नीतिशास्त्र की एक अत्यधिक महत्त्वपूर्ण शाखा बन गया है। बल्कि समकालीन युग में तो बहुत-से चिन्तक इसे ही वास्तविक एवं सम्पूर्ण नीतिदर्शन समझने लगे हैं और उनके अनुसार, एक नीतिशास्त्री का कार्य किसी विशेष नैतिक सिद्धान्त को प्रतिपादित करना नहीं, बल्कि नैतिक सम्प्रत्ययों के अर्थ-निरूपण द्वारा नैतिक निर्णयों के स्वरूप का स्पष्टीकरण तथा उनके प्रमाणीकरण की विधियों का विवेचन ही है। आर.एम. हेयर की नीतिशास्त्र की यह परिभाषा इसी दृष्टिकोण की द्योतक है कि 'नीतिशास्त्र नैतिक भाषा का तर्कपरक अध्ययन है'[14]।

किन्तु यह दृष्टिकोण संकीर्ण है। दर्शन को मात्र भाषा-विश्लेषण तक सीमित कर देने से दर्शन मानो भटक गया है क्योंकि शब्द-विश्लेषण अपने-आप में साध्य नहीं हो सकता। भाषा का स्वरूप स्पष्ट करने एवं उसकी समझ बढ़ाने के बाद उस भाषा के द्वारा हम क्या स्थापित करना चाहते हैं, यह महत्त्वपूर्ण है। तो नैतिक सिद्धान्त, मानक या आदर्श का विवेचन ही नीतिशास्त्र का साध्य है और नैतिक भाषा का स्पष्टीकरण तथा उसको सत्य-असत्य सिद्ध करनेवाले तर्कों की वैधता की परीक्षा उस साध्य की प्राप्ति में सहायक एक साधन मात्र है, पूरा-का-पूरा नीतिदर्शन नहीं।

यहाँ यह स्पष्ट कर दिया जाये कि प्रस्तुत पुस्तक की विषयवस्तु केवल नियामक नीतिदर्शन है और इसमें ऐतिहासिक रूप से महत्त्वपूर्ण विभिन्न नैतिक सिद्धान्तों की चर्चा की जायेगी।

सन्दर्भ एवं टिप्पणी

1. Wheelright, Philip, (1935), A Critical Introduction to Ethics; Doubleday, Doran & Company, Garden City, New York; p. 3-4
2. Ibid; p. 5-6
3. Ibid; p. 6-12
4. Mackenzie, J.S.; (1929), A Manual of Ethics, हिन्दी अनुवाद, द्वितीय संस्करण (1972), अनुवादक : भट्ट, श्री गोवर्धन, पाण्डे, श्री गंगारत्न एवं त्रिपाठी, श्रीमती शशिप्रभा; राजकमल प्रकाशन, दिल्ली 6, पटना 6; p. 1
5. Moore, G.E.; (VI Ed.), Principia Ethica; हिन्दी अनुवाद, द्वितीय संस्करण (1972), अनुवादक : वर्मा, डॉ अशोक कुमार, सम्पादक : झा, प्रो. हरिमोहन; बिहार हिन्दी ग्रन्थ अकादमी, पटना; p. 2
6. Urban, W.M., (1930), Fundamentals of Ethics : An Introduction

to Moral Philosophy; Henry Holt & Co, New York; p. 4-8 .
7. Wheelright, Philip; (1935), A Critical Introduction to Ethics; हिन्दी अनुवाद (1953), अनुवादक : श्री मधुकर; सेण्ट्रल बुक डिपो, इलाहाबाद; p. 1
8. Muirhead, John H; (Third Ed. 1910, reprint 1928), The Elements of Ethics; John Murray, Albemarle Street W, London; p. 4
9. Lillie, William, (1967), An Introduction to Ethics; Allied Publishers Pvt. Ltd., N. Delhi; p. 12
10. Sidgwick, Henry; (1907), Methods of Ethics; London, Macmillan & Co. Ltd, New York; p. 1-12
11. Ewing, A.C.; (1953), Ethics; English Universities Press Ltd., London; p. 1 intro .
12. विचारणीय है कि मनोविज्ञान को भी मनुष्य के आचरण या चरित्र का विज्ञान कहा जाता है मगर यह स्पष्ट हो जाना चाहिए कि मनोविज्ञान व नीतिदर्शन, दोनों के दृष्टिकोणों में अन्तर है - पहले विषय का दृष्टिकोण विवरणात्मक (descriptive) है और वह व्यक्ति की मनःस्थिति व आचरण सम्बन्धी तथ्यों की कारणात्मक व्याख्या प्रस्तुत करता है जबकि नीतिदर्शन का दृष्टिकोण नियामक (Normative) है और वह उचित/अनुचित, शुभ/अशुभ की दृष्टि से आचरण या चरित्र के मूल्यांकन की विवेचना करता है।
13. Mackenzie, J.S.; A Manual of Ethics (हिन्दी अनुवाद) ; p. 9-12
14. Hare, R.M., (1952); The Language of Morals; Clarendon Press, Oxford, p. V (Preface) .

अध्याय 2

नीतिदर्शन का अन्य विषयों से सम्बन्ध
(Relation of Ethics with Other Subjects)

नीतिदर्शन की प्रकृति के स्पष्टीकरण के पश्चात् अब कुछ अन्य विषयों से इसके सम्बन्ध का वर्णन करना भी महत्त्वपूर्ण है। वस्तुतः दूसरे विषयों से तुलनात्मक अध्ययन इसकी प्रकृति को और अधिक स्पष्ट कर सकता है। इसी परिप्रेक्ष्य में अर्थशास्त्र (Economics), राजनीतिशास्त्र (Political Science), धर्मशास्त्र (Theology) एवं तत्त्वदर्शन/तत्त्वमीमांसा (Metaphysics) से नीतिदर्शन/नीतिशास्त्र के सम्बन्धों का विवेचन किया जायेगा जिनके निष्कर्षों का इस विषय के लिए कुछ महत्त्व हो सकता है। यहाँ स्पष्ट कर दिया जाये कि ऐसे वर्णनात्मक (Descriptive) या विधायक विज्ञानों (Positive Sciences) जिनका उद्देश्य तथ्यों का वर्णन व व्याख्या करना (description and explanation of facts) होता है, का नैतिकता के सैद्धान्तिक अध्ययन यानी नीतिशास्त्र के लिए अधिक महत्त्व नहीं है क्योंकि नीतिशास्त्र का सम्बन्ध तथ्यों से न होकर मूल्यों से है। यद्यपि ध्यान देने योग्य है कि नैतिक आचरण (moral conduct or actions) के लिए इन विधायक विज्ञानों का महत्त्व हो सकता है। क्योंकि तब ये विज्ञान यह बताने में सहायता कर सकते हैं कि किसी आचरण या कर्म से क्या परिणाम प्राप्त होंगे। इसे एक उदाहरण द्वारा स्पष्ट किया जाये। 'सुख' (Happiness) एक अन्तिम नैतिक मूल्य है (सुखवाद), इस सिद्धान्त का निश्चय करने में विधायक विज्ञानों, यथा, रसायनशास्त्र, भौतिकशास्त्र इत्यादि, का कोई योगदान नहीं है किन्तु किस कार्य को करने से सुख प्राप्त होगा, इसमें उनका योगदान अवश्य हो सकता है। अतः इन विज्ञानों का नैतिक आचरण के लिए महत्त्व हो सकता है मगर नैतिक आदर्शों या मानदण्डों के विवेचन के लिए ये प्रासंगिक नहीं हैं। इसीलिए जब नीतिदर्शन की अन्य विषयों से तुलना की जाती है तो वे अन्य पूर्णतः तथ्यात्मक न होकर ऐसे विषय होते हैं जिनका एक मूल्यात्मक पक्ष भी होता है या जो मूल्यों के लिए प्रासंगिक हैं।

नीतिदर्शन एवं अर्थशास्त्र
(Ethics and Economics)

अर्थशास्त्र वह विज्ञान है जो मनुष्य के जीवन के आर्थिक पक्ष से सम्बन्धित है। यह अंशतः विवरणात्मक (descriptive) है और अंशतः नियामक (normative) क्योंकि एक ओर यह उत्पादन तथा वितरण के साधनों या कि आर्थिक ढाँचे (economic system) का वर्णन व व्याख्या करता है तो दूसरी ओर मनुष्य के कल्याण (welfare) की दृष्टि से उत्पादन व वितरण की व्यवस्था या आर्थिक ढाँचे का मूल्यांकन भी करता है। इस तरह, अर्थशास्त्र एक विशिष्ट प्रकार के मूल्य - आर्थिक कल्याण (economic good) - का विवेचन करता है। अब स्पष्ट है, किसी भी प्रकार के मूल्य की चर्चा करने में नैतिक कल्याण या शुभ का सन्दर्भ लेना ही पड़ता है। आर्थिक कल्याण के निर्धारण के लिए पहले यह जानना महत्त्वपूर्ण है कि मानव का सामान्य व बृहद् कल्याण किसमें है। उसी के परिप्रेक्ष्य में आर्थिक ढाँचे के शुभत्व को समझा जा सकता है।

अर्थशास्त्र उस धन या सम्पत्ति का विज्ञान है जो एक साध्य (an end) या अपने-आप में शुभ (good in itself) नहीं है। धन एक साधन मात्र (mere means) है जिसके द्वारा सुख-सुविधापूर्ण जीवन प्राप्त किया जा सकता है। यह इसलिए मूल्यवान् है कि इसके द्वारा मनुष्य की आवश्यकताओं की पूर्ति हो सकती है।

'आर्थिक कल्याण' के विचार के सन्दर्भ में मनुष्य-समाज के स्वरूप का बहुत महत्त्व होता है। उदाहरण के लिए, यदि समाज में बहुत विषमताएँ होंगी और वह उच्च व निम्नवर्ग में विभाजित होगा तो उस समाज में आर्थिक विषमता भी होगी जिसके कारण शोषण को मान्यता मिलेगी जहाँ उच्चवर्ग निम्नवर्ग का शोषण करेगा तथा यह माना जायेगा कि निम्नवर्ग उनकी आवश्यकताओं की पूर्ति के लिए ही बना है। स्पष्ट है, ऐसी सामाजिक व्यवस्था में तथाकथित 'आर्थिक कल्याण' का अर्थ केवल उच्चवर्ग का लाभ है जिसे नैतिक दृष्टि से उचित नहीं माना जा सकता। इसके विपरीत, यदि समाज प्रजातान्त्रिक मूल्यों से युक्त है और सभी व्यक्तियों को बराबर माना जाता है तो ऐसे समाज की आर्थिक व्यवस्था 'आर्थिक बराबरी' (economic equality) के शुभ की ओर लक्ष्य करेगी जिससे सभी मनुष्यों को आर्थिक उन्नति के समान अवसर मिले और कोई किसी का शोषण न करे। यह नैतिक दृष्टि से उचित भी है। इन उदाहरणों से स्पष्ट है कि नैतिक व आर्थिक मूल्य परस्पर बहुत गहराई से जुड़े हुए हैं और आर्थिक लक्ष्य व व्यवस्था कभी भी नैतिक दृष्टि से तटस्थ नहीं हो सकती। दूसरे शब्दों में, आर्थिक कल्याण की अवधारणा नैतिक शुभत्व के विचार से निर्देशित होती है।

लेकिन यह नहीं समझना चाहिए कि उनके सम्बन्ध एकतरफ़ा हैं और केवल आर्थिक कल्याण ही नैतिक शुभ से प्रभावित होता है। सच्चाई तो यह है कि यदि समाज

में अर्थ (धन) का वितरण ठीक नहीं है और एक ओर अत्यधिक सम्पन्नता है तथा दूसरी ओर घोर विपन्नता, तो ऐसे में नैतिक मूल्यों या आदर्शों की प्राप्ति भी सम्भव नहीं हो पाती। क्योंकि जहाँ ग़रीबी में अनेक अनैतिक आचरण पलते हैं, वहीं अत्यधिक धन में भी व्यक्ति की नैतिक-अनैतिक दृष्टि धुँधला जाती है। इससे भिन्न, यदि समाज में कमोबेश आर्थिक बराबरी है तो ऐसा समाज तुलनात्मक रूप से कहीं अधिक नैतिक होगा। इस तरह, नैतिक शुभ की प्राप्ति में आर्थिक कल्याण के योगदान से इन्कार नहीं किया जा सकता। इसे देखते हुए कुछ विद्वानों का मत है कि आर्थिक दृष्टिकोण नैतिक मूल्य को तय करते हैं।

किन्तु नैतिक मूल्यों को आर्थिक मूल्यों से उत्पन्न मानना उचित नहीं है, यद्यपि यह सही है कि व्यावहारिक रूप से अच्छी आर्थिक स्थिति मनुष्य को नैतिक बने रहने में सक्षम बनाती है। सैद्धान्तिक रूप से जब जीवन का सर्वोच्च लक्ष्य तय करना हो तो हमें धन-सम्बन्धी चिन्तन से ऊपर उठना होता है। अपने आदर्श रूप में नैतिक मूल्य आर्थिक सिद्धान्तों से अनुगमित (derive) नहीं होते। आर्थिक रूप से जो भी कुछ मूल्यवान् है, वह केवल इसलिए ऐसा है कि उसकी सहायता से मनुष्य अपना 'नैतिक स्व' (moral self) विकसित कर सकता है और पूर्णता (perfection) प्राप्त कर सकता है। परन्तु इससे यह नहीं मान लेना चाहिए कि नैतिक शुभ आर्थिक मूल्यों से व्युत्पन्न हैं अतः उन पर निर्भर हैं। वस्तुतः कोई आर्थिक मूल्य नैतिकता-निरपेक्ष नहीं होते, जबकि नैतिक मूल्य अर्थ-निरपेक्ष होते हैं।

नीतिदर्शन एवं राजनीतिशास्त्र
(Ethics and Political Science)

नीतिदर्शन/नीतिशास्त्र मनुष्य के आचरण का विज्ञान है और अरस्तू के अनुसार, मनुष्य एक राजनीतिक प्राणी है। समाज से अलग होकर कोई व्यक्ति अपनी क्षमताओं को विकसित नहीं कर सकता और हर समाज की अपनी एक व्यवस्था या प्रशासन होता है जिसमें कुछ नियम होते हैं जो उस समाज के सदस्यों के सार्वजनिक व्यवहार (public behaviour) को नियमित करते हैं। राजनीतिशास्त्र प्रशासन के विभिन्न ढंगों और शासन के विभिन्न स्वरूपों (forms) का अध्ययन करता है। एक व्यक्ति अपने नैतिक मूल्यों को आसानी से प्राप्त कर लेता है यदि वह ऐसे समाज का सदस्य है जिसकी व्यवस्था नैतिक आदर्शों के अनुरूप है और जो सामाजिक समन्वय एवं सुख का लक्ष्य करती है। अच्छी प्रशासनिक व्यवस्था या राजनीतिक तन्त्र की माँग है कि नागरिक अच्छे हों किन्तु अच्छे नागरिकों के निर्माण हेतु एक अच्छी राजनीतिक व्यवस्था महत्त्वपूर्ण होती है। इस तरह, राजनीति और नीति, दोनों एक-दूसरे से बहुत नज़दीक से सम्बन्धित प्रतीत होते हैं।

कुछ विचारकों का मत है कि नीतिशास्त्र राजनीतिशास्त्र की शाखा है। अरस्तू, थॉमस हॉब्स इत्यादि मानते हैं कि राज्य के नियम आचरण के भी सिद्धान्त या मानक हैं। पुराने समय में कुछ विद्वानों का मत था कि राजनीतिक नियम ही नैतिक नियम हैं क्योंकि राजा ईश्वर का प्रतिनिधि है। अतः राजा जो नियम बनाता है, वे एक तरह से ईश्वरीय नियम हैं इसलिए वे नैतिकता के प्रतिमान हैं। लेकिन अब राजा सम्बन्धी यह सिद्धान्त स्वीकार नहीं किया जाता, और यह दृष्टिकोण एक तरह से निरस्त हो गया है। फिर भी यह स्वीकार करनेवाले विद्वानों की कमी नहीं है कि राजनीतिक नियम ही नैतिक नियम हैं। परन्तु यह दृष्टिकोण अन्यथा भी सन्तोषजनक नहीं है क्योंकि -

1. नैतिक नियम सामान्यतः निरपेक्ष व अपरिवर्तनशील माने जाते हैं जबकि राजनीतिक नियम ऐसे नहीं होते।
2. राजनीतिक नियमों को हम निषेधात्मक ढंग से नैतिक कह सकते हैं क्योंकि वे चोरी या हत्या से रोकते हैं मगर वे विधानात्मक ढंग से नैतिक नहीं होते क्योंकि वे क्षमा, प्रेम, करुणा इत्यादि मूल्यों की प्राप्ति हेतु व्यक्ति को प्रेरित नहीं करते। बल्कि इस बारे में चुप्पी साधे रहते हैं।
3. राजनीतिक नियम या सामान्य रूप से कोई भी नियम किसी कार्य के पीछे 'सही चेतना' (right spirit) को सुनिश्चित नहीं कर सकते। वे केवल व्यक्ति को कोई कार्य एक निश्चित ढंग से करने के लिए बाध्य कर सकते हैं।
4. राजनीतिक नियम ऐसे कर्मों को प्रेरित नहीं कर सकते जो अपनी नैतिक गुणवत्ता में अतिविशिष्ट हैं। उदाहरण के लिए, एक बहादुर सिपाही का लड़ते-लड़ते देश के लिए शहीद हो जाना या एक सन्त का आत्मत्याग नियमों से नहीं प्राप्त किया जा सकता।
5. प्रत्येक राजनीतिक व्यवस्था में दण्ड विधान होता है और नागरिक दण्ड के भय से नियमों का पालन करते हैं, परन्तु नैतिक नियमों को पालन करवाने हेतु कोई दण्ड-व्यवस्था नहीं होती। बल्कि दण्ड के भय व पुरस्कार के लालच से कार्य करना वास्तव में, नैतिकता की आत्मा का नाश है।
6. वस्तुतः शासक और उनके द्वारा बनाये नियम स्वयं नैतिक मूल्यांकन का विषय हैं। एक राजनीतिक तन्त्र तभी तक अच्छा है जब तक वह नागरिकों को सुख से जीवन-यापन की सुविधा दे और नैतिक मूल्यों को प्राप्त करने का मार्ग प्रशस्त करे। नैतिक नियम कहीं अधिक विस्तारित (wider) हैं तथा जीवन को सम्पूर्णता में प्रभावित करते हैं जबकि राजनीतिक नियम ऐसे नहीं हैं। सच्चाई तो यह है कि यदि राज्य ऐसे नियम बनाता है जो अनैतिक हैं तो नागरिकों को विरोध करने का अधिकार है। कोई राज्य या राजा नैतिकता से ऊपर नहीं है।

कुछ अन्य दार्शनिकों, यथा बेनेडिक्ट स्पिनोज़ा, जॉर्ज डब्ल्यू. एफ. हीगल के अनुसार, राजनीतिशास्त्र नीतिशास्त्र की शाखा है। मगर यह दृष्टिकोण भी त्रुटिपूर्ण है।

यह सही है कि राज्य को कोई अनैतिक नियम बनाने का, या नागरिकों के नैतिक अधिकारों को दबाने का कोई अधिकार नहीं हैं लेकिन एक सन्तोषजनक प्रशासन देने के उद्देश्य से राज्य को ऐसे नियम अवश्य बनाने पड़ते हैं जो अन-नैतिक (non moral) यानी नैतिकता-अनैतिकता से परे (a moral) होते हैं। इसलिए न तो नीतिशास्त्र राजनीतिशास्त्र की शाखा है और न ही राजनीतिशास्त्र नीतिशास्त्र का अंग।

सही दृष्टिकोण यह है कि दोनों ही मानव-कल्याण व मानव-मूल्यों से सम्बन्धित हैं। जहाँ राजनीतिक नियमों को निर्धारित व मनवाने के लिए एक व्यवस्थित तन्त्र होता है, वहीं नैतिक नियम को तय करने व लागू करने के लिए ऐसा कोई तन्त्र या व्यवस्था (authority) नहीं है बल्कि यह व्यक्ति की नैतिक चेतना (moral conscience) और जनमत (public opinion), जिसे बहुत सारे तत्त्व (factors) निर्मित करते हैं, पर निर्भर करता है। इसी तरह, राजनीतिक व्यवस्था व नियम अधिक आसानी से बदले जा सकते हैं जबकि नैतिक नियमों के साथ ऐसा नहीं है। इन सब दृष्टियों से कहा जा सकता है कि राजनीतिशास्त्र और नीतिशास्त्र में परस्पर बहुत गहरा सम्बन्ध है यद्यपि वे दोनों महत्त्वपूर्ण दृष्टियों से भिन्न हैं।

नीतिदर्शन एवं धर्मशास्त्र
(Ethics and Theology)

धर्मशास्त्र सामान्य रूप से धर्म (Religion) व उसकी मूलभूत स्थापनाओं या विश्वासों (Religious Beliefs) की विशद व्याख्या है और चूँकि नैतिक मान्यताएँ धार्मिक विश्वासों का प्रमुख भाग हैं इसलिए धर्मशास्त्र से नीतिदर्शन का सम्बन्ध स्वाभाविक है क्योंकि धर्म में वर्णित नैतिक मान्यताएँ नीतिदार्शनिक चिन्तन की प्रमुख सामग्री होती हैं। यहाँ एक अति प्रचिलित भ्रम या भूल की ओर संकेत करना आवश्यक है। अधिकांश विचारक नीतिशास्त्र व धर्मशास्त्र के सम्बन्ध की चर्चा के दौरान नीतिशास्त्र को नैतिकता (Morality) और धर्मशास्त्र को धर्म (Religion) मानकर उपर्युक्त दोनों विषयों के सम्बन्ध को निर्धारित करने की भूल करते हैं। परन्तु **नीतिशास्त्र नैतिकता नहीं, नैतिकता का दार्शनिक अध्ययन है और धर्मशास्त्र भी धर्म नहीं, अपितु धर्म का तथ्यात्मक वैज्ञानिक वर्णन है**। इस भेद को समझते हुए ही इस स्थान पर नीतिदर्शन व धर्मशास्त्र के मध्य सम्बन्ध को रेखांकित किया गया है, न कि नैतिकता व धर्म के मध्य। जहाँ तक नैतिकता और धर्म के सम्बन्ध का प्रश्न है, इसकी चर्चा अन्यत्र होगी।

जैसा कि ऊपर कहा गया है, चूँकि धार्मिक विश्वासों में नैतिक मान्यताएँ प्रमुख रूप से समाविष्ट होती हैं और चूँकि वे नीतिशास्त्रीय अध्ययन का विषय होती हैं तो यह कहा जा सकता है कि एक दृष्टि से धर्मशास्त्र नीतिशास्त्रीय अध्ययन के लिए सामग्री प्रदान करता है। इस दृष्टि से नीतिशास्त्र का धर्मशास्त्र से आन्तरिक सम्बन्ध है।

मगर जब नैतिक चिन्तन-मनन किसी धर्म को प्रभावित करे जिसके फलस्वरूप उस धर्म में कुछ नये मूल्यों का समावेश हो तो धर्मशास्त्र की अन्तर्वस्तु (contents) भी बदल जाती है। इस दृष्टि से, नीतिदर्शन धर्मशास्त्र को प्रभावित करता है। लगभग प्रत्येक पुरातन मगर जीवित धर्म में नये-नये सम्प्रदायों का उदय हुआ है जैसे कि बौद्धधर्म में हीनयान व महायान, ईसाई धर्म में कैथोलिक और प्रोटेस्टेण्ट, जैनधर्म में दिगम्बर एवं श्वेताम्बर, और आज भी इन या अन्य धर्मों में नये-नये सम्प्रदाय उत्पन्न होते जा रहे हैं। स्पष्ट है कि इसके मूल में नैतिकता सम्बन्धी मीमांसा ही है।

नीतिदर्शन एवं तत्त्वदर्शन (Ethics and Metaphysics)

नीतिदर्शन एवं तत्त्वदर्शन, दोनों ही विषय दर्शनशास्त्र के अंग हैं अतः यह तो स्वाभाविक ही है कि अपने मूलभूत स्वरूप में दोनों समान होंगे। दोनों ही आत्मचेतन आलोचनात्मक विमर्श (self conscious critical reflection) हैं और विभिन्न प्रकार के मूल्यों से सम्बन्धित हैं। नीतिदर्शन व तत्त्वदर्शन क्रमशः शुभ (Good) व सत् (Real) के मूल्यों से सम्बन्धित हैं। परन्तु चूँकि दोनों दो अलग विषय हैं तो स्पष्ट है कि उनकी विषयवस्तु पृथक् होगी। नीतिशास्त्र की विषयवस्तु मनुष्य के कर्म और उन पर दिये गये नैतिक निर्णय हैं। इसमें उन सामान्य मानदण्डों का आलोचनात्मक मनन है जिनके बल पर कर्मों पर नैतिक निर्णय दिये जाते हैं। तत्त्वमीमांसा की विषयवस्तु सामान्य तत्त्वों, यथा आत्मा, स्वतन्त्रता, अमरत्व, ईश्वर, भौतिक जगत् इत्यादि का सत् की दृष्टि से मूल्यांकन है, अर्थात् इसमें यह जानने का प्रयास किया जाता है कि हमारे ज्ञान या अनुभव की विभिन्न वस्तुएँ सत् कहलाने की अधिकारी हैं या नहीं।

मगर जहाँ तक दोनों के सम्बन्ध का प्रश्न है, कुछ दार्शनिकों का मत है कि नीतिशास्त्र तत्त्वमीमांसा से स्वतन्त्र है और उसे तत्त्वमीमांसा से पृथक् ही रखना चाहिए। उनके अनुसार, नीतिशास्त्र मनुष्य के कल्याण से सम्बन्धित है और उसका कल्याण तात्त्विक प्रश्नों को उठाये बिना भी निर्धारित किया जा सकता है। मूर का विचार है कि शुभ एक अविश्लेष्य (unanalysable) गुण है जो अपने स्वरूप के लिए अन्य वस्तुओं/चीज़ों से अपने सम्बन्धों पर आश्रित नहीं है।

परन्तु अनेकानेक विचारक इस मत को स्वीकार नहीं करते। उनका मानना है कि नीतिशास्त्र कई दृष्टियों से तत्त्वमीमांसा पर आश्रित प्रतीत होता है।

(1) अधिकांश विचारक मानते हैं कि नैतिक नियम या मान्यताएँ अनिवार्यतः किन्हीं तत्त्वदार्शनिक समस्याओं को उत्पन्न करती हैं। नीतिशास्त्रीय आदर्शों/मूल्यों के स्वरूप व स्थिति के सम्बन्ध में यह प्रश्न उठता है कि क्या ये आदर्श व मूल्य

आत्मनिष्ठ (subjective) हैं अथवा वस्तुनिष्ठ (objective)? क्या ये सापेक्ष (relative) हैं या निरपेक्ष (absolute) ? इनकी वैधता कैसे स्थापित की जा सकती है ? या फिर इनकी वैधता सम्बन्धी कोई समस्या ही नहीं है ? नैतिकता के क्षेत्र में बौद्धिकता व युक्तियों का क्या स्थान है ? मनुष्य के स्वरूप व इस जगत् में उसके स्थान सम्बन्धी अवधारणा के प्रकाश में ही उपर्युक्त प्रश्नों पर संगत रूप से विचार किया जा सकता है। नैतिकता के मानदण्ड की समस्या अनिवार्यतः मनुष्य के स्वरूप सम्बन्धी अवधारणा से सम्बन्धित है। यदि मनुष्य को दो पृथक् तत्त्वों - आत्मा एवं शरीर - का योग माना जाता है और उसका मूलभूत स्वभाव बौद्धिक माना जाये तो उसके नैतिक मूल्य भी पूर्णरूपेण बौद्धिक होंगे। परन्तु यदि मनुष्य के स्वभाव को केवल अनुभूतियों और उद्वेगों से युक्त माना जायेगा तो नैतिकता के प्रतिमान भिन्न होंगे। यदि मनुष्य को केवल भौतिक शरीर माना जाये तो उसके मूल्य भी उसके अनुसार निर्धारित होंगे। मानव-जीवन के लक्ष्य को निर्धारण करने से पहले मनुष्य के स्वरूप के विषय में तय कर लेना होगा और यह कार्य तत्त्वदर्शन का है।

(2) नैतिक मान्यताएँ एक अन्य सन्दर्भ में भी तत्त्वदार्शनिक चर्चा को उठाती है। कुछ विचारकों के अनुसार, नैतिक मान्यताएँ किन्हीं विशिष्ट पूर्वमान्यताओं (presuppositions or postulates) पर आधारित होती हैं। यदि यह दावा किया जाये कि किसी परिस्थिति-विशेष में व्यक्ति-विशेष को 'क' नहीं, 'ख' विकल्प चुनना चाहिए, तो ऐसा कहना तभी कोई अर्थ रखेगा जब पहले यह स्वीकार किया जाये कि वह व्यक्ति दोनों विकल्पों 'क' तथा 'ख' में से किसी भी एक को चुनने के लिए किसी-न-किसी अर्थ में स्वतन्त्र है। नैतिकता की स्वीकृति को अर्थपूर्ण बनाने के लिए 'संकल्प की स्वतन्त्रता' (Freedom of Will) के अतिरिक्त अन्य कई बातें पहले से ही माननी पड़ती हैं, ऐसा विद्वानों का मत है। इन्हें ही नैतिकता की पूर्वमान्यताएँ (Postulates of Morality) कहते हैं। इमैनुअल काण्ट स्वतन्त्रता के अतिरिक्त 'ईश्वर' के अस्तित्व' (Existence of God) व 'आत्मा की अमरता' (Immortality of Soul) को भी पूर्वमान्यता के रूप में स्वीकार करता है। हेस्टिंग्स रैशडल 'अशुभ के अस्तित्व' (Existence of Evil) और 'समय/काल (Time) की प्रक्रिया' को भी नैतिकता की पूर्वमान्यता मानता है। फ़िलिप व्हीलराइट ने भी मूल्यों के अस्तित्व व स्वरूप सम्बन्धी कुछ पूर्वमान्यताओं को प्रस्तावित किया है। स्पष्ट है, इन सब विषयों पर चर्चा करना यानी नैतिकता की पूर्वमान्यताएँ सत् हैं या नहीं, तत्त्वमीमांसा का विषय है। इस दृष्टि से माना जा सकता है कि नीतिशास्त्र जो नैतिकता सम्बन्धी अध्ययन है, अपनी सार्थकता के लिए तत्त्वमीमांसा पर आधारित है।

(3) इसके अतिरिक्त, अनेक दार्शनिकों का मत है कि शुभ का स्वरूप इस बात पर निर्भर करता है कि सत् का क्या स्वरूप है। इस दृष्टि से सत् के विषय में हमारे दृष्टिकोण शुभ के विषय में हमारे विचारों को प्रभावित करते हैं। उदाहरण के लिए, सत् के स्वरूप की दृष्टि से एक जड़वादी **(Materialist)** शुभ की दृष्टि से सुखवादी **(Hedonist)** ही हो सकता है। भारत के चार्वाक जो केवल जड़ पदार्थों की सत्ता को स्वीकार करते हैं, जीवन के नैतिक लक्ष्य के रूप में केवल सुख को ही मान्यता देते हैं। इसके विपरीत यदि कोई धार्मिक या ईश्वरवादी **(Theist)** है तो उसके लिए नैतिक शुभ ईश्वर के आदेश में होगा या फिर नैतिकता का अन्तिम लक्ष्य ईश्वर का साक्षात्कार होगा। इसी तरह, नैतिक सिद्धान्त 'पूर्णतावाद' **(Perfectionism)** उन दार्शनिकों द्वारा प्रतिपादित है जो तत्त्वदार्शनिक दृष्टि से 'चैतन्यवाद' या 'अध्यात्मवाद' **(Idealism or Spiritualism)** को स्वीकार करते हैं, जैसे प्लेटो, अरस्तू, हीगल, टी.एच. ग्रीन, एफ़.एच. ब्रैडले, इत्यादि। इस तरह, ऐसा प्रतीत होता है कि नैतिकता के प्रतिमान सम्बन्धी सिद्धान्त बहुत सीमा तक तत्त्व सम्बन्धी मान्यताओं से निर्देशित होते हैं।

(4) इसके अलावा, एक अन्य ढंग से नीतिशास्त्र तत्त्वमीमांसा से सम्बन्धित हो सकता है। एक नीतिदार्शनिक सिद्धान्त के अनुसार, मूल्यात्मक निर्णय अन्तःश्चेतना **(Conscience)** के आधार पर दिये जाते हैं और वह तत्त्वमीमांसा ही है जो अन्तःश्चेतना के अस्तित्व के सम्बन्ध में विचार करके इन निर्णयों की वैधता के प्रश्न को हल कर सकती है।

(5) कुछ प्राचीन परम्पराओं में ज्ञानमीमांसा/ज्ञानदर्शन **(Epistemology)** को तत्त्वदर्शन का ही एक अंग माना गया है। उसका कार्य ज्ञान के स्वरूप एवं उसकी वैधता का विश्लेषण करना है। इसके सिद्धान्त नैतिक ज्ञान को भी प्रभावित करते हैं। यदि कोई विचारक ज्ञान के सम्बन्ध में सन्देहवादी **(Skeptic)** है तो वह नैतिक मूल्य के विषय में ही ऐसा ही होगा और यदि कोई विद्वान् ज्ञान के आत्मनिष्ठता **(Subjectivity of Knowledge or Idealism)** के सिद्धान्त को मानेगा तो उसके अनुसार, नैतिक-अनैतिक के मध्य भेद का कोई वस्तुनिष्ठ आधार नहीं होगा बल्कि वह हमारे विश्वासों या भावनाओं पर निर्भर करेगा। इसी तरह, कोई बुद्धिवादी विचारक **(Rationalist)** नैतिक मूल्यों को बौद्धिक मानेगा और एक अन्तःप्रज्ञावादी **(Intuitionist)** नैतिक सिद्धान्तों के सन्दर्भ में अन्तःप्रज्ञा को मान्यता देगा।

पर उपर्युक्त चर्चा से यह नहीं समझना चाहिए कि नीतिशास्त्र व तत्त्वमीमांसा का सम्बन्ध बस इतना ही है कि नीतिशास्त्र तत्त्वमीमांसा पर आधारित है। इसका एक दूसरा पक्ष भी है।

(1) तत्त्वमीमांसा का एक काम यह भी है कि वह एक पूर्णतः संसक्त बृहद् विश्व-चित्र (completely coherent world view) का निर्माण करे। ऐसे विश्व-चित्र का निर्माण करने में एक तत्त्वदार्शनिक को विभिन्न क्षेत्रों से सामग्री मिलती है। विभिन्न विज्ञान, सामान्य अनुभव, कलात्मक, धार्मिक, नैतिक अनुभूतियाँ, इत्यादि सभी ऐसे विश्व-चित्र के निर्माण में योगदान देते हैं। क्योंकि यह विश्व-चित्र ऐसा होना चाहिए जिसमें मनुष्य के विभिन्न अनुभवों में संसक्तता स्थापित हो सके। इसके लिए विभिन्न प्रकार के अनुभवों के योगदान (input) की आवश्यकता होती है। इस दृष्टि से नैतिकता सम्बन्धी दृष्टिकोण तत्त्वमीमांसीय विश्व-चित्र में सामग्री प्रदान करता है।

(2) काण्ट की मान्यता है कि यदि हम नैतिकता के आधारवाक्य स्वीकार करते हैं तो हमें नैतिकता की तात्त्विक पूर्वमान्यताएँ भी स्वीकार करनी पड़ेंगी। फलतः नैतिकता की स्वीकृति के आधार पर तत्त्वमीमांसीय सिद्धान्त निर्मित किये जा सकते हैं। इस तरह, नैतिकता तत्त्वमीमांसीय सिद्धान्तों की स्वीकृति का आधार बनती है और तत्त्वदर्शन उस पर निर्भर है, ऐसा माना जा सकता है। वस्तुतः इसीलिए काण्ट ने ईश्वर का अस्तित्व, आत्मा की अमरता व संकल्प की स्वतन्त्रता, तीनों की तत्त्वदार्शनिक स्वीकृति के लिए नैतिकता को आधार बनाया था जिसे इन तत्त्वों की स्वीकृति हेतु काण्ट द्वारा प्रस्तुत 'नैतिक तर्क' (Moral Argument) के रूप में जाना जाता है।

अध्याय 3

नैतिक निर्णयों का स्वरूप एवं विषयवस्तु (Nature and Object of Moral Judgments)

जब कहा जाता है कि हमें सत्य बोलना चाहिए, ईमानदारी अच्छा गुण है, रोहित ने माधव की मदद करके उचित काम किया, स्वामी विवेकानन्द एक महान् सदाचारी व्यक्ति थे, किसी को सताना बुरी बात है, गीता ने अपने मित्र के गहने चुराकर अनुचित कार्य किया, हिटलर एक दुष्ट व्यक्ति था, इत्यादि, तो ये सारे कथन या निर्णय (statements or judgments) नैतिक निर्णय हैं क्योंकि ये किसी विशिष्ट कार्य या व्यक्ति के चरित्र के शुभ या उचित की दृष्टि से मूल्यांकन को प्रकट करते हैं। यही **नैतिक निर्णय नीतिशास्त्र अथवा नीतिदर्शन की विषयवस्तु हैं और इनके ही आधारों या मानकों** - कि किस/किन आधारों पर कहा गया है कि 'ईमानदारी अच्छा गुण है और दूसरे को सताना बुरी बात', या विवेकानन्द सदाचारी, सच्चरित्र नैतिक दृष्टि से महान् व्यक्ति थे और हिटलर दुष्ट, या सत्य बोलना चाहिए और झूठ नहीं बोलना चाहिए, इत्यादि - **की विवेचना नीतिशास्त्र में की जाती है।** स्पष्ट है, इन निर्णयों के स्वरूप को समझ लेना नीतिशास्त्र के विद्यार्थी के लिए मूलभूत महत्त्व का है। इसलिए प्रारम्भ में ही यह जान लेना चाहिए कि इनकी क्या विशेषताएँ हैं और ये अन्य दूसरे कथनों या निर्णयों से किस प्रकार भिन्न हैं।

सर्वप्रथम 'निर्णय या कथन' क्या है, यह जान लिया जाये। जब भी एक ऐसा वाक्य (sentence) कहा जाये जिसके सत्य या असत्य होने का दावा किया जा सके तो वह वाक्य एक कथन या निर्णय को अभिव्यक्त करता है। उदाहरण के लिए, दो और दो चार होते हैं, श्री प्रणव मुखर्जी (2013 ई.) भारत के राष्ट्रपति हैं, गुरुत्वाकर्षण के कारण भारयुक्त वस्तुएँ नीचे की ओर आकर्षित होती हैं, इत्यादि वाक्य ऐसी सूचनाएँ व्यक्त कर रहे हैं जो सत्य हैं। वर्ष 2013 में श्री मुलायम सिंह उत्तर प्रदेश के मुख्यमन्त्री हैं, दो और पाँच आठ होते हैं और पृथ्वी चन्द्रमा के चक्कर लगाती है, सरीखे वाक्य ऐसी सूचनाएँ प्रकट कर रहे हैं जो असत्य हैं। आपका नाम क्या है, पानी लाओ, इत्यादि

वाक्यों के सत्यासत्य का प्रश्न नहीं उठता क्योंकि ये वाक्य कोई सूचना व्यक्त नहीं कर रहे अतः ये निर्णय नहीं हैं।

इस तरह, परिभाषतः निर्णय वे हैं जो सत्य या असत्य हो सकते हैं। इन निर्णयों में दो प्रकार स्पष्ट रूप से दिखायी देते हैं -

(1) तथ्यात्मक निर्णय (Judgment of Facts)

(2) मूल्यात्मक निर्णय (Judgment of Values)

तथ्यात्मक निर्णय वे हैं जो तथ्यों, वस्तुओं या घटनाओं का वर्णन करने का दावा करते हैं, यथा, ताजमहल शेरशाह ने बनवाया है (असत्य), चन्द्रमा पृथ्वी का उपग्रह है (सत्य)। मूल्यात्मक निर्णय तथ्यों के मूल्यांकन से सम्बन्धित हैं, जैसे ताजमहल एक बदसूरत इमारत है, पृथ्वी का उपग्रह चन्द्रमा बहुत सुन्दर है। एक अन्य उदाहरण लें, 'कालिदास ने अभिज्ञान शाकुन्तलम् नाटक लिखा', यह तथ्यात्मक निर्णय है, जबकि 'यह नाटक साहित्य की श्रेष्ठतम कृतियों में से एक है', एक मूल्यात्मक निर्णय है। स्पष्ट है, नैतिक निर्णय भी मूल्यात्मक निर्णयों की श्रेणी में आते हैं। 'रोहित ने माधव की मदद की', यह कहना एक तथ्यात्मक निर्णय है किन्तु 'ऐसा करके रोहित ने एक अच्छा काम किया', यह एक मूल्यात्मक निर्णय है। इसी बात को मैकेञ्ज़ी ने इस तरह अभिव्यक्त किया है कि नैतिक निर्णय तथ्य के बारे में निर्णय (judgment about facts) नहीं, बल्कि तथ्य के ऊपर निर्णय (judgment upon facts) होते हैं। म्योरहेड का भी मानना है कि तथ्य के विषय में निर्णय तथा तथ्य के ऊपर निर्णय, दोनों में अन्तर है और नैतिक निर्णय सदैव दूसरे वर्ग में आते हैं और वे तथ्य के ऊपर दिये गये निर्णय हैं। वे तथ्य के 'मूल्य' (value) या 'महत्त्व' (worth) को प्रकट करते हैं।

मूल्यात्मक निर्णय भी कई प्रकार के होते हैं और उनमें यह प्रकार-भेद उस मूल्य या मानक के कारण आता है जिसकी दृष्टि से वे मूल्यात्मक निर्णय दिये जाते हैं। ये मूल्य या मानक अनेक प्रकार के हो सकते हैं किन्तु दार्शनिक दृष्टि से तीन प्रकार के मूल्यात्मक निर्णय महत्त्वपूर्ण हैं। वे हैं -

(1) सौन्दर्यात्मक निर्णय (Aesthetical Judgment)

(2) तार्कीय निर्णय (Logical Judgment)

(3) नैतिक निर्णय (Moral Judgment)

जब ताजमहल को सुन्दर कहा जाता है तथा कालिदास के नाटक 'अभिज्ञान शाकुन्तलम्' को अतिश्रेष्ठ रचना, तो ये निर्णय सौन्दर्यात्मक निर्णय हैं क्योंकि ये सौन्दर्य (Beauty) सम्बन्धी आदर्श की दृष्टि से किन्हीं वस्तुओं की जाँच को प्रकट करते हैं। इस प्रकार के निर्णयों का विश्लेषण करनेवाला विषय सौन्दर्यशास्त्र/सौन्दर्यदर्शन (Aesthetics) है। इसी तरह, जब किसी विचार या तर्क को औचित्यपूर्ण या वैध ठहराया जाता है तो इस सन्दर्भ में प्रस्तुत निर्णय 'तार्कीय निर्णय' कहे जाते हैं। इस प्रकार के निर्णय तर्कशास्त्र/तर्कदर्शन (Logic) की विषयवस्तु हैं जो वैधता (Validity) के

आदर्श से सम्बन्धित हैं। नैतिक निर्णय जो नीतिशास्त्र/नीतिदर्शन की अन्तर्वस्तु हैं, इन दोनों से भिन्न हैं क्योंकि उनमें सौन्दर्य अथवा वैधता से भिन्न शुभ (Good) का आदर्श निहित है और उनकी विषयवस्तु हैं, हमारे कर्म या चरित्र।

नैतिक निर्णयों के स्वरूप के स्पष्टीकरण के बाद अब उनकी विषयवस्तु को ठीक-ठीक तय करने का प्रयास किया जायेगा। सतही तौर पर यह कह दिया जाता है (जैसा कि ऊपर कहा गया है) कि इनकी विषयवस्तु कर्म है, मगर इतना कह देना पर्याप्त नहीं है। इस सम्बन्ध में कुछ अधिक चिन्तन-मनन की आवश्यकता है जिससे यह ज्ञात हो सके कि वह सुनिश्चित वस्तु (precise object) क्या है जिसका नैतिक दृष्टि से मूल्यांकन किया जाता है। नैतिक निर्णयों की विषयवस्तु सम्बन्धी समस्या वस्तुतः शुभ, अच्छा, नैतिक, सही, उचित, अनुचित, गलत, अशुभ, कर्त्तव्य, इत्यादि - जिन्हें नैतिक विधेय (moral predicates) कहा जाता है - के 'उद्देश्य' (subject) के खोज की समस्या है। दूसरे शब्दों में, ये 'विधेय' किस 'उद्देश्य' पर लागू किये जाते हैं, अब इस सम्बन्ध में दार्शनिक विवेचन किया जायेगा।

जैसा कि ऊपर कहा गया है, सतही तौर पर यह निर्धारित करना सरल लगता है कि नैतिक निर्णयों की विषयवस्तु 'कर्म' (actions) हैं। परन्तु सर्वप्रथम यहाँ यह सूचित करना आवश्यक है कि ये कर्म मनुष्य के होने चाहिए। किसी निर्जीव पदार्थ की क्रियाओं तथा जानवरों की गतिविधियों पर नैतिक-विधेय लागू करना नासमझी है तथा यह हास्यास्पद होगा। बिजली के झटके से किसी व्यक्ति की मृत्यु दुर्भाग्य तो कही जायेगी पर क्या हम बिजली को हत्यारा कहकर भर्त्सना कर सकते हैं ? क्या शेर को इसलिए नैतिक दृष्टि से बुरा कहा जा सकता है कि उसने एक अन्य जानवर को खा लिया ? या, किसी साँप को क्या दुश्चरित्र कहा जा सकता है यदि वह किसी व्यक्ति को डँस ले ? स्पष्ट है, नैतिकता के दायरे में केवल और केवल मनुष्य के कर्म आते हैं तथा उन्हें ही अच्छा या बुरा कहा जा सकता है। इसका कारण यह है कि केवल मनुष्य को ही अपने कार्यों के लिए उत्तरदायी ठहराया जा सकता है क्योंकि उसमें संकल्प की स्वतन्त्रता (Freedom of Will) व चीज़ों के तुलनात्मक मूल्यों का बोध (Awareness of Comparative Values) है जिससे कि वह सोच-समझकर किसी कार्य को करने या न करने का चुनाव कर सकता है। जड़ पदार्थों तथा जानवरों के क्रिया-कलापों पर इसीलिए नैतिक निर्णय नहीं दिये जाते क्योंकि वे अपनी क्रियाएँ व कार्य प्राकृतिक नियमों अथवा स्वाभाविक प्रवृत्तियों के अधीन होकर करते हैं और उन्हें करने या न करने के लिए वे स्वतन्त्र नहीं होते। वे सोच-समझकर चयन नहीं कर सकते कि अमुक कार्य किया जाये या नहीं। जहाँ स्वतन्त्रता नहीं है वहाँ ज़िम्मेदारी या उत्तरदायित्व भी नहीं है फलतः वहाँ नैतिक मूल्यांकन का भी कोई स्थान नहीं है।

उपर्युक्त विवेचन से यह तो तय हो गया कि नैतिक निर्णयों की विषयवस्तु मनुष्य के कर्म हैं। पर अब प्रश्न है कि क्या सभी मनुष्यों के कर्म नैतिक मूल्यांकन का विषय

हैं। जिस आधार पर जड़तत्त्वों व जानवरों को नैतिकता के दायरे से बाहर रखा गया है, उसी आधार पर बहुत-से मनुष्यों के साथ भी ऐसा ही करना होगा और उन्हें नैतिकता या अनैतिकता से तटस्थ मानना होगा। उदाहरण के लिए, बच्चों के कार्यों का नैतिक मूल्यांकन करना नासमझी होगी। किसी को नुक़सान पहुँचानेवाले बच्चे को हम शैतान कह सकते हैं मगर उसे अनैतिक नहीं कहते। ऐसे ही, एक अनुशासित बच्चे को सच्चरित्र कहना भी बेमानी होगा। वस्तुतः बच्चों में सोच-समझ की शक्ति इतनी विकसित नहीं होती कि वे स्वतन्त्र रूप से चयन कर सकें कि उन्हें क्या करना चाहिए व क्या नहीं। फलतः बच्चों के कार्य नैतिक मूल्यांकन के विषय नहीं होते। इसी तरह, पागलों व अविकसित बुद्धिवाले वयस्कों के कार्यों पर भी नैतिक निर्णय नहीं दिये जाते। निष्कर्षतः, सभी मनुष्यों के नहीं, बल्कि विकसित व सन्तुलित बुद्धिवाले वयस्कों के कर्म ही नैतिक निर्णय की विषयवस्तु हैं और उन्हीं पर नैतिक विधेय लागू किये जा सकते हैं।

अब एक अन्य प्रश्न है कि क्या ऐसे मनुष्यों के सभी कर्मों पर नैतिक विधेय लागू होते हैं। यदि मुझे बिजली का झटका लगे, उससे मेरा सन्तुलन बिगड़ जाये और पास खड़े दूसरे व्यक्ति को मुझसे धक्का लग जाये जिससे वह गिर पड़े तथा उसको गम्भीर चोट लग जाये, तो क्या उस व्यक्ति की चोट का ज़िम्मेदार मानकर मुझे नैतिक दृष्टि से दोषी समझा जायेगा ? इसमें कोई दो मत नहीं होंगे कि मुझे उसकी चोट का अफ़सोस होगा, परन्तु यदि मुझे इसके लिए दण्डित किया जायेगा तो मेरे द्वारा इसका ज़ोरदार विरोध किया जायेगा क्योंकि जो कुछ हुआ, वह मैंने जान-बूझकर नहीं किया था और मेरी यह मन्शा बिल्कुल नहीं थी कि उसे चोट लगे। मैं अपने शरीर के असन्तुलन को रोकने के लिए स्वतन्त्र नहीं था। इससे स्पष्ट है कि नैतिक रूप से मूल्यांकन केवल उन कर्मों का किया जाता है जिनके लिए व्यक्ति को उत्तरदायी ठहराया जा सके। चर्चा के इस पड़ाव पर अब मनुष्य के कर्मों का इस प्रकार वर्गीकरण करना महत्त्वपूर्ण हो जाता है कि उसके कुछ कर्म ऐसे हैं जो उसकी स्वतन्त्र इच्छा के परे हैं। मगर अनेकानेक कर्म वह चैतन्य होकर अपनी मर्ज़ी (conscious will) से करता है। पहले प्रकार के कर्मों को **'अनैच्छिक कर्म' (Non Voluntary Actions)** कहा जाता है जो या तो शुद्ध प्रतिक्रियाएँ (reflexes) हैं या प्रवृत्त्यात्मक (instinctive), जैसे हृदय का धड़कना, बिजली के झटके से हाथ का हिलना, इत्यादि। दूसरे प्रकार के कर्म **'ऐच्छिक कर्म' (Voluntary Actions)** कहे जाते हैं, जैसे, किसी प्राकृतिक या मानवकृत त्रासदी के समय घर बैठे रहना या मदद के लिए आगे बढ़ना। स्पष्ट है कि मनुष्य के ऐच्छिक कर्मों का ही नैतिक मूल्यांकन किया जाता है। परिभाषतः ये वे कर्म हैं जिनके बारे में मनुष्य की इच्छाशक्ति स्वतन्त्र है कि वे उनको करें या न करें और इसीलिए केवल इनके लिए ही व्यक्ति उत्तरदायी होता है।

यहाँ यह स्पष्ट समझ लेना चाहिए कि किसी कर्म को करने की इच्छा करना तथा वास्तव में उस कर्म को करना, दोनों वस्तुतः अलग बातें नहीं हैं। इच्छा उसी कर्म का मनोवैज्ञानिक रूप है और कर्म उस इच्छा का वास्तवीकरण। सी.ई.एम. जोड की व्याख्या के अनुसार[1], इच्छा व कर्म दो पृथक् घटनाएँ नहीं हैं क्योंकि विश्लेषण करने पर दोनों अपने-आपको कारणात्मक रूप से जुड़ी गतियों (movements) की शृंखला के रूप में प्रकट करती हैं, जिसमें शृंखला की प्रत्येक कड़ी पिछली कड़ी का परिणाम है और अगली कड़ी का कारण। शृंखला की पहली आनेवाली कड़ी मनोवैज्ञानिक कहलाती है और अन्तिम कड़ी भौतिक या वास्तविक। इसलिए इच्छा व कर्म को नैतिक सन्दर्भों में एक ही माना जाता है। फलस्वरूप जब कर्म के मूल्यांकन का प्रश्न उठता है तो वस्तुतः चूँकि इच्छा उसी का प्रारम्भिक मनोवैज्ञानिक रूप है अतः ये 'ऐच्छिक कर्म' ही हैं जो नैतिक मापदण्डों पर परखे जाते हैं।

इस सन्दर्भ में अब उन कर्मों का उल्लेख करना आवश्यक हो जाता है जिन्हें हम 'आदत' (habits) कहते हैं। आदतों या आदत से मजबूर होकर किये गये कर्मों को किस वर्ग में रखा जाये ? क्या वे 'अनैच्छिक कर्म' हैं, अथवा 'ऐच्छिक' ? थोड़ा विवेचन करने पर यह स्पष्ट हो जाता है कि 'आदत' एक ही प्रकार के 'ऐच्छिक कर्मों' को बार-बार लगातार करने का फल है। दूसरों की मदद करने या झूठ बोलने की आदत तब बनती है जब अनेकानेक बार व्यक्ति दूसरों की मदद करता है या झूठ बोलने का चुनाव करता है। एक बार जब आदत बन जाती है तो फिर ऐसा लगता है कि आदत के विपरीत चुनाव करना व्यक्ति के लिए सम्भव नहीं है और आदत के अनुसार कर्म करने के लिए वह वैसे ही बाध्य है जैसे तेज़ हवा चलने पर पत्ते हिलने को मज़बूर होते हैं या करण्ट लगने पर हाथ हिलने को। मगर, जैसा कि ऊपर कहा गया है, कितनी भी बाध्यता की अनुभूति हो, अन्ततः आदतें ऐसे ऐच्छिक कर्मों का फल हैं जिन्हें यदि व्यक्ति चाहता तो प्रारम्भ में ही सम्पादित करने से स्वयं को रोक सकता था। तो आदतें चाहें कितनी भी पक्की हों, मूलतः हैं वे ऐच्छिक कर्म ही और इसलिए नैतिक निर्णय का विषय हैं।

इसी तरह, आवेशात्मक कर्म (impulsive actions) भी व्यक्ति के चुनाव हैं यद्यपि हो सकता है, कर्त्ता-व्यक्ति यह न माने। वस्तुतः आवेशों (impulses) को संयमित किया जा सकता है। इसीलिए संयम (restrain) एक नैतिक गुण माना जाता है।

हमारे कुछ दूसरे कर्म भी हैं जो सतही तौर पर अनैच्छिक प्रतीत होते हैं लेकिन वे ऐसे हैं नहीं। ये वे कर्म हैं जिन्हें हम अपनी इच्छा के विरुद्ध करते हैं। उदाहरण के लिए, स्वयं या परिजनों की हत्या की धमकी के अधीन होकर कोई ऐसा कार्य करना जो अन्यथा हम कभी न करते। वस्तुतः ये 'इच्छा-विरुद्ध (Involuntary) कर्म' हैं जो अनैच्छिक कर्मों जैसी शुद्ध प्रतिक्रियाएँ या प्रवृत्त्यात्मक नहीं हैं। ऐसे कर्मों को 'ऐच्छिक'

की ही कोटि में रखा जायेगा क्योंकि धमकी से डरने या न डरने का निर्णय हमारा अपना ही होता है। अधिकांशतः जो व्यक्ति जान-माल की हानि की धमकी के बावज़ूद झुकता नहीं और वही करता है जो किसी ऊँचे मूल्य की प्राप्ति हेतु किया जाना चाहिए तो उस व्यक्ति को हम नैतिकता के पैमाने पर कहीं बहुत ऊँचे आँकते हैं और उन्हें आदर्श बना लेते हैं। अनेक क्रान्तिकारी व सेना के जवान इसी श्रेणी में आते हैं जो दबावों में झुके नहीं अपितु वही किया जिसमें देश का हित समझा। मगर यह भी सही है कि किन्हीं विशेष परिस्थितियों में हम उस व्यक्ति का निषेधात्मक नैतिक मूल्यांकन नहीं करते जिसने धमकियों के अधीन कोई ऐसा काम कर दिया जिसे सामान्यतः नैतिक दृष्टि से ग़लत माना जाता है। वस्तुतः हमारा मूल्यांकन क्या ('निषेधात्मक अथवा विधानात्मक') होगा, यह इस बात पर निर्भर करता है कि परिस्थिति कैसी है एवं उसमें चुनाव हेतु तुलनात्मक मूल्य क्या हैं। मगर इतनी बात तो निश्चित है कि इस तरह के कर्म नैतिक निर्णय के विषय होते हैं। वे निर्णय क्या होंगे, यह अलग बात है।

यहाँ एक बात का स्पष्टीकरण बहुत आवश्यक है कि किसी भी कर्म को नैतिक दृष्टि से जाँचने का प्रश्न तभी उठता है जब वह परिस्थिति जिसमें कर्म किया गया है, एक नैतिक परिस्थिति (moral situation) हो। जब परिस्थिति में परस्पर भिन्न या विरोधी मूल्यों का गम्भीर संघर्ष हो, जब वह परिस्थिति नैतिक रूप से महत्त्वपूर्ण होती है, तभी उसमें किया गया व्यक्ति का चुनाव या कर्म नैतिक-अनैतिक, अच्छा-बुरा, उचित-अनुचित की दृष्टि से जाँचा जाता है। परन्तु यदि परिस्थिति नैतिक दृष्टि से कोई महत्त्व नहीं रखती तथा उसमें मूल्यों का संघर्ष नहीं है तो ऐसी परिस्थिति में किये गये ऐच्छिक कर्म अन-नैतिक (a – moral or non-moral) कहे जाते हैं और उन पर कोई नैतिक-विधेय लागू नहीं किया जाता। ये नैतिक मूल्यांकन की दृष्टि से प्रासंगिक नहीं होते। जैसे, यदि पार्टी में जाना है तथा विकल्प हो कि काली क़मीज़ पहनी जाये या सफ़ेद क़मीज़, तो इस परिस्थिति में चुनाव का कोई नैतिक महत्त्व नहीं है। यह या इसी तरह की अन्य परिस्थितियाँ 'विकल्पयुक्त साधारण परिस्थितियाँ' (ordinary situations involving alternatives) हैं, न कि नैतिक परिस्थितियाँ जिनकी चर्चा प्रथम अध्याय में की जा चुकी है।

नैतिक निर्णय की सुनिश्चित विषयवस्तु को तय करने की प्रक्रिया में अब हम एक अत्यधिक महत्त्वपूर्ण किन्तु जटिल मोड़ पर आ गये हैं। अब तक जो तय किया गया है, वह यह है कि नैतिक परिस्थिति में ऐसे वयस्क व्यक्ति जो पागल व अविकसित बुद्धिवाले नहीं हैं बल्कि मानसिक रूप से सामान्य हैं, के द्वारा किये गये ऐच्छिक कर्म ही नैतिकता की दृष्टि से जाँच का विषय हैं। मगर अब ध्यान देने की बात है कि हमारे कर्म स्वरूपतः जटिल (complex) होते हैं। और कर्म के विभिन्न पक्षों में से कौन-सा पक्ष नैतिक मूल्यांकन की दृष्टि से प्रासंगिक है, यह जानना बहुत आवश्यक है। इस बात को एक कथा के उदाहरण से समझाया जा सकता है। एक विदेशी अनजान व्यक्ति ने

स्थानीय फल बेचनेवाले से पूछा कि आपके पास जो फल हैं, उनमें से सबसे अच्छा फल कौन-सा है। फल विक्रेता ने उत्तर दिया - केला व सन्तरा। उस अनजान व्यक्ति ने दोनों फल लिये और खाना शुरू किया। खाने के बाद उसने फलवाले से शिकायत की कि दोनों ही फल कसैले, कड़वे व बेस्वाद थे। तब फलवाले ने ध्यान दिया कि उसने दोनों ही फल छिलकेसहित खाये थे। फलवाले को अपनी ग़लती का एहसास हुआ और उसने बताया कि दोनों ही फलों का स्वाद क्रमशः उनके गूदे व भीतरी फलियों में था, न कि उनके छिलकों में। नीतिदर्शन का विद्यार्थी भी यही त्रुटि कर सकता है यदि वह कर्म के उस प्रासंगिक पक्ष की ओर संकेत न करे जो नैतिक मूल्यांकन का विषय है और समूचे कर्म को ही नैतिक निर्णयों की विषयवस्तु मान बैठे।

कर्मों के दो पक्ष हैं - बाह्य (external) एवं आन्तरिक (internal)। व्यक्ति के कर्मों का जो भी वास्तविक फल या परिणाम (actual or final consequence) होता है, वह कर्मों का बाह्य पक्ष है। परन्तु जिस लक्ष्य या उद्देश्य (motive) हेतु कोई कर्म किया जाता है, मोटे तौर पर वह कर्म के आन्तरिक पक्ष का भाग है। लक्ष्य या उद्देश्य वह प्रेरक हेतु है जो व्यक्ति को कर्म करने के लिए उद्यत करता है। यह कर्म का वह साध्य (aim) है जिसके लिए कर्म किया जाता है। एक उदाहरण से दोनों का भेद समझाया जाये। एक मेहनती, अनुभवी व पारंगत डॉक्टर का लक्ष्य होता है अपने रोगी को स्वस्थ करना और इसी लक्ष्य हेतु वह इलाज के लिए प्रेरित होता है व रोगी को एक विशेष दवा देता है। मगर हो सकता है कि सभी ईमानदार व सावधानीपूर्वक किये गये प्रयासों के बावज़ूद वह रोगी उस दवा के कारण मर जाये। रोगी की मृत्यु डॉक्टर के कर्म का वास्तविक परिणाम है, और रोगी को स्वस्थ करने का विचार या संकल्प उस कर्म का लक्ष्य। इस उदाहरण में वास्तविक परिणाम बुरा है जबकि लक्ष्य को अच्छा कहा जायेगा। मगर उस विशेष डॉक्टर के इस विशेष कर्म को नैतिक दृष्टि से जाँचते हुए हम किस पर ध्यान देंगे ? स्पष्ट है, उसके लक्ष्य पर, क्योंकि यही वह पक्ष है जिसके लिए वह डॉक्टर उत्तरदायी है। इसका कारण यह है कि कर्म का यही आन्तरिक पक्ष उसके स्वतन्त्र चुनाव का विषय हो सकता है। उसके कर्म का बाह्य पक्ष अनेक कारणों से डॉक्टर के वश में नहीं है, जैसे, रोगी के शरीर का दवा को सकारात्मक तरीके से प्रतिक्रिया न करना, बिना डॉक्टर के संज्ञान के दवा का नक़ली होना, या बिना डॉक्टर व मरीज़ के संज्ञान के किसी रसायन या औषधि से मरीज़ को कोई असाधारण एलर्जी होना, इत्यादि। इसलिए साधारण परिस्थितियों में यदि डॉक्टर की ओर से लापरवाही, ज्ञान की कमी, अनुभव या मेहनत का अभाव, आदि न हो तो वह रोगी की मृत्यु के लिए ज़िम्मेदार नहीं है। फलतः उसके कर्म का मूल्यांकन वास्तविक परिणाम के आधार पर नहीं, अपितु उसके लक्ष्य या साध्य के बल पर किया जायेगा। डॉक्टर जॉनसन ने भी एक उदाहरण दिया है कि एक व्यक्ति एक भूखे भिखारी द्वारा बार-बार पैसे माँगने से चिढ़कर उसका सिर फोड़ने के लिए उसकी ओर एक सिक्का फेंकता है। लेकिन भिखारी

उस सिक्के को पकड़ लेता है व उससे खाना ख़रीदकर अपनी भूख शान्त कर लेता है। यहाँ कर्म का वास्तविक परिणाम तो सुखद है परन्तु कर्म का प्रेरक या उद्देश्य निश्चित ही बुरा है। स्पष्ट है, बुरे उद्देश्य के कारण ही उस व्यक्ति के कर्म का मूल्यांकन नैतिक रूप से निषेधात्मक ही होगा।

इन उदाहरणों से अब स्पष्ट हो जाता है कि जब कर्मों का नैतिक दृष्टि से मूल्यांकन किया जाता है तो ऐसा उनके आन्तरिक पक्ष के आधार पर किया जाता है, न कि बाह्य पक्ष पर। इसलिए प्रथम दृष्टया, नैतिक निर्णयों की विषयवस्तु **कर्मों के लक्ष्य, उद्देश्य या साध्य (motives)** हैं, पूरा-का-पूरा वह कर्म नहीं जिसमें वास्तविक परिणाम (actual consequence) भी शामिल है। यहाँ एक बात ध्यान देने की है कि अपवादात्मक स्थितियों में जब कभी किसी ऐसे वास्तविक परिणाम जो उद्देश्य नहीं हैं, के लिए व्यक्ति ज़िम्मेदार होता है तब उस परिणाम के आधार पर भी नैतिक मूल्यांकन किया जाता है। जैसे, डॉक्टर अपने मरीज़ के इलाज में यदि लापरवाह हो जाये, या वह सक्षम न हो, या कि उसने अपने-आपको चिकित्सकीय ज्ञान की दृष्टि से उन्नत (update) नहीं किया है, इत्यादि, इन दशाओं में उस डॉक्टर को मरीज़ की मृत्यु का उत्तरदायी माना जायेगा, फलतः कर्म का वास्तविक परिणाम भी नैतिक मूल्यांकन का विषय हो जायेगा। कहा जा सकता है कि व्यक्ति के चरित्र के वे सभी पक्ष जो कर्म के वास्तविक परिणाम को प्रभावित कर सकते हैं, नैतिक मूल्यांकन की विषयवस्तु होते हैं। वस्तुतः महत्त्वपूर्ण यह है कि कर्म करनेवाले व्यक्ति की ज़िम्मेदारी कहाँ ठहरायी जा सकती है। कर्म के जिस भी पक्ष के लिए कर्त्ता-व्यक्ति उत्तरदायी होगा अर्थात् जिस भी पक्ष को सीधे या परोक्ष रूप से चुनने के लिए वह स्वतन्त्र होगा, वही पक्ष नैतिक मूल्यांकन का विषय बनेगा। चूँकि साधारणतः व्यक्ति केवल लक्ष्य निर्धारण के लिए स्वतन्त्र व ज़िम्मेदार होता है अतः मुख्यतः वही नैतिक निर्णय की विषयवस्तु है। कार्य के वास्तविक परिणाम साधारणतः पूरी तरह से व्यक्ति के वश में नहीं होते, वे बहुत-सी ऐसी शक्तियों से निर्धारित होते हैं जिनको व्यक्ति नियन्त्रित नहीं कर सकता है, इसलिए सामान्य दशा में व्यक्ति अपने कर्मों के साध्य पक्ष के लिए नैतिक दृष्टि से जाँचा जाता है। जोसेफ़ बटलर व काण्ट सरीखे दार्शनिक भी इसी पक्ष में हैं।

इस सामान्य मान्यता से भिन्न सुखवादी दार्शनिक जॉन स्टुअर्ट मिल व जेरेमी बेन्थम का दृष्टिकोण है कि उद्देश्य के विचार के आधार पर नैतिक निर्णय नहीं दिये जा सकते। उनके अनुसार, व्यक्ति के सभी कार्यों का एक ही सम्भव उद्देश्य या लक्ष्य है - व्यक्तिगत सुख। उसके प्रत्येक ऐच्छिक कार्य के पीछे केवल अपने सुख का विचार ही प्रेरक हेतु (motive) होता है क्योंकि यह व्यक्ति के मनोवैज्ञानिक स्वरूप का एक तथ्य है कि वह किसी भी दशा में अन्ततः केवल सुख पाना चाहता है, इसके अतिरिक्त अन्य किसी चीज़ को नहीं, ऐसा इनका मत है। जब अपने स्वरूप से बाधित व्यक्ति अन्य किसी चीज़ को अन्तिम साध्य बनाने हेतु प्रेरित हो ही नहीं हो सकता तो इस दृष्टि से

उसके पास चुनाव की कोई स्वतन्त्रता नहीं है। परन्तु इसका यह अर्थ नहीं निकाल लेना चाहिए कि ये दार्शनिक कर्म के वास्तविक परिणाम यानी बाह्य पक्ष को नैतिक मूल्यांकन का आधार मानते हैं यद्यपि इनके बारे में प्रचलित धारणा यही है जो वस्तुतः एक ग़लतफ़हमी है। कोई भी गम्भीर चिन्तक यह प्रस्तावित नहीं कर सकता कि कर्म के मूल्यांकन का आधार उस कर्म का वह वास्तविक परिणाम या फल हो जिसका घटित होना या न होना सम्बन्धित व्यक्ति के नियन्त्रण से परे हो। सच्चाई यह है कि मिल व बेन्थम के अनुसार, चूँकि प्रत्येक ऐच्छिक कर्म का लक्ष्य तो सदैव सुख ही रहेगा, इसलिए जिन कर्मों या कर्मों के परिणामों द्वारा उस सुख को प्राप्त करने का इरादा किया जाता है, वे कर्म या परिणाम नैतिक निर्णय की विषयवस्तु के रूप में महत्त्वपूर्ण हो उठते हैं। यदि सुख-प्राप्ति के लिए कोई व्यक्ति धोखा देने या हत्या का इरादा करता है या ऐसे ही साधन अपनाता है तो ये धोखा देने या हत्या के कर्म या उन कर्मों के परिणाम नैतिक मूल्यांकन के विषय होंगे। इसी तरह, अपने सुख हेतु परोपकार या समाज-सेवा का चुनाव करना भी नैतिक निर्णय की विषयवस्तु होगा। मिल व बेन्थम के इस सिद्धान्त कि व्यक्ति का अन्तिम साध्य (ultimate aim or motive) केवल अपना सुख है, की विस्तार से चर्चा आगे किसी सन्दर्भ में की जायेगी। अभी केवल इतना स्पष्ट हो जाना चाहिए कि ये कर्म या परिणाम जिन्हें व्यक्ति सुख के लक्ष्य की प्राप्ति हेतु साधन के रूप में चुनता है, केवल एक मानसिक अवस्था (mental state) नहीं हैं। ये वे कर्म या इच्छित (desired) परिणाम हैं जिनका सुख के अन्तिम लक्ष्य की प्राप्ति हेतु कर्त्ता-व्यक्ति इरादा करता है। इसीलिए मिल व बेन्थम के अनुसार, नैतिक निर्णय की विषयवस्तु है - लक्ष्य-प्राप्ति के पीछे व्यक्ति का **पूरा इरादा, नीयत या मन्शा,** जिसमें सुख के निश्चित लक्ष्य की प्राप्ति के लिए इच्छित ऐसे सभी परिणाम शामिल हैं जिन्हें कर्त्ता-व्यक्ति अपने चुने गये कर्म द्वारा घटित कराने का इरादा करता है (all the consequences the agent intends to bring about through that action)।

मिल व बेन्थम से एक क़दम आगे बढ़ते हुए यह भी कहा जा सकता है कि नैतिक निर्णय की विषयवस्तु के रूप में न केवल इच्छित या अभिप्रेत (intended), बल्कि अनभिप्रेत (unintended), यानी इरादतन के साथ-साथ कुछ ग़ैरइरादतन प्राप्त परिणामों को भी शामिल किया जाना चाहिए, बशर्ते उन अनभिप्रेत या ग़ैरइरादतन प्राप्त परिणामों के लिए वह कर्त्ता-व्यक्ति किसी अर्थ में उत्तरदायी ठहराया जा सके। उदाहरण के लिए, एक अर्थशास्त्री देश की अर्थव्यवस्था में सुधार हेतु एक पॉलिसी बनाता है और उसको अच्छी तरह से लागू करता है। मगर उसके कुछ ऐसे दुष्परिणाम निकलते हैं जिनसे बचा जा सकता था यदि वह थोड़ा और अधिक सावधानीपूर्वक पॉलिसी बनाता या लागू करता। ये कुछ ऐसे परिणाम थे जिनका उस अर्थशास्त्री ने इरादा नहीं किया था मगर जिनके लिए वह ज़िम्मेदार था क्योंकि पॉलिसी बनाते व क्रियान्वित करते समय वह पूरी तरह से सावधान नहीं था। इसी तरह, कोई डॉक्टर यदि स्वयं को चिकित्सकीय ज्ञान में

उन्नत नहीं करता और किसी विशेष दवा के साइडइफ़ेक्ट सम्बन्धी अद्यतन जानकारी के अभाव में मरीज़ को वह दवा दे देता है जिससे वह मरीज़ गम्भीर साइडइफ़ेक्ट से ग्रस्त होकर अन्ततः मर जाता है तो वह डॉक्टर भी 'साइडइफ़ेक्ट के ग़ैरइरादतन' परिणाम के लिए नैतिक रूप से ज़िम्मेदार माना जायेगा। दोनों ही उदाहरणों में प्रेरक लक्ष्य के शुभत्व से इन्कार नहीं है, न ही कर्त्ता-व्यक्तियों के नेक इरादों से। मगर अनभिप्रेत रूप से जो भी अन्य परिणाम घटित हुए, उन्होंने उनके नेक इरादों पर पानी फेर दिया। इसीलिए नैतिकता के लिए केवल अच्छा लक्ष्य नहीं, वरन् उसे प्राप्त करने के दौरान अभिप्रेत के अलावा जो भी कुछ ग़ैरइरादतन रूप से घटित हो सकता है, उसका विचार करना अति आवश्यक प्रतीत होता है।

इसी सन्दर्भ में इस कहावत का ज़िक्र किया जा सकता है कि 'नरक का रास्ता अमूमन नेक इरादों से ही बनता है' (Road to hell is often paved with good intentions)। इसका यही अर्थ है कि यदि हम ज्ञानात्मक दृष्टि से सावधान व सम्पन्न नहीं रहेंगे तो मात्र नेक इरादे भयंकर परिणामदायक हो सकते हैं। ईसाई धर्म की मान्यता है कि नैतिक होने के लिए केवल एक शुद्ध हृदय पर्याप्त है मगर बौद्ध विचारधारा के अनुसार, नैतिकता के लिए यह भी आवश्यक समझा गया है कि करुणामय हृदय के अलावा परिस्थिति-विशेष के सन्दर्भ में समुचित ज्ञान भी होना चाहिए ताकि हमारे कर्मों से लाभ की बजाय नुक़सान न हो जाये। इसी कारण, सच्ची नैतिकता हृदय तथा बुद्धि, दोनों को महत्त्व देती है। इस दृष्टि से केवल अच्छी भावना व भला मन होना ही नैतिक होने के लिए पर्याप्त नहीं है, अपने-आपको ज्ञान व बुद्धि से सम्पन्न बनाना भी हमारा नैतिक दायित्व है।

इस चर्चा से स्पष्ट हो जाता है कि नैतिक निर्णयों की विषयवस्तु निर्धारण का कार्य अपने-आप में जटिल है और मात्र यह कह देना पर्याप्त नहीं है कि कर्म का आन्तरिक पक्ष ही मूल्यांकन का विषय होता है। क्योंकि कर्म के आन्तरिक पक्ष की विवेचना एक नयी समस्या को जन्म देती है कि नैतिकता के सन्दर्भ में केवल लक्ष्य या साध्य (motive) का विचार महत्त्वपूर्ण व प्रासंगिक है अथवा वे अभिप्रेत-अनभिप्रेत विभिन्न परिणाम भी महत्त्व रखते हैं जो लक्ष्य-प्राप्ति हेतु साधन (Means) होते हैं। दूसरे शब्दों में, विचारणीय है कि नैतिक मूल्यांकन की दृष्टि से क्या केवल लक्ष्य या साध्य, जो कर्म के आन्तरिक पक्ष का एक भाग है, प्रासंगिक है अथवा साध्य व साधन का वह समवेत रूप जिसे तकनीक़ी दृष्टि से **अभिप्राय (Intention)** कहा जाता है और जो कर्म के सम्पूर्ण आन्तरिक पक्ष का द्योतक है।

नैतिकता निर्णयों की विषयवस्तु को सुनिश्चित करने सम्बन्धी जटिलता को जोड ने और अधिक स्पष्टता से इस तरह प्रस्तुत किया है कि नैतिक निर्णय की विषयवस्तु कुछ ही तत्त्वों पर निर्भर नहीं करती, बल्कि उसकी विषयवस्तु वह सम्पूर्ण नैतिक परिस्थिति है जिसमें व्यक्ति कार्य करता है। जोड का कथन है[2] कि "नैतिक निर्णय के

विषयक्षेत्र को प्रेरक हेतु, कर्म या परिणाम तक सीमित करने का प्रयत्न असफल होगा। जब हम नैतिक दृष्टि से निर्णय देते हैं तो हम वास्तव में उस पूरी परिस्थिति का मूल्यांकन कर रहे होते हैं, प्रेरक हेतु, कर्म व परिणाम जिसका एक अंश या भाग होते हैं। इस पूरी परिस्थिति में हमें वे हालात भी शामिल करने चाहिए जिनमें वह कर्म सम्पादित किया गया है - वे प्रलोभन व ख़तरे भी जो कर्त्ता के सामने प्रस्तुत हुए थे तथा कर्त्ता की आनुवंशिकता, शारीरिक गठन, मनोवैज्ञानिक प्रवृत्तियाँ, प्रशिक्षण, वातावरण भी; इनके अलावा, पूरी परिस्थिति में वे परिणाम भी सम्मिलित किये जाने चाहिए जिनको कर्त्ता-व्यक्ति अपने कर्म से प्राप्त करने की आशा करता है, वे अन्य परिणाम भी जिनकी उस समय उपलब्ध जानकारियों के प्रकाश में उस कर्त्ता को तर्कतः अपेक्षा करनी चाहिए थी, साथ ही, वे परिणाम भी जो वास्तव में प्राप्त हुए।'' मगर जोड का यह भी क़हना है कि ऐसा नहीं है कि जब वास्तव में नैतिक निर्णय लिया जाता है तो इन समस्त बातों पर विचार किया जाता है। उनका कथन मात्र इतना है कि ये सभी तत्त्व नैतिक निर्णय हेतु प्रासंगिक हैं और इनमें से बहुत-से या कई तत्त्वों को ध्यान में रखकर नैतिक निर्णय दिये जाते हैं। एक उदाहरण द्वारा बात को स्पष्ट करने का प्रयास किया जाये। यदि किसी व्यक्ति ने बैंक की कागज़ातों में हेरा-फेरी की है और उस पर नैतिक निर्णय देना हो तो विभिन्न बातों पर विचार किया जायेगा, जैसे, वह हेरा-फेरी किसके द्वारा, किस उद्देश्य से, किन हालातों में की गयी है। यदि यह काम बन्दूक़ की नोक पर करवाया गया है तो उसके प्रति हमारा निर्णय थोड़ा नरम होगा, जबकि स्वतन्त्र इच्छा से ऐसा करना अधिक बुरा समझा जायेगा। मगर यदि स्वतन्त्र इच्छा से हेरा-फेरी करने के पीछे का उद्देश्य परिवार को भूख से मरने से बचाना है तो स्पष्ट ही, उस कर्म की अनदेखी की जा सकती है। इसके विपरीत, यदि यह हेरा-फेरी अपनी मौज-मस्ती के लिए की गयी है तो इस पर कठोर नैतिक प्रतिक्रिया होगी। इस तरह, नैतिक निर्णय की विषयवस्तु हेतु विभिन्न तत्त्व से युक्त पूरी परिस्थिति प्रासंगिक होती है और उन अंश-तत्त्वों में से काफ़ी-कुछ पर वास्तव में विचार किया जाता है। जोड का मानना है कि निर्णय-कर्त्ता व्यक्ति जितना जागरुक (enlightened) होगा, उतनी ही अधिक संख्या में प्रासंगिक तत्त्वों पर निर्णय देते समय वह ध्यान देगा।[3]

नैतिक निर्णय के विषय में लक्ष्य या साध्य और कतिपय इच्छित के साथ अनिच्छित परिणामों यानी साधन-सम्बन्धी उपर्युक्त समस्या को अक्सर इस रूप में भी व्यक्त किया जाता है कि **क्या साध्य साधन को उचित ठहराता है (Does an end justify the means ?)**। जो लोग केवल लक्ष्य को नैतिक निर्णय की विषयवस्तु मानते हैं, वे स्वीकार करेंगे कि साध्य ही साधन का औचित्य निर्धारित करता है। किन्तु जो विचार साध्य के अलावा अन्य बातों को भी महत्त्व देते हैं, जैसा कि ऊपर स्पष्ट किया गया है, वे इस सिद्धान्त का निषेध करेंगे तथा कहेंगे कि नैतिक दृष्टि से लक्ष्य के

साथ साधन की उपयुक्तता व शुचिता भी महत्त्वपूर्ण है। प्रथम वर्ग के विचारक अपने पक्ष में अनेक दृष्टान्त दे सकते हैं जिनसे सम्भवतः आमजन भी सहमत होंगे। जब एक चिकित्सक रोगी का इलाज करता है तो वह अपने साध्य को प्राप्त करने हेतु साधन के रूप में कुछ ऐसे कर्म करता है या कि ऐसी प्रक्रियाएँ (procedures) अपनाता है जिनके परिणामस्वरूप रोगी को अत्यन्त पीड़ा होती है। अब इन कर्मों या साधनों को अपने-आप में तो सही नहीं कहा जायेगा किन्तु उचित साध्य के अंग के रूप में यानी एक अच्छे साध्य के प्राप्ति के साधन के रूप में उन्हें स्वीकार कर लिया जाता है। ऐसे ही, अपने बच्चे की भलाई के लिए जब पिता उसे दण्डित करता है तो भले ही वह दण्ड अपने-आप में अच्छा न माना जाता हो, मगर उसे उचित ठहरा लिया जाता है। इन दोनों उदाहरणों से यह ध्वनित होता है कि साध्य साधन को उचित ठहराता है (End justifies the means)।

मगर इस दृष्टिकोण के कई भयंकर परिणाम हो सकते हैं । उदाहरण के लिए, यदि सामाजिक-आर्थिक भेदभाव व शोषण से उपजा कोई संगठन समाज के सभी वर्गों में बराबरी लाने व आर्थिक खाई को मिटाने हेतु उग्रवादी रवैया अपनाता है एवं हिंसा का सहारा लेता है जैसे कि नक्सलवादी संगठन, तो यद्यपि इनका लक्ष्य उचित है, किन्तु इस लक्ष्य को प्राप्त करने हेतु उनके साधन का औचित्य नहीं ठहराया जा सकता। मानव-कल्याण हेतु ईश्वर को प्रसन्न करने के लिए किसी धर्म-विशेष का आतंकवादी गुट निर्दोष जनता अथवा दूसरे धर्मावलम्बियों की निर्मम हत्या करता है तो यह कर्म एक अच्छे उद्देश्य की प्राप्ति हेतु ऐसे अत्यन्त बुरे साधनों के प्रयोग का उदाहरण बन जाता है जिनको किसी भी दृष्टि से उचित नहीं कहा जा सकता। इसी तरह, वर्गहीन समाज निर्मित करने के लिए रक्तरंजित क्रान्ति का मार्क्सवादियों का रास्ता भी अब ग़लत माना जाने लगा है। ऐसा कोई भी व्यक्ति जो रॉबिनहुड की भाँति अमीरों से धन लूटकर ग़रीबों में बाँटने का काम करे तो उसे डाकू यानी नैतिक दृष्टि से ग़लत काम करनेवाला ही कहा जायेगा न कि मसीहा। सच्चाई तो यह है कि ग़लत साधन अन्ततः साध्य की अच्छाई को छिपा देते हैं और उसे भी बुरा कर देते हैं (Bad means corupts the good end)। अपने आस-पास के ये तथा ऐसे ही कितने दृष्टान्त उस दूसरे वर्ग के चिन्तकों, यथा महात्मा गाँधी, के इस विचार को सही सिद्ध करते प्रतीत होते हैं कि केवल साध्य ही नहीं, साधनों की पवित्रता का भी बराबर का महत्त्व है। इसीलिए भारत की स्वतन्त्रता के लिए गाँधी जी ने अहिंसा का मार्ग अपनाया। उनका मानना था कि हिंसा के माध्यम से प्राप्त स्वतन्त्रता अपनी अच्छाई खो देगी और स्वतन्त्र देश में एक ऐसा समाज पैदा हो जायेगा जिसमें हिंसा, जातिवाद धर्मान्धता जैसी अनेक दूसरी बुराइयाँ उत्पन्न हो जायेंगी। जैसे, समाज के भेदभाव को मिटाने के लिए यदि स्वयं भेदभाव का रास्ता अपनाया जाये तो उससे भेदभाव दूर कैसे होगा ? उससे तो समाज का ताना-बाना और भी अधिक छिन्न-भिन्न हो जायेगा। उसी तरह, हिंसा के मार्ग से मिली आज़ादी अन्ततः

हिंसाजनित बुराइयों से ग्रस्त हो जायेगी। कहावत भी है कि जैसा बीज वैसा पेड़। इसी कारण, इस दूसरे वर्ग के चिन्तकों के अनुसार, वे कर्म जिनके अन्य दूषित परिणाम होते हैं, अच्छा साध्य या लक्ष्य रखते हुए भी अनैतिक कहे जायेंगे, भले ही वे अपने साध्य को प्राप्त करने में सफल हो जायें। अतः ऐसा प्रतीत होता है कि अच्छे साध्य हेतु अच्छे साधन या तरीक़े अक़सर बहुत महत्त्वपूर्ण होते हैं, और साध्य साधन को उचित नहीं ठहराता (End does not justify the means)।

उपर्युक्त चर्चा से अब यह स्पष्ट हो जाता है कि नैतिक मूल्यांकन की दृष्टि से न केवल कर्म का लक्ष्य, बल्कि लक्ष्य प्राप्त करने हेतु किये गये कर्मों के जो अन्य सहायक अभिप्रेत व कतिपय अनभिप्रेत परिणाम होते हैं, उन पर भी विचार किया जाता है क्योंकि जिस तरह व्यक्ति लक्ष्य चुनने के लिए स्वतन्त्र है, वैसे ही लक्ष्य की पूर्ति हेतु अन्य मध्यस्थ सहायक परिणाम भी सीधे या परोक्ष रूप से उसके हाथ में हैं। फलतः वह इन सबके लिए उत्तरदायी है।

अतः यह स्पष्ट है कि नैतिक चिन्तन का सीधा विषय कर्म का पूरा आन्तरिक पक्ष है जिसमें कर्म के लक्ष्य के साथ ही, इरादतन व कुछ ग़ैरइरादतन सहायक परिणाम भी शामिल हैं यानी कर्म का पूरा-का-पूरा **'अभिप्राय' (Intention)**। अब यह अभिप्राय या कर्मों का आन्तरिक पक्ष वस्तुतः कर्त्ता-व्यक्ति के चरित्र की ही अभिव्यक्ति है। अतः परोक्ष रूप से नैतिक निर्णय की विषयवस्तु अन्ततोगत्वा व्यक्ति का चरित्र या कि व्यक्ति स्वयं है जो एक नैतिक परिस्थिति में उसके आचरण में प्रकट होता है।

सन्दर्भ एवं टिप्पणी

1. Joad C.E.M. (1948); Guide to the Philosophy of Morals and Politics; Victors Gollanez Ltd.; London; p. 290
2. Ibid; p. 291
3. Ibid; p. 291

अध्याय 4

नैतिक प्रतिमानों के सिद्धान्त : एक वर्गीकरण

(Theories of Moral Standards A Classification)

पिछले अध्याय में नैतिक निर्णयों - जो सदैव किसी विशेष चुनाव (decision) या कार्य (act)[1] के उचित/अनुचित की दृष्टि से मूल्यांकन को प्रकट करते हैं - के स्वरूप एवं उनकी विषयवस्तु से सम्बन्धित विवेचन प्रस्तुत किया गया। प्रस्तुत अध्याय में नैतिक निर्णयों के आधार या कारणों के रूप में प्रस्तावित नैतिक सिद्धान्तों (Moral Theories) का उल्लेख व वर्गीकरण किया जायेगा। वस्तुतः नैतिक निर्णय नीतिशास्त्र सम्बन्धी तथ्य (facts) हैं और नैतिक सिद्धान्त नैतिक निर्णय रूपी तथ्यों के तर्काधार (rationale or reasons) हैं। नैतिक सिद्धान्त वे मानदण्ड (standards) या प्रतिमान (norms) हैं जिनके आधार पर नैतिक निर्णयों का औचित्य ठहराया जाता है। सरल शब्दों में, नैतिक निर्णय किसी विशेष व्यक्ति के चरित्र या कि कर्म के शुभ-अशुभ, उचित-अनुचित, कर्त्तव्य-अकर्त्तव्य के रूप में मूल्यांकन हैं जबकि नैतिक सिद्धान्त कोई कर्म क्यों उपर्युक्त रूप से आँका गया, इसका उत्तर हैं।

इससे पहले कि विभिन्न नैतिक सिद्धान्तों की सामान्य चर्चा या वर्गीकरण किया जाये, इस सन्दर्भ में कुछ परिस्थितियों का वर्णन प्रस्तुत है जिनमें नैतिकता सम्बन्धी गम्भीर समस्याएँ उत्पन्न होती हैं।

एक ग़रीब व्यक्ति जिसके पास न तो धन है और न ही कोई रोज़गार, साथ ही, जो इस समय रोज़गार ढूँढ़ने में असमर्थ भी है, एक दुकान से दुकानदार की नज़र बचाकर अपने पड़ोसी के बच्चों को भुखमरी से बचाने के लिए रोटी चुरा लेता है। बच्चों की विधवा माँ बहुत बीमार व बेरोज़गार है और वह अपने बच्चों का पेट भरने में पूर्णतः असमर्थ है। उन बच्चों के लिए रोटी का बन्दोबस्त करने का चोरी के अलावा अन्य कोई रास्ता दिखायी नहीं देता।[2] उस ग़रीब व्यक्ति का कार्य नैतिक मूल्यांकन का विषय है, यह स्पष्ट है। उसके कार्य को साधारणतः दो दृष्टियों से जाँचा जा सकता है। पहली दृष्टि से कहा जा सकता है कि उसने चोरी करके एक ग़लत काम किया; चाहे जो हो, उसे चोरी नहीं करनी चाहिए थी क्योंकि यह कर्म या तो स्वीकृत नैतिक नियम के विरुद्ध है या फिर बिना किसी नैतिक नियम का सन्दर्भ लिये, किसी विशिष्ट परिस्थिति में एक

व्यक्ति का क्या कर्त्तव्य है, इस सहजबोध (Intuitive Awareness) का उल्लंघन है। ग़रीब व्यक्ति के चोरी के कार्य के मूल्यांकन की दूसरी दृष्टि यह हो सकती है कि दी गयी परिस्थिति-विशेष में उसका रोटी चुराना अनैतिक नहीं है क्योंकि यह कार्य ऐसे उद्देश्य हेतु किया गया है जो वांछनीय है अतः नैतिक रूप से शुभ है। इसी तरह, मार्क ट्वेन[3] की एक कहानी को यहाँ उद्धृत किया जा सकता है। दो नर्सें एक अत्यधिक गम्भीर रूप से बीमार महिला की सेवा कर रही हैं। उस बीमार महिला की एक छोटी-सी बेटी है जिसे अपनी माँ से मिलने की अनुमति नहीं है मगर जो रोज़ अपनी बीमार माँ को पत्र लिखकर भेजती है जिसे परिचारक नर्सें उस बीमार महिला को पढ़कर सुनाती हैं जिसके कारण उस महिला को बहुत राहत मिलती है और उसमें ठीक होने की इच्छा बनी रहती हैं जो अन्ततः उसको रोगमुक्त होने में सहायक हो सकती है। मगर वह बेटी भी बहुत बीमार पड़ जाती है, फलस्वरूप अपनी माँ को चिट्ठियाँ नहीं लिख पाती। बीमार माँ के द्वारा इस बारे में पूछने पर दोनों नर्सें दुविधा में हैं कि क्या करें। मान लीजिये कि बहुत चिन्तन-मनन के पश्चात् उन्होंने बीमार महिला को सच-सच बताने की बजाय झूठे पत्र लिखने व सुनाने का चुनाव किया। उनका यह चुनाव भी दो वैकल्पिक नैतिक प्रतिक्रियाओं को जन्म दे सकता है - एक, कि उन दोनों ने झूठ बोलकर पाप किया अथवा दो, कि इस परिस्थिति में झूठ बोलना अनैतिक नहीं है क्योंकि इससे उस महिला को राहत व ख़ुशी मिलती है जो एक श्रेयस्कर परिणाम है।

एक अन्य उदाहरण ![4] नवम्बर 1915 में शिकागो के एक सर्जन ने एक चार वर्षीय शिशु का ऑपरेशन करने से मना कर दिया जो स्वीकृत चिकित्सा सम्बन्धी नैतिक नियम के विरुद्ध था। उसने अपने निर्णय के पक्ष में तर्क देते हुए कहा कि ऐसा उसने मानव जाति के, विशेष रूप से अमरीकी पुरुष जाति के लाभ के लिए किया। उसने बताया कि बच्चा शारीरिक रूप से अपंग व मानसिक रूप से अत्यधिक अविकसित था और उसकी स्थिति में सुधार की कोई गुंजाइश नहीं थी। डॉक्टर के अनुसार, बच्चा मरणासन्न था किन्तु ऑपरेशन करने पर उसका जीवन बच सकता था। डॉक्टर का तर्क था कि उसने बच्चे का ऑपरेशन करके उसके जीवन को बचाने-बढ़ाने की बजाय माता-पिता की स्वैच्छिक अनुमति लेकर उसे प्रकृति के ऊपर छोड़ दिया। परिणामतः कुछ दिनों में बच्चा मर गया। इस घटना का समाचार जब देश भर में फैला तो चारों ओर बहुत गम्भीर प्रतिक्रियाएँ हुईं। जहाँ अधिकांश लोगों व संगठनों ने डॉक्टर के कार्य को अनुचित ठहराया एवं उसका विरोध किया क्योंकि उनकी दृष्टि में डॉक्टर का चुनाव मेडिकल नैतिकता के सामान्य नियम के ख़िलाफ़ था अथवा इस विशिष्ट परिस्थिति में कर्त्तव्य के सहजबोध के विरुद्ध था। वहीं कुछ अन्य संगठनों ने डॉक्टर का पक्ष लिया तथा उसके कृत्य को इस आधार पर औचित्यपूर्ण ठहराया कि उस बालक का जीवन बचाना, उस बालक, उसके माता-पिता व समाज, सभी के लिए पीड़ादायी होता जो एक अवांछनीय परिणाम होता।[5]

तीनों नैतिक परिस्थितियों में जो भी चुनाव किये गये, उनके प्रति, जैसा कि बताया गया, दो प्रकार के दृष्टिकोण सामने आये। पहले दृष्टिकोण में रोटी चुरानेवाला ग़रीब व्यक्ति, बीमार महिला से झूठ बोलनेवाली दोनों नर्स बहनें एवं ऑपरेशन से इन्कार करनेवाला डॉक्टर, सभी का नैतिक मूल्यांकन कर उनके चुनाव को अनैतिक ठहराया गया और इसका कारण था कि या तो इनके कार्य किसी प्रचलित नैतिक नियमों के उल्लंघन थे या फिर उन्हें उन विशिष्ट परिस्थितियों में कर्म-विशेष सम्बन्धी नैतिक दायित्व के सामान्य सहजबोध के प्रतिकूल पाया गया। यह स्पष्ट है कि उपर्युक्त तीनों परिस्थितियों में सम्बन्धित व्यक्तियों के चुनावों का मूल्यांकन कर्म-परिणाम के विचार से पूरी तरह स्वतन्त्र था। दूसरे दृष्टिकोण में तीनों परिस्थितियों में सभी व्यक्तियों के कार्यों का औचित्य इस आधार पर स्वीकार किया गया कि उनके सम्भावित परिणाम वांछनीय थे। इस तरह, किसी भी कार्य के प्रति नैतिक निर्णय देने के इन दोनों विपरीत दृष्टिकोणों के मूलभूत कारण या आधार भी अलग-अलग हैं जिन्हें संक्षेप में इस तरह समझा जा सकता जा सकता है कि पहले दृष्टिकोण में किसी कार्य का शुभत्व/अशुभत्व उस कार्य के परिणाम के विचार पर आधारित नहीं है जबकि दूसरे दृष्टिकोण के अनुसार, यह पूर्णतया परिणाम के विचार (न कि वास्तविक परिणाम) पर ही निर्भर करता है।

किसी कार्य को उचित/अनुचित कहने अर्थात् नैतिक निर्णय के कारण (reasons) के रूप में परम्परा से यही दो दृष्टिकोण प्रचलित हैं। फलतः अधिकांश नीतिदार्शनिकों यथा, मैकेन्ज़ी, अर्बन, म्योरहेड, ब्रॉड, इत्यादि के अनुसार नैतिक सिद्धान्तों को भी मुख्यतः दो वर्गों में रखा जा सकता है। पहले वर्ग में वे सिद्धान्त हैं जो कर्मों के नैतिक मूल्यांकन के लिए कर्म के परिणाम के विचार से परे, नैतिक नियम या फिर किसी विशेष कर्त्तव्य सम्बन्धी सहजबोध, इन दोनों में से किसी एक को स्वीकार करते हैं। इन्हें **परिणाम-निरपेक्षतावादी सिद्धान्त (Deontological Theories)**[6] कहा जाता है। इस वर्ग के दार्शनिकों के अनुसार, कर्म का साध्य (Motive) कर्म के परिणाम का विचार न होकर केवल कर्त्तव्य-पालन का विचार (Idea of Duty) होता है। इसी कारण, इन सिद्धान्तों को 'शुद्ध कर्त्तव्यवाद' भी कहा जाता है और इनके अनुसार, कर्त्तव्य का निर्धारण या तो किसी नैतिक नियम के आधार पर किया जाता है अथवा विशिष्ट कर्त्तव्य सम्बन्धी सहजबोध इसका आधार हो सकता है। इमैनुअल काण्ट, ए.सी. इविंग, डब्ल्यू.डी. रॉस, ई.एफ. कैरिट, थॉमस रीड, एच.ए. प्रिचर्ड, शेफ्ट्सबरी, फ्रान्सिस हचेसन, कडवर्थ, सैमुअल क्लार्क, जोसेफ़ बटलर इत्यादि, इसी वर्ग के नीतिदार्शनिक हैं। नैतिक सिद्धान्तों का दूसरा वर्ग वह है जिसमें कर्मों के नैतिक औचित्य के निर्धारण हेतु कर्म के सम्भावित परिणाम का विचार ही प्रासंगिक माना जाता है। इनको **परिणाम-सापेक्षतावादी सिद्धान्त (Teleological Theories)** कहा जाता है। इनका एक दूसरा नाम 'फलवादी सिद्धान्त' (Consequentialism) भी है। इनके अनुसार, कर्म का साध्य या लक्ष्य (Motive) किसी शुभ परिणाम की प्राप्ति होता है

और ऐसे परिणाम की प्राप्ति का विचार (Idea of the End) ही कर्म का प्रेरक हेतु होता है। जॉन स्टुअर्ट मिल, जेरेमी बेन्थम, हेनरी सिजविक, हर्बट स्पेन्सर, जी.ई. मूर, फ्रेडरिक विल्हेम नीत्शे, जॉर्ज डब्ल्यू. एफ. हीगल, एफ.एच. ब्रैडले, हेस्टिंग्स रैशडल, सैमुअल अलेक्ज़ैण्डर, टी.एच. ग्रीन इत्यादि इस वर्ग के विचारकों में प्रमुख हैं। अब इन दोनों वर्गों के विषय में कुछ और चर्चा की जाये।

परिणाम-निरपेक्षतावादी सिद्धान्त यानी शुद्ध कर्त्तव्यवाद पर विचार करने पर प्रकट होता है कि इसके दो रूप हो सकते हैं। इसका पहला रूप वह है जिसमें किसी कार्य को नैतिक दृष्टि से उचित/अनुचित ठहराने का एक आधार या कारण कुछ नियम या रीतियाँ (laws or customs) होती हैं जो या तो किसी बाह्य शक्ति अथवा संस्था, यथा ईश्वर, समाज, राजा द्वारा प्रदत्त हैं या व्यक्ति के भीतर की किसी भी शक्ति, यथा बुद्धि, अन्तश्चेतना से उत्पन्न। यह एक तरह से नैतिकता का परम्परागत (conventional) स्वरूप है। कुछ लोग इन नियमों को ऐसे आदेशों (Moral Commandments) के रूप में भी लेते हैं जिन्हें नैतिकता का आधार माना जाता है। चोरी करना पाप है, सदैव सत्य बोलना चाहिए, डॉक्टर को रोगी का यथाशक्ति इलाज करना चाहिए, हमें सदैव ईमानदारी के साथ व्यवहार करना चाहिए, आदि कुछ ऐसे ही नियम हैं जिन्हें सामान्य नैतिक नियमों के रूप में स्वीकृति मिली है। इसी स्वीकृति के कारण ये नैतिकता के निरपेक्ष प्रतिमान (unconditional standards) माने जाते हैं। मान्यता है कि ये बिना शर्त अनुकरणीय हैं और इनका उल्लंघन अनैतिक है। इस सन्दर्भ में जर्मन दार्शनिक जोहन गॉटलीब फ़िक्टे का उदाहरण लिया जा सकता है। जब फ़िक्टे से पूछा गया कि क्या तुम यह जानते हुए कि सत्य सुनने पर तुम्हारी पत्नी की जान जा सकती है, उससे झूठ बोलोगे, तो उसका उत्तर था, नहीं, कभी नहीं, यदि मेरे सत्य बोलने से उसकी जान चली जाती है तो ऐसा ही हो।[7] शुद्ध-कर्त्तव्यवाद के इस रूप को **'नियम-आधारित कर्त्तव्यवाद' (Rule Deontological Theories)** कहा जाता है जिसके अनुसार, कर्म की नैतिकता नियमों के पालन पर आधारित है। इसके ही एक विशेष रूप को 'आकारगत सिद्धान्त' (Formalistic Theory)[8] भी कहा गया है जो काण्ट का सिद्धान्त है।

नियम-आधारित कर्त्तव्यवाद मानता है कि शुभत्व या नैतिक मूल्य वस्तुओं या कर्मों में अन्तर्निहित एक ऐसा गुण, सार या आकार है जो किसी प्रचलित व स्वीकृत नैतिक नियम या सिद्धान्त से अनुकूलता होने या उसे आत्मसात् करने से उन वस्तुओं या कर्मों में आ जाता है; अर्थात् वह वस्तु या कार्य अपने स्वरूप से ही शुभ हो जाते हैं। इसीलिए इसके समर्थक विचारकों की मान्यता है कि जो उचित है, वह सभी समान परिस्थितियों व दशाओं में प्रत्येक व्यक्ति के लिए उचित है और जो अनुचित है, वह निरपवादरूप से ऐसा है।

शुद्ध कर्त्तव्यवाद का दूसरा रूप वह है जिसमें यह दावा किया जाता है कि किसी विशेष परिस्थिति में किसी विशेष कर्म के नैतिक औचित्य का तात्कालिक बोध होता है। दूसरे शब्दों में, इस दृष्टिकोण में नैतिक मूल्यांकन हेतु किसी स्वीकृत नैतिक नियम का सन्दर्भ नहीं लिया जाता, बल्कि विशेष कर्म के नैतिक औचित्य की सीधी अन्तःप्रज्ञा (Direct Intuition) को स्वीकार किया जाता है। इसे **परिस्थिति-आधारित कर्त्तव्यवाद (Act Deontological Theory)** कहा जाता है क्योंकि इसके अनुसार, किसी विशेष कर्म की नैतिकता विशिष्ट परिस्थिति के सापेक्ष है, न कि किसी नियम के। इसको 'परिस्थिति नीतिशास्त्र' (Situation Ethics) भी कहा जा सकता है। इस दृष्टिकोण को स्वीकार करनेवाले विचारकों का मानना है कि विशिष्ट कर्म सम्बन्धी निर्णय ही मूलभूत हैं और उनसे ही सामान्य नैतिक नियम निःसृत किये जा सकते हैं जो भावी परिस्थितियों में हमारे कर्त्तव्य का निर्धारण करने में उपयोगी होंगे; मगर यह कभी स्वीकार्य नहीं होगा कि एक सामान्य नैतिक नियम कभी भी कर्त्तव्य सम्बन्धी विशिष्ट निर्णयों को विस्थापित कर दे। इस तरह, कर्मों की नैतिकता के सीधे बोध के पश्चात् ही तदनुरूप सामान्य नैतिक नियमों की स्थापना होती है, न कि पहले नियम स्वीकृत हों तत्पश्चात् उनसे विशिष्ट कर्मों का औचित्य सिद्ध किया जाये। इस प्रकार, यह परिस्थिति-आधारित कर्त्तव्यवाद नैतिक मूल्यांकन की एक ऐसी विधि प्रदान करता है जिसमें किसी विशेष परिस्थिति के तथ्यों का स्पष्ट आकलन करके, फिर यह निर्णय लिया जाता है कि हमें क्या करना चाहिए। 'क्या करना चाहिए', यह साधारणतः एक अपरोक्षानुभूति या सहज सीधा बोध होता है, ऐसी इस सिद्धान्त में सामान्य स्वीकृति है, मगर कभी-कभी इस अपरोक्षानुभूति के अतिरिक्त 'दैवी प्रकाशना' (Revelation) अथवा 'ईश्वरीय आज्ञा' (Divine Order) का उल्लेख भी मिल जाता है। शुद्ध कर्त्तव्यवाद के ये दोनों रूप, नियम-आधारित कर्त्तव्यवाद तथा परिस्थिति-आधारित कर्त्तव्यवाद, सम्भावित परिणाम के विचार से स्वतन्त्र है, यह स्पष्ट ही है।

उपर्युक्त परिणाम-निरपेक्षतावाद के विपरीत वे परिणाम-सापेक्षतावादी या फलवादी सिद्धान्त हैं जिनके अनुसार, कोई भी कर्म अपने-आप में शुभ/अशुभ नहीं होता बल्कि कर्म के सम्भावित परिणाम व उसमें निहित तुलनात्मक मूल्यों के दृष्टिकोण से कर्म को नैतिक या अनैतिक ठहराया जाता है। इस दृष्टि से नैतिकता का कोई नियम कठोर व अनुल्लंघनीय नहीं है। यह दृष्टिकोण तनिक लचीला है क्योंकि इसमें यह माना जाता है कि नैतिक निर्णय देने में परिस्थिति एवं सम्भावित नतीजों की महत्त्वपूर्ण भूमिका होती हैं। दूसरे शब्दों में, इस दृष्टिकोण के अनुसार, परिस्थिति की अपवादपूर्णता (exceptionality) या विशिष्टता (uniqueness) को ध्यान में रखते हुए कार्य के सम्भावित परिणाम या फल की वांछनीयता या शुभत्व (desirability or goodness of possible result or consequence) ही वह मानदण्ड है जिसके कारण उस कार्य को उचित कहा जाता है, यानी नैतिकता का आधार 'कार्य के फल या परिणाम का विचार' (Idea of the

End) है। इस सिद्धान्त के अनुसार, शुभत्व-अशुभत्व वस्तुतः इस अर्थ में सापेक्षिक (relative) मूल्य हैं कि यह परिस्थिति पर निर्भर करता है कि उसमें किस चुनाव से तुलनात्मक रूप से श्रेयस्कर परिणाम अथवा मूल्य प्राप्त होने की सम्भावना है। ये श्रेयस्कर परिणाम या मूल्य अलग-अलग विद्वानों की दृष्टि में अलग-अलग हो सकते हैं, जैसे, सुख व्यक्ति/समाज का विकास या पूर्णता, शक्ति, ज्ञान, ईश्वर प्राप्ति, या अन्य कुछ भी।

नीतिदार्शनिक चर्चाओं में अधिकांशतः एक प्रश्न उठता है कि नैतिक सम्प्रत्ययों (moral concepts) में 'उचित' (Right) का सम्प्रत्यय मूलभूत महत्त्व का है अथवा 'शुभ' (Good) का विचार। साधारणतः 'उचित' शब्द का प्रयोग किसी कर्म (action) के लिए किया जाता है जबकि 'शुभ' शब्द किसी उद्देश्य या परिणाम (end) के लिए प्रयुक्त होता है। जब कोई कार्य किसी नैतिक नियम या कर्त्तव्य के सहजबोध के अनुरूप होता है तो उसे 'उचित' कह दिया जाता है, तथा उस परिणाम की वांछनीयता (desirability) को 'शुभ' कहा जाता है जिसको प्राप्त करने हेतु कर्म किया जाता है। अब दोनों में से कौन-सा सम्प्रत्यय या विचार मूलभूत महत्त्व का है, इस प्रश्न के उत्तर में परिणाम-निरपेक्षतावादी या शुद्ध कर्त्तव्यवादी विचारकों की मान्यता है कि 'उचित' का सम्प्रत्यय मूलभूत है और 'शुभत्व' उसका परिणाम है अर्थात् यदि कर्म 'उचित' होगा तो उससे अनिवार्य रूप से 'शुभत्व' प्रतिपन्न (derive) या उत्पन्न (produce) होगा। इसके विपरीत परिणाम-सापेक्षतावादी या फलवादी विद्वानों का मत है कि अभिप्रेत (intented) परिणाम का 'शुभत्व' मूलभूत नैतिक प्रत्यय है, और कर्म का उचित होना इस बात पर निर्भर करता है कि उस कर्म से शुभ परिणाम प्राप्त होने की सम्भावना है। दूसरे शब्दों में, प्रथम समूह के नीतिदार्शनिकों के लिए उचित कर्म के द्वारा ही शुभ निश्चित होता है जबकि दूसरे समूह के विचारकों के अनुसार, शुभ के द्वारा उचित कर्म तय होता है।[9] तो प्रथम के लिए 'उचित' मूलभूत है और दूसरे के लिए 'शुभ'। इस तरह, उचित व शुभ, दोनों में से कौन-सा विचार मूलभूत है, इस विवाद को नैतिक प्रतिमानों की स्थापना हेतु प्रस्तुत शुद्ध कर्त्तव्यवादी सिद्धान्तों तथा फलवादी सिद्धान्तों के मध्य के विवाद के रूप में देखा जाता है।

परिणाम-निरपेक्षतावाद के एक प्रकार नियम-आधारित कर्त्तव्यवाद की दृष्टि से यह प्रश्न अत्यन्त महत्त्वपूर्ण है कि आख़िर वे नियम कहाँ से प्राप्त होते हैं जिनके साथ अनुकूलता से कर्म अपने स्वरूप से ही शुभ हो जाता है। नियमों के स्रोत की दृष्टि से इन सिद्धान्तों को दो वर्गों में विभाजित किया जाता है। एक वर्ग में वे सिद्धान्त हैं जिनमें नियमों का स्रोत कर्त्ता-व्यक्ति से भिन्न कोई बाह्य शक्ति या सत्ता होती है। फलतः इन नैतिक नियमों को **बाह्य नियम (External Laws)** कहा जाता है। दूसरे वर्ग में वे मत हैं जिनके अनुसार, यह स्रोत कर्त्ता-व्यक्ति के भीतर की कोई विशिष्ट शक्ति

(special faculty) होती है इसलिए ऐसे नियम **आन्तरिक नियम (Internal Laws)** कहलाते हैं। बाह्य नियमों में दैवी नियम (Divine Laws), सामाजिक नियम (Social Laws) इत्यादि स्वीकार किये जाते हैं। कुछ विद्वान् प्राकृतिक नियमों (Natural Laws) का उल्लेख भी करते हैं किन्तु 'प्राकृतिक' शब्द अस्पष्ट (vague) है और इसके अन्तर्गत अधिकांशतः वे नियम आते हैं जिनके अनुसार प्रकृति नियत रूप से कार्य करती है। इसीलिए प्राकृतिक नियम अन-नैतिक (non-moral or a-moral) स्वरूप के होते हैं और वे तथ्यात्मक (factual) हैं, न कि आदर्शात्मक (normative or idealistic)। अतः उन्हें नैतिक मानदण्डों के रूप में मान्यता नहीं दी जा सकती। आन्तरिक नियमों के सन्दर्भ में कुछ विद्वानों का मत है कि इनका स्रोत कर्त्ता-व्यक्ति की एक विशिष्ट ज्ञान-शक्ति अन्तश्चेतना (Conscience) है। यह 'अन्तःप्रज्ञावादी सिद्धान्त' (Intuitionism) है। कुछ अन्य विचारक नैतिक नियमों को व्यक्ति की बुद्धि (Reason) द्वारा उत्पन्न मानते हैं। इस सिद्धान्त को 'नैतिक प्रतिमानों का बुद्धिवाद' (Rationalistic Theory of Moral Standards) कहा जाता है।

परिणाम-सापेक्षतावादी सिद्धान्त भी कार्य के परिणाम के विचार (Idea of the End) की दृष्टि से अनेक प्रकार के हो सकते हैं। एक तो वह सिद्धान्त है जो परिणाम के शुभत्व या मूल्य को व्यक्तिगत या सर्वसामान्य के सुख या आनन्द (happiness) के अर्थ में ग्रहण करता है। इसे 'सुखवाद' (Hedonism) कहा जाता है। यह सबसे प्रचलित फलवादी सिद्धान्त है। कुछ दूसरे विचारक अन्य परिणामों को भी नैतिक दृष्टि से मूल्यवान् मानते हैं। उनमें से एक वे हैं जो शुभत्व को व्यक्ति या समाज के विकास या पूर्णत्व (development or perfection) के अर्थ में परिभाषित करते हैं। यह 'पूर्णतावाद' (Perfectionism) है। विकास या पूर्णत्व के स्वरूप के आधार पर इस पूर्णतावाद में दो मत हैं। पहला मत उनका है जो इस विकास या पूर्णता की प्राकृतिक व्याख्या करते हैं। यह 'प्राकृतिक पूर्णतावाद' (Naturalistic Perfectionism) है। दूसरा मत 'आदर्शात्मक पूर्णतावाद' (Idealistic Perfectionism) है जिसके अनुसार विकास/पूर्णता आदर्शात्मक है। सुखवाद व पूर्णतावाद, इन दो सिद्धान्तों के अतिरिक्त, कुछ अन्य विचारक 'सुख' व 'पूर्णता' से भिन्न किन्हीं दूसरे परिणामों को नैतिक दृष्टि से श्रेयस्कर मानते हैं। धार्मिक विचारक ईश्वर की अनुभूति या सान्निध्य को नैतिकता के अन्तिम परिणाम के रूप में परिभाषित करते हैं। इसी तरह, ज्ञान (knowledge or wisdom), शक्ति (power), सौन्दर्य (beauty) इत्यादि भी ऐसे वांछनीय परिणाम हैं जिन्हें नैतिकता का प्रतिमान माना जा सकता है। पुस्तक के अगले अध्यायों में नैतिक प्रतिमान सम्बन्धी उपर्युक्त में से कुछ प्रमुख सिद्धान्तों का विस्तृत विवरण प्रस्तुत किया जायेगा।

सन्दर्भ एवं टिप्पणी

1. Urban , W.M., Fundamentals of Ethics : An Introduction to Moral Philosophy; p. 31
2. Ibid; p. 38-39
3. Ibid; p. 39-40
4. Ibid; p. 41-42
5. प्रथम अध्याय में प्रस्तुत नैतिक परिस्थितियों के अनेक दृष्टान्त भी इस सम्बन्ध में उद्धृत किये जा सकते हैं।
6. Deon (ग्रीक शब्द जिसका अर्थ दायित्व या कर्त्तव्य है) से यह शब्द Deontology बना है जिसका अभिप्राय उस दृष्टिकोण से है जिसके अनुसार, एक कर्म के नैतिक मूल्यांकन का आधार कर्त्तव्य या नैतिक दायित्व का विचार है। सी.डी. ब्रॉड वह पहला विचारक था जिसने इस शब्द- 'Deontological Theories' - का प्रयोग 1930 में अपनी पुस्तक 'Five Types of Ethical Theories' में किया था।
7. Urban, W.M.; Fundamentals of Ethics : An Introduction to Moral Philosophy; p. 40
8. आकारगत (Formalistic), यह शब्द विशेष रूप से काण्ट के नैतिक विचारों के सन्दर्भ में प्रयोग किया जाता है।
9. Sahakian; (1974) Ethics : An Introduction of Theories and Problems; Barnes Noble Books; London; p. 2

परिणाम - निरपेक्षतावादी सिद्धान्त
(शुद्ध कर्त्तव्यवाद)
(DEONTOLOGICAL THEORIES)

अध्याय 5

बाह्य नियम : दैवी तथा सामाजिक नियम

(External Laws : Divine and Social Laws)

नैतिक सिद्धान्तों के वर्गीकरण सम्बन्धी पिछले अध्याय में उल्लेख किया जा चुका है कि कर्मों के मूल्यांकन हेतु नियमों को अन्तिम नैतिक मानदण्ड के रूप में स्वीकार करनेवाले सिद्धान्तों को 'नियम-आधारित कर्त्तव्यवाद' (Rule Deontological Theories) कहा जाता है जो परिणाम-निरपेक्षतावाद (Deontological Theories) का एक प्रकार है। इस नियम-आधारित कर्त्तव्यवाद के सिद्धान्तों के भी दो वर्ग हैं जो नैतिक नियमों के स्रोत के आधार पर विभाजित हैं। प्रथम वर्ग में वे सिद्धान्त आते हैं जिनमें नैतिक नियमों का स्रोत किसी बाह्य शक्ति, सत्ता या संस्था को माना जाता है और द्वितीय वर्ग उन सिद्धान्तों का है जिनके अनुसार ये नियम व्यक्ति के 'स्व' से उत्पन्न हैं। प्रस्तुत अध्याय का विषय 'नियम-आधारित कर्त्तव्यवाद' का उपर्युक्त प्रथम वर्ग है जिसे **नैतिकता के बाह्य नियमों सम्बन्धी सिद्धान्त (Theory of External Laws of Morality)** कहा जाता है। नैतिकता सम्बन्धी यह सर्वाधिक प्रचलित मतों में से एक है। इसके अनुसार, किसी कर्म का उचित होना इस बात पर निर्भर करता है कि वह किसी ऐसे नैतिक नियम के अनुकूल है जो या तो दैवी (divine) है या किसी सामाजिक समूह या संस्था द्वारा प्रदत्त, जैसे, परिवार या राज्य। ये नैतिकता के बाह्य नियम हैं जिन्हें अन्तिम मानक माना जाता है। वस्तुतः ये नियम किसी बाह्य उच्च शक्ति के आदेश हैं जो इस मत के समर्थकों के अनुसार, साधारणतः निरपवाद रूप से अनुल्लंघनीय हैं। नैतिक प्रतिमानों के सिद्धान्त के रूप में यहाँ मुख्यतः दो प्रकार के बाह्य नियमों की विवेचना की जायेगी - 1. दैवी नियम 2. सामाजिक नियम

1. दैवी नियम
(Divine Laws)

अनेक विचारकों द्वारा दैवी नियमों, जिन्हें धार्मिक नियम (Religious Laws) भी कहा जाता है, को नैतिकता का मानदण्ड स्वीकार किया गया है क्योंकि माना जाता है कि वे सर्वशक्तिमान् ईश्वर द्वारा प्रदत्त हैं। इसी अर्थ में उन्हें ईश्वरीय नियम की संज्ञा

भी दी गयी है। ऐसे नियमों का लिखित संकलन धर्मग्रन्थ कहलाता है। कुरान, बाइबिल, गीता इत्यादि ऐसे ही कुछ ग्रन्थ हैं जिनमें पाये जानेवाले कर्म सम्बन्धी नियमों को साधारणतः नैतिक प्रतिमान के रूप में मान्यता मिली है। इस प्रकार के नैतिक प्रतिमान कर्त्ता-व्यक्ति के निजी चिन्तन-मनन की उत्पत्ति नहीं हैं, बल्कि इसलिए स्वीकार किये जाते हैं कि वे ईश्वर के आदेश हैं। अधिकांशतः यह विश्वास किया जाता है कि ईश्वर नैतिकता का स्रोत है, वह नैतिकता का निर्माता है अर्थात् जो वह आदेश दे देता है वही नैतिक नियम हो जाते हैं। कार्ल बार्थ ने पुस्तक 'दि डॉक्ट्रिन ऑफ द वर्ड ऑफ गॉड'[1] में स्पष्ट कहा है कि "मैं तथाकथित नीतिशास्त्र को ईश्वरीय आदेश के रूप में ही देखता हूँ और इससे भिन्न रूप में उस पर विचार करना उचित नहीं समझता।" एमिल ब्रूनर तथा रैनहोल्ड नीबर, सभी यही मत रखते हैं। या फिर, इससे थोड़ा भिन्न यह कहा जा सकता है कि चूँकि ईश्वर पूर्ण शुभ है तो इस कारण वह नैतिकता के प्रति पूर्ण रूप से प्रतिबद्ध है फलतः उसके आदेश स्वाभाविक रूप से शुभ होंगे ही। पूर्ण शुभ होने के कारण वह कोई अनैतिक आदेश दे ही नहीं सकता, इसलिए वह जो भी कुछ कहता है, वह नैतिकता का नियम बन जाता है। दोनों ही अर्थों में दैवी नियम कर्त्ता-व्यक्ति के लिए अनुल्लंघनीय माने जाते हैं। अनेक धर्मों की मान्यता के अनुसार, ईश्वर व्यक्ति को उत्पन्न करता है, उसका पालन-पोषण करता है, उसके लिए संसार की सारी व्यवस्था की रचना करता है अतः व्यक्ति का यह कर्त्तव्य माना जाता है कि वह उसकी आज्ञा या इच्छा का पालन करे। इन धर्मों में यह विधान है कि यदि व्यक्ति ईश्वरीय आदेशों का पालन करता है तो ईश्वर द्वारा पुरस्कृत होता है जबकि आज्ञा के उल्लंघन से व्यक्ति दण्डित होता है। इस तरह, दैवी नियम नैतिकता के वे मानदण्ड हैं जो ईश्वर द्वारा व्यक्ति के जीवन के कार्य-व्यापारों को संचालित करने हेतु प्रदत्त किये जाते हैं तथा जिनके पालन पर वह व्यक्ति पुरस्कार एवं अवज्ञा पर दण्ड का अधिकारी होता है।

दैवी अथवा ईश्वरीय नियम-सम्बन्धी नैतिक सिद्धान्त में सर्वाधिक गम्भीर दोष यह है कि ईश्वर का अस्तित्व स्वयं ही विवाद का विषय है और ऐसा होने पर ईश्वरीय आदेशों की सम्भावना भी विवादग्रस्त हो जाती है, फलतः नैतिकता का सम्पूर्ण ढाँचा ही संशय के घेरे में आ जाता है। इस संशय की स्थिति से बचने के लिए यदि मान लिया जाये कि ईश्वर का अस्तित्व है तो भी यह प्रश्न उठेगा कि हमें कैसे पता चलता है कि ईश्वर का आदेश या इच्छा क्या है और क्या नहीं। मान लें कि यह भी किसी तरह से ज्ञात हो जाये तो भी अगला प्रश्न यह होगा कि हम उसके आदेश या आज्ञा का पालन क्यों करें। यदि आदेश का पालन इसलिए किया जाये कि वह पुरस्कार देगा तथा न पालन करने पर दण्ड तो यह वस्तुतः नैतिकता की हानि है क्योंकि पुरस्कार का लालच व दण्ड का भय नैतिक कर्मों की सही चेतना (right spirit) नहीं हैं। पुरस्कार का लाभ या दण्ड का भय, दोनों ही कार्य करने के नैतिक दृष्टि से ग़लत प्रेरक हेतु हैं। पुरस्कार

व दण्ड की भावना से परे, यदि ईश्वर की आज्ञा का पालन इसलिए किया जाता है कि वह आदेश शुभ है तब नैतिकता का आधार ईश्वर को नहीं माना जा सकता क्योंकि तब उसकी आज्ञा का पालन इसलिए नहीं किया जा रहा है कि वह 'ईश्वर की आज्ञा' (Commandments of God) है बल्कि इसलिए किया जा रहा है कि वह आदेश 'शुभ' (good) है। इस स्थिति में नैतिकता का स्रोत ईश्वरीय नहीं है बल्कि उसका आधार 'शुभत्व' है।

अब इस स्थिति में भी कुछ प्रश्न उठेंगे - (1) ईश्वर की आज्ञा के शुभत्व व अशुभत्व के मानक कौन तय करता है, (2) हम कैसे जान सकते हैं या प्रमाणित कर सकते हैं कि ईश्वर का आदेश शुभ है। इन प्रश्नों के सन्तोषजनक उत्तर नहीं मिल पाते फलतः इन सब कठिनाइयों को देखते हुए यह मानना उचित ही लगता है कि नैतिक नियमों या मानदण्डों का स्रोत ईश्वर या कहीं बाहर नहीं, बल्कि 'स्व' (self) में होना चाहिए और कर्त्ता-व्यक्ति की विवेक-बुद्धि (Reason) या अन्तश्चेतना (Conscience) ही नैतिक-अनैतिक में भेद करने का मूल है। ऐसा मानने पर यह स्वीकार करना होगा कि नैतिकता ईश्वर या धर्म से निरपेक्ष है। फलतः दैवी नियमों को नैतिकता का प्रतिमान मानना उचित प्रतीत नहीं होता।

नैतिक प्रतिमान के रूप में धार्मिक या ईश्वरीय नियमों की स्वीकृति में सबसे बड़ी बाधा है, विभिन्न धर्मों के नियमों में कभी-कभी प्रदर्शित होनेवाले ऐसे भेद जो अन्ततः गम्भीर विवाद का रूप ले लेते हैं। आज समूचा विश्व विभिन्न धर्मों की मान्यताओं या आदेशों के मध्य संघर्ष का स्थल बन चुका है और उसमें नैतिकता तो कहीं ढूँढ़े ही नहीं मिलती। क्या ऐसी स्थिति में नैतिकता के प्रतिमानों को धर्म या ईश्वर से जोड़ने की बजाय व्यक्ति के विवेक या अन्तरात्मा से जोड़ना उचित न होगा ! वस्तुतः सच्ची नैतिकता व्यक्ति की स्वतन्त्रता तथा आत्म-विवेचना की उपज है।

इसके अतिरिक्त, दैवी आदेश आस्थावान् व्यक्ति के निजी अर्थ-निरूपण (interpretation) का विषय होते हैं। अगर ऐसा न होता तो प्रत्येक धर्म अलग-अलग मतों (sects) में न विभाजित हो गया होता। प्रत्येक विकसित धर्म अनेक शाखाओं में बँट गया है, यह एक ऐतिहासिक सत्य है। उदाहरण के लिए, बौद्धधर्म हीनयान व महायान के अतिरिक्त अन्य अनेक उपमतों (subsects) में विभाजित है तो जैनधर्म में भी श्वेताम्बर व दिगम्बर वर्ग हैं। ईसाई धर्म भी कैथोलिक व प्रोटेस्टेण्ट के अलावा अन्य कई उपमतों में बँटा हुआ है। इस्लाम में शिया व सुन्नी और हिन्दू धर्म में तो अनेकानेक मत हैं, यथा, वैष्णव, शाक्त, शैव, कबीर-पन्थी इत्यादि। इससे प्रकट होता है कि दैवी आदेशों के अर्थ-निरूपण में किसी धर्म-विशेष के अनुयायियों का निजी दृष्टिकोण (conditioning of mind) महत्त्वपूर्ण हो जाता है। उनका दृष्टिकोण उनके मन में पहले से विद्यमान शुभत्व, नैतिकता अथवा औचित्य की अवधारणाओं से बाधित होता

है और वे उन्हीं के वशीभूत होकर तथाकथित ईश्वरीय वचनों को व्याख्यायित करते हैं। दूसरे शब्दों में, व्यक्ति की अपनी सोच, अपनी अवधारणाएँ दैवी आदेशों को समझने में महत्त्वपूर्ण भूमिका निभाती हैं जिससे उन आदेशों का वास्तविक स्वरूप सम्भवतः छिप जाता है। व्यक्ति की सोच, धारणाएँ आदि ऐसे रंगीन चश्में हैं जिससे वास्तविकता भी रंजित होकर ही सामने आती है, न कि अपने असली रूप में। इसलिए सचमुच दैवी आदेश क्या हैं या थे, यह तो शायद कभी तय ही न हो पाये। वस्तुतः दैवी नियमों के नाम पर जिसके पालन का व्यक्ति आग्रह करता है, वह वे नियम हैं जिन्हें उसकी ही सोच-समझ ने या तो जन्म दिया है या जो उसकी अवधारणाओं का आवरण पहने हैं। उदाहरण के लिए, ईसाई धर्म की एक नैतिक आज्ञा है कि 'अपने पड़ोसी को भी उतना ही प्यार करो जितना अपने-आपसे' (Love thy neighbour as thyself)। कुछ लोगों ने इसकी ऐसी व्याख्या की है कि अपने स्वार्थ के विरुद्ध पड़ोसी की मदद करना उचित नहीं है क्योंकि ऐसे में अपने प्रति प्रेम को त्यागना होगा जो इन लोगों के अनुसार, उपर्युक्त आदेश का उल्लंघन होगा क्योंकि उनके अनुसार, इस उक्ति का आशय है कि पड़ोसी को अपने जितना ही प्रेम करना है, अपने से अधिक नहीं।

इन आलोचनाओं के प्रकाश में यह कहा जा सकता है कि दैवी नियमों को नैतिकता का नियम या प्रतिमान मानना कठिन है। सच्चाई तो यह है कि दैवी नियम बाहर से थोपे गये वे आदेश हैं जिन्हें अनुल्लंघनीय मान लिया जाता है और व्यक्ति लोभ या भय के कारण इनका पालन करता है। मगर जैसा कि आलोचना में कहा गया है, लोभ या भय की प्रेरणा से किये गये कर्म सच्चे अर्थ में नैतिक नहीं होते। हाँ, यदि हम धार्मिक या ईश्वरीय नियमों का स्वेच्छा से इसलिए पालन करते हैं क्योंकि हमारी विवेक-बुद्धि या अन्तश्चेतना उन्हें शुभ ठहराती है तो, स्पष्ट ही है, ऐसी दशा में शुभत्व या कर्त्तव्य-निर्धारण का स्रोत हमारे भीतर की कोई विशिष्ट ज्ञानात्मक शक्ति (faculty of knowledge) है, न कि ईश्वर के रूप में एक बाहरी सत्ता। दैवी नियम अधिकांशतः नैतिक होते हैं मगर ऐसा वे स्वयं में नहीं होते बल्कि इसलिए होते हैं कि व्यक्ति उन्हें किन्हीं नैतिक आदर्शों के अनुरूप पाता है। इस तरह, किसी नियम को ईश्वरीय नियम मानने का आधार यही है कि हमारी दृष्टि से वह शुभ है। धर्मों में ईश्वर-प्राप्ति को नैतिक आदर्श माना जाता है, वह भी इसीलिए कि हम मानते हैं कि ईश्वर शुभ है। अतः दैवी नियम और ईश्वर, दोनों स्वयं नैतिक मूल्यांकन का विषय हैं और नैतिक प्रतिमान या आदर्श उनसे परे या बाहर हैं। इस तरह, दैवी नियम को नैतिकता के मानदण्ड के रूप में अस्वीकार कर दिया जाता है।

मगर इस अस्वीकृति से यह निष्कर्ष नहीं निकाल लेना चाहिए कि सामान्यतः धर्म, जो किसी-न-किसी रूप में दैवी नियमों की स्वीकृति करता है, तथा नैतिकता एक-दूसरे से पूर्णतः निष्प्रभावित रहते हैं। यह स्पष्ट है कि जिस तरह नैतिकता मनुष्य के आचरण से सम्बन्धित है, वैसे ही धर्म का भी मनुष्य के आचरण पर बड़ा गहरा प्रभाव

रहता है। फलतः **धर्म व नैतिकता के मध्य सम्बन्ध (Relation between Religion and Morality)** की चर्चा करना यहाँ प्रासंगिक होगा।

धर्म व नैतिकता के सम्बन्ध की विवेचना का प्रारम्भ जॉन लेनन (इंग्लैण्ड के मशहूर 'बीट्ल्स बैण्ड' के चार सदस्यों में से एक) के एक अद्भुत गीत 'इमैजिन' की तर्ज़ पर बनी पैरोडी से किया जाये -

"कल्पना कीजिये, एक धर्मरहित दुनिया की; कल्पना कीजिये, कोई आत्मघाती मानव-बम नहीं, कोई 9/11 नहीं, कोई 7/7 नहीं, कोई (ईसाई/इस्लामिक) धर्मयुद्ध नहीं, कोई डायन हत्या नहीं, कोई गन पाउडर षड्यन्त्र नहीं, भारत-विभाजन नहीं, इस्राइल-फिलिस्तीनी युद्ध नहीं, सर्ब/क्रोएट/ मुसलमानों का क़त्लेआम नहीं, ईसाहन्ता के रूप में यहूदियों की सामूहिक हत्या नहीं, उत्तरी आयरलैण्ड की समस्या नहीं, ऑनर किलिंग नहीं, सीधे-साधे लोगों के धन को हड़पनेवाले भड़कीले कपड़ों व फूले-फूले बालोंवाले दूरद्रष्टा नहीं। कल्पना कीजिये कि प्राचीन मूर्तियों का विध्वंस करनेवाले तालिबान न हों, ईशनिन्दकों का सरेआम शिरच्छेद न हो, इंचभर चमड़ी दिखने के अपराध में महिला-चमड़ी को उधेड़ा न जाये।"

और अन्त में, "कल्पना कीजिये कि कोई धर्म भी न हो।"[2]

उपर्युक्त कथन से ऐसा लगता है कि धर्म के कारण सारा संसार अशुभ से ग्रस्त है और धर्म ही सारी अनैतिकता की जड़ है। तात्पर्य यह कि धर्म के बिना हमारी दुनिया अच्छी, बहुत अच्छी है।

मगर क्या सचमुच ? क्या वास्तव में धर्म व अच्छाई एक-दूसरे के पूर्ण विरोध में खड़े हैं ? धर्म व नैतिकता के सम्बन्ध विषयक चर्चा में अब स्वामी विवेकानन्द की उक्ति प्रस्तुत की जाये -

"मनुष्यों में भ्रातृत्व (भाईचारा) को किसी ने भी इतना साकार या वास्तविक नहीं बनाया है जितना कि धर्म ने, (मगर) किसी ने भी मनुष्य व मनुष्य के बीच शत्रुता को उतना कटु नहीं बनाया है जितना कि धर्म ने। किसी ने भी मनुष्यों व जानवरों के लिए इतने परोपकारी संस्थाओं व अस्पतालों का निर्माण नहीं किया जितना कि धर्म ने, (साथ ही) किसी ने भी दुनिया को रक्त में इतना अधिक नहीं डुबाया है जितना कि धर्म ने।"

विवेकानन्द की यह उक्ति तो और भी अधिक भ्रमित करनेवाली लगती है जिसमें धर्म व अच्छाई के बीच सम्बन्ध एक ओर सकारात्मक प्रतीत होते हैं तो दूसरी ओर उनमें नकारात्मकता या असामंजस्य भी परिलक्षित होता है। इस उक्ति में सच्चाई है जिसके प्रकाश में धर्म व नैतिकता के सम्बन्ध की जटिलता आसानी से समझी जा सकती है। वस्तुतः एक ओर दोनों के सम्बन्ध के प्रति जहाँ उपर्युक्त जॉन लेनन के गीत की पैरोडी सरीखा एक अतिवादी निषेधात्मक विचार है तो दूसरी ओर अतिवादी सकारात्मक दृष्टिकोण भी है जिसके अनुसार, संसार की सभी अच्छाइयाँ या नैतिकता धर्म से ही

उपजी हैं, और धर्म का मार्ग छोड़ने का अर्थ है नैतिकता का मार्ग छोड़कर पाप के गर्त में जाना।

इन दोनों अतिवादी भावनात्मक विचारों के परे, दर्शनशास्त्र के एक विद्यार्थी होने के नाते हमें धर्म व नैतिकता के सम्बन्ध में तर्कसंगत ढंग से विचार करना चाहिए और दोनों के मध्य सम्बन्धों की विभिन्न परतों को खोलने-समझने की चेष्टा करनी चाहिए। अपने विश्लेषण की शुरूआत में कुछ धार्मिक-आस्तिक दार्शनिकों के इस विचार को लिया जा सकता है जिसके अनुसार नैतिकता धार्मिक लक्ष्य की प्राप्ति में एक सहायक तत्त्व है। इनके अनुसार, नैतिकता का एकमात्र उद्देश्य निर्वाण, मोक्ष या ईश्वर की प्राप्ति है जो एक धार्मिक लक्ष्य है। इस दृष्टि से नैतिकता धार्मिक साध्य हेतु एक साधन मात्र है और सर्वथा धर्म के अधीन है। इसके अतिरिक्त इसी अध्याय में हमने देखा है कि जब दैवी नियमों को नैतिकता का प्रतिमान माना जाता है तो भी नैतिकता अपने स्रोत हेतु धर्माश्रित हो जाती है।

मगर यह मत उचित नहीं है और नैतिकता व धर्म का सम्बन्ध इस तरह एकतरफ़ा नहीं है। काण्ट सरीखे अनेक दार्शनिकों ने इसके विपरीत मत प्रस्तुत करते हुए माना कि धर्म नैतिकता पर आश्रित है। विशेष रूप से जो भी प्रमुख धार्मिक विश्वास हैं, जैसे ईश्वर का अस्तित्व, आत्मा की अमरता इत्यादि, वे इसीलिए सत्य माने जाते हैं क्योंकि काण्ट के मतानुसार, नैतिकता एक तथ्य है और उसके सिद्धान्त सार्वभौम हैं। उसकी मान्यता है कि यदि नैतिकता के सिद्धान्तों का निषेध किया जायेगा तो धर्म की आस्थाओं को स्वीकार करने का कोई आधार नहीं रह जायेगा। ईश्वर के अस्तित्व व आत्मा की अमरता हेतु प्रस्तावित काण्ट की उपर्युक्त 'नैतिक युक्ति' (Moral Argument) दर्शन जगत् में सर्वविदित है।

इसी के साथ जब काण्ट नैतिकता के अन्तिम लक्ष्य के रूप में 'पूर्ण शुभ' (Complete Good) की अवधारणा प्रस्तुत करता है जो "सद्गुण के अनुपात में सुख" का ही दूसरा नाम है, तो उसका मानना है कि नैतिकता के चरम लक्ष्य के रूप में इस पूर्ण शुभ की प्राप्ति धार्मिक आस्थाओं - ईश्वर का अस्तित्व व आत्मा की अमरता- को स्वीकार किये बिना असम्भव होगी क्योंकि यह ईश्वर ही है जो सद्गुण के अनुपात में सुख की मात्रा को सुनिश्चित कर सकता है और व्यक्ति भी सुख को तभी प्राप्त कर सकता है जब उसकी सत्ता क्षणभंगुर या मृत्यु के साथ ही समाप्त हो जानेवाली न हो। अब काण्ट के पूर्वोल्लिखित व इस, दोनों दृष्टिकोणों को एक साथ रखने से तो ऐसा ध्वनित होता है कि धर्म व नैतिकता अन्योन्याश्रित हैं। उनका यह अन्योन्याश्रित सम्बन्ध तब भी प्रकाश में आता है जब अनेक दशाओं में यह पाया जाता है कि धर्म व नैतिकता का लक्ष्य एक ही होता है। ऐसी परिस्थिति में, स्पष्ट है, वे दोनों एक-दूसरे से संयुक्त हो सकते हैं या कि उनका समन्वित रूप सामने आता है। इसके अतिरिक्त, नैतिकता व धर्म एक-दूसरे के पूरक व सहायक के रूप में तब भी सामने आते हैं जब

हम पाते हैं कि नैतिकता या सद्गुण एक व्यक्ति को धर्म की ओर प्रेरित कर उसे धार्मिक लक्ष्य को प्राप्त करने योग्य बना सकते हैं। साथ ही, यह भी नहीं भूला जा सकता कि धर्म ने नैतिकता के विकास में अतुलनीय योगदान दिया है और कुछ लोगों का यह भी मानना है कि समाज में जब-जब धर्म का ज़ोर कम हुआ है तो नैतिकता का भी ह्रास हुआ है।

इस अन्योन्याश्रित सम्बन्ध के विचार को तब चुनौती मिलती है जब हम देखते हैं कि अनेक ऐसे नैतिक तन्त्र व सद्गुणी व्यक्ति हैं जिन्होंने स्वयं को धर्म के विरुद्ध ख़डा किया या कम-से-कम उसके प्रति तटस्थ रहे। कार्ल मार्क्स, बर्ट्रेण्ड रसेल, गिलबर्ट मरे, ज्याँ पॉल सार्त्र आदि ऐसे ही विचारक हैं। साथ ही, धर्म के नाम पर जितना अत्याचार व ख़ून-ख़राबा हुआ है और हो रहा है, उससे भी आँखें नहीं मूँदी जा सकतीं। इन तथ्यों पर विचार करने से ऐसा प्रतीत होता है कि सम्भवतः धर्म व नैतिकता एक-दूसरे से तार्किक रूप से स्वतन्त्र हैं। इस दृष्टिकोण के पक्ष में बहुत-से ऐसे नैतिक तन्त्रों का उल्लेख किया जा सकता है जिनका धर्म या धार्मिक मान्यताओं से कोई लेना-देना नहीं है, यथा लोकतान्त्रिक व्यवस्था, समतावादी तन्त्र, इत्यादि। साथ ही, विशिष्ट पूजा-पद्धति, धार्मिक कृत्यों व अनुष्ठानों - जिनको नैतिक रूप से तटस्थ कहा जा सकता है - के अतिरिक्त बहुत-सी ऐसी धार्मिक प्रथाएँ हैं जिनका नैतिकता से खुला विरोध है। हिन्दू धर्म में सती, बलि, छुआछूत, स्त्री-दमन, ऐसी ही कितनी प्रथाओं को मान्यता मिली जिन्हें नैतिक नहीं ठहराया जा सकता। इस्लाम में तीन तलाक़, हलाला, बहुविवाह आदि प्रथाओं की भी यही स्थिति है। ईसाई धर्म ने भी अपने प्रचार-प्रसार व संरक्षण हेतु बहुत रक्तपात किया व उसे धर्मयुद्ध **(crusade)** का नाम दिया यद्यपि यह घोर अनैतिक है। इस्लाम के जिहाद ने भी मानवता व नैतिकता को अतिशय नुक़सान पहुँचाया है। हिन्दू धर्म के संरक्षण के नाम पर की जानेवाली ज़्यादतियों से भी मुँह नहीं मोड़ा जा सकता। इन दृष्टान्तों के प्रकाश में यह माना जा सकता है कि नैतिकता यदि धर्म-निरपेक्ष हो सकती है तो कुछ दृष्टियों से धर्म भी नैतिकता से रहित हो सकता है और मानव इतिहास का तटस्थ अध्ययन इस बात की पुष्टि करता-सा लगता है।

मगर क्या यह दृष्टि सच है ? इसमें कोई सन्देह नहीं, अनेक नैतिक नियम या तन्त्र धर्म का कोई सन्दर्भ नहीं लेते, जैसे किसी अन-धार्मिक व्यक्ति की नैतिकता, किन्तु क्या सचमुच कोई धर्म नैतिकता को आत्मसात् किये बिना धर्म कहला सकता है ? अविकसित प्रारम्भिक धर्मों को छोड़ दें, तो कोई भी विकसित धर्म नैतिकता-निरपेक्ष नहीं हो सकता क्योंकि नैतिकता विकसित धर्मों का अभिन्न मूलभूत अंग है। सभी ईश्वरवादी विकसित धर्मों में ईश्वर का विचार एक नैतिक सत्ता के रूप में स्वीकृत है और ईश्वर-तटस्थ धर्म तो वस्तुतः केवल नैतिक तन्त्र ही हैं। यदि हमें ऐसा लगता है कि कुछ धर्मों में नैतिकता के विरुद्ध ठहरायी जानेवाली उन प्रथाओं को मान्यता दी गयी है जिनका

उल्लेख अभी ऊपर किया गया है तो वस्तुतः उनका त्याग इसीलिए वांछनीय ठहराया जाता है क्योंकि वे सभी प्रथाएँ नैतिकता के विरुद्ध हैं। धर्म के कुछ दूसरे पक्ष, यथा, पूजा-पद्धति, इत्यादि, नैतिकता-निरपेक्ष हो सकते हैं मगर यह तो मानना ही होगा कि धर्म अपने सार रूप में नैतिकता के विरुद्ध या उसके प्रति तटस्थ भी नहीं हो सकता। वस्तुतः नैतिकता धर्म के लिए एक मानदण्ड है और इसी के आधार पर किसी धर्म की स्वीकार्यता तय होती है, या कि उसे सच्चे अर्थों में धर्म माना जाता है। धर्म नैतिकता को अपने भीतर समाहित करने के लिए बाध्य है क्योंकि धर्म का नैतिकता से एक तरह से अस्तित्व का सम्बन्ध है अर्थात् यदि धर्म नैतिकतापूर्ण नहीं है तो वह सच्चे अर्थ में धर्म नहीं है। इसलिए धर्म का नैतिकता के विरुद्ध होने का तो प्रश्न ही नहीं है, बल्कि वह अपने मूलभूत रूप में उससे तटस्थ भी नहीं हो सकता क्योंकि विधानात्मक रूप से नैतिकतासम्पन्न होना उसका आन्तरिक स्वरूप है। इस दृष्टि से धर्म नैतिकता से तर्कतः स्वतन्त्र नहीं हो सकता। जहाँ तक नैतिकता के धर्म से तार्किक रूप से स्वतन्त्र होने की बात है तो नैतिकता ऐसी हो सकती है किन्तु यह भी मानना होगा कि व्यावहारिक रूप से अधिकांशतः नैतिकता को धर्म के समर्थन की आवश्यकता होती है।

नैतिकता व धर्म के सम्बन्ध के विभिन्न पहलुओं की चर्चा इस ओर संकेत करती है कि वस्तुतः धर्म के दो रूप या पक्ष हैं - एक उसका सारभूत रूप जिसमें धर्म अनिवार्यतः नैतिकतासम्मत होता है, जो उसका आन्तरिक आध्यात्मिक पक्ष है, जबकि उसका दूसरा रूप वह है कि जो उसे एक पृथक् संस्था के रूप में स्थापित करता है, उसे एक पृथक् नाम देता है। यह उसकी पूजा-पद्धति, कर्मकाण्डों, रीति-रिवाजों, अनुष्ठानों, नियमों, मान्यताओं व विश्वासों से सम्बन्धित उसका बाह्य रूप है। जब भी धर्म का सारभूत आध्यात्मिक रूप प्रमुखता में रहता है तब वह मानवीयता, वैचारिक व आनुभविक स्वतन्त्रता, समभाव, जीवन्तता, प्रगति की अभिव्यक्ति के रूप में सामाजिक सौहार्द व मानव-कल्याण का कारण बनता है। फलतः नैतिकता व धर्म में सामंजस्य परिलक्षित होता है। मगर जब धर्म का बाह्य रूप प्रमुखता पाता है तो वह संकीर्णता, गतिहीनता, अन्धविश्वास, अहंकार, घृणा का पोषक बन वैचारिक असहनशीलता व सामाजिक विद्वेष का कारण बन जाता है। इसी के परिणामस्वरूप धर्म के नाम पर युद्ध, आतंकवादी हमले, दंगे-फ़साद सरीखे विनाशकारी कृत्य किये जाते हैं जो नैतिकता के विरोधी हैं।

वस्तुतः दोनों के सम्बन्ध के विषय में एक सावधानी की आवश्यकता है कि यह समझते हुए कि सच्चा धर्म अपरिहार्य रूप से नैतिकतापूर्ण होता है, हमें नैतिकता या सद्गुण का आधार या स्रोत केवल धर्म को नहीं बना लेना चाहिए और इस विषय में अपनी दृष्टि हमेशा स्पष्ट रखनी चाहिए कि नैतिकता 'स्व विवेक' में स्थित है, धर्म या ऐसी ही किसी अन्य बाह्य संस्था में नहीं। इस समझ या अन्तर्दृष्टि के बने रहने में ही मानव समाज का कल्याण है और इसका लोप होना मानो उसका विनाश।

नैतिकता का स्रोत केवल धर्म में नहीं है और उसे धर्म से तर्कतः स्वतन्त्र मानने के बाद, अब कुछ ऐसे विचारकों का उल्लेख किया जाये जिनके मतानुसार मानव-जीवन के चरम लक्ष्य की दृष्टि से नैतिकता अपने आपमें पर्याप्त नहीं है या कि अधूरी है क्योंकि वह व्यक्ति को वैसा सन्तोष नहीं दे पाती जो एक आध्यात्मिक प्राणी होने के नाते व्यक्ति की चाहत है। व्यक्ति अनेक कमज़ोरियों का पुतला है, बीमारी, मृत्यु इत्यादि भी उसके लिए बाधा रूप हैं और नैतिक बने रहने के लिए वह इनसे निरन्तर संघर्ष करता रहता है, बल्कि कहना चाहिए कि नैतिकता इस संघर्ष में ही सार्थक होती है। इस अनवरत संघर्ष के कारण ही यह स्थिति व्यक्ति को पूर्ण सन्तोष नहीं प्रदान कर पाती। मगर जब वह इसके ऊपर एक ऐसे स्तर पर पहुँचता है जहाँ वह उपर्युक्त सभी बाधाओं के परे होकर नैतिक संघर्ष से मुक्त हो जाता है तो वह नैतिकता से भी आगे बढ़ जाता है। यह उसके पूर्णत्व की अवस्था है जो नितान्त शान्तियुक्त व सन्तोषदायक है। इस अवस्था में व्यक्ति अनादि व अनन्त की स्थिति में होता है। स्पष्ट है, व्यक्ति के पूर्णत्व की यह अवस्था धर्म या आध्यात्मिकता का स्तर है। ब्रैडले ने इसी दृष्टि से धर्म/आध्यात्मिकता को नैतिकता के ऊपर रखा है। काण्ट के 'पवित्र संकल्प' (Holy Will), स्पेन्सर के 'निरपेक्ष नैतिकता' (Absolute Morality) एवं भगवद्गीता के 'स्थितप्रज्ञ' के विचार इसी अवस्था के द्योतक हैं। अन्य अनेक भारतीय मनीषी भी इसी विचार के समर्थक हैं कि निःश्रेयस् जो मानव-जीवन का चरम साध्य है, मात्र सद्गुणों से प्राप्त नहीं होता और इसमें धर्म की - आध्यात्मिकता की - आवश्यकता होती है क्योंकि यह वह अवस्था है जो नैतिकता के परे है।

लेकिन इससे यह नहीं समझ लेना चाहिए कि नैतिकता अन्ततः धर्म के बिना निरर्थक है या वह धर्म ही है। वस्तुतः जीवन का लक्ष्य क्या है, जब इस पर दृष्टि डालेंगे तो कभी-कभी नैतिकता व धर्म दोनों सहयोगी या पूरक दिखेंगे, कभी नैतिकता अकेले ही पर्याप्त लगेगी और कभी-कभी नैतिकता के मार्ग पर चलकर, फिर उससे ऊपर उठकर धर्म/आध्यात्मिकता का स्तर प्राप्त होगा। मगर ऐसा कभी नहीं होगा कि जीवन का साध्य प्राप्त करने में नैतिकता को तिलांजलि दे दी जाये।

2. सामाजिक नियम
(Social Laws)

नैतिक नियमों का एक बड़ा स्रोत समाज, जिसमें राज्य सरीखी संस्था शामिल है, को माना जाता है। प्रत्येक समाज में कर्म सम्बन्धी नियमों का एक पूरा समूह होता है जिनके अनुसार आचरण करना उस समाज के सदस्यों का कर्त्तव्य होता है। मनुष्य जो कुछ भी है, उसके व्यक्तित्व - बौद्धिकता, भावना, सौन्दर्यात्मक, नैतिक बोध इत्यादि -

के निर्माण व विकास में समाज का अपरिहार्य योगदान है। वस्तुतः एक प्राणी मनुष्य (human being) बनता ही तब है जब वह समाज का भाग होता है। अरस्तू का कथन है कि कोई प्राणी यदि मनुष्य है तो वह समाज का अंश न हो, ऐसा सोचा ही नहीं जा सकता। समाज से विलग होकर भी 'अपने-आप में पूर्ण व्यक्ति' (a self sufficient being) या तो एक जानवर (beast) होगा या देवता (god), ऐसा अरस्तू का मत है। अरस्तू के विचार के समर्थन में एक ऐसे बालक का उदाहरण प्रस्तुत किया जा सकता है जो जन्म के बाद भेड़ियों के समूह के साथ रहता था और अन्ततः वह भेड़ियों जैसा ही व्यवहार करने लगा, न कि एक मनुष्य जैसा। वह चार पैरों पर चलता, भागता था, कच्चा मांस खाता था तथा उसमें न तो इन्सानी भाषा का विकास हुआ, न ही इन्सानी फ़ितरत का। वह शारीरिक तौर पर मनुष्य था, मगर था वह पूरी तरह से एक जानवर। मानव-समाज से अलग होने के कारण ही वह मनुष्य के रूप में विकसित नहीं हो पाया।[3] जब समाज का इतना महत्त्व है तो इसके नियमों का पालन करना इसके सदस्यों के लिए आवश्यक है। इसलिए यह स्वाभाविक विचार है कि सामाजिक नियमों का पालन करना व्यक्ति का कर्त्तव्य है और सामाजिक नियमों के विरुद्ध कार्य करने से उसको अनैतिक ठहराया जाता है। ये सामाजिक नियम एक तरह के दिशा-निर्देश हैं जो व्यक्ति के जन्म से लेकर मृत्यु तक के समस्त कार्य-व्यापारों को नियमित करते हैं। सामाजिक नियमानुसार कर्म करने पर प्रशंसा/सराहना/सम्मान का पुरस्कार तथा विपरीत कार्य करने पर अनेक प्रकार के दण्ड - यथा, भर्त्सना, बहिष्कार, अर्थदण्ड और कभी-कभी तो मृत्युदण्ड - का विधान भी प्रत्येक समाज में प्रचलित होता है। नैतिक नियम या प्रतिमान के रूप में स्वीकार किये गये सामाजिक नियम तथा पुरस्कार व दण्ड का विधान, ये सभी कुछ परम्परा से तय होते हैं जिनको पूर्वकाल में सम्भवतः कुछ प्रभावशाली व्यक्तियों के समूह द्वारा प्रस्तावित किया गया था तथा जो कालक्रम में धीरे-धीरे सामान्य-जन द्वारा स्वीकृत हो जाते हैं और रीति-रिवाज, रूढ़ि या परम्परा के रूप में समाज को व्यवस्थित करते हैं। समाज के सदस्यों के लिए ये सारी नियम-व्यवस्था एक प्रकार से अनुल्लंघनीय होती है एवं सदस्य-व्यक्ति को उसका पालन करना ही होता है।

विचार करने पर ऐसे सामाजिक नियम सच्चे अर्थ में नैतिक नहीं ठहराये जा सकते। इनको नैतिक नियम के रूप में मान्यता देने के विरुद्ध एक महत्त्वपूर्ण तर्क है कि अनेक बार सामाजिक नियम स्वयं अनुचित होते हैं। सती-प्रथा, बाल-विवाह, कन्या के विरुद्ध पक्षपात, दास-प्रथा, जाति-प्रथा, रंग-भेद, इत्यादि अनगिनत ऐसी प्रथाएँ हैं जिन्हें किसी भी दृष्टि से नैतिक नहीं कहा जा सकता, यद्यपि विभिन्न युगों व समाजों में इन्हें सामाजिक नियम के रूप में मान्यता प्राप्त रही है। अतः स्पष्ट है कि सामाजिक नियमों को नैतिक मानदण्डों का दर्जा देना उचित नहीं लगता।

इसके अतिरिक्त, एक समाज में जिस कार्य को नैतिक कहा जाता है, अक्सर

दूसरे समाज में उसे ही अनैतिक माना जाता है। यथा, मुसलमान परिवारों में पारिवारिक वैवाहिक सम्बन्ध स्वीकृत हैं मगर साधारणतः हिन्दू परिवारों में नहीं। मगर हिन्दुओं में भी दक्षिण भारतीय हिन्दू समाज में मामा-भान्जी विवाह सर्वोत्तम है किन्तु उत्तर भारतीय हिन्दू समाज में नैतिक रूप से वर्जित। यदि सामाजिक नियमों को नैतिक प्रतिमान मान लिया जाये तो ऐसे नैतिक प्रतिमान इस अर्थ में सार्वभौम या व्यापक नहीं होंगे जो किसी भी व्यक्ति के नैतिक आदर्श बन सकें। समाज-सापेक्ष होने के कारण ऐसी नैतिकता अविश्वसनीय व संशयात्मक हो जायेगी। नैतिक नियमों को कमोबेश अपरिवर्तनीय, व्यापक व सार्वभौम होना चाहिए, यह तो स्पष्ट ही है। सामाजिक नियम इस परीक्षा में खरे नहीं उतरते। इसलिए उन्हें नैतिक नियमों के रूप में स्वीकृति प्रदान करने में हिचकिचाहट होती है।

इस विचारधारा में एक अन्य दोष यह भी है कि दो या अधिक सामाजिक नियमों में संघर्ष की स्थिति में क्या हो ? ऐसी अवस्था में किस नियम को माना जाये, किसे छोड़ा जाये, इसको तय करने का कोई उपाय नहीं होता। व्यक्ति की अपनी नैतिक चेतना ही तब मार्ग सुझाती है। अतः मानना होगा कि व्यक्ति की चेतना सामाजिक नियमों से उच्चतर है। समाज में समय-समय पर उत्पन्न होनेवाले समाज सुधारक तथा समाज सुधार आन्दोलनों, जिनके मूल में नैतिकता ही प्रेरणा होती है, का इतिहास बड़ा लम्बा है। वस्तुतः जब से समाज बना और सामाजिक नियम बने, तब से ही समाजसुधारक व सुधारवादी आन्दोलन उत्पन्न होते आये हैं जो आमजन के कल्याण व शुभ हेतु प्रयत्नशील होते हैं। इसका अर्थ यह है कि सामाजिक नियम स्वयं नैतिक मूल्यांकन का विषय होते हैं तथा ग़लत पाये जाने पर उनमें परिवर्तन किया जाता है। इस चर्चा से स्पष्ट है कि नैतिक मूल्य समाज के मूल्यों के ऊपर हैं एवं सामाजिक नियमों के लिए भी प्रतिमानस्वरूप हैं। अतः सामाजिक नियमों को नैतिक नियमों के रूप में मान्यता देना तर्कसंगत नहीं है।

वस्तुतः आचरण हेतु रीति-रिवाजों व सामाजिक मान्यताओं की आवश्यकता अधिकांशतः उन व्यक्तियों को पड़ती है जो चेतना की अविकसित या आदिम अवस्था में हैं। जैसे-जैसे व्यक्ति की चेतना विकसित होती जाती है, व्यक्ति रीति-रिवाजों व सामाजिक मान्यताओं से परे जाकर, ऊपर उठकर अपना नैतिक शुभ खुद़ तलाशता है। इस अर्थ में, सच्चे नैतिक प्रतिमान सामाजिक रीति-रिवाजों या रूढ़ियों के बन्धन में नहीं, बल्कि चेतना या संकल्प की स्वतन्त्रता में हैं। यदि स्वतन्त्र विचार के पश्चात् किसी सामाजिक नियम को शुभ मानकर उसका पालन किया जाता है तो इसका अर्थ है कि उसको नैतिक मूल्यांकन का विषय बनाया गया है और शुभ पाया गया है। इससे स्पष्ट ही है कि नैतिक प्रतिमान सामाजिक नियमों से भिन्न व ऊपर हैं। यदि सामाजिक नियमों को लोभ या भय के कारण स्वीकार किया जाता है, न कि उन्हें शुभ समझकर तो अब यह स्पष्ट हो चुका है कि यह सच्ची नैतिकता नहीं है। यहाँ यह नहीं कहा जा रहा कि सामाजिक नियमों को माना न जाये। वस्तुतः साधारण रूप से व्यवस्था हेतु सामाजिक

नियमों का पालन नैतिक रूप से उचित है, मगर वे नैतिकता के प्रतिमान नहीं हो सकते क्योंकि वे स्वयं नैतिक आदर्शों से निर्देशित होते हैं और नैतिक मूल्यांकन का विषय होते हैं।

सन्दर्भ एवं टिप्पणी

1. वर्मा, डॉ. वेद प्रकाश; (1982), नीतिशास्त्र के मूल सिद्धान्त; अलाइड पब्लिशर्स प्रा.लि., नयी दिल्ली; p. 31

2. Dawkins, Richards (2016), The God Delusion; Transworld Publishers, London; p. 23-24 (preface to 1st Ed.)

3. 'हिन्दुस्तान' समाचार-पत्र (इलाहाबाद, शनिवार, 23 अप्रैल 2016) के पृष्ठ 18 पर ऐसे अनेक बच्चों के विषय में सूचनाएँ प्रकाशित हुई हैं।

अध्याय 6

आन्तरिक नियम : अन्तःप्रज्ञावाद
(Internal Laws : Intuitionism)

यदि नियमों को अन्तिम नैतिक मानदण्ड स्वीकार किया जाये तो स्वाभाविक प्रश्न है कि इन नियमों का स्रोत क्या है। पिछले अध्याय में देखा जा चुका है कि नैतिक नियमों के स्रोत के रूप में बाह्य शक्तियों - ईश्वर, समाज, इत्यादि - को स्वीकार करने में कुछ मूलभूत कठिनाइयाँ हैं। इसी कारण कतिपय विचारकों ने इन नियमों को कर्त्ता-व्यक्ति की ही किसी ज्ञान-शक्ति या क्षमता (power or faculty) द्वारा प्रदत्त मानने का विचार प्रस्तावित किया है, और इस तरह, नैतिक नियमों को आन्तरिक नियम माना है। इन विद्वानों के अनुसार, कर्त्ता-व्यक्ति की कोई ज्ञान-शक्ति ही नैतिकता के सन्दर्भ में उसका मार्गदर्शन करती है तथा बताती है कि क्या उचित है व क्या अनुचित। यह शक्ति कर्त्ता-व्यक्ति की कोई विशिष्ट नैतिक ज्ञान क्षमता (Special Moral Faculty) हो सकती है या फिर उसकी बुद्धि (Reason) ही। तदनुसार, नैतिक प्रतिमानों के नियम-आधारित कर्त्तव्यवादी सिद्धान्तों (Rule Deontological Theories) के 'आन्तरिक नियम' (Internal Laws) के वर्ग में प्रमुख रूप से दो मतों को सम्मिलित किया जाता है - (1) अन्तःप्रज्ञावाद (Intuitionism) (2) बुद्धिवाद (Rationalism)। अन्तःप्रज्ञावाद वह सिद्धान्त है जो नैतिक नियमों के स्रोत के रूप में उस विशिष्ट आन्तरिक ज्ञान-शक्ति को मान्यता देता है जिसे विभिन्न दार्शनिकों ने अलग-अलग नामों से सम्बोधित किया है, यथा, ज़मीर, अन्तश्चेतना या अन्तरात्मा (Conscience), अन्तर्ध्वनि (Inner Voice), नैतिक इन्द्रिय (Moral Sense), नैतिक बुद्धि (Moral Reason), या फिर हमारे भीतर स्थित ईश्वर की आवाज़ (Voice of God within Us), इत्यादि। बुद्धिवाद के अनुसार, नैतिक सन्दर्भों में कर्त्ता-व्यक्ति की विवेक-बुद्धि (Reason) ही सर्वोच्च है जो कर्त्तव्य/अकर्त्तव्य के सम्बन्ध में उसे निर्देशित करती है। यह अध्याय अन्तःप्रज्ञावाद की विवेचना से सम्बन्धित है। बुद्धिवाद सम्बन्धी अध्ययन अगले अध्याय में प्रस्तुत किया जायेगा।

अन्तःप्रज्ञावाद
(Intuitionism)

अन्तःप्रज्ञावादी विचारकों (Intuitionists) की मान्यता है कि किसी कर्म का नैतिक रूप से उचित/अनुचित होना उसके अपने आन्तरिक स्वरूप यानी अपने निजी स्वरूप पर निर्भर करता है, कर्म के परिणाम के विचार (idea of consequence) पर नहीं। इस सिद्धान्त के अनुसार, नैतिकता के अन्तिम मानदण्ड कुछ नियम या निर्देश (principles, laws, commandments or directives) हैं जिनका पालन करना ही कर्म का साध्य (Motive) होता है और जिनके अनुरूप होने पर, या दूसरे शब्दों में, जिन्हें आत्मसात् करने पर कर्म नैतिक होते हैं तथा प्रतिकूल होने पर अनैतिक। इस दृष्टि से, एक नैतिक परिस्थिति (moral situation) में सत्य बोलना इसलिए व्यक्ति का कर्त्तव्य है क्योंकि यह 'सदैव सत्य बोलना चाहिए', इस नैतिक नियम के अनुरूप होने के कारण अपने-आप में उचित है, इसलिए नहीं कि विशिष्ट परिस्थिति में सत्य-वाचन किसी शुभ परिणाम की प्राप्ति हेतु किया गया है। जहाँ तक इन नियमों या आदेशों के स्रोत का प्रश्न है तो पहले भी उल्लेख किया जा चुका है कि इस सम्बन्ध में विद्वानों में मतान्तर है। अन्तःप्रज्ञावाद की मान्यता है कि मनुष्य की चेतना में इन्द्रियों व बुद्धि के अतिरिक्त तीसरी विशिष्ट ज्ञान-शक्ति (special faculty) होती है जो नैतिक परिस्थितियों में मनुष्य का मार्ग निर्देशन करती है। इसे मुख्य रूप से ज़मीर, अन्तरात्मा या **अन्तश्चेतना (Conscience)** कहा जाता है, यद्यपि विभिन्न विचारकों द्वारा इसको दूसरे नामों से भी पुकारा गया है। अन्तःप्रज्ञावादियों की मान्यता है कि यदि नैतिक नियमों या निर्देशों का स्रोत कोई बाह्य शक्ति होगी तो, जैसा पिछले अध्याय में स्पष्ट किया गया है, उन नियमों के पालन का एकमात्र प्रेरक हेतु या तो उस शक्ति द्वारा दिये जानेवाले पुरस्कार की आशा होगी या फिर दण्ड का भय। हम जान चुके हैं कि ईश्वर या समाज की आज्ञाओं का पालन व्यक्ति क्यों करे, इस प्रश्न का एक प्रचलित उत्तर है कि ऐसा करने पर उन उच्च शक्तियों से सुख-सुविधा व सुरक्षा प्राप्त होगी तथा ऐसा न करने पर ये सारी चीज़ें बाधित होंगी अथवा उनके द्वारा कष्ट-पीड़ा प्रदान की जायेगी। इस तरह, सामान्यतः पुरस्कार या दण्ड ही वे प्रमुख कारण हैं जो व्यक्ति में नैतिक नियमों के प्रति आज्ञाकारिता पैदा कर सकते हैं। परन्तु यह समझा जा चुका है कि यह सच्ची नैतिकता का नाश है। नैतिकता किसी उच्च शक्तिमान् के प्रति दासतापूर्ण अधीनता से भिन्न कुछ और ही है। कर्म के नियमों की स्वीकृति तभी नैतिक मूल्य रखती है जब कर्त्ता-व्यक्ति उनके आन्तरिक रूप से मूल्यवान् होने से आश्वस्त व सन्तुष्ट हो और उन्हें स्वेच्छा (free will) से स्वीकार करे। नैतिक नियम न तो बाहर से लादे गये होने चाहिए, न ही स्वार्थपूर्ण उद्देश्यों (selfish motives) हेतु स्वीकृत होने चाहिए।

इसलिए अन्तःप्रज्ञावाद व्यक्ति को या उसके एक भाग - अन्तश्चेतना- को ही उन नैतिक नियमों या निर्देशों का निर्माता या स्रोत ठहराता है जिन्हें व्यक्ति स्वतन्त्रतापूर्वक अपने कर्मों में आत्मसात् करता है। यह अन्तश्चेतना व्यक्ति की ऐसी शक्ति या क्षमता है जिसके द्वारा उचित/अनुचित का ज्ञान तुरन्त (immediate) या अव्यवहित रूप से (direct) होता है। किसी भी विषय के ऐसे अनैन्द्रिक ज्ञान को अन्तःप्रज्ञा या प्रातिभज्ञान (Intuition) कहते हैं। नैतिकता के क्षेत्र में अन्तश्चेतना द्वारा प्रदत्त ऐसी अन्तःप्रज्ञा की सर्वोच्चता को स्वीकार करने के कारण ही यह सिद्धान्त अन्तःप्रज्ञावाद (Intuitionism) कहलाता है।

'अन्तश्चेतना मनुष्य की एक वास्तविक शक्ति है', यह केवल अन्तःप्रज्ञावादी दार्शनिकों की ही मान्यता नहीं है। वस्तुतः अनेकानेक विचारकों ने ज़मीर को मानव-अनुभूति के एक पक्ष के रूप में स्वीकार किया है और वे इन्द्रियों व बुद्धि के अलावा इस तीसरी शक्ति को यथार्थ मानते हैं। किन्तु नैतिकता के सन्दर्भ में इसकी सर्वोच्चता व अन्तिम प्रभुता को केवल अन्तःप्रज्ञावादी विचारकों ने ही स्वीकार किया है। अब इस सन्दर्भ में पहला प्रश्न तो यही है कि क्या इन्द्रियों व बुद्धि के अतिरिक्त मनुष्य के पास वास्तव में कोई तीसरी ज्ञान-शक्ति होती है। तत्पश्चात् दूसरा प्रश्न उठता है कि क्या यह तीसरी ज्ञान-शक्ति नैतिकता के क्षेत्र में सर्वोपरि है, जैसा कि अन्तःप्रज्ञावादी विचारकों का दावा है।

अभी पहले बताया जा चुका है, अन्तःप्रज्ञावादियों सहित अन्य बहुत-से दार्शनिक इस तीसरी स्वतन्त्र ज्ञान-शक्ति - अन्तश्चेतना-को एक तथ्य के रूप में मान्यता देते हैं। वे सभी सहमत हैं कि व्यक्ति को इसका बोध होता है। उनका मत है कि इसके कुछ लक्षण व्यक्ति के अनुभव में प्रकट होते हैं जो व्यक्ति के व्यवहार को कुछ अत्यन्त महत्त्वपूर्ण अर्थों में प्रभावित करते हैं। इस अन्तश्चेतना की यथार्थता के प्रमाण के रूप में नैतिक रूप से उत्कृष्ट अनगिनत कर्मों को लिया जा सकता है। इतिहास ऐसे उद्धरणों से भरा पड़ा है जब अपने ज़मीर की आवाज़ पर लोगों ने असाधारण उत्तम कर्म किये, यहाँ तक कि कभी-कभी प्राणों की आहुति भी दे दी और ऐसा करने में उन्होंने परिवार, समाज, राज्य, शक्तिशाली धार्मिक संस्थाओं, किसी की भी परवाह नहीं की। साधारण मनुष्य भी नैतिक दबाव व दुविधा की स्थिति में निर्देश हेतु अपनी अन्तरात्मा की ओर मुड़ता है। कभी-कभी जब दो स्थापित नैतिक नियमों में संघर्ष होता है तब भी अधिकांशतः व्यक्ति अन्तश्चेतना के बल पर ही प्रस्तुत विकल्पों में से चुनाव करता है। अतः अन्तश्चेतना के अस्तित्व से इन्कार नहीं किया जा सकता।

अपनी बात को आगे बढ़ाते हुए अन्तःप्रज्ञावादी तथा इसकी वास्तविकता को स्वीकार करनेवाले अन्य अन-अन्तःप्रज्ञावादी दार्शनिक (Non Intuitionists) अन्तश्चेतना के लक्षणों या विशेषताओं की चर्चा करते हैं और मानते हैं कि वे लक्षण व्यक्ति के

अनुभवों में निरपवाद रूप से प्रकट होते हैं। यहाँ यह स्पष्ट कर दिया जाये कि इसके स्वरूप के विषय में परस्पर मत वैभिन्न होते हुए भी उपर्युक्त दोनों वर्गों के विचारक कम-से-कम तीन विशेषताओं या लक्षणों के सम्बन्ध में कमोबेश सहमत हैं। इनमें सर्वप्रथम है अन्तश्चेतना का **ज्ञानात्मक पक्ष (Knowing or Cognitive Aspect)**। अन्तश्चेतना "नैतिक रूप से क्या सही है, क्या ग़लत", इसका सीधा ज्ञान प्राप्त करने का दावा करती है और फिर इस ज्ञान को नैतिक निर्णयों के रूप में प्रकट करती है। अन्तश्चेतना का दूसरा लक्षण है इसका **व्यावहारिक या क्रियात्मक पक्ष (Practical or Conative Aspect)**। व्यक्ति के अनुभव बताते हैं कि अन्तश्चेतना न केवल उचित/अनुचित का ज्ञान देती है अपितु जो उचित है, उसे करने का आदेश भी देती है एवं जो अनुचित है, उसको करने से रोकती भी है। इस सन्दर्भ में अन्तश्चेतना का प्रभुत्व अलग ही तरह का है कि वह अपेक्षा करती है कि कर्त्ता-व्यक्ति उसकी आज्ञानुरूप कर्म करते समय पूरी तरह से निःस्वार्थ या पक्षपातरहित रहे। दूसरे शब्दों में, वह व्यक्ति द्वारा किसी भी सुख-आनन्द या उपयोगिता को ध्यान में रखे बिना ही अपने आदेशों का पालन चाहती है। इसकी एक तीसरी विशेषता भी स्वीकार की जाती है जिसे उसका **भावात्मक पक्ष (Affective or Feeling Aspect)** कहा जा सकता है। कुछ विशिष्ट भावनाओं को अन्तश्चेतना से नज़दीकी रूप से सम्बन्धित माना जाता है। जब व्यक्ति उसके द्वारा उचित ठहराये गये कर्म को सम्पादित करता है तो उसे एक अजीब-से गहरे सन्तोष व प्रसन्नता की अनुभूति होती है। इस सन्तोष या प्रसन्नता का तब भी अनुभव होता है जब किन्हीं अन्य कारणों से व्यक्ति घोर कष्ट या पीड़ा में हो। वस्तुतः असहनीय दुःख या पीड़ा के बावजूद यही सन्तोष या प्रसन्नता व्यक्ति को अन्तरात्मा की आवाज़ पर चलने का इतना उत्साह व प्रेरणा देती है कि किन्हीं परिस्थितियों में व्यक्ति प्राणोत्सर्ग के लिए भी तत्पर हो जाता है। इसी तरह, जब भी कोई व्यक्ति अन्तश्चेतना के निर्देश के विरुद्ध कार्य करता है तब उसे कुछ दूसरे भावों - आत्मग्लानि या अपराधबोध (guilt) और पश्चात्ताप (remorse) -की अनुभूति होती है। ये अनुभूतियाँ कभी-कभी इतनी गहरी होती हैं कि इनके कारण व्यक्ति आत्महत्या तक कर लेता है। सम्भवतः इन भावनाओं के कारण ही अन्तश्चेतना के निर्णयों को स्वीकार किया जाता है। पश्चात्ताप या आत्मग्लानि, जो अनुचित कर्म से उपजते हैं, मनुष्य के सर्वाधिक कठोर भावों में से एक है, इसलिए कभी-कभी इसे 'आत्मा का दंश' (sting of conscience) कहा जाता है। उपर्युक्त विवरण से स्पष्ट होता है कि विद्वान् मानते हैं कि अन्तश्चेतना न केवल उचित/अनुचित का बोध कराती है और तदनुरूप कर्म करने हेतु व्यक्ति पर दबाव डालती है, बल्कि यह पुरस्कार व दण्ड देने की शक्ति भी है। व्यक्ति के अनुभवों में इन तीनों रूपों में प्रकट होनेवाली अन्तश्चेतना के अस्तित्व तथा नैतिक रूप से प्रभावी स्वरूप की आसानी से उपेक्षा नहीं की जा सकती, यह स्पष्ट ही है।

अब प्रश्न है कि क्या नैतिक सन्दर्भों में अन्तश्चेतना सर्वोच्च है। इस सम्बन्ध में अन-अन्तःप्रज्ञावादी व अन्तःप्रज्ञावादी विचारकों में मतभेद है और केवल अन्तः प्रज्ञावादी ही यह मानते हैं कि अन्तश्चेतना नैतिक निर्णयों का अन्तिम प्रतिमान है एवं इसके निर्णयों (decisions) की कहीं भी कोई अपील नहीं है। अब अन्तःप्रज्ञावादी दार्शनिकों पर यह उत्तरदायित्व है कि वे इसकी सर्वोच्चता को सिद्ध करें। इसके लिए वे अन्तश्चेतना की कुछ अन्य प्रमुख विशेषताओं का उल्लेख करते हैं। इनमें प्रथम विशेषता है, इसके निर्णयों की **निरपेक्ष व स्वतन्त्र प्रकृति (Independent Nature of Judgments)**। अन्तःप्रज्ञावादियों के अनुसार, जब शुद्ध अन्तश्चेतना किसी कर्म को उचित या अनुचित के रूप में जाँचती है तो ऐसा वह बिना किसी पूर्वाग्रह के, बिना किसी अन्य शक्ति या क्षमता से प्रभावित रहते हुए करती है। अतः अन्तश्चेतना पूर्णतः सरल (simple) व अव्युत्पन्न (underived) यानी निरपेक्ष व स्वतन्त्र मानी जा सकती है।[1] यहाँ यह स्पष्ट कर दिया जाये कि इस दृष्टि से, अन्तश्चेतना व्यक्ति की कोई अनोखी ज्ञानात्मक क्षमता नहीं है। इसी प्रकार की अन्य स्वतन्त्र क्षमताएँ भी मनुष्य में हैं। उदाहरण के लिए, रंगों में भेद करने की ऐन्द्रिक क्षमता; ऐसे ही, सामान्य रूप से सत्य व असत्य में पहचान करने की क्षमता जो बौद्धिक है। अन्तःप्रज्ञावादियों के अनुसार, जैसे बुद्धि व इन्द्रियों की ज्ञानात्मक शक्तियाँ भरोसे के योग्य हैं, उसी तरह से स्वतन्त्र व पूर्वाग्रहमुक्त नैतिक निर्णयों के लिए अन्तश्चेतना भी विश्वसनीय है। यहाँ यह समझ लेना चाहिए कि अन्तःप्रज्ञावादी विचारक अन्तश्चेतना की स्वतन्त्र व निरपेक्ष प्रकृति पर इतना बल क्यों देते हैं। यदि कम-से-कम अपने मूलभूत स्वरूप में उसके निर्णय स्वतन्त्र नहीं होंगे तो उसका अन्तिम नैतिक प्रतिमान सम्बन्धी दावा स्वीकार्य नहीं हो सकता। अगर अन्तःश्चेतना स्वतन्त्र नहीं बल्कि परतन्त्र है तो वह सर्वोच्च (supreme) भी नहीं हो सकती।

अन्तःप्रज्ञावादी चिन्तकों ने अन्तश्चेतना में एक अन्य विशेषता भी बतायी है जो उसको सर्वोच्च ठहराने हेतु महत्त्वपूर्ण है। उनके अनुसार, अन्तश्चेतना **सार्वभौम (Universal)** है, यानी वह समस्त सामान्य (normal) मनुष्यों में पायी जाती है, चाहे वे किसी भी काल, देश, जाति व धर्म के हों, चाहे वे कितने ही कम या ज़्यादा विकसित हों। यहाँ यह ध्यान रखना चाहिए कि जब अन्तःप्रज्ञावादी विद्वान् अन्तश्चेतना को सर्वोच्च नैतिक प्रतिमान या सिद्धान्त मानते हैं तो उनका तात्पर्य किसी व्यक्ति-विशेष की अन्तश्चेतना से नहीं है बल्कि उनका आशय एक ऐसी सार्वभौम अन्तश्चेतना (Universal Conscience) से है जो अपने मूलभूत शुद्ध रूप में समस्त व्यक्तियों में उपस्थित है। इसका यह अर्थ नहीं लगाना चाहिए कि यह सभी में समान रूप से विकसित अवस्था में विद्यमान है। वस्तुतः जैसे इन्द्रियों एवं बुद्धि का सभी मनुष्यों में बराबर का विकास नहीं पाया जाता, उसी तरह अन्तश्चेतना के भी प्रत्येक व्यक्ति में

विकास के स्तर होते हैं और यह किन्हीं व्यक्तियों में कम तो किन्हीं में ज़्यादा विकसित हो सकती है। मगर उसके विकास की चाहे जो अवस्था हो, अन्तश्चेतना एक ज्ञान-क्षमता के रूप में उसी तरह से सभी सामान्य मनुष्यों में सहज रूप से विद्यमान (innate) अतः सार्वभौम है जैसे देखने या तर्क करने की क्षमता। अन्तश्चेतना में सार्वभौम होने का लक्षण इसलिए महत्त्वपूर्ण है कि इससे ही उसके द्वारा प्रदत्त नैतिक निर्णयों की वस्तुनिष्ठता (objectivity) सुनिश्चित की जा सकती है और माना जा सकता है कि किसी व्यक्ति-विशेष द्वारा दिये गये विशेष कर्म सम्बन्धी नैतिक निर्णय से दूसरा व्यक्ति सहमत हो। अन्तश्चेतना की सार्वभौमिकता के अभाव में नैतिकता निजी व मनमानी हो जायेगी, फिर क्या नैतिक है या क्या अनैतिक, इस बात में कोई स्थायित्व या निश्चितता (certainty) नहीं होगी। जैसे तर्क-बुद्धि की सार्वभौमिकता विभिन्न विज्ञानों के रूप में एक सर्वसम्मत ज्ञान-भण्डार प्रदान करती है, जैसे दृश्य सम्बन्धी क्षमता का सबमें विद्यमान होना यह सुनिश्चित करता है कि सभी लोग किसी वस्तु-विशेष के रंगों के बारे में परस्पर सहमत होंगे, उसी तरह, अन्तश्चेतना की सार्वभौमिकता ही यह तय कर सकती है कि कर्म के उचित/अनुचित होने के सम्बन्ध में सभी व्यक्तियों का मतैक्य हो।

अन्तःप्रज्ञावादी विचारक अन्तश्चेतना में एक तीसरी विशेषता को स्वीकार करते हैं जो इस अर्थ में महत्त्वपूर्ण है कि इसी के कारण इस सिद्धान्त का नाम 'अन्तःप्रज्ञावाद' हुआ। यह विशेषता है अन्तश्चेतना के नैतिक निर्णयों की सहजता या अव्यवहितता (immediacy) जिसे तकनीकी रूप से **अन्तःप्रज्ञात्मकता (Intuitiveness)** कहा जाता है। जब अन्तश्चेतना के समक्ष वास्तव में, या चाहे कल्पना में भी, कोई कर्म उपस्थित होता है तो वह उसके नैतिक या अनैतिक होने का निर्णय बिना किसी युक्ति या तर्क की सहायता के, सीधे या तुरन्त (direct) देती है। दूसरे शब्दों में, माना जाता है कि अन्तश्चेतना 'नैतिक रूप से क्या सही है, क्या ग़लत', यह सीधे या प्रातिभ रूप से 'देख' लेती है और इसके लिए उसे किसी तर्क की आवश्यकता नहीं होती।

वस्तुतः अपने विस्तृत अर्थ में सहज या अव्यवहित ज्ञान (immediate knowledge) ऐसी कोई भी अपरोक्षानुभूति[2] है जो तर्क-प्रक्रिया की मध्यस्थता के बग़ैर (a direct awareness without the intervension of reasoning process) प्राप्त होती है। इन्द्रियों में भी ऐसी अपरोक्षानुभूति की क्षमता प्रकट होती है, जब वे रंग, ध्वनि, गन्ध, स्वाद व स्पर्श का तुरन्त ज्ञान प्रदान करती हैं। किसी वस्तु का रंग जानने के लिए युक्ति के निर्माण की आवश्यकता नहीं होती और हम 'सीधे' देख लेते है कि उसका क्या रंग है। यही बात अन्य ज्ञानेन्द्रियों के साथ है। स्पष्ट है, यह अपरोक्षानुभूति या अव्यवहित ज्ञान ऐन्द्रिक (sensory) है। मगर अपने संकुचित अर्थ में सहज या अव्यवहित ज्ञान ऐसा अपरोक्ष बोध है जो तर्क प्रक्रिया की मध्यस्थता से तो रहित है ही, साथ ही, अनैन्द्रिक (non – sensory) भी है।

तकनीकी रूप से इसे ही अन्तःप्रज्ञा या प्रातिभज्ञान (Intuition) कहा जाता है। बुद्धि द्वारा प्रदत्त ज्ञान में यह अन्तःप्रज्ञा निहित होती है यद्यपि उसकी अधिकांश प्रक्रियाएँ मध्यस्थयुक्त (mediated) होती हैं। जब एक युक्ति का निर्माण किया जाता है तो अधिकांशतः यह एक मध्यस्थयुक्त प्रक्रिया (mediated process) होती है जिसमें कुछ आधारवाक्यों (premisses) को आपस में तार्किक नियमानुसार सम्बन्धित करके निष्कर्ष-वाक्य (conclusion) निकाला व स्वीकार किया जाता है। मगर इस तर्क-प्रक्रिया में भी आधारवाक्यों के परस्पर तार्किक सम्बन्धों (logical relations) की पहचान सहज या मध्यस्थरहित यानी प्रातिभ ही होती है। अन्यथा तर्क-प्रक्रिया न तो प्रारम्भ हो सकेगी और न ही कभी समाप्त, परिणामस्वरूप हम एक भी निष्कर्ष तक नहीं पहुँच पायेंगे। इसी तरह, मूलभूत तार्किक सिद्धान्तों या विचार के नियमों (fundamental principles of logic or laws of thought), यथा, तादात्म्य का सिद्धान्त (Principle of Identity), इत्यादि भी अपरोक्ष बोध हैं जो किसी भी संगत विचार की ऐसी पूर्वापेक्षाएँ (preconditions) हैं जो अखण्डनीय (irrefutable) हैं। चूँकि तार्किक सिद्धान्तों व तार्किक सम्बन्धों की सीधी पहचान बुद्धि का ही विषय है तो इस दृष्टि से बुद्धिसम्मत ज्ञान में अन्तःप्रज्ञा या प्रातिभज्ञान निहित होता है, यह मानना पड़ता है। अन्तःप्रज्ञावादी विचारकों के अनुसार, यह अनैन्द्रिक व तर्क की मध्यस्थता से रहित अपरोक्ष बोध यानी अन्तःप्रज्ञा अन्तश्चेतना की भी विशेषता है और कर्मों के नैतिक गुणों या सामान्य नैतिक नियमों/सिद्धान्तों का अन्तश्चेतना द्वारा ज्ञान अपरोक्ष बोध के इसी संकुचित अर्थ में अव्यवहित या सहज है। यह स्पष्ट है कि अन्तश्चेतना की इसी विशेषता के आधार पर इस सिद्धान्त को 'अन्तःप्रज्ञावाद' कहा गया है।

सहजता या अन्तःप्रज्ञा के इसी लक्षण के कारण विभिन्न अन्तःप्रज्ञावादियों में परस्पर मतान्तर भी उत्पन्न हुआ है। फलतः अन्तःप्रज्ञावाद के अनेक वर्ग सामने आये हैं। कुछ विचारकों के अनुसार, अन्तःप्रज्ञा कर्म-विशेष (particular act) के शुभत्व या अशुभत्व का सीधा बोध है। उदाहरण के लिए, एक डूबते व्यक्ति को बचाने के लिए जब कोई व्यक्ति अपनी जान की परवाह न करते हुए नदी में छलाँग लगा देता है तो यह तुरन्त बोध हो जाता है कि उस व्यक्ति का कर्म नैतिक दृष्टि से प्रशंसनीय है। इसी तरह, जब कुछ आतंकवादी यात्रियों से भरी किसी बस को बम से उड़ा देते हैं तो हम यह सीधे जान लेते हैं कि यह अनैतिक व निन्दनीय है। यह विचार अन्तःप्रज्ञा या प्रातिभ ज्ञान को विशेष-विशेष कर्मों के नैतिक गुणों के बोध के ही रूप में सीमित कर देता है। इस विचार को विशेष या व्यष्टिपरक यानी "वैयष्टिक अन्तःप्रज्ञावाद का सिद्धान्त" (Theory of Individual Intuitionism) कहा जा सकता है। इस सिद्धान्त के प्रमुख विचारकों के रूप में शेफ़्ट्सबरी एवं फ्रान्सिस हचेसन का नाम लिया जाता है। इस वैयष्टिक अन्तःप्रज्ञावाद को **"नैतिक इन्द्रियपरक मत" (Moral Sense School)** कहा

जाता है क्योंकि इस दृष्टिकोण के अनुसार, अन्तश्चेतना एक ज्ञानेन्द्रिय (sense organ) की भाँति काम करती है। वस्तुतः ये विचारक अन्तश्चेतना को 'नैतिक इन्द्रिय' (Moral Sense) का नाम देते हैं। जिस प्रकार, हमारी दृष्टि सम्बन्धी इन्द्रिय (आँख) विशेष वस्तु का रंग 'सीधे' पकड़ लेती है, उसी प्रकार हमारी 'नैतिक इन्द्रिय' (अन्तश्चेतना) कर्म-विशेष के नैतिक गुण को अपरोक्ष या सहज रूप से जान लेती है। जैसे वस्तुओं द्वारा हमारी चेतना या मन (consciousness or mind) में संवेदन (sensations or ideas) उत्पन्न किये जाते हैं और उन संवेदनों की सहायता से वस्तु-विशेष के आनुभविक लक्षणों का बोध हो जाता है, वैसे ही कर्मों द्वारा उत्पन्न रुचिकर (agreeable) या अरुचिकर (disagreeable) भावनाओं के द्वारा उन विशेष-विशेष कर्मों के नैतिक गुणों की पहचान होती है। यहाँ विशेष ध्यान देने की आवश्यकता है कि यह नैतिक इन्द्रियपरक मत परिणाम-निरपेक्षतावाद का एक रूप 'नियम-आधारित कर्त्तव्यवाद' (Rule Deontological Theory) न होकर **'परिस्थिति-आधारित कर्त्तव्यवाद' (Act Deontological Theories)** के अन्तर्गत आता है जो परिणाम-निरपेक्षतावाद का ही एक दूसरा रूप है।

जहाँ तक नैतिकता के सामान्य सिद्धान्तों की स्थापना का प्रश्न है, इन विचारकों की मान्यता है कि ऐसे सिद्धान्त विशेष-विशेष कर्मों के नैतिक मूल्यांकन के बल पर आगमन की तार्किक प्रक्रिया (Logical Process of Induction) द्वारा स्थापित किये जाते हैं, जैसे कि विज्ञान में होता है। कभी-कभी ये विचारक नैतिक अनुभूति एवं सौन्दर्यानुभूति (Aesthetic Sense) में भी समानता देखते हैं। कुछ तो यहाँ तक दावा करते हैं कि नैतिक शुभत्व (Moral Goodness) अन्य कुछ नहीं, बल्कि कर्मों के क्षेत्र में सौन्दर्य (beauty in the field of actions) ही है। मगर नैतिकता और सौन्दर्य के साम्य को इस तरह शाब्दिक अर्थ (literal sense) में नहीं लेना चाहिए बल्कि इसे भावाभिव्यक्ति हेतु प्रयुक्त उपमान ही समझना चाहिए।

अन्तःप्रज्ञावादी विचारकों का एक अन्य वर्ग इस 'वैयष्टिक अन्तःप्रज्ञावाद' का विरोध करता है तथा प्रस्तावित करता है कि अन्तश्चेतना कर्म-विशेष के नैतिक लक्षणों की नहीं, बल्कि नैतिकता के सामान्य सिद्धान्तों या नियमों (general principles or laws of morality) की अन्तःप्रज्ञा प्रदान करती है। इसे 'सामान्य अन्तःप्रज्ञावाद' (General Intuitionism) कहा जाता है जो एक **'नियम-आधारित कर्त्तव्यवादी सिद्धान्त'** है क्योंकि इसके अनुसार, अन्तश्चेतना द्वारा हमें जो सहज रूप से ज्ञात होता है, वह कर्म-विशेष का नैतिक गुण नहीं, बल्कि नैतिकता के सामान्य नियम या सिद्धान्त हैं, यथा, हमें सदैव ईमानदार होना चाहिए, ग़रीबों की हमेशा मदद करनी चाहिए, सदा सत्य बोलना चाहिए, सदैव सदाचारिता का जीवन व्यतीत करना चाहिए, इत्यादि। जहाँ तक कर्म-विशेषों के उचित या अनुचित होने के ज्ञान का प्रश्न है तो इस 'सामान्य अन्तःप्रज्ञावाद' के अनुसार, यह ज्ञान अन्तःप्रज्ञात्मक नहीं, बल्कि तर्कमूलक (discursive)

है। प्रातिभ रूप से ज्ञात सामान्य सिद्धान्तों को कर्म-विशेष पर लागू करने पर ही हम उसके औचित्य/अनौचित्य को तर्क की निगमनात्मक प्रक्रिया (process of deduction) द्वारा जान पाते हैं। अन्तःप्रज्ञावाद के इस दृष्टिकोण के प्रमुख दार्शनिक कडवर्थ एवं सैमुअल क्लार्क हैं। ये विचारक अन्तश्चेतना की क्रियाओं को बुद्धि की क्रियाओं जैसा ही समझते हैं और उसे 'नैतिक-बुद्धि' (Moral Reason) का नाम देते हैं। इसका कारण स्पष्ट है। जिस तरह विज्ञान के क्षेत्र में सामान्य सिद्धान्त का स्रोत बुद्धि है, उसी तरह नैतिकता के क्षेत्र में सामान्य सिद्धान्तों का स्रोत नैतिक-बुद्धि को माना गया है। इसी कारण उसे अन्तःप्रज्ञावाद का **'नैतिक बुद्धिपरक मत' (Moral Reason School)** या बौद्धिक अन्तःप्रज्ञावाद (Rationalistic Intuitionism) कहा जाता है। बुद्धि की क्षमताओं व क्रियाओं से सम्भवतः अतिप्रभावित होने के कारण ही वोलेस्टन ने बुद्धि की सत्य-असत्य की कोटियों को नैतिकता पर भी लागू कर दिया। उसने माना कि अनैतिक कर्म वस्तुतः नैतिक क्षेत्र के असत्य हैं। जब 'क' किसी दूसरे व्यक्ति का धन चोरी करता है तो इस कर्म को अनैतिक कहने का अर्थ है कि यह कर्म इस अर्थ में असत्य है कि यह वस्तुतः इस बात का निषेध है कि लिया गया धन 'क' का है। मगर नैतिकता/अनैतिकता और सत्यता/असत्यता के इस साम्य (analogy) को बहुत दूर तक खींचा गया प्रतीत होता है और यह अस्वाभाविक लगता है।

अन्तःप्रज्ञावादी विचारकों में सबसे प्रमुख एक नाम **बिशप जोसेफ़ बटलर** (1692-1752 ई., इंग्लैण्ड) का है। बटलर को अन्तःप्रज्ञावादी सिद्धान्त के उपर्युक्त दोनों में से किसी भी वर्ग में अकेले सम्मिलित करना कठिन है। सच्चाई तो यह है कि वह एक तरह से इस अर्थ में शुद्ध अन्तःप्रज्ञावादी है कि उसने मनुष्य की अन्तःप्रज्ञात्मक नैतिक ज्ञान-शक्ति को न तो इन्द्रिय और न ही बुद्धि के समान ठहराया। उसका विचार है कि नैतिकता के क्षेत्र में सीधा अव्यवहित ज्ञान प्रदान करनेवाली जो विशिष्ट शक्ति है जिसे उसने सदैव अन्तश्चेतना के एक ही नाम से पुकारा, वह इन्द्रियों एवं बुद्धि से पृथक् अपने विशिष्ट या अनोखे रूप में है। इसी विचार के कारण उसे अन्तःप्रज्ञावाद का प्रतिनिधि दार्शनिक माना जा सकता है।

अन्तश्चेतना के पूर्व वर्णित ज्ञानात्मक, क्रियात्मक व भावात्मक पक्ष के साथ-साथ स्वतन्त्रता व सार्वभौमिकता के लक्षणों को वैयष्टिक तथा सामान्य अन्तःप्रज्ञावादियों की भाँति, बटलर भी मान्यता देता है। अन्तश्चेतना की नैतिकता के क्षेत्र में अन्तःप्रज्ञात्मक शक्ति को भी उसने स्वीकार किया है, बिना इस विवाद में पड़े कि वह कर्म-विशेष का अपरोक्षबोध प्रदान कराती है अथवा सामान्य नैतिक सिद्धान्तों का। बटलर के लिए महत्त्वपूर्ण यही है कि अन्तःप्रज्ञा अन्तश्चेतना की विशेषता है जो नैतिकता का तर्क की प्रक्रिया के बिना अव्यवहित या तुरन्त अनैन्द्रिक बोध है।

नैतिकता के प्रतिमान के रूप में अन्तश्चेतना की सर्वोच्चता को पूर्णतः स्थापित करने के उद्देश्य से वह अपने सिद्धान्त को और विस्तार देता है। इस प्रक्रिया में वह

मनुष्य के स्वरूप का विश्लेषण करता है। उसकी मान्यता है कि मानव-मन (human mind) एक व्यवस्थित तन्त्र (organised system) है जिसमें अनेक तत्त्व अन्तर्निहित हैं जिनकी अलग-अलग क्रियाएँ हैं और जो एक-दूसरे के साथ श्रेणीबद्ध (hierarchical order) हैं यानी ऊँचे-नीचे की श्रेणी में बँधे हैं। मानव-मन का पहला तत्त्व **विशेष प्रवृतियाँ (Particular Impulses)** हैं जो व्यक्ति को विशेष-विशेष वस्तुओं की प्राप्ति के लिए प्रेरित करती हैं। भूख, क्रोध, सहानुभूति, यौनेच्छा, इत्यादि इसके उदाहरण हैं। मानव स्वभाव के आदर्श रूप में ये प्रवृत्तियाँ सबसे निचली श्रेणी पर हैं। इनके ऊपर **आत्म-प्रेम (Self Love) एवं परोपकार (Benevolence)** के तत्त्व हैं। ये दोनों सामान्य सिद्धान्त हैं। इनमें से पहले - आत्म-प्रेम - से तात्पर्य है स्वयं के लिए जीवन में समग्र रूप से सुख (over all happiness) की प्राप्ति, जिसके लिए कुछ अवसरों पर दुःख या पीड़ा भी झेलनी पड़ सकती है। तथा दूसरे - परोपकार-का आशय है अन्य व्यक्तियों के लिए भी व्यापक रूप से अधिकतम सुख यानी सामान्य सुख की प्राप्ति के प्रयास। इस दूसरे सिद्धान्त के अनुरूप कार्य करने में व्यक्ति पक्षपातरहित होकर यानी किसी विशेष व्यक्ति या व्यक्तियों का ध्यान न करते हुए सामान्य सुख को अधिकतम बढ़ाने की कोशिश करता है। वस्तुतः व्यक्ति का यह कर्त्तव्य है कि वह आत्म-प्रेम व परोपकार के सिद्धान्तों का पालन करे। ये दोनों सिद्धान्त विशेष प्रवृत्तियों से उच्च हैं, तथा उन प्रवृत्तियों को कब व कितना सन्तुष्ट किया जाये, इस पर नियन्त्रण करते हैं। बटलर की मान्यता है कि प्रवृत्तियाँ नैतिक जीवन का साधन मात्र हैं। इनकी पूर्ति व सन्तुष्टि ज़रूरी तो है, मगर इन पर नियन्त्रण की आवश्यकता भी होती है। जैसे भूख की प्रवृत्ति का सन्तोष यानी भोजन आवश्यक है क्योंकि यदि जीवन (या स्वास्थ्य) ही नहीं रहेगा तो नैतिकता कहाँ ! मगर सीमा से अधिक खाना भी अन्ततः व्यक्ति को बीमार कर सकता है। इसी तरह, किसी व्यक्ति में सहानुभूति करने की प्रवृत्ति आवश्यकता से अधिक हो जाये तो वह भी हानिकारक हो सकती है। ऐसा व्यक्ति किसी दुष्ट या अपराधी से भी सहानुभूति कर सकता है और तब यह प्रवृत्ति स्वयं के साथ-साथ समाज के लिए भी घातक हो जाती है। इसीलिए बटलर की मान्यता है कि आत्म-प्रेम व परोपकार के उच्च सिद्धान्त निम्न प्रवृत्तियों सम्बन्धी अति को नियन्त्रित करते हैं। जहाँ तक आत्म-प्रेम व परोपकार, इन दोनों सामान्य तत्त्वों का सवाल है, ध्यान देने की बात है कि बटलर ने दोनों को बराबर का स्थान दिया है। उसकी मान्यता है कि एक के लिए दूसरे का हनन नहीं किया जाना चाहिए। सामान्यतः यह माना जाता है कि परोपकार के लिए आत्म-त्याग करना नैतिक रूप से श्रेयस्कर है। मगर बटलर की दृष्टि में परोपकार का यह अर्थ नहीं है कि व्यक्ति अपना सुख या अपनी प्रगति त्याग दे। उसने एक दृष्टान्त देकर अपनी बात को स्पष्ट करने का प्रयास किया है। एक व्यक्ति अपनी उन्नति व स्वास्थ्य की उपेक्षा कर अपने परिवार व समाज के अन्य लोगों की ख़ुशी के लिए कड़ी मेहनत करता है। फलस्वरूप उसका स्वास्थ्य गिरता

जाता है और अन्ततः उसकी मृत्यु हो जाती है। इस तरह, दूसरों के सुख के लिए स्वयं की उपेक्षा करने में वह स्वयं को तो हानि पहुँचाता ही है, दूसरों को सुखी करने से भी सदा के लिए वंचित हो जाता है। इसमें किसी का उपकार तो नहीं हुआ बल्कि हानि अवश्य हो गयी। इसीलिए बटलर ने आत्म-प्रेम को भी महत्त्वपूर्ण माना है। वस्तुतः दूसरों पर उपकार करने में समर्थ होने के लिए अपने व्यक्तित्व के गुणों का विकास अपरिहार्य है, अन्यथा हम किसी का क्या भला कर पायेंगे ! तो परोपकार कहाँ तक किया जाये, इसकी एक सीमा बाँधनी चाहिए, ऐसा बटलर का मत है।

परोपकार के सम्बन्ध में बटलर की यह मान्यता है कि किसी व्यक्ति-विशेष के साथ पक्षपात किये बिना सामान्य रूप से सामाजिक सुख या विकास को महत्त्व दिया जाये। मगर इस सन्दर्भ में एक समस्या है कि यदि व्यक्ति की कुछ महत्त्वपूर्ण ज़िम्मेदारियाँ हैं, यथा उसका परिवार या बच्चे, तो साधारणतः उसका कर्त्तव्य यह प्रतीत होता है कि वह सामान्य समाज की सेवा यानी परोपकार करने से पहले अपनी विशिष्ट ज़िम्मेदारियों की ओर ध्यान दे। मगर यहाँ प्रश्न है कि क्या इसे पक्षपात नहीं कहा जायेगा? इस प्रश्न का उत्तर यह हो सकता है कि व्यक्ति के बच्चों, माता-पिता या परिवार सम्बन्धी ज़िम्मेदारियाँ वस्तुतः उसके 'स्व' **(self)** का ही विस्तार हैं। अतः उनसे सम्बन्धित उत्तरदायित्वों का पालन करना आत्म-प्रेम के सिद्धान्त के अन्तर्गत ही आता है। मगर दूसरी ओर आत्म-प्रेम को भी अनियन्त्रित नहीं रहने दिया जा सकता। वस्तुतः आत्म-प्रेम व परोपकार, इन दोनों को ही किस दूरी तक पालन किया जाये, यह तय करना नैतिकता के लिए महत्त्वपूर्ण होता है और बटलर का मानना है कि यह कार्य एक अन्य तत्त्व-अन्तश्चेतना **(Conscience)**-का है जो श्रेणी में आत्म-प्रेम व परोपकार के ऊपर है। उसके अनुसार, एक आदर्श मानव-स्वभाव में अन्तश्चेतना इन दोनों सामान्य तत्त्वों पर प्रभुत्व रखनेवाली है। बटलर अपने सिद्धान्त में अन्तश्चेतना को एक निश्चित भूमिका प्रदान करता है। वह न केवल आत्म-प्रेम व परोपकार की सीमा तय करती है, बल्कि जब कभी आत्म-प्रेम व परोपकार के सिद्धान्तों में परस्पर संघर्ष होता है तो दोनों में से किसे चुना जाये, इसका निर्णय भी अन्तश्चेतना द्वारा किया जाता है। अधिकांश अवसरों पर आत्म-प्रेम व परोपकार ही ऐसे सिद्धान्त हैं जो हमें बताते हैं कि हमारा क्या कर्त्तव्य है। साधारणतः हमारा काम इन्हीं दोनों से चल जाता है। मगर दोनों में संघर्ष की अपवादात्मक स्थिति में व्यक्ति नैतिकता की सर्वोच्च ज्ञान-शक्ति 'अन्तश्चेतना' की शरण में जाता है जिसके निर्णय स्वतन्त्र, निरपेक्ष व अन्तःप्रज्ञात्मक होते हैं। इस प्रकार, बटलर के सिद्धान्त के अनुसार, त्रिस्तरीय मानव-स्वभाव में अन्तश्चेतना सर्वोच्च है जो कर्त्तव्य सम्बन्धी दुविधा में मार्ग निर्देशन करती है।

अन्तःप्रज्ञावाद की विस्तृत रूपरेखा प्रस्तुत करने के बाद, अब यह विवेचना की जाये कि क्या इस सिद्धान्त के विभिन्न दृष्टिकोणों में, समान रूप से स्वीकृत इन प्रमुख दावों की सत्यता स्वीकार की जा सकती है कि अन्तश्चेतना नैतिकता के सन्दर्भ में

स्वतन्त्र, सार्वभौम व सर्वोच्च है। वस्तुतः अन्तःप्रज्ञावाद के ये दावे या मान्यताएँ कठोर आलोचना के विषय रहे हैं। सर्वप्रथम तो अनेकानेक दार्शनिक अन्तश्चेतना के अस्तित्व से ही इन्कार करते हैं। उनका मानना है कि यह तथाकथित अन्तश्चेतना इन्द्रिय एवं बुद्धि के अतिरिक्त कोई तीसरी स्वतन्त्र ज्ञान-शक्ति नहीं है वरन् अनुभव अथवा बुद्धि का ही एक रूप है। जिसे अन्तर्ध्वनि या हमारे अन्दर के ईश्वर की आवाज़ कहा जाता है, वह व्यक्ति के संस्कारों, अनुभवों और तर्कणा की ही प्रतिध्वनि है जो उसमें उसकी संस्कृति, विरासत, सामाजिक वातावरण एवं शिक्षा-दीक्षा से विकसित हुए हैं।

मगर यदि अन्तश्चेतना को इन्द्रिय व बुद्धि से पृथक् एक तीसरी ज्ञान-शक्ति मान भी लिया जाये तो इसे नैतिकता का सर्वोच्च सिद्धान्त मानने में संकोच हो सकता है। नैतिकता के सर्वोच्च प्रतिमान होने के लिए अन्तश्चेतना के तथाकथित विभिन्न तत्त्वों में परस्पर सामंजस्य होना चाहिए जिससे कि कर्म के उचित या अनुचित होने के विषय में वे एक स्वर से निर्णय दे सकें। अन्तःप्रज्ञावादी दार्शनिक अन्तश्चेतना के ज्ञानात्मक, क्रियात्मक व भावात्मक पक्ष में पहले ही भेद स्वीकार कर चुके हैं। अनेक परिस्थितियों में ऐसा देखा गया है कि ज्ञानात्मक व भावात्मक पक्षों में सहमति नहीं होती जिससे अन्तश्चेतना के कर्म सम्बन्धी निर्देश के विषय में शंका उत्पन्न हो जाती है। उदाहरण के लिए, देश के लिए सीमा पर शत्रु से लड़नेवाले सिपाही की अन्तश्चेतना उसे शत्रु के क्षेत्र में बमबारी या गोलाबारी का निर्देश देती है, मगर हो सकता है, कार्य सम्पादित करने के बाद उस सिपाही को मानव-जीवन नष्ट करने का पश्चात्ताप हो। जापान पर ऐटम बम गिरानेवाले अमरीकी अधिकारी वस्तुतः युद्ध में अपने कर्त्तव्य का पालन कर रहे थे जिसको उनकी अन्तश्चेतना ने अनुमोदित किया था, मगर हम जानते हैं कि बाद में अनेकानेक शोध अधिकारियों, सेना के उच्चाधिकारियों से लेकर ऐटम बम गिरानेवाले विमान के चालक तक घोर पश्चात्ताप से इतने ग्रस्त हो गये थे कि उनमें से कई लोगों ने आत्महत्याएँ भी कर ली थीं। तो ऐसे उदाहरण मिल जायेंगे जहाँ अन्तश्चेतना के ज्ञानात्मक पक्ष तथा भावात्मक पक्ष में एकत्व नहीं होता। प्रश्न उठता है कि इन संघर्षरत तत्त्वों में से किसका प्रभुत्व नैतिक दृष्टि से हमारे ऊपर अधिक है और किसका अनुसरण किया जाये। निर्णय चाहे ज्ञानात्मक पक्ष के समर्थन में हो या भावात्मक पक्ष के, अपने चुनाव के लिए हमें अन्तश्चेतना से परे जाकर कुछ तर्क तो अवश्य देने होंगे जिनके आधार पर एक की तुलना में दूसरे को वरीयता दी जाती है। मगर यह स्थिति अन्तश्चेतना के नैतिक सन्दर्भ में सर्वोच्चता के दावे का खण्डन कर देगी।

कभी-कभी तो अन्तश्चेतना के ज्ञानात्मक तत्त्व के सम्बन्ध में भी विवाद उठता है। उसी एक व्यक्ति की अन्तश्चेतना अलग-अलग समयों में कर्त्तव्य सम्बन्धी अलग-अलग निर्देश दे सकती है। हाल ही की घटना है कि एक पिता जो बाल-विवाह का नैतिक दृष्टि से अनुमोदन करता था, ने अपनी पुत्री का बचपन में विवाह कर दिया और उसके समाज

ने उसका साथ दिया। मगर समय बीतने के साथ उसने अपनी पुत्री के बाल-विवाह की अनैतिकता को पहचाना तथा अब वह अपनी पुत्री के साथ भारतीय न्यायालयों में उसे इस सम्बन्ध से मुक्ति दिलाने हेतु प्रयासरत है यद्यपि इस समय उसका समाज उसके विरोध में है। तो दो भिन्न समयों में उस पिता की अन्तरात्मा की आवाज़ एवं नैतिकता सम्बन्धी निर्णय बदल गये हैं। इसी तरह, किसी एक ही परिस्थिति में एक ही समय में विभिन्न लोगों की नैतिक अन्तर्दृष्टि भी अलग-अलग हो सकती है। जैसे उपर्युक्त घटना में ही लड़की, उसके पिता तथा कुछ समाजसेवी संस्थाएँ एक ओर हैं तो ग्राम पंचायत (खाप) के कर्त्ता-धर्त्ता व ग्रामीण समाज के लोग उनके विपक्ष में हैं। दोनों ही समूह के व्यक्तियों के नैतिकता सम्बन्धी अपने-अपने दावे हैं जो एक-दूसरे के विरोधी हैं। इस तरह, अन्तश्चेतना के आदेशों में अक्सर एकरूपता (uniformity) नहीं पायी जाती। एक ही समय, एक ही समाज में, एक ही घटना के विषय में जब भिन्न-भिन्न लोगों की अन्तश्चेतना परस्पर विरोधी निर्णय दे सकती है तो फिर विभिन्न कालों एवं समाजों में रहनेवाले पृथक्-पृथक् लोगों की अन्तश्चेतना द्वारा दिये गये निर्णयों की विभिन्नता व विरोधी होने की तो बात ही क्या ! किसी भारतीय स्त्री का पर्दे से बाहर निकलकर पुरुषों के साथ बराबरी से काम करने या रहने का विचार सौ साल पहले किसी भारतीय व्यक्ति को नैतिक दृष्टि में अनुचित लगता था किन्तु उसी काल के यूरोप में यह अनुचित न था और काल-परिवर्तन के साथ आज 21वीं शताब्दी में किसी सामान्य भारतीय की अन्तश्चेतना भी इसे अनैतिक नहीं ठहरायेगी। ऐसे अनगिनत दृष्टान्त मिल जायेंगे जो अन्तश्चेतना के निर्णयों में एकरूपता की स्वीकृति को कठिन बनाते हैं फलतः उसके निर्णयों पर भरोसा नहीं हो पाता।

अन्तश्चेतना द्वारा प्रदत्त नैतिकता सम्बन्धी विरोधी ज्ञान के दृष्टान्तों के प्रकाश में यह मानना होगा कि यह सर्वथा त्रुटिहीन नैतिक बोध में सक्षम शक्ति नहीं हो सकती, फलस्वरूप यह विश्वसनीय भी नहीं है। मगर अन्तःप्रज्ञावादियों ने बचाव करते हुए कहा है कि इन्द्रियाँ व बुद्धि, दोनों भी कभी-कभी ग़लती करते हैं व उनके निर्णय त्रुटिपूर्ण हो जाते हैं, फिर भी यदि उनकी सामान्य विश्वसनीयता क़ायम रहती है तो ऐसा ही अन्तश्चेतना के साथ क्यों नहीं माना जा सकता ! मगर यहाँ अन्तःप्रज्ञावादियों के बचाव में कोई अधिक बल नहीं है। यह सही है कि इन्द्रियाँ त्रुटि करती हैं मगर उनकी त्रुटियों का निवारण और अधिक इन्द्रियानुभव से ही होता है। ऐसे ही, बुद्धि की किसी एक प्रक्रिया की त्रुटियाँ भी बुद्धि की ही अन्य क्रियाओं-प्रक्रियाओं से दूर की जा सकती हैं, किन्तु जब अन्तश्चेतना त्रुटि करती है तो व्यक्ति तर्क या अपने पूर्वानुभवों की शरण में जाता है, या फिर अपने कार्यों के परिणामों पर ध्यान देता है और उनके बल पर त्रुटि निवारण करता है तो ऐसे में अन्तश्चेतना की सर्वोच्चता को स्वीकार नहीं किया जा सकता।

अन्तश्चेतना की सर्वोच्चता को एक और दृष्टि से चुनौती दी जा सकती है। उपर्युक्त असंख्य दृष्टान्तों के प्रकाश में मानना होगा कि अन्तश्चेतना के सार्वभौम होने पर प्रश्नचिह्न लग जाता है। जब तक अन्तश्चेतना सार्वजनीन सहमति (universal agreement) प्राप्त करने में समर्थ न हो, उसे सार्वभौम कहना असम्भव है। नैतिकता के क्षेत्र में किसी सर्वसम्मत ज्ञान-भण्डार की अनुपस्थिति वस्तुतः उसके सार्वभौम न होने का प्रमाण बन जाती है। ऐसी अवस्था में उससे उचित-अनुचित के वस्तुनिष्ठ प्रतिमान पाने की उम्मीद करना भी अर्थहीन है। सार्वभौमिकता के अभाव में नैतिकता के क्षेत्र में उसकी सर्वोच्चता का दावा स्वीकार करना पुनः कठिन हो जाता है।

अन्तश्चेतना नैतिकता के क्षेत्र में सर्वोच्च ज्ञान-शक्ति है, इस बात का खण्डन एक अन्य आधार पर भी किया जा सकता है। अनेक विचारक अन्तःप्रज्ञावादियों के अन्तश्चेतना की स्वतन्त्रता के दावे का विरोध करते हैं तथा तर्क करते हैं कि उसके निर्णय कभी भी स्वतन्त्र नहीं होते। उनके अनुसार, ये या तो तत्कालिक सामाजिक व्यवस्था और मतों (opinions) से तय होते हैं या कर्त्ता-व्यक्ति के उन पूर्वाग्रहों से, जो स्वयं उस व्यक्ति की सांस्कृतिक विरासत, शिक्षा, भावनात्मक दशाओं एवं सामाजिक-राजनीतिक वातावरण से निर्मित होते हैं। इसलिए विभिन्न व्यक्तियों की अन्तश्चेतना द्वारा दिये गये नैतिक निर्णयों में बहुधा असंगति पायी जाती है। अब यह स्पष्ट है कि एक परतन्त्र ज्ञान-शक्ति अन्तश्चेतना सर्वोच्च नहीं हो सकती।

इस तरह, अन्तःप्रज्ञावाद के सभी प्रमुख दावे सन्तोषजनक रूप से सिद्ध नहीं हो पाते, ऐसा प्रतीत होता है।

सन्दर्भ एवं टिप्पणी

1. Muirehead; John. H., The Elements of Ethics; p. 79
   - म्योरहेड ने अन्तश्चेतना के चार लक्षण स्वीकार किये हैं -
   - अन्तःप्रज्ञात्मकता (Intuitiveness)
   - अनोखा प्राधिकार या प्रभुत्वशक्ति (Peculiar Authority)
   - सार्वभौमिकता (Universality)
   - स्वतन्त्रता (Independence)
2. यहाँ 'अपरोक्षानुभूति' शब्द को किसी अलौकिक या दिव्य ज्ञान के अर्थ में प्रयोग नहीं किया गया है। यह एक साधारण बोध है जो इन्द्रियों, बुद्धि अथवा किसी भी अन्य ज्ञानात्मक शक्ति (?) का लक्षण हो सकता है।

अध्याय 7

आन्तरिक नियम : बुद्धिवाद
(Internal Laws : Rationalism)

नैतिक प्रतिमानों के स्रोत के रूप में 'आन्तरिक नियम' (Internal Laws) सम्बन्धी सिद्धान्तों के वर्ग में, जैसा कि पिछले अध्याय में उल्लेख किया गया है, दो प्रकार के सिद्धान्त आते हैं। इनमें से एक - अन्तःप्रज्ञावाद (Intutionism) - का आलोचनात्मक विवरण पिछले अध्याय में प्रस्तुत किया गया था जिसके अनुसार, नैतिक नियमों का स्रोत एक विशिष्ट ज्ञान-शक्ति (special faculty) अन्तश्चेतना (Conscience) है जो ज्ञानेन्द्रियों एवं बुद्धि से पृथक् है। इस अध्याय का विषय दूसरा सिद्धान्त-बुद्धिवाद (Rationalism) - है जिसकी मान्यता है कि नैतिकता के मानदण्ड स्वरूप जिन नियमों या सिद्धान्तों को स्वीकार किया जाता है, उनका स्रोत कर्त्ता-व्यक्ति की बुद्धि (Reason) है।

ऐतिहासिक दृष्टि से नैतिक प्रतिमान सम्बन्धी बुद्धिवाद के बीज व प्रारम्भिक रूप क्रमशः **सिनिक (Cynic)** तथा **स्टोइक (Stoic)** सिद्धान्तों में पाये जाते हैं। सिनिक विचारधारा का प्रारम्भ एण्टिस्थनीज़ (445-365 ई.पू. एथेन्स, ग्रीस) से माना जाता है। इस विचारधारा का सबसे प्रसिद्ध चिन्तक डायोजिनीज़ (404-323 ई.पू.) था। प्रसिद्ध ग्रीक दार्शनिक सुकरात की मृत्यु के तुरन्त बाद एण्टिस्थनीज़ ने एथेन्स में साइनोसारगीज़ (Cynosarges) नामक जिम्नेज़ियम में अपने सम्प्रदाय का स्कूल खोला। इसी कारण, एण्टिस्थनीज़ तथा उसके समर्थक चिन्तकों को 'सिनिक्स' (Cynics) कहा जाने लगा। संयोगवश ग्रीक शब्द 'सिनिक' का अर्थ होता है 'कुत्ते जैसा' (dog like)। पूर्ण वैरागी एण्टिस्थनीज़ तथा विशेष रूप से उसके शिष्य डायोजिनीज़ के अस्त-व्यस्त स्वरूप व वेश-भूषा तथा अपरम्परागत व्यवहार के कारण यह शब्द एक मज़ाक की तरह उनके लिए प्रयुक्त होने लगा। एण्टिस्थनीज़ की मान्यता थी कि नैतिक जीवन अपनी इच्छाओं-कामनाओं के पूर्ण दमन में है, न कि उनकी सन्तुष्टि में। उससे भी बढ़कर था उसका शिष्य डायोजिनीज़ जिसका कथन था 'प्रकृति के अनुसार जियो' (Live according to Nature)। इस सूत्र-वाक्य का डायोजिनीज़ द्वारा प्रतिपादित अर्थ यह था कि जीवन जीने के सामाजिक रूप से स्वीकृत परम्परागत तरीक़े का परित्याग कर देना चाहिए क्योंकि यह सुख-सुविधा से जुड़ा होता है व बन्धनकारी होता है, इसकी बजाय प्राकृतिक सहज

जीवन जीना चाहिए। चेतना/आत्मा की स्वतन्त्रता व मस्ती तथा भौतिक सुविधाओं व सामाजिकता के प्रति तटस्थता, यही उसका सिद्धान्त था। डायोजिनीज़ किस सीमा तक इनका पालन करता था, इसके विषय में एक किंवदन्ती प्रचलित है।[1] उसकी प्रशंसा सुनकर ग्रीस का शासक सिकन्दर महान् उससे मिलने गया। उस समय डायोजिनीज़ अपने टब में लेटा धूप सेंक रहा था। घोड़े पर सवार सिकन्दर जब उसके पास पहुँचा तो वह वैसे ही लेटा रहा। इस पर सिकन्दर ने कहा - "मैं यूनान का राजा सिकन्दर महान् हूँ।" डायोजिनीज़ ने भी जवाब दिया - "मैं डायोजिनीज़ द डॉग हूँ।" तब सिकन्दर ने कहा कि 'क्या तुम मुझसे डरते नहीं', तो डायोजिनीज़ बोला - 'क्यों डरूँ ? तुम, अच्छे हो या बुरे ?" सिकन्दर ने जवाब दिया- "मैं अच्छा हूँ, और क्या !" जवाब में डायोजिनीज़ ने कहा - "तो कोई मूर्ख ही होगा जो अच्छे से डरे।" इस उत्तर से बहुत प्रभावित होकर सिकन्दर ने कहा कि तुम मुझसे कुछ भी माँग लो, मैं तुम्हें दे दूँगा।" इस पर डायोजिनीज़ का उत्तर था कि "तुम मेरी धूप रोक रहे हो, ज़रा हट जाओ और धूप को मुझ तक आने दो।" सिनिक विचारकों की मान्यता थी कि सुख एक बुराई है क्योंकि सुखों का भोग मनुष्य को कमज़ोर व दुर्गुणी बना देता है। वे दुःखों को महत्त्व देते थे और मानते थे कि अधिक-से-अधिक कष्ट व पीड़ा सहने तथा दरिद्रता में जीवन बिताने से व्यक्ति विवेकशील व आत्मसंयमी बनता है जो सद्गुणयुक्त जीवन के लिए आवश्यक है। सद्गुण चरित्र का उत्थान है। व्यक्ति तब तक चरित्रवान् नहीं बन सकता जब तक वह शारीरिक एवं मानसिक सभी प्रकार के सुखों का त्याग न कर दे।

सुखों के त्याग तथा दुःखों को महिमामण्डित करनेवाले सिनिक सिद्धान्त के बल पर ही कुछ दशकों बाद कतिपय अन्य विचारकों ने स्टोइक सम्प्रदाय (Stoic School) ख़डा किया जिसके सिद्धान्तों में नैतिक प्रतिमान सम्बन्धी बुद्धिवाद का प्रारम्भिक रूप पाया जाता है। इस सम्प्रदाय के संस्थापक सिटियम के ज़ेनो (लगभग तीसरी शताब्दी ई.पू.) थे जो साइप्रस के फ़ीनिशिया से एथेन्स आये थे। उन्होंने व्याख्यान देने हेतु एक बारादरी जिसे ग्रीक भाषा में 'स्टोआ' (stoa) कहा जाता है, किराये पर ली थी, इसी कारण, ज़ेनो के सम्प्रदाय को 'स्टोइक सम्प्रदाय' कहा जाने लगा। सिनिक सिद्धान्तों की स्वीकृति को तत्त्वमीमांसीय आधार प्रदान करने हेतु स्टोइक विचारकों ने विश्व की बुद्धिमूलक व्याख्या की तथा माना कि बाह्य प्रकृति व मनुष्य, सभी में सार्वभौम बुद्धि (Universal Reason) अभिव्यक्त होती है। इसीलिए बुद्धि के अनुसार जीवन जीना ही उचित है। 'प्रकृति के अनुरूप जियो' के सिनिक सूत्रवाक्य को इन विचारकों ने एक नया अर्थ प्रदान किया कि 'बुद्धि के अनुसार जियो' (Live according to Reason)। इसका अर्थ यह है कि बुद्धि के अनुसार कार्य करना चाहिए। इन्द्रियजनित सुख (sensual pleasures) तथा संवेग व मनोवेग (emotions and passions) अबौद्धिक होने के कारण त्याज्य हैं। स्टोइक मान्यता है कि भावनाएँ प्रायः अनियन्त्रित व उच्छृंखल हो जाती हैं अतः उनके वशीभूत होकर किया गया आचरण कभी भी उचित नहीं हो

सकता। इसी प्रकार, प्रवृत्तियाँ व वासनाएँ मनुष्य को सद्‌गुण के मार्ग से विचलित कर देती हैं अतः नैतिक जीवन के लिए इनका दमन व इनके प्रति उदासीनता आवश्यक है। बुद्धिसंगत आचरण ही सद्‌गुणयुक्त अर्थात् नैतिक जीवन की कुंजी है। स्टोइक विचारकों के अनुसार, विश्व बुद्धियुक्त होने के कारण मंगलमय है। रोग, मृत्यु, दुःख, कष्ट, सभी इस मंगलमय संसार रूपी पूर्णता के ही अंग हैं अतः ये भी इस अर्थ में मंगलमय हैं कि ये व्यक्ति में बौद्धिक सद्‌गुणी जीवन में काम आनेवाले सहनशीलता, धैर्य इत्यादि को उत्पन्न करते हैं। इसीलिए इन्हें निष्काम भाव से स्वीकार करना चाहिए। स्टोइक सिद्धान्त है कि मनुष्य को कामनारहित होकर बुद्धिपूर्वक अपने कर्त्तव्य का निर्धारण करना चाहिए। इसका सूत्रवाक्य है - 'सद्‌गुण के लिए सद्‌गुण' (Virtue for Virtue's Sake) अर्थात् नैतिक जीवन के लिए बुद्धिसम्मत आचरण यानी बौद्धिक जीवन ही सर्वोच्च शुभ है और व्यक्ति को इन्द्रियजनित सुख-सुविधाओंवाली सांसारिकता से पूर्णतः विरक्त व तटस्थ होकर केवल बुद्धिसम्मत सद्‌गुणी जीवन जीना चाहिए। सारांश में, स्टोइक विचारक एक तरह से तपोमय (ascetic) जीवन हेतु प्रेरित करते हैं।

नैतिक प्रतिमान के रूप में बुद्धिवाद का विकसित रूप आधुनिक दार्शनिक **इमैनुअल काण्ट** (1724-1803 ई., जर्मनी) के विचारों में पाया जाता है जो स्टोइक विचारों की भाँति निष्काम भाव से बुद्धिसम्मत कर्त्तव्य-निर्धारण का सिद्धान्त देता है। यद्यपि वह स्टोइकों की भाँति अपने नैतिक विचारों को जगत् सम्बन्धी सामान्य अवधारणा- कि जगत् बुद्धिमय अतः मंगलकारी है - पर आधारित करने से बचता है। बल्कि काण्ट किसी भी तत्त्वमीमांसीय मान्यता की बजाय अपने नैतिक सिद्धान्त को व्यक्ति के नैतिक अनुभवों (Moral Experiences) एवं प्रचलित सर्वमान्य नैतिक धारणाओं पर आधारित करता है। इन्हीं के बल पर काण्ट नैतिक चिन्तन के मूल में कुछ मान्यताओं को स्वीकार करता है। प्रथमतः वह मानता है कि नैतिकता के सन्दर्भ में परिणाम के विचार (idea of an end) की अपेक्षा नियम या सिद्धान्त का विचार (Idea of Law or Principle) अधिक मूलभूत है। इसका तात्पर्य है कि नैतिकता सारभूत रूप से नियमों या सिद्धान्तों के पालन में है, न कि किसी परिणाम की प्राप्ति के प्रयास में। तदनुसार, कर्मों के नैतिक रूप से उचित-अनुचित होने का निर्णय इस आधार पर किया जाता है कि वह कर्म किसी नैतिक सिद्धान्त को आत्मसात् (embibe) करता है या नहीं। इसी कारण काण्ट के सिद्धान्त को 'नियम-आधारित कर्त्तव्यवाद' के वर्ग में रखा जाता है। काण्ट की दूसरी मूलभूत मान्यता है कि चूँकि नैतिक नियम कर्त्ता-व्यक्ति के लिए बाध्यकारी होते हैं अतः वे बाह्यारोपित (externally imposed) नहीं होने चाहिए, यानी इनका स्रोत कर्त्ता-व्यक्ति से पृथक् कोई अन्य सत्ता या शक्ति, यहाँ तक कि ईश्वर भी नहीं होना चाहिए। बल्कि नैतिक नियमों को आत्मारोपित (self-imposed) होना चाहिए। तृतीयतः,

काण्ट का विश्वास है कि नैतिकता बौद्धिकता की उपज है अतः शुभ-अशुभ, कर्त्तव्य-अकर्त्तव्य, उचित-अनुचित की सार्थकता केवल बौद्धिक प्राणियों के लिए ही है। यह पहले भी अन्यत्र स्पष्ट किया जा चुका है कि वयस्क व मानसिक रूप से स्वस्थ व्यक्तियों के सन्दर्भ में ही नैतिक निर्णयों व सम्प्रत्ययों का कोई अर्थ है। काण्ट की चौथी एवं अन्तिम मूलभूत मान्यता यह है कि नैतिकता के सर्वाधिक आधारभूत सिद्धान्त या नियम उस बुद्धि से ही उत्पन्न होते हैं जो सभी मनुष्यों में सार्वभौम रूप से उपस्थित हैं और मनुष्य का स्वरूपगत लक्षण या स्वभाव है। काण्ट का कहना है कि यद्यपि मनुष्य आवेगों-मनोवेगों, प्रवृत्तियों तथा ऐन्द्रिकता से युक्त है, किन्तु कुछ अर्थों में उसके स्वभाव का बौद्धिक पक्ष कहीं अधिक मूलभूत व सर्वव्याप्त है। अतः काण्ट की दृष्टि में बुद्धि व उसके नियम नैतिकता के क्षेत्र में सर्वोच्च सिद्धान्त का स्तर रखते हैं एवं नैतिक मूल्यांकन के अन्तिम प्रतिमान हैं।

अब काण्ट के नैतिक विचारों की विस्तार से चर्चा की जाये। जैसा कि ऊपर उल्लेख किया गया है, वह अपने नैतिक दर्शन का प्रारम्भ व्यक्तियों के गहन नैतिक अनुभवों के स्पष्टीकरण व परीक्षण से करता है तथा उनके ही बल पर अपने सिद्धान्त को प्रतिस्थापित करता है। इस परीक्षण के फलस्वरूप उसको नैतिकता का एक मूलमन्त्र मिलता है जिसे वह इस रूप में प्रस्तुत करता है कि "इस संसार में या इसके बाहर किसी भी ऐसी चीज़ के बारे में सोचना असम्भव है जिसे बिना शर्त शुभ माना जा सके सिवाय एक 'शुभ संकल्प' (Good Will) के।"[2] काण्ट की मान्यता है कि केवल 'शुभ संकल्प' (good will alone) ही अपने-आप में (intrinsically) शुभ व मूल्यवान् है। वह बिना शर्त या सीमा के अबाधित रूप से शुभ है। दूसरे शब्दों में, वह सभी परिस्थितियों में शुभ है चाहे वह हमारे इच्छित परिणाम या फल को प्राप्त करने में असफल ही क्यों न हो। इसे बिना शर्त या सीमा के यानी अबाधित रूप से शुभ कहने का तात्पर्य है कि ऐसा नहीं होगा कि 'शुभ संकल्प' एक व्यक्ति के लिए शुभ हो मगर दूसरों के लिए नहीं, या एक परिस्थिति में शुभ हो, अन्य में नहीं। 'शुभ संकल्प' इस अर्थ में शुभ नहीं है कि उससे युक्त होने पर व्यक्ति किसी इच्छित परिणाम को प्राप्त करने में सफल हो जाता है। वस्तुतः परिणाम की प्राप्ति की सफलता या असफलता, 'शुभ संकल्प' को परिभाषित नहीं करते और असफल रहने पर भी 'शुभ संकल्प' शुभ ही रहता है। इस तरह, 'शुभ संकल्प' का शुभत्व परिस्थिति (circumstance), परिणाम या प्रयोजन (end or purpose) या सफलता (success), किसी पर आधारित नहीं होता।

काण्ट के द्वारा दी गयी इस तरह की व्याख्या ने कई ग़लतफ़हमियों को जन्म दिया। अनेक विचारकों ने इसे ऐसे संकल्प के रूप में समझा जिसका कोई लक्ष्य नहीं है या जिससे कुछ भी प्राप्त नहीं होता। उनका विचार है कि ऐसा 'शुभ संकल्प' शून्यवत्

लगता है। इसीलिए काण्ट द्वारा प्रस्तुत 'शुभ संकल्प' के इस स्वरूप की जैकोबी ने कटु आलोचना की और कहा कि "शुभ संकल्प ऐसा संकल्प है जो किसी चीज़ का संकल्प नहीं करता" (Good Will is a Will that wills nothing)।[3] मगर पेटन ने काण्ट का समर्थन करते हुए कहा कि ऐसा नहीं है कि 'शुभ संकल्प' से कोई लक्ष्य या परिणाम की प्राप्ति नहीं होती या उससे कोई प्रयोजन सिद्ध नहीं होता। उसने स्पष्ट किया कि काण्ट का आशय मात्र इतना है कि 'शुभ संकल्प' का शुभत्व इन प्राप्त लक्ष्यों या सिद्ध प्रयोजनों से आपादित (derived) नहीं होता।[4] इसे एक उदाहरण से स्पष्ट किया जाये। कोई व्यक्ति निर्धनों-असहायों की सहायता करने का संकल्प करता है, फलस्वरूप वह प्रतिवर्ष कुछ ग़रीबों को आजीविका व शिक्षा के साधन उपलब्ध कराने का लक्ष्य रखता है। स्पष्ट है, उसके संकल्प से कुछ लक्ष्य व प्रयोजन तो सिद्ध होते ही हैं, तदनुसार कुछ परिणाम भी प्राप्त होते हैं। मगर काण्ट की मान्यता है कि उस व्यक्ति के संकल्प के शुभत्व का आधार प्राप्त-परिणाम यानी सिद्ध-लक्ष्य या प्रयोजन नहीं, बल्कि उसके संकल्प का अपना वास्तविक स्वरूप ही है।

इस 'शुभ संकल्प' का वास्तविक स्वरूप क्या है, इसके विषय में चर्चा आगे की जायेगी, अभी केवल यह स्पष्ट किया जाये कि क्यों संसार की अन्य सभी चीजें अबाधित रूप से शुभ नहीं हैं, जबकि 'शुभ संकल्प' ऐसा है। 'शुभ संकल्प' के अतिरिक्त संसार की अन्य समस्त चीज़ों, पदार्थों, लक्ष्यों, उद्देश्यों या परिणामों, इत्यादि के विषय में काण्ट का मत है कि नैतिक अनुभव यह स्पष्ट करते हैं कि वे सब केवल किन्हीं विशेष दशाओं में ही शुभ होते हैं। इस अर्थ में उनका शुभत्व सशर्त या सोपाधिक (conditioned) है, साथ ही, मनुष्य जीवन के लिए उनका मूल्य भी सीमित है। साधारणतः हम बहुत-सी चीज़ों को सार्वभौमिक, सार्वकालिक रूप से अच्छा मान लेते हैं। स्वयं काण्ट ने ऐसी चीज़ों की सूची दी है जिन्हें सामान्यतः सीमारहित रूप से अच्छा समझा जाता है मगर जो वास्तव में ऐसी होती नहीं हैं। (1) उसने सर्वप्रथम **'प्रकृति के उपहारों' (gifts of nature)** का उल्लेख किया है जिनमें कुछ मानसिक योग्यताएँ यथा, बुद्धिमत्ता (intelligence), हाज़िरजवाबी (wit), व त्वरित निर्णय-क्षमता (abity for quick judgment) शामिल हैं। इनके अतिरिक्त कलात्मक कौशल (artistic capabilities), कल्पनाशीलता (imagination), विनोदशीलता (humour) इत्यादि भी इसी वर्ग में आ सकते हैं। (2) वह कुछ ऐसे लक्षणों का भी वर्णन करता है जो व्यक्ति के स्वभाव या मिज़ाज से सम्बन्धित हैं जिन्हें **'स्वभाव सम्बन्धी लक्षण' (qualities of temperament)** कहा जा सकता है। इस वर्ग में साहस (courage), धैर्य (patience), लगनशीलता (perseverance) जैसे चारित्रिक गुण आते हैं। (3) फिर कुछ ऐसी चीज़ें हैं जो भाग्य से मनुष्य को प्राप्त होती हैं। काण्ट ने इन्हें **'सौभाग्य के उपहार' (gifts of fortune)** कहा है जिनमें शक्ति-सामर्थ्य (power), धन (riches), यश (fame), सुख (happiness), स्वास्थ्य (health), इत्यादि शामिल

हैं। (4) उसने कुछ **'विशिष्ट लक्षणों' (special qualities - tenets of mind)** की चर्चा भी की है जिन्हें साधारण-जन द्वारा उपर्युक्त लक्षणों या चीज़ों की भाँति बिना शर्त शुभ माना जाता है। भावनाओं में मिताचार या सन्तुलन बनाये रखना (moderation in emotions), आत्म-संयम (self-control), शान्तचित्त से चिन्तन की क्षमता (cool deliberation), इत्यादि गुण इस वर्ग में आते हैं। सामान्यतः कोई नहीं कहेगा कि उपर्युक्त समस्त लक्षणों में से कोई भी लक्षण या चीज़ शुभ नहीं है, बल्कि इससे भी आगे बढ़कर सभी व्यक्ति स्वीकार करेंगे कि बुद्धिमत्ता, साहस, स्वास्थ्य, सुख, आत्म-संयम, इत्यादि सर्वकालिक रूप से अच्छे होते हैं।

किन्तु इनके सम्बन्ध में काण्ट बलपूर्वक दावा करता है कि ये या ऐसे ही सभी लक्षण या पदार्थ समस्त परिस्थितियों में शुभ नहीं हैं। वस्तुतः यदि ये सभी अशुभ संकल्प से संयुक्त हो जायें तो अशुभ हो जायेंगे, ऐसा काण्ट का मत है। उदाहरण के लिए, एक अशुभ संकल्पवाले दुष्ट व्यक्ति की शक्ति, बुद्धिमत्ता या साहस अथवा आत्मसंयम ख़तरनाक हो सकता है। दूसरे के दुःख से सुखी होना या ऐसे साधनों द्वारा सुख प्राप्त करना जिनसे दूसरों का अहित होता है, कभी अच्छा नहीं माना जा सकता। इसीलिए काण्ट सुखवादियों (Hedonists) की आलोचना करता है जिनकी स्थापना है कि "एकमात्र सुख ही अपने-आप में शुभ है" (Pleasure alone is intrinsically good)। धन का उपयोग भी बुरे कामों के लिए हो सकता है। आतंकवादियों का साहस, तथा शान्तचित्त व धैर्य से बनायी गयी योजनाएँ विध्वंसकारी हो सकती हैं। ये सभी वे लक्षण या पदार्थ हैं जिन्हें साधारणतः लोग असीमित रूप से शुभ, या प्रत्येक परिस्थिति में हर दृष्टि से मूल्यवान् समझते हैं, मगर उपर्युक्त दृष्टान्तों के प्रकाश में अब स्पष्ट हो जाता है कि साधारण जन की ऐसी मान्यता सत्य नहीं है। ऐसा नहीं है कि काण्ट इनके शुभत्व या मूल्य को पूरी तरह से नकारता है। वह केवल यह स्पष्ट करता है कि ये सभी पदार्थ अपने-आप में शुभ या मूल्यवान् नहीं हैं बल्कि इनका शुभत्व 'शुभ संकल्प' पर आश्रित है और जब ये अशुभ संकल्प से संयुक्त हो जाते हैं तो अपना मूल्य खो देते हैं व विधानात्मक रूप से अशुभ हो जाते हैं। इस दृष्टि से उपर्युक्त सभी लक्षण या पदार्थ केवल सापेक्ष शुभ (relative good) हैं, निरपेक्ष रूप से शुभ (absolutely good) नहीं। काण्ट की स्थापना है कि केवल 'शुभ संकल्प' ही बिना किसी सीमा के, प्रत्येक परिस्थिति में शुभ है, इस अर्थ में वह निरपेक्ष रूप से शुभ (absolute good) है एवं अन्य सभी पदार्थों के शुभत्व का आधार है और जिस किसी चीज़ के साथ संयुक्त होता है, उसे भी शुभ बना देता है।

अब इस विषय पर विचार किया जाये कि वह संकल्प जो बिना किसी सीमा के, अबाधित रूप से शुभ है, उसका अपना वास्तविक स्वरूप क्या है। 'शुभ संकल्प' के स्वरूप को विधानात्मक रूप से स्पष्ट करते हुए काण्ट ने व्यक्ति के विभिन्न संकल्पों को प्रथमतः दो वर्गों में बाँटा है। **पहले वर्ग** में वे संकल्प हैं जो सीधे-सीधे (directly)

किसी विशेष परिणाम या विषय की प्राप्ति की कामना पर आधारित होते हैं। दूसरे शब्दों में, ऐसे संकल्पों के उद्देश्य विशेष वस्तुएँ, चीज़ें या परिणाम होते हैं। उदाहरणार्थ, छात्र-छात्राओं द्वारा परीक्षा में उत्तीर्ण होने के परिणाम से नक़ल की सामग्री तैयार करना, किसी बच्चे द्वारा अपने माता-पिता को प्रसन्न करने हेतु अनुशासित आचरण करना, भूख लगने पर खाना खाना, इत्यादि। काण्ट का विचार है कि किसी विशेष परिणाम या वस्तु की प्राप्ति की कामना से किये गये संकल्प 'शुभ संकल्प' नहीं हो सकते। हम जान चुके हैं कि 'शुभ संकल्प' निरपेक्ष शुभ है तथा समस्त वस्तुओं व परिणामों के शुभत्व का आधार है। अतः किसी विशेष परिणाम/उद्देश्य की प्राप्ति के लिए किये गये संकल्पों को ही 'शुभ संकल्प' मान लेने से एक तार्किक दोष उत्पन्न हो जायेगा। इस सम्बन्ध में काण्ट का तर्क है कि चूँकि ऐसे संकल्प के सभी विषय सापेक्ष शुभ हैं और उनका शुभत्व, जैसा कि अभी पूर्व में स्पष्ट किया गया है, स्वयं 'शुभ संकल्प' पर निर्भर है तो अब 'शुभ संकल्प' को उन्हीं सापेक्ष विषयों से परिभाषित करना स्पष्टतः त्रुटिपूर्ण है। तर्कशास्त्र के विद्यार्थी समझ सकते हैं कि इसमें चक्रक तर्कदोष (Begging the Question or Circular Fallacy) होगा।

मनुष्य के संकल्पों के **दूसरे वर्ग** में काण्ट ने उन संकल्पों को रखा है जिनके मूल में किन्हीं उद्देश्य-विशेषों की पूर्ति की कामना की बजाय, किन्हीं सामान्य व स्वीकृत कर्म-सिद्धान्त या नियमों की स्वीकृति का विचार होता है। ये वे संकल्प हैं जो सिद्धान्तों पर आश्रित हैं। 'ईमानदारी से जीवन व्यतीत करना चाहिए', 'सदा सत्य बोलना चाहिए', 'अहिंसा परम धर्म है', सरीखे सामान्य कर्म-सिद्धान्तों की स्वीकृति से उत्पन्न संकल्प इसके उदाहरण हैं। मगर काण्ट के अनुसार, इन सिद्धान्त-आश्रित संकल्पों के भी पुनः दो प्रकार हैं। प्रथम प्रकार के संकल्प वे हैं जिनमें सिद्धान्त की स्वीकृति सोद्देश्य होती है, यानी किसी दूरगामी परिणाम की प्राप्ति हेतु की जाती है। एक व्यापारी अपने व्यापार हेतु ईमानदारी के कर्म-सिद्धान्त को स्वीकार करता है, चाहे इससे उसे तात्कालिक हानि ही पहुँचे, मगर इस कर्म-सिद्धान्त को अपनाने के पीछे उसका उद्देश्य होता है कि अन्ततोगत्वा ईमानदारी उसके व्यापार में किसी-न-किसी रूप में लाभ प्रदान करेगी ही। ऐसे ही, किसी व्यक्ति ने सत्य-भाषण का सिद्धान्त अपनाया और उस पर तब भी टिका रहता है जब उसका स्वयं का अहित होता है, किन्तु इस सिद्धान्त पर वह इसलिए टिका रहता है कि इससे अन्ततः ईश्वर प्रसन्न होगा तथा या तो इस जीवन में सुख-सम्पत्ति प्रदान करेगा या मृत्यूपरान्त उसे स्वर्गादि से पुरस्कृत करेगा। इस प्रकार के संकल्पों को काण्ट 'सोपाधिक या सहैतुक सिद्धान्त पर आश्रित संकल्प' (Will based on Hypothetical Principle) मानता है क्योंकि ऐसे संकल्पों का उद्देश्य सिद्धान्त के माध्यम से किसी इच्छित परिणाम की प्राप्ति होता है। अतः वे सिद्धान्त सहैतुक या सोपाधिक सिद्धान्त (conditioned principles) होते हैं। काण्ट का मानना है कि सहैतुक सिद्धान्त पर

आश्रित संकल्प तथा पूर्वोक्त विशेष विषय की कामना-पूर्ति के संकल्प एक ही स्तर के हैं। स्पष्ट है कि इस प्रकार के संकल्प भी 'शुभ संकल्प' नहीं हो सकते।

सिद्धान्त-आश्रित संकल्पों के दूसरे प्रकार में काण्ट ने उन संकल्पों को स्वीकार किया है जिनमें सिद्धान्तों की स्वीकृति किसी दूरगामी लाभ या इच्छापूर्ति के साधन या माध्यम के रूप में नहीं, बल्कि स्वयं उनके अपने मूल्य के लिए की जाती है। ऐसे संकल्प में सिद्धान्तों को केवल उस सिद्धान्त के शुभत्व से बौद्धिक रूप से क़ायल होकर स्वीकार किया जाता है। दूसरे शब्दों में, कुछ संकल्पों में सिद्धान्त-स्वीकृति बिना शर्त या अहैतुक (unconditioned) होती है, इसलिए वे सिद्धान्त स्वयं-साध्य होते हैं। और इनकी स्वीकृति व्यक्ति की स्वरूपगत बौद्धिकता की पहचान होती है। उदाहरण के लिए, एक व्यापारी ईमानदारी के सिद्धान्त को केवल उसके अपने आन्तरिक मूल्य (intrinsic value) के विषय में बौद्धिक रूप से सन्तुष्ट होने के कारण अपने व्यापारिक क्रिया-कलापों का आधार बनाये, बिना यह सोचे कि ईमानदारी उसको व्यापार में अन्ततः लाभ देगी या हानि, तो यह सिद्धान्त बिना शर्त, निरुपाधिक या अहैतुक है और उस पर आश्रित संकल्प 'अहैतुक या निरुपाधिक सिद्धान्त-आश्रित संकल्प' (Will based on Categorical Principle) है। ऐसा संकल्प न केवल सिद्धान्त पर आश्रित (on principle) होता है बल्कि सिद्धान्त के लिए (for principle) भी होता है। सिद्धान्त से परे या बाहर, स्वयं उस एक सिद्धान्त के अलावा उस संकल्प का कोई अन्य प्रेरक हेतु (motive) नहीं होता, यानी ऐसे संकल्प का लक्ष्य केवल सिद्धान्त-पालन है, किसी परिणाम या फल की प्राप्ति नहीं। स्पष्ट है, ऐसे संकल्प ही सभी परिस्थितियों में, बिना शर्त यानी निरपेक्ष शुभ हैं। काण्ट के अनुसार, ऐसे संकल्प ही 'शुभ संकल्प' हैं। इस तरह, 'शुभ संकल्प' किसी विशेष चीज़ की इच्छा की पूर्ति नहीं है, न ही यह किसी उद्देश्य हेतु स्वीकृत सिद्धान्त का पालन है, बल्कि यह किसी सिद्धान्त की मात्र उसके अपने मूल्य या महत्ता के लिए स्वीकृति (Principle for the Sake of Principle) है। काण्ट के इस विचार को विल ड्यूरण्ट ने बड़ी स्पष्टता से इन शब्दों में प्रकट किया है -

"इस संसार में एक शुभ संकल्प ही एकमात्र ऐसा है जो बिना किसी शर्त के शुभ है - स्वयं के लिए लाभ या हानि के विचार के बिना, यानी (मात्र) नैतिक नियम के अनुपालन का संकल्प।"[5]

इस सन्दर्भ में यह बात एक बार फिर स्पष्ट कर दी जाये कि प्रत्येक संकल्प कोई-न-कोई परिणाम प्राप्त करता ही है किन्तु उस संकल्प का नैतिक मूल्य उस परिणाम से निर्धारित नहीं होता बल्कि जिस सामान्य कर्म-सिद्धान्त पर वह आश्रित होता है, उसके अपने मूल्य के कारण होता है।

काण्ट व्यक्ति द्वारा स्वीकृत सिद्धान्तों को आदेश या आज्ञा (commands or imperatives) की संज्ञा देता है। इसका कारण यह है कि मनुष्य बौद्धिकता के

अतिरिक्त प्रवृत्तियों-संवेगों, मनोवेगों व कामनाओं से भी युक्त है और शुभ संकल्प के सन्दर्भ में व्यक्ति को इन सबसे चुनौती मिलती रहती है फलतः वह निरन्तर संघर्षरत रहता है। इसीलिए वह चुने गये सिद्धान्त को अपने लिये एक आदेश या आज्ञा के रूप में स्वीकार करके स्वयं पर एक दबाव बनाता है। इसीलिए जिन नैतिक सिद्धान्तों पर 'शुभ संकल्प' आश्रित होता है, उन्हें काण्ट आदेश या आज्ञा कहता है।

काण्ट के अनुसार, संकल्पों के उपर्युक्त तीन प्रकारों के अनुरूप ही, व्यक्ति के चुने हुए कर्मों के भी तीन प्रकार हो सकते हैं। एक वे कर्म जो व्यक्ति की इच्छा या कामना से उत्पन्न होते हैं। ये कर्म किसी सामान्य नियम या सिद्धान्त आश्रित नहीं होते, अर्थात् न तो नियम के अनुसार किये जाते हैं, न ही नियम के लिए, यद्यपि संयोगवशात् किसी नैतिक नियम के अनुकूल हो सकते हैं। ये **इच्छा-आधारित कर्म (Actions on Impulse)** हैं। दूसरे वे कर्म हैं जो किसी स्वीकृत सिद्धान्त या नियम के अनुसार किये जाते हैं किन्तु अन्ततोगत्वा किसी-न-किसी कामना की तृप्ति के लिए ही होते हैं। ये **सहेतुक आदेशात्मक कर्म (Actions on Hypothetical Imperative)** हैं। तीसरे प्रकार के कर्म वे हैं जो न केवल चुने हुए सामान्य नियम के अनुसार (on general principle) किये जाते हैं, बल्कि उस नियम के लिए (for principle) भी किये जाते हैं। इन्हें काण्ट ने **अहैतुक आदेशात्मक कर्म (Actions on Categorical Imperative)** कहा है। स्पष्ट ही है, इन्हीं तीसरे प्रकार के कर्मों में 'शुभ संकल्प' व्यक्त होता है। दूसरे शब्दों में, काण्ट इन 'अहैतुक आदेशात्मक कर्मों' को ही नैतिक मूल्य प्रदान करता है; **एक कर्म नैतिक दृष्टि से उचित है यदि उसे अहैतुक आदेश पर और उस आदेश के लिए ही सम्पादित किया जाता है** और अनैतिक है यदि किसी स्वीकृत अहैतुक आदेश का उल्लंघन है। काण्ट का कथन है कि अहैतुक आदेश के लिए कर्म करना वास्तव में बौद्धिक रूप से कर्म करना (acting rationally) है अतः उसके अनुसार, 'शुभ संकल्प' बौद्धिक संकल्प (Rational Will) है।

अहैतुक आदेशों की स्वीकृति पर आश्रित संकल्प के रूप में व्याख्यायित करने के अतिरिक्त, काण्ट ने 'शुभ संकल्प' की कुछ वैकल्पिक परिभाषाएँ भी दी हैं। उसने प्रस्तावित किया कि **किसी नैतिक नियम के प्रति उसके स्वरूपगत शुभत्व के कारण उपजे आदर या सम्मान के फलस्वरूप किया जानेवाला कर्म (action borne out of reverence for the moral principle or law as such)** भी शुभ संकल्प को व्यक्त करता है। इसी तरह, काण्ट एक अन्य रूप में भी शुभ संकल्प को परिभाषित करता है। वह कहता है कि एक कर्म जो केवल कर्त्तव्य (duty) के लिए किया जाये, वह भी शुभ संकल्प का उदाहरण है। इस परिभाषा के सन्दर्भ में ही काण्ट मनुष्य के नैतिक कर्त्तव्य (moral duty) तथा नैतिक दायित्व (moral obligation) का विचार प्रस्तावित करता है और इसी कारण उसके नैतिक सिद्धान्त को

'कर्त्तव्य के लिए कर्त्तव्य' (Duty for Duty's Sake) के सिद्धान्त की संज्ञा दी जाती है। 'कर्त्तव्य के लिए कर्त्तव्य', इस सूत्र-वाक्य में 'कर्त्तव्य' (duty) शब्द का दो बार प्रयोग हुआ है। एक प्रयोग का आशय है वह शुभ प्रेरक हेतु (good motive) यानी नैतिक सिद्धान्त जिसके लिए कार्य किया जाता है एवं दूसरा प्रयोग उस उचित कर्म या आचरण (right action) को इंगित करता है जो किसी स्वीकृत नैतिक नियम के अनुरूप होता है। विल ड्यूरण्ट के शब्दों में, "एक कर्म नैतिक दृष्टि से शुभ है, इसलिए नहीं कि उसके अच्छे परिणाम हैं या उस कर्म को करना (व्यावहारिक रूप से) बुद्धिमानी है, बल्कि इसलिए कि उसे कर्त्तव्य के आन्तरिक विचार के अनुपालन में किया गया है।[6]

इस सन्दर्भ में यह स्पष्ट कर दिया जाये कि यदि कर्म नैतिक नियम के प्रति आदर या सम्मान के भाव से नहीं, या फिर कर्त्तव्य के विचार से नहीं, बल्कि किसी अन्य भाव या विचार से सम्पादित किया गया हो तो वह कर्म नैतिक मूल्य से रहित होगा, यद्यपि उस अन्य भाव या विचार के कारण उसका सामाजिक, सौन्दर्यात्मक या उपयोगिता सम्बन्धी मूल्य हो सकता है। उदाहरण के रूप में, एक माँ यदि अपने बच्चे का पालन-पोषण माँ के रूप में अपने कर्त्तव्य के सम्मानार्थ करती है तभी उस पर नैतिकता का सम्प्रत्यय लागू किया जायेगा। मगर यदि बच्चे का पालन-पोषण प्रेम-सहानुभूति के कारण या बच्चे से भविष्यत्कालीन अपेक्षाओं के कारण किया जाये तो माँ के तत्सम्बन्धी कर्मों को नैतिक मूल्य प्रदान करना अर्थहीन होगा। इसका यह अर्थ नहीं लगाना चाहिए कि माँ का प्रेम-सहानुभूति के कारण किया गया पालन-पोषण अनैतिक होगा। यह बात स्पष्ट समझ लेने की है कि कोई कर्म अनैतिक तभी होगा जब वह किसी स्वीकृत नैतिक नियम के विपरीत हो। **यदि कर्म किसी भावना की सन्तुष्टि या लाभ की इच्छा से किया गया है और वही उसका लक्ष्य है तो ऐसे कर्म पर कोई भी नैतिक विधेय (moral predicate) - चाहे वे विधानात्मक हों या निषेधात्मक - लागू नहीं किये जा सकते, ऐसा काण्ट का मत है, क्योंकि वे कर्म अन-नैतिक (a - moral or non - moral) हैं**। नैतिकता-अनैतिकता के विशेषण उन्हीं कर्मों पर लागू होंगे जो किसी स्वीकृत नैतिक सिद्धान्त के अनुरूप या प्रतिकूल हों।

काण्ट द्वारा प्रस्तुत कर्त्तव्य की इतनी कठोर अवधारणा से ऐसा ध्वनित हो सकता है कि काण्ट ने भावनाओं या कर्म के परिणामस्वरूप प्राप्त लाभों की उपेक्षा की है। मगर यह सत्य नहीं है। काण्ट का यह मन्तव्य बिल्कुल नहीं है कि एक नैतिक कर्म से कोई भावनात्मक सन्तुष्टि (emotional satisfaction), अपेक्षाओं की पूर्ति (fulfillment of expectations) अथवा लाभ (benefit) नहीं प्राप्त हो सकता, या ऐसा हो जाने पर कर्म अनैतिक हो जायेगा। उसका बल केवल इस बात पर है कि जब कर्म सम्पादन

के समय सभी कामनाएँ व भाव-संवेग मौजूद हों, फिर भी कर्म केवल और केवल कर्त्तव्य की पूर्ति के लिए किया जाये तो वह कर्म नैतिक रूप से मूल्यवान् हो जाता है। उस कर्म के परिणामस्वरूप सुख भी मिल सकता है, सन्तोष भी या अन्य कोई भी लाभ प्राप्त हो सकता है (या ऐसा नहीं भी हो सकता है), किन्तु कर्त्तव्य-निर्धारण के समय कर्त्ता-व्यक्ति का प्रेरक हेतु (motive) यह सब प्राप्त करना नहीं होता, उसका अन्तिम साध्य मात्र कर्त्तव्य की पूर्ति होता है। ऐसे कर्म के परिणामस्वरूप सुख का प्राप्त होना या कुछ प्रवृत्तियों-भावों की तुष्टि अथवा तृप्ति होना उस कर्म की अनैतिकता का आधार नहीं है। कर्म के शुभत्व का एकमात्र आधार केवल कर्त्तव्य के विचार या नैतिक नियम के प्रति सम्मान के भाव से ही कर्म करना है। इस कर्त्तव्य के विचार के साथ सुख, या अन्य भावना-प्रवृत्ति की तृप्ति के संयुक्त हो जाने पर कर्म बुरा नहीं हो जाता।

काण्ट के 'कर्त्तव्य के लिए कर्त्तव्य' के सिद्धान्त के स्पष्टीकरण के बाद, अब यह समझा जा सकता है कि उसके अनुसार, अहैतुक आदेश के लिए कर्म करना (action on categorical Imperative), कर्त्तव्य के लिए कर्म करना (action for the sake of duty) तथा किसी नैतिक नियम/सिद्धान्त के प्रति सम्मान के भाव से कर्म करना (action borne out of reverence for the moral law) एक दृष्टि से समान है क्योंकि यह सभी बातें 'शुभ संकल्प' की ही विभिन्न अभिव्यक्तियाँ हैं।

लेकिन यह ध्यान रखना चाहिए कि उपर्युक्त तीनों बातों में से एक - कर्त्तव्य के विचार - का औचित्य केवल साधारण मनुष्यों के सन्दर्भ में ही है। ईश्वर या नैतिक दृष्टि से पूर्णता प्राप्त कर चुके असाधारण मनुष्य कभी भी कर्त्तव्य के लिए कार्य नहीं करते बल्कि वे स्वाभाविक रूप से उचित कर्म करते हैं। उनके लिए कोई नैतिक संघर्ष शेष रहता ही नहीं क्योंकि वे सभी कामनाओं, संवेगों व प्रवृत्तियों पर विजय प्राप्त कर चुके होते हैं और उनके सन्दर्भ में यह मानने का कोई अर्थ नहीं है कि उन्हें अपने संकल्प को शुभ बनाने में अपनी कामनाओं, संवेगों व प्रवृत्तियों से संघर्ष करना पड़ता है। ऐसे विलक्षण मनुष्य या ईश्वर के संकल्प उसी तरह से सहज रूप से नैतिक नियम या सिद्धान्त के अनुरूप होते हैं जैसे आग स्वभावतः जलाती है अथवा सूर्य स्वतः ही प्रकाश देता है। इनके संकल्प स्वाभाविक व निर्बाध रूप से उचित कर्म करते हैं, किसी नैतिक कर्त्तव्य या दायित्व के विचार से नहीं। ऐसे संकल्प में अनुचित कर्म करने की सभी सम्भावनाएँ समाप्त हो जाती हैं। कुछ लेखकों, यथा म्योरहेड[7], ने इसे पूर्ण आत्मविजय (complete selfconquest) की स्थिति बताया है। ऐसे संकल्प को काण्ट शुद्ध या पूरी तरह से शुभ संकल्प (Pure or Completely Good Will) अथवा **पवित्र संकल्प (Holy Will)** की संज्ञा देता है। काण्ट का विचार है कि साधारण मनुष्यों के 'शुभ संकल्प' 'पवित्र संकल्प' नहीं होते यद्यपि वे अबाधित (unconditioned) और स्वरूपतः शुभ (intruisically good) अवश्य होते हैं। 'पवित्र संकल्प' की तुलना में साधारण मनुष्य का संकल्प नैतिक संघर्ष की उत्पत्ति होता है क्योंकि मनुष्य का संकल्प

विभिन्न आकर्षणों - मनुष्य की कामनाओं, संवेगों, प्रवृत्तियों - से प्रभावित होने की सम्भावना रखता है। इसलिए आम मनुष्यों के सन्दर्भ में कर्त्तव्य एवं नैतिक दायित्व का विचार सार्थक है। आम मनुष्य कर्त्तव्य के विचार व दायित्व के बोध से अपने-आपको संयमित व नियन्त्रित करता है, फलतः उसका संकल्प 'पवित्र संकल्प' की भाँति स्वाभाविक रूप से नहीं, बल्कि सप्रयास शुभ होता है। इससे भिन्न 'पवित्र संकल्प' ऐसे आदर्श का प्रतिनिधित्व करता है जिसे प्राप्त करना नैतिकता का लक्ष्य कहा जा सकता है। काण्ट के अनुसार ऐसा संकल्प पूरी तरह से बौद्धिक होगा, यह तो स्पष्ट ही है।

'शुभ संकल्प' की उपर्युक्त परिभाषाओं के सन्दर्भ में यह समझा जा सकता है कि काण्ट ने नैतिकता के बड़े कठोर प्रतिमान प्रस्तुत किये हैं। यदि नैतिक कर्म वह है जो केवल कर्त्तव्य के लिए किया गया है, या किसी नैतिक सिद्धान्त के प्रति आदर के कारण सम्पादित है अथवा अहैतुक आदेशात्मक है तो ऐसा लगता है कि नैतिक जीवन अत्यधिक कठोर व नीरस है और उसमें उस सुख (happiness) का कोई स्थान नहीं है जिसे प्रत्येक मनुष्य प्राप्त करना चाहता है। किन्तु यह विचार सत्य नहीं है और काण्ट के प्रति ग़लतफ़हमी से उपजा है। यह तो पहले ही कहा जा चुका है कि यदि किसी कर्म से व्यक्ति को सुख मिलता है तो इससे उस कर्म की नैतिकता का ह्रास नहीं होता यदि वह कर्म शुभ 'प्रेरक हेतु' यानी 'शुभ संकल्प' से किया गया है। मगर इससे भी आगे बढ़कर काण्ट ने विधानात्मक रूप से सुख को स्वीकार किया है। इस सन्दर्भ में उसका 'सर्वोच्च शुभ' (supreme good) तथा 'पूर्ण शुभ' (complete good) के मध्य भेद दर्शनीय है। उसके अनुसार, 'शुभ संकल्प' यानी सद्गुण (Virtue) निश्चित रूप से सर्वोच्च शुभ है लेकिन वह पूर्ण शुभ (perfect good, complete good) नहीं है। उसकी मान्यता है कि पूर्ण शुभ में 'शुभ संकल्प' के साथ समानुपातिक रूप से सुख भी शामिल होता है। इस तरह, 'पूर्ण शुभ' का अर्थ है सद्गुण एवं उसके अनुपात में सुख, दोनों का संयोग। काण्ट इस सिद्धान्त में विश्वास करता है कि सदगुण अपने अनुपात में सुख प्राप्त करने का अधिकारी है (virtue deserves happiness)। अतः 'शुभ संकल्प' या नैतिक कर्मों को उपयुक्त मात्रा में सुख से अनिवार्य रूप से पुरस्कृत होना चाहिए। काण्ट का यह विचार इस सामान्य आलोचना का खण्डन करता है कि उसने सुख को हीन समझा है। बल्कि अब स्पष्ट है कि उसने सुख को ज्ञान, प्रेम, साहस इत्यादि से अधिक महत्त्व दिया है क्योंकि 'पूर्ण शुभ' के विचार में 'शुभ संकल्प' के साथ केवल सुख को ही शामिल किया गया है, अन्य तीनों को नहीं। मगर काण्ट के इस विचार के सन्दर्भ में सावधानी आवश्यक है। वस्तुतः सुख 'पूर्ण शुभ' का सारभूत अंग होने के बावजूद अपने-आप में सापेक्षिक शुभ ही है और केवल 'शुभ संकल्प' का संयोग ही उसे शुभ बनाता है। फलतः काण्ट के अनुसार, वांछनीय आदर्शात्मक स्थिति यह है कि यदि मनुष्य 'शुभ संकल्प' यानी सद्गुण से युक्त है तो उसे सुख मिलना ही चाहिए। वस्तुतः शुभ संकल्प से युक्त व्यक्ति का यह अधिकार (right) है कि वह सुख भी प्राप्त करे। सुख व्यक्ति का 'कर्त्तव्य' या नैतिक लक्ष्य नहीं हो सकता, यह तो अब तक प्रस्तुत सम्पूर्ण चर्चा से स्पष्ट हो ही चुका है, मगर काण्ट ने सुख को नैतिक व्यक्ति के

'अधिकार' का स्तर प्रदान कर उसे बहुत महत्त्वपूर्ण माना है क्योंकि वह नैतिकता का एकमात्र पुरस्कार है। नैतिकता हमें इस पुरस्कार के योग्य बनाती है। काण्ट के शब्दों में[8] - "नैतिकता सही अर्थों में वह नियामक विचार नहीं है जो बताता है कि हम कैसे अपने-आपको सुखी बनायें बल्कि यह है कि कैसे हम स्वयं को सुख का अधिकारी बनायें।" इससे स्पष्ट है कि काण्ट ने सुख की उपेक्षा नहीं की, उसे मूल्यहीन नहीं बताया है, उसने केवल इतना बताया है कि वह नैतिकता का साध्य नहीं हो सकता।

काण्ट के नैतिक दर्शन की व्याख्या के इस चरण में अब हम एक सर्वाधिक महत्त्वपूर्ण प्रश्न पर आ पहुँचे हैं। यदि सद्गुणी होने के लिए मनुष्य को मात्र 'कर्त्तव्य के लिए कर्त्तव्य' करना चाहिए तो अब यह जानना आवश्यक हो जाता है कि हमारे कर्त्तव्य क्या हैं। यानी 'कर्त्तव्य' को तय करने के क्या मानदण्ड हैं ? इसी बात को भिन्न रूप में ऐसे भी रखा जा सकता है कि यदि कर्म का नैतिक औचित्य इस बात पर निर्भर है कि उसे केवल और केवल अहैतुक सिद्धान्त या आदेश के लिए सम्पादित किया गया है तो प्रश्न उठता है कि कर्म के सिद्धान्तों के चुनाव के क्या आधार हैं। किसी नैतिक सिद्धान्त को उसके स्वरूपगत शुभत्व के प्रति आदर भाव के कारण स्वीकार कर उसके अनुरूप काम करना नैतिक आचरण है, पर सिद्धान्त के स्वरूपगत शुभत्व को तय करने की कसौटी क्या है ? इन प्रश्नों के उत्तर हमें काण्ट के नैतिक सिद्धान्त के गहनतम स्तर पर ले जाते हैं। काण्ट की मान्यता है कि कुछ ऐसे मूलभूत सामान्य नैतिक सूत्र (general moral formula) या नैतिक सम्प्रत्यय (moral concepts) हैं जो कर्त्तव्य, अहैतुक आदेशों अथवा स्वरूपतः शुभ नैतिक सिद्धान्त के चयन का आधार, कसौटी या मानदण्ड बनते हैं। काण्ट के अनुसार, ये मूलभूत फार्मूले या सूत्र सीधे बुद्धि से आते हैं इसीलिए इन्हें 'बुद्धि के नियम' (Laws of Reason) कहा जाता है। इस अर्थ में इन्हें प्रागनुभविक (a priori) कहा जा सकता है। ये वे मानदण्ड हैं जिनका पालन किसी भी नैतिक सिद्धान्त या आदेश को निरपवाद रूप से करना ही चाहिए। इन मूलभूत नैतिक सूत्रों को काण्ट 'अहैतुक सिद्धान्त' (Categorical Principles) का ही नाम देता है। इस सन्दर्भ में यह स्पष्ट कर दिया जाये कि वह 'अहैतुक सिद्धान्त' शब्द को दो अर्थों में प्रयोग करता है। एक अर्थ में यह शब्द उन विशेष नैतिक नियमों के लिए प्रयुक्त होता है जिन्हें हम अपने कर्म के प्रेरक हेतु के रूप में स्वीकार करते हैं, यानी जिनके ऊपर हम सीधे आचरण करते हैं। इसीलिए वे कर्म सम्बन्धी प्रथम क्रम के सिद्धान्त (first order principles) हैं। यथा, सदा सत्य बोलना चाहिए, ईमानदारी से कार्य करना चाहिए, सभी जीवों से दया व प्रेमपूर्ण व्यवहार करना चाहिए, इत्यादि। 'अहैतुक सिद्धान्त', इस शब्द का दूसरा प्रयोग उन मूलभूत नैतिक सूत्रों या सम्प्रत्ययों के लिए है जो प्रथम क्रम के सिद्धान्तों के मूल्यांकन के सामान्य आधार हैं। वस्तुतः ये ऐसे द्वितीय क्रम के सिद्धान्त (second order principles) हैं जिनके ऊपर हम सीधे आचरण नहीं करते मगर जो हमारे प्रथम क्रम के सिद्धान्तों या नियमों (यथा, सदा सत्य बोलना चाहिए) के विषय में यह तय करने में सहायता करते हैं कि उनका चयन सही है और तदनुसार किया गया कर्म

नैतिक रूप से उचित है। काण्ट ने इन द्वितीय क्रम के सिद्धान्तों को **'प्रथम क्रम के अहैतुक आदेशों के सर्वोच्च सिद्धान्त' (Supreme Principles of Categorical Imperatives)** अथवा 'सर्वोच्च नैतिक नियम' (Supreme Moral Laws) की संज्ञा भी दी है। मानदण्ड के रूप में प्रस्तावित सामान्य सूत्रों या सिद्धान्तों के कारण ही काण्ट के विषय में कहा जाता है कि उसके अनुसार, प्रथम क्रम के नैतिक सिद्धान्त जिन पर हम वास्तव में आचरण करते हैं, नैतिकता के कतिपय मूलभूत नियमों पर आश्रित होते हैं।

द्वितीय क्रम के सिद्धान्तों के रूप में काण्ट ने **पाँच नैतिक फार्मूलों या सूत्रों (Moral Maxims)** को स्वीकार किया है यद्यपि पेटन का मानना है कि काण्ट ने स्वयं केवल तीन सूत्रों को देने की बात की है -

1. सार्वभौम विधान का सूत्र (Principle of Universality) - तुम केवल उसी नियम का पालन करो जिसके माध्यम से तुम उसी समय संकल्प कर सको कि यह एक सार्वभौम विधान हो।
2. प्रकृति-विधान का सूत्र (Principle of Natural law) - इस तरह कर्म करो कि मानो तुम्हारे कर्म का नियम तुम्हारे संकल्प के माध्यम से प्रकृति का एक सार्वभौम नियम हो जाये।
3. स्वयं साध्य का सूत्र (Principle of Human Dignity) - ऐसा कर्म करो जिससे अपने व्यक्तित्व में तथा प्रत्येक अन्य मनुष्य के व्यक्तित्व में निहित मानवता सदा उसी समय साध्य के रूप में व्यवहृत हो, कभी मात्र-साधन के रूप में नहीं।
4. स्वतन्त्रता का सूत्र (Principle of Freedom) - ऐसा कर्म करो कि तुम्हारा संकल्प उसी समय अपने कर्म सम्बन्धी नियम के माध्यम से अपने को सार्वभौम विधान का निर्माता समझ सके।
5. साध्यों के राज्य का सूत्र (Principle of Kingdom of Ends) - इस तरह कर्म करो कि तुम सदा अपने नियम के माध्यम से साध्यों के एक सार्वभौम राज्य के विधि-निर्माता सदस्य हो (यानी कर्म-नियम के निर्माता व उनसे शासित, दोनों हो)।

काण्ट के प्रथम सूत्र - सार्वभौमिकता के नियम - का अभिप्राय है कि यदि व्यक्ति किसी नियम को अपने आचरण हेतु स्वीकार करता है तो उसे यह भी मानना होगा कि उसी परिस्थिति में वह नियम अन्य सभी व्यक्तियों के आचरण का भी नियम होगा। काण्ट ने एक उदाहरण से इस नैतिक सूत्र को स्पष्ट किया है। क्या कोई व्यक्ति इस एक विशिष्ट सिद्धान्त के अनुरूप आचरण कर सकता है कि जब उसे धन की आवश्यकता हो तो वह चुकाने का वचन देकर उधार माँग ले यद्यपि चुकाने का उसका कोई इरादा न हो ? काण्ट के इस सामान्य सिद्धान्त के अनुसार विशिष्ट आचरण हेतु उपर्युक्त

सिद्धान्त एक नैतिक सिद्धान्त तभी माना जा सकता है जब वह नियम इस अर्थ में सार्वभौम हो सके कि वह प्रत्येक अन्य व्यक्ति के आचरण का नियम बनने का संकल्प कर सके। मगर स्पष्ट है कि ऐसा होना सम्भव नहीं होगा क्योंकि तब तो धन वापस करने के वादे वचन तोड़ने के लिए ही दिये जायेंगे और तब इस वादे के सहारे कोई व्यक्ति किसी से उधार माँगने में सफल नहीं होगा। सार्वभौमिकता का सूत्र इस तरह के कर्म के विशिष्ट सिद्धान्तों को नैतिक रूप से अनुचित ठहराकर अस्वीकृत करने में हमारी सहायता करता है। इसी मान्य सूत्र के बल पर असत्य-भाषण अनैतिक माना जाता है क्योंकि यदि प्रत्येक व्यक्ति जब ज़रूरत होगी तो असत्य बोलेगा तो उसके असत्य-वाचन पर कभी विश्वास नहीं किया जायेगा, अतः असत्य बोलने का समस्त प्रयोजन ही समाप्त हो जायेगा। यद्यपि अनैतिक सिद्धान्तों के सामान्य प्रचलन से इन्कार नहीं किया जा सकता (रिश्वत का सामान्य प्रचलन इसका उदाहरण है) किन्तु यह भी सही है कि उसकी सार्वभौमिकता का संकल्प करना हमारी प्रकृति के विपरीत होगा। अवसर आने पर रिश्वत लेकर काम करने का हमारा आचरण अनेक परिस्थितियों में हमारे विपरीत जा सकता है तो हम यह कभी नहीं चाह सकते कि रिश्वतखोरी आचरण का एक सार्वभौम नियम बन जाये। इसी तरह, चोरी, धोखाधड़ी इत्यादि भी कभी सार्वभौम नियम के रूप में संकल्पित नहीं किये जा सकते। इसलिए ये सभी कर्म के अनैतिक सिद्धान्त हैं और कभी भी अहैतुक आदेश के रूप में स्वीकृत नहीं हो सकते। काण्ट के इस सर्वोच्च नैतिक सिद्धान्त का वास्तविक महत्त्व या आशय यह है कि कोई भी बौद्धिक-कर्त्ता किसी नैतिक नियम से अपने-आपको अपवाद नहीं ठहरा सकता। वह यह नहीं कर सकता कि सारी दुनिया किसी नैतिक सिद्धान्त का पालन करे मगर उसको छूट मिले। काण्ट के अनुसार, मनमाने रूप से अपने फ़ायदे के लिए स्वयं को नैतिक नियम से छूट देना अनैतिक है। यह कहना कि नैतिक नियम सार्वभौम हों वस्तुतः यह कहना है कि उन्हें वस्तुनिष्ठ (objective) तथा अवैयक्तिक (impersonal) होना चाहिए, कि उनका निर्माण इच्छाओं, कामनाओं की पूर्ति हेतु नहीं होना चाहिए, कि वे एक व्यक्ति व दूसरे व्यक्तियों के प्रति भेदभावपूर्ण नहीं होने चाहिए। जब भी कभी व्यक्ति ऐसे कर्म-सिद्धान्त को अपनाता है जिसे वह सार्वभौम नियम के रूप में संकल्पित नहीं कर सकता, तो वह व्यक्ति अपने प्रति दुराग्रही (biased) होता है और अनैतिक होता है। इसी दुराग्रह की समाप्ति नैतिक व्यवहार का सार है जिसे नैतिकता के सार्वभौमिकता के सिद्धान्त की कसौटी सुनिश्चित करती है।

काण्ट द्वारा प्रदत्त दूसरा 'प्रकृति विधान का सूत्र' एक तरह से प्रथम सूत्र का ही एक भिन्न रूप प्रतीत होता है। पहला सूत्र अहैतुक आदेशों के मूल्यांकन का फार्मूला है तो यह दूसरा सूत्र उक्त आदेशों को प्राकृतिक नियम की तरह बिना किसी भेदभाव के तथा अन्तिम परिणाम के प्रति अनासक्त होकर सहज रूप से सब पर लागू हो सकने के मानदण्ड को प्रस्तावित करता है। पहला सूत्र इस प्रश्न का उत्तर है कि क्या मैं अपने

चयनित नियम को सार्वभौम नियम बना सकता हूँ तो दूसरा सूत्र यह बताता प्रतीत होता है कि ऐसा करना वस्तुतः अपने नैतिक नियमों को प्राकृतिक नियमों की भाँति पक्षपातरहित होकर बिना किसी विशिष्ट फल की आशा से सब पर एकरूप ढंग से लागू करना है।

तीसरा सिद्धान्त - 'स्वयं साध्य का सूत्र' - भी प्रथम सूत्र की भाँति अत्यन्त महत्त्वपूर्ण है जिसके अनुसार, किसी भी मनुष्य (इसमें स्वयं कर्त्ता-व्यक्ति भी शामिल है) को कभी भी मात्र साधन के रूप में इस्तेमाल नहीं करना चाहिए, बल्कि उसके मनुष्य होने को साध्य के रूप में सम्मान देना चाहिए। तात्पर्य यह है कि प्रत्येक मनुष्य को अपने-आप में मूल्यवान् (having intrinsic worth) समझना चाहिए, न कि किसी निजी लक्ष्य की प्राप्ति के माध्यम के रूप में केवल बाह्य रूप से मूल्यवान् (having extrinsic worth)। जब हम अपने लाभ के लिए किसी व्यक्ति की सेवाएँ लेते हैं और धन अथवा चीज़ें देकर उसकी सेवाओं का बदला चुका देते हैं तो हम उस व्यक्ति को साधन के रूप में प्रयोग करते हैं, जैसे फ़ीस के बदले डॉक्टर की सेवाएँ ली जाती हैं या धन के बदले किसी व्यक्ति से घरेलू कार्यों हेतु सहायता ली जाती है। तनख्व़ाह के बदले देश की सुरक्षा हेतु सिपाही का भी इसी तरह साधन के रूप में प्रयोग किया जाता है। किन्तु ये सभी व्यवहार अनैतिक नहीं माने जाते क्योंकि उनकी सेवाएँ या सहायता उनकी पूर्व सहमति के बाद ली जाती है। हमारा व्यवहार अनैतिक तब होगा जब किसी व्यक्ति की सेवाएँ या सहायता लेने से पूर्व उनकी सहमति न ली जाये और अपनी इच्छा को उस पर लादा जाये व उसे किसी-न-किसी रूप में सेवा या सहायता प्रदान करने के लिए मजबूर किया जाये। ऐसी दशा में उस व्यक्ति को अपने-आप में महत्त्व न देते हुए, उसे निजी उद्देश्य की पूर्ति के लिए केवल एक साधन समझा जाता है। काण्ट के तीसरे सूत्र के अनुसार, मनुष्यों के प्रति ऐसा व्यवहार अनैतिक है। उसका यह तीसरा सूत्र मानव व्यक्तित्व के प्रति सम्मान या मानव-गरिमा (human dignity) का सिद्धान्त प्रस्तुत करता है जो, उसके अनुसार, नैतिकता का सार है। काण्ट का मानना है कि 'शुभ संकल्प' एक निरपेक्ष व अनोखा मूल्य रखता है और यह 'शुभ संकल्प' प्रत्येक मनुष्य में विद्यमान रहता है, चाहे वह कितना ही स्वार्थी हो और उसके कर्मों में 'शुभ संकल्प' कितना ही कम अभिव्यक्त होता हो। इस कारण प्रत्येक मनुष्य का सम्मान होना चाहिए और उसे किसी इच्छित लक्ष्य की प्राप्ति के मात्र साधन या यन्त्र (tool) के रूप में इस्तेमाल नहीं किया जाना चाहिए। आशय यह है कि उसे अपने स्वयं के लक्ष्यों को प्राप्त करने से नहीं रोका जाना चाहिए। यदि वह किसी दूसरे के सम्मान या स्वतन्त्रता को बाधित करता है, तब बात भिन्न है। अपने इस सूत्र के द्वारा काण्ट ने मानवीय गरिमा, स्वतन्त्रता तथा अधिकारों (human dignity, freedom and rights) का सन्देश दिया है। वस्तुतः काण्ट का यह सूत्र सामाजिक धरातल पर बहुत प्रभावशाली सिद्ध हुआ है और आधुनिक समय के सम्पूर्ण जनतान्त्रिक व उदारवादी आन्दोलनों का नारा बन

गया है। इस सूत्र के कारण ही दासप्रथा, सामन्तवाद, पूँजीवाद सरीखे शोषण को मान्यता देनेवाली परम्पराओं व मतों को अनैतिक ठहराया जा सका है। राज्य द्वारा नागरिकों को केवल यन्त्र के रूप में प्रयोग करने तथा उनके अधिकारों के हनन को भी इसी मानवीय गरिमा के सूत्र के आधार पर अनैतिक मान विरोध किया गया। सच्चाई तो यह है कि यह सूत्र आधुनिक काल के सर्वोच्च नैतिक विचार का प्रतिनिधित्व करता है। सामाजिक स्तर के अतिरिक्त, व्यक्ति के सन्दर्भ में भी इस सर्वोच्च फार्मूले का प्रभाव स्पष्ट है। यह असत्य-भाषण, धोखाधड़ी तथा सभी प्रकार की हिंसा को ग़लत ठहराता है। स्वार्थी व्यवहार को यह पूरी तरह से अनैतिक ठहराता है क्योंकि स्वार्थ में हम हमेशा ही दूसरों को अपने सुख हेतु साधन मात्र समझते हैं। यह सूत्र दासता की मानसिकता (slave mentality) की भी भर्त्सना करता है क्योंकि ऐसी मानसिकता के तहत हम स्वयं को दूसरे के लिए केवल एक साधन बना लेते हैं। यह सूत्र न केवल उपर्युक्त ढंग के व्यक्तिगत या सामाजिक आचरण या व्यवहार का निषेध करता है बल्कि विधानात्मक रूप से यह मनुष्य को अपनी विशिष्ट क्षमताओं, योग्यताओं को विकसित करने को प्रेरित करता है क्योंकि ऐसा करना ही स्वयं को साध्य के रूप में सम्मान देना है। विशेष रूप से अपने भीतर की वे मानवीय शक्तियाँ विकसित की जानी चाहिए जो हमें पशुओं से पृथक् करती हैं। इन शक्तियों में बौद्धिक संकल्प के अलावा कला एवं विज्ञान में रुचियाँ तथा ऐसी शारीरिक शक्ति भी शामिल है जो जीवन जीने के लिए आवश्यक है। यह सर्वोच्च सिद्धान्त करुणा व प्रेम को भी प्रोत्साहित करता है क्योंकि किसी को साध्य के रूप में समझना वस्तुतः उनके लक्ष्यों को (जहाँ तक सम्भव है) अपना लक्ष्य बनाना भी है। इस तरह, काण्ट के इस महत्त्वपूर्ण सर्वोच्च नैतिक सूत्र का प्रभाव अतिव्यापक है। प्रो० वॉर्नर फ़िटे के अनुसार, "यह तीसरा सूत्र वस्तुतः प्रथम सिद्धान्त का ही पुनर्कथन मात्र है। जब मैं कोई ऐसा कार्य करता हूँ जिसके सम्बन्ध में मैं सभी के लिए नियम होने का संकल्प नहीं कर सकता तो इसका अर्थ है कि मैं अपने लाभ को वरीयता देता हूँ और दूसरों के हितों को अपने हित के अधीन बना देता हूँ। तब मैं अपने-आपको एक साध्य मानता हूँ जिसके लिए अन्य लोग मात्र साधन हैं - यानी मैं दूसरे व्यक्तियों का 'इस्तेमाल' करता हूँ और उनके प्रति इस तरह व्यवहार करता हूँ मानो उनकी लकड़ी या पत्थर की वस्तु से अधिक महत्ता नहीं है। लेकिन जब मैं अपने कर्म को इस तरह नियमित करता हूँ कि वह सार्वभौम विधान की अभिव्यक्ति बन जाये तो मैं दूसरों के लक्ष्यों को अपने लक्ष्य के साथ तादात्म्य कर लेता हूँ और सामान्य रूप से मानवता को अपने-आप में निरपेक्ष साध्य के रूप स्वीकार करता हूँ।"[9] इस तरह, यह सर्वोच्च महत्त्व का सिद्धान्त बन जाता है। इस व्याख्या के आधार पर कुछ लेखकों के अनुसार, यह इस प्रसिद्ध ईसाई सिद्धान्त की बौद्धिक अभिव्यक्ति है कि दूसरों के साथ वही व्यवहार करो जिसकी तुम उनसे स्वयं के लिए अपेक्षा करते हो।

आचरण हेतु नैतिक नियमों या कर्त्तव्य के चयन हेतु काण्ट द्वारा दिये गये मूलभूत फार्मूलों में चौथा है, 'स्वतन्त्रता का सूत्र'। वस्तुतः यह महत्त्वपूर्ण सूत्र या सिद्धान्त बताता है कि व्यक्ति को अपने-आपको सार्वभौम नियम बनानेवाला निर्माता समझना चाहिए। तात्पर्य यह है कि व्यक्ति द्वारा अपने कर्मों हेतु नैतिक सिद्धान्तों या अहैतुक आदेशों को न केवल स्वयं ही चुनना चाहिए, बल्कि उन्हें आत्मारोपित होने चाहिए, न कि बाह्यारोपित। इससे आपादित होता है कि व्यक्ति अपने नियमों के निर्माण हेतु स्वतन्त्र है। पहला सार्वभौम विधान का सूत्र विशिष्ट नैतिक सिद्धान्तों की सार्वभौमिकता से सम्बन्धित है तो यह चौथा सूत्र उन सिद्धान्तों के निर्माताओं की स्वतन्त्रता से। काण्ट की मान्यता है कि विशेष नैतिक सिद्धान्त के निर्माण या उन्हें कार्यान्वित करने में निर्माता-व्यक्ति को स्वतन्त्रता का अनुभव करना चाहिए। यदि ऐसा नहीं है तो वह एक उचित सिद्धान्त नहीं है। केवल स्वतन्त्रता से बनाये जानेवाले ऐसे व्यक्तिगत नियम जो सार्वभौम हो सकें, नैतिक नियम हैं। वस्तुतः यह सिद्धान्त इस बारे में कोई प्रकाश नहीं डालता कि हमको किन आधारों पर नैतिक कर्म का चुनाव करना चाहिए। यह केवल इस बात पर बल देता है कि कोई भी नियम हमारे लिये नैतिक दृष्टि से केवल तभी अनुकरणीय है यदि हमने उसे स्वयं अपने ऊपर आरोपित किया है और इस तरह से वह मनुष्य की स्वतन्त्रता की अभिव्यक्ति है।

पाँचवें व अन्तिम फार्मूले - साध्यों के राज्य के सूत्र - के अनुसार, हमें ऐसे व्यवहार करना चाहिए जैसे कि हम एक साध्यों के राज्य के सदस्य हों यानी कर्म-नियमों के निर्माता तथा उनसे शासित, दोनों। इस सूत्र के अनुसार, मानव समाज ऐसे स्वयं-निर्माताओं के राज्य को प्रकट करता है जिसमें सभी मनुष्य नैतिक नियमों के स्वयं स्वतन्त्र निर्माता हैं और एक नैतिक शासन-व्यवस्था के नागरिक भी हैं। इस नियम के माध्यम से काण्ट ने यह प्रकट किया कि हम अपने लिये जिस नियम का निर्माण करते हैं और स्वयं पर आरोपित करते हैं, वह निजी आत्मारोपित सिद्धान्त वस्तुतः अन्य सभी पर भी लागू हो जाता है। इसी तरह, अन्य व्यक्तियों द्वारा उनके अपने लिये निर्धारित नियम हमारे ऊपर भी लागू होते हैं। अतः सभी निर्माता या शासक हैं और सभी शासित या नियन्त्रित भी हैं। जहाँ चौथा सिद्धान्त यह कहता है कि नैतिक नियम व्यक्ति द्वारा स्वयं निर्मित होते हैं और वे आत्मारोपित होते हैं, वहीं यह पाँचवाँ सिद्धान्त व्यक्तिगत नैतिक नियमों की सभी मनुष्यों पर प्रयोज्यता (applicability) को रेखांकित करता है। फलतः सभी शासक हैं तथा सभी शासित हैं।

उपर्युक्त पाँचों मूलभूत सामान्य नैतिक फार्मूलों के आधार पर कोई भी बौद्धिक व्यक्ति अपने चुने हुए कर्मों या कर्म-सिद्धान्तों का मूल्यांकन कर सकता है और जान सकता है कि वे नैतिक हैं अथवा अनैतिक।

काण्ट के इन सूत्रों, जिन्हें वह सर्वोच्च नैतिक नियम कहता है, की महत्ता तो सर्वविदित है किन्तु इनकी आलोचना भी कम नहीं हुई है। सर्वप्रथम, इन फार्मूलों के

विपक्ष में यह कहा जाता है कि ये केवल आकारगत (formal) हैं और इनसे किसी विशिष्ट कर्त्तव्य या अहैतुक आदेश का निगमन नहीं किया जा सकता। तात्पर्य यह कि कुछ आलोचकों ने कहा कि ये अत्यन्त सामान्य सिद्धान्त हैं और इनकी मदद से किसी विशेष कर्म-सिद्धान्त, यथा सदा सत्य बोला चाहिए, को प्राप्त नहीं किया जा सकता। वस्तुतः उपर्युक्त सूत्रों के बारे में यह विचार सत्य है। स्वयं काण्ट भी स्वीकार करता है कि वे मात्र सामान्य आकार (general forms) हैं। मगर कई विचारकों, यथा पेटन व सी.डी. ब्रॉड की मान्यता है कि इनके ऐसे होने में कोई हानि भी नहीं है। बल्कि इनका सामान्य या आकारगत होना इन फार्मूलों या नियमों की बहुत बड़ी ख़ूबी है। क्योंकि मात्र आकारिक होने के कारण ये समस्त बौद्धिक जीवों के लिए प्रत्येक परिस्थिति में वैध रहेंगे जबकि विशिष्ट आदेश या कर्त्तव्य परिवर्तनशील परिस्थितियों पर निर्भर करते हैं। इस सन्दर्भ में इनकी तुलना मूलभूत तार्किक सिद्धान्तों से की जा सकती है। मूलभूत तार्किक सिद्धान्तों से कोई विशिष्ट युक्ति निगमित नहीं की जा सकती, किन्तु किसी भी विशेष युक्ति की वैधता के दावे की जाँच उन्हीं आकारिक तार्किक सिद्धान्तों के बल पर होती है। p q, p/ q, इस आकार से हम कोई विशेष युक्ति नहीं प्राप्त कर सकते मगर यदि कोई विशेष युक्ति इस आकार के अनुरूप है तो हम जान लेते हैं कि वह वैध है। इसी तरह, आचरण के विशेष-विशेष नियमों की नैतिकता की जाँच उपर्युक्त सर्वोच्च नैतिक सिद्धान्तों के द्वारा हो सकती है। इस सन्दर्भ में ब्रॉड का उल्लेख किया जा सकता है जिसने इस आलोचना से काण्ट की रक्षा करते हुए कहा है कि नीतिदर्शन का कार्य मात्र इतना है कि वह किन्हीं सामान्य मूलभूत सिद्धान्तों की खोज करे जिनके बल पर कर्मों का नैतिक दृष्टि से मूल्यांकन किया जा सके और काण्ट के दर्शन ने यही किया है। विशिष्ट कर्म-सम्बन्धी उसके कतिपय विचारों (यथा किसी भी परिस्थितियों में झूठ नहीं बोलना चाहिए) का कोई विशेष महत्त्व नहीं है क्योंकि दार्शनिक का मुख्य कार्य यह नहीं है कि वह हमें यह बताये कि किस विशेष परिस्थिति में कौन-सा विशेष कर्म किया जाये। अर्बन ने ठीक ही कहा है कि वस्तुतः इस कार्य का उत्तरदायित्व परिवार, सामाजिक परम्परा या सन्तों पर है। इसीलिए कर्म के विशिष्ट नियम प्रदान करने में इनका विशेष महत्त्व रहा है किन्तु यह कार्य एक नीतिदार्शनिक के विशिष्ट विचार-क्षेत्र में नहीं आता।

पेटन, जो काण्ट का अनन्य प्रशंसक था, ने काण्ट के सिद्धान्त में एक अन्य कमी की ओर संकेत किया है। उसका मानना है कि काण्ट के सर्वोच्च नैतिक नियम कर्त्तव्य-निर्धारण हेतु अधिक अच्छी तरह से निर्देश दे सकते थे यदि काण्ट मनुष्य के अन्तिम लक्ष्य या उद्देश्य की स्पष्ट व्याख्या करता। अतः पेटन के अनुसार, सभी सूत्रों के साथ पूरक के रूप में एक ऐसे विचार की भी आवश्यकता प्रतीत होती है जो विधानात्मक रूप से यह बता सके कि मनुष्य द्वारा कौन-से मूल्य प्राप्त किये जाने

चाहिए। सर्वोच्च नैतिक सिद्धान्त किन्हीं परिणामों या उद्देश्यों की ओर संकेत नहीं करते, किन्तु हमारे कर्मों के परिणाम तो होते ही हैं। यदि प्राप्य शुभ (attainable Good) के विषय में भी स्पष्टता हो तो कर्त्तव्य-निर्धारण अथवा अहैतुक आदेशों की खोज हमारे लिये अधिक आसान हो जाती। सर्वोच्च नैतिक नियमों को अपनाकर विशेष परिस्थिति में विशिष्ट कर्म-सिद्धान्तों या अहैतुक आदेशों का निर्माण या खोज की जाती है और इस खोज में हमें अधिक सफलता प्राप्त होती यदि हम यह भी जान पाते कि मनुष्य के लिए कौन-से उद्देश्य या कर्म-परिणाम मूल्यवान् हो सकते हैं। दूसरे शब्दों में, पेटन का मानना है कि यदि काण्ट ने विभिन्न उद्देश्यों के तुलनात्मक मूल्य का भी कोई सिद्धान्त दिया होता तो इससे कर्त्तव्य के निर्धारण में सर्वोच्च नैतिक नियमों का प्रयोग करने में आसानी होती। अतः काण्ट का नैतिक सिद्धान्त शुभ संकल्प, कर्त्तव्य तथा सर्वोच्च नैतिक नियमों के साथ मूल्यों के एक सिद्धान्त की भी अपेक्षा करता है जिसके बल पर किसी विशेष परिस्थिति में क्या सही है, यह तय किया जा सके। इस आलोचना के उत्तर में यह कहा जा सकता है कि काण्ट ने निश्चित रूप से कुछ परिणामों या उद्देश्यों के बारे में विचार किया है। वह कहता है कि मनुष्य जीवन के दो उद्देश्य हो सकते हैं - (1) आत्मपूर्णता (Perfection of Self) तथा (2) अन्य लोगों का सुख (Happiness of Others)। मगर यह भी सही है कि उसने अपने इस विचार को बहुत विस्तार नहीं दिया है।

काण्ट के सिद्धान्त को कठोर माना जाता है क्योंकि इसमें आचरण हेतु कर्त्तव्य या विशिष्ट कर्म सिद्धान्तों के निर्धारण में किसी भी प्रकार की कामना या भावना को अस्वीकार किया जाता है। ऐसा सिद्धान्त रसहीन प्रतीत होता है। इस कारण यह एक सामान्य अवधारणा बन गयी है कि काण्ट के नैतिक विचार अत्यन्त सख़्त व रूखे हैं। इसके प्रत्युत्तर में पहले भी कई स्थानों पर संकेत किया जा चुका है कि काण्ट ने भावनाओं, यथा, प्रेम, सहानुभूति, करुणा या मित्रता को अस्वीकार नहीं किया है। साथ ही, उनकी प्रेरणा से किये गये कर्मों को अन्य दृष्टियों से उसने मूल्यवान् भी माना है। केवल कर्त्तव्य-भाव से देश-रक्षा में लगे सिपाही का कर्म नैतिक दृष्टि से श्रेष्ठ है मगर यदि वह अपने कर्म को कर्त्तव्य के अतिरिक्त देश-प्रेम के कारण भी करता है तो उसके कर्म का नैतिक मूल्य कम नहीं हो जायेगा, ऐसा काण्ट का मानना है। साथ ही, उसका यह भी कहना है कि यदि कोई सिपाही केवल देश के प्रति प्रेम के कारण कर्म करता है (न कि शुद्ध रूखे कर्त्तव्य के विचार से) तो भी उसका कर्म श्रेष्ठ है किन्तु तब उसके कर्म का मूल्यांकन 'नैतिक कर्म' के रूप में नहीं होगा बल्कि वह किसी अन्य रूप से श्रेष्ठ माना जायेगा। वस्तुतः मूल्य अनेक हैं और केवल नैतिकता ही एकमात्र ऐसा मूल्य नहीं है जो प्रशंसनीय हो। मगर बात यदि नैतिक मूल्य की हो तो अनासक्त बौद्धिक विश्लेषण (dispassionate rational analysis) ही किया जाना चाहिए, ऐसी काण्ट की स्थापना है।

काण्ट व गीता-दर्शन
(Kant and Philosophy of Gita)

हमने काण्ट के जटिल नैतिक सिद्धान्तों की यथासम्भव सुस्पष्ट व्याख्या प्रस्तुत करने का प्रयास किया है। उसके सिद्धान्त में किन्हीं चिरपरिचित भारतीय नैतिक विचारों की प्रतिध्वनि सुनायी देती है। उदाहरण के लिए, काण्ट का 'कर्त्तव्य के लिए कर्त्तव्य' का सिद्धान्त श्रीमद्भगवद्गीता के 'निष्काम कर्म' के विचार का स्मरण दिलाता है। गीता में फलाकांक्षा के पूर्ण त्याग का उपदेश दिया गया है। कृष्ण ने अर्जुन को नैतिक मार्ग पर चलने के लिए प्रेरित करते हुए कहा कि "कर्म में ही तुम्हारा अधिकार है, उसके परिणाम अथवा फल पर कभी नहीं, कभी भी कर्मफल को अपना हेतु मत बनाओ या कि कर्मफल में आसक्ति न रखो, मगर अकर्म को भी न अपनाओ।"

कर्मण्येवाधिकारस्ते मा फलेषु कदाचन।
मा कर्मफलहेतुर्भूमा ते संगस्त्वकर्मणि॥ (गीता 2/47)

इस प्रकार, श्रीकृष्ण ने अर्जुन के माध्यम से प्रत्येक मनुष्य को फलासक्ति का त्याग करके अपने कर्त्तव्य का दृढ़तापूर्वक पालन करने की शिक्षा दी है। काण्ट का भी यही सिद्धान्त है कि व्यक्ति को किसी परिणाम या चीज़ की प्राप्ि को अपने कर्म का लक्ष्य (motive) नहीं बनाना चाहिए। कर्म की नैतिकता इस बात में है कि व्यक्ति केवल कर्त्तव्य के विचार से (या नैतिक नियम के प्रति आदर के भाव से) कर्म करे। इस तरह, काण्ट भी गीता की भाँति फल की इच्छा के त्याग व केवल कर्त्तव्य के विचारों को मान्यता देता है। मगर दोनों के सिद्धान्तों में एक अन्तर भी दृष्टिगत होता है। व्यक्ति का कर्त्तव्य क्या हो, इसके लिए गीता में स्वधर्म का विचार प्रस्तावित किया गया है जो वर्ण-विभाजन की सामाजिक व्यवस्था से निर्धारित होता है और वर्ण व्यक्ति के स्वभाव पर आश्रित माने जाते हैं, न कि जन्म पर। परन्तु व्यक्ति का विशेष कर्त्तव्य क्या है, इस विषय में काण्ट ने विशेष रूप से कुछ नहीं कहा है, न ही उसने किन्हीं विशेष कर्त्तव्यों का विस्तृत निरूपण किया है। काण्ट का लक्ष्य कर्त्तव्य-निर्धारण व मूल्यांकन के कुछ सामान्य सिद्धान्तों को प्रदान करना था, जैसे, स्वयं साध्य, सार्वभौमिकता, स्वतन्त्रता इत्यादि के बौद्धिक नियम। गीता 'स्वधर्म' के अनुरूप कार्य करने को प्रेरित करती है, तो एक तरह से उसने किन्हीं विशिष्ट समाजस्वीकृत कर्त्तव्यों को रेखांकित किया है, यथा, क्षत्रिय का स्वधर्म है अन्याय का प्रतिरोध करना।

मगर यदि इस एक भेद की उपेक्षा कर दी जाये तो काण्ट व गीता में एक अन्य साम्य भी परिलक्षित होता है। गीता में स्वीकार किया गया है कि स्वधर्म के अनुसार विशिष्ट कर्त्तव्यों का निर्धारण करने के मूल में 'लोकसंग्रह' - सामान्य जन का हित - का लक्ष्य है। दूसरे शब्दों में, निष्काम अनासक्त कर्म को स्वीकार करनेवाली गीता में कर्म के एक काम्य उद्देश्य 'लोकसंग्रह' की स्वीकृति अवश्य है। इस सन्दर्भ में काण्ट का

भी एक विचार तुलनीय है। उसका भी मानना है कि 'सामान्य सुख का सिद्धान्त (Principle of General Happiness) व्यक्ति के कर्म का लक्ष्य बन सकता है यद्यपि व्यक्तिगत सुख या लाभ को कर्म का उद्देश्य नहीं बनाया जाना चाहिए। क्योंकि काण्ट के अनुसार, व्यक्तिगत सुख हमारा अधिकार है, कर्त्तव्य नहीं जबकि अन्यों का सुख हमारा कर्त्तव्य बन सकता है। इस तरह, निष्काम कर्म का उपदेश देनेवाले गीता व काण्ट, दोनों ही क्रमशः 'लोकसंग्रह' और 'सामान्य सुख' को कर्म का काम्य लक्ष्य स्वीकार करते हैं। मगर ध्यान देनेवाली बात है कि ऐसा नहीं है कि दोनों निजी लक्ष्य के विचार को पूर्णतः निरस्त कर देते हैं। यदि गीता में निजी लक्ष्य के रूप में 'आत्ममुक्ति या मोक्ष' की अवधारणा मिलती है तो काण्ट में भी आत्मपूर्णता (self-perfection) का विचार मान्य है। मगर भेद यह है कि गीता जहाँ मोक्ष को आत्मसाक्षात्कार या ईशसाक्षात्कार के रूप में एक आध्यात्मिक रूप देती है वहीं काण्ट ने 'आत्मपूर्णता' को बौद्धिक स्वरूप प्रदान किया है। ऐसा भेद इसलिए है कि काण्ट ने व्यक्ति के स्वरूप को मूलरूप से बौद्धिक माना है जबकि गीता में व्यक्ति को एक आध्यात्मिक प्राणी के रूप में मान्यता दी गयी है। इस तात्विक भेद को नज़रअन्दाज़ करते हुए इस सन्दर्भ में यह कहा जा सकता है कि काण्ट द्वारा स्वीकृत 'आत्मपूर्णत्व' की अवस्था वस्तुतः 'पवित्र संकल्प' (Holy Will) की अवस्था है और गीता में मुक्त व्यक्ति 'स्थितप्रज्ञ' है। अब यह देखना रुचिकर है कि 'पवित्र संकल्प' और 'स्थितप्रज्ञ', दोनों समकक्ष व समतुल्य अवस्थाएँ हैं। समस्त इन्द्रियों तथा मन को नियन्त्रित करके फलाकांक्षारहित कर्म करनेवाले व्यक्ति को गीता में 'स्थितप्रज्ञ' की संज्ञा दी है। द्वितीय अध्याय के तीन श्लोकों (55, 56, 57) में इसके लक्षण बताते हुए कहा गया है कि जिस मनुष्य ने अपनी समस्त मनोकामनाओं को वश में कर लिया है, जो हानि-लाभ, जय-पराजय तथा सुख-दुःख में समत्वभाव रखता है और जो किसी से राग-द्वेष नहीं रखता, वह 'स्थितप्रज्ञ' है। ऐसा व्यक्ति बिना विचलित हुए स्वभावतः ही कर्त्तव्य भाव से कार्य करता है। यह एक ऐसी स्थिति है जो साधारण व्यक्तियों के लिए आदर्श है। काण्ट के द्वारा प्रतिपादित 'पवित्र संकल्प' का विचार भी कुछ इसी तरह की अवस्था का सूचक है। यह ईश्वर या किसी ऐसे असाधारण मनुष्य का संकल्प है जो स्वाभाविक व निर्बाध रूप से नैतिक कर्म करता है यानी जिसके अनुचित कर्म करने की सभी सम्भावनाएँ समाप्त हो जाती हैं क्योंकि वह व्यक्ति सभी कामनाओं, संवेगों व प्रवृत्तियों पर विजय प्राप्त कर चुका होता है। ऐसे असाधारण मनुष्यों के संकल्प सहज रूप से नैतिक नियमों या सिद्धान्तों के अनुरूप होते हैं। इस 'पवित्र संकल्प' की स्थिति को पूर्ण आत्मविजय की स्थिति माना जा सकता है। इसे नैतिकता का आदर्श या लक्ष्य माना जा सकता है। स्पष्ट ही देखा जा सकता है कि 'स्थितप्रज्ञ' व 'पवित्र संकल्प' वस्तुतः समान स्थिति के द्योतक हैं।

गीता व काण्ट के नैतिक विचारों में एक अन्य समानता भी देखी जा सकती है। गीता में कहा गया है - योगः कर्मसु कौशलम् - अर्थात् कर्म की कुशलता योग का सारभूत गुण है। तात्पर्य यह कि एक योगी व्यक्ति या निष्काम कर्म से युक्त व्यक्ति कर्म में निपुण हो जाता है। इसके फलस्वरूप वह कर्म के प्रयास से थकान अनुभव नहीं करता बल्कि कर्म उसे आह्लादित करते हैं। काण्ट की भी मान्यता है कि जब व्यक्ति केवल कर्त्तव्य के लिए कर्म करता है तो व्यक्ति की तात्कालिक रुचि अपने कर्म में ही होती है जिससे व्यक्ति की अपने कर्म में कुशलता बढ़ जाती है और कर्म करते समय वह मानसिक रूप से थकान अनुभव नहीं करता। इसके विपरीत, जब किसी परिणाम की प्राप्ति या मनोकामना पूर्ति के लक्ष्य हेतु काम किया जाता है तो चूँकि कर्त्ता की रुचि दूरस्थ लक्ष्य में होती है, न कि स्वयं कर्म में, फलतः उसकी कार्यकुशलता कम हो जाती है। ऐसा कर्म थकान पैदा करता है। इस तरह, काण्ट व गीता, दोनों का मानना है कि निष्काम, अनासक्त कर्म मानसिक थकान पैदा नहीं करता। ऐसे कर्मों से ऊब नहीं होती अपितु आन्तरिक सन्तोष, प्रसन्नता या आह्लाद बना रहता है।

काण्ट ने नैतिकता के सन्दर्भ में बुद्धि को सर्वाधिक महत्त्व दिया है जबकि गीता में मनुष्य के दैवी स्वरूप पर बल दिया गया है। तदनुसार, काण्ट की दृष्टि में नैतिकता का स्रोत बुद्धि है तो गीता के लिए यह स्रोत दैवी परम तत्त्व है। इसी तरह, काण्ट नैतिक नियमों यानी अहैतुक आदेशों को 'स्वप्रमाणित' मानता है अर्थात् उनकी नैतिक वैधता किसी अन्य शक्ति या सत्ता पर आश्रित नहीं है। इससे भिन्न, गीता में नैतिक नियम ईश्वर का सन्दर्भ लेते हैं और ईश्वर पर आश्रित हैं और इसी कारण वे प्रामाणिक माने जाते हैं। मगर इसका अर्थ यह नहीं है कि नैतिक नियम ईश्वरीय या दैवी आदेश हैं, क्योंकि गीता के अनुसार, व्यक्ति कार्य के चुनाव में स्वतन्त्र होते हैं, फिर भी व्यक्ति का आदर्श अपने संकल्प को ईश्वर के संकल्प से तादात्म्य स्थापित करना है।

इन व पूर्वोक्त कतिपय मूलभूत अन्तरों के बावज़ूद व्यावहारिक दृष्टि से काण्ट व गीता में बहुत-कुछ साम्य है, यह स्पष्ट ही है।

सन्दर्भ एवं टिप्पणी

1. Wheelright, Philip; A Critical Introduction to Ethics; p. 165
2. Urban, W.M.; Fundamentals of Ethics : An Indtroduction to Moral Philosophy; p. 64
3. पाण्डेय, संगमलाल; (1989) नीतिशास्त्र का सर्वेक्षण; सेण्ट्रल पब्लिशिंग हाउस, इलाहाबाद; पृ. 249
4. Singh, Dr. Manendra Pratap; (1989), A Monograph on the Philosophy of Kant; Nandish Prakashan, M.M.-61, Govindpur, Allahabad; p. 154

5. Durant, Will; (1966), The Story of Philosophy, Simon and Schuster, New York; p. 209
6. Ibid; p. 209
7. Muirhead, John. H., The Elements of Ethics; p. 126
   म्योरहेड ने काण्ट के सिद्धान्त को 'The End as Self Conquest', इस शीर्षक के अन्तर्गत ही रखा है।
8. Durant, Will; The Story of Philosphy; p. 209
9. Wheelright, Philip; A Critical Introduction to Ethics; p. 185

परिणाम-सापेक्षतावादी सिद्धान्त
(फलवाद)
(TELEOLOGICAL THEORIES OR CONSEQUENTIALISM)

अध्याय 8

नैतिक मानदण्ड के रूप में परिणाम का विचार (Idea of an End as Moral Standard)

काण्ट सम्बन्धी विवरण के अन्त में हमने देखा कि यदि नैतिकता के सन्दर्भ में नियमों को महत्त्व दिया जाता है तो यह आवश्यकता फिर भी बनी रह जाती है कि यह निश्चित किया जाये कि मनुष्य-जीवन के लिए क्या मूल्यवान् है अथवा जीवन का लक्ष्य या प्रयोजन क्या है। न केवल काण्ट बल्कि अन्तःप्रज्ञावादी बटलर तथा बाह्य नियमों को मान्यता देनेवाले विचारक, सभी के विरुद्ध यही कहा जा सकता है कि नैतिकता केवल नियमों के पालन में नहीं है क्योंकि "किसी लक्ष्य के सन्दर्भ के बिना नियम मनमाने व निरर्थक हैं।"[1] मगर कुछ नीतिदार्शनिक तो ऐसे हैं जिनके अनुसार, जीवन-मूल्य अथवा उद्देश्य ही नैतिक दृष्टि से सर्वोच्च महत्त्व के हैं और नियमों की महत्ता वहीं तक है जहाँ तक वे इन मूल्यों या लक्ष्यों को प्राप्त करने में सहायक हैं। दूसरे शब्दों में, इन विचारकों ने शुभ (good) को मूलभूत नैतिक प्रत्यय माना और कहा कि उचित (right) शुभ से व्युत्पन्न या उस पर निर्भर है। इस तरह, इनके लिए प्राथमिकता उन नियमों की नहीं जिनके अनुरूप होने पर कर्म नैतिक दृष्टि से उचित माने जाते हैं, बल्कि उस शुभ या मूल्य की है जिसको कर्म के परिणाम (Consequence) के रूप में प्राप्त करना उस कर्म का उद्देश्य या प्रयोजन होता है। इनके अनुसार, कर्मों का नैतिक औचित्य इस बात पर निर्भर करता है कि उन कर्मों से कौन-से परिणाम प्राप्त होने की सम्भावना है। अध्याय 3 में उल्लेख किया जा चुका है कि इस प्रकार की मान्यता को स्वीकार करनेवाली विचारधाराओं को **परिणाम-सापेक्षतावादी सिद्धान्त (Teleological Theories)** कहा जाता है। इनका एक दूसरा नाम **फलवाद (Consequentialism)** भी है।

इन सिद्धान्तों के सन्दर्भ में चूँकि नैतिक दृष्टि से कार्यों का प्रेरक हेतु या साध्य (motive) नियमपालन या कर्त्तव्यपालन का विचार न होकर, प्रयोजन या परिणाम का विचार (idea of the end) होना चाहिए अतः अब महत्त्वपूर्ण है कि वे कौन-से परिणाम या प्रयोजन हैं जो नैतिक दृष्टि से शुभ या मूल्यवान् हैं। दूसरे शब्दों में, प्रश्न है कि अन्तिम शुभ या परम मूल्य (Ultimate Good or Value) क्या है, क्योंकि

अन्ततोगत्वा इन्हीं पर कर्मों का नैतिक औचित्य निर्भर करता है। यहाँ यह स्पष्ट कर दिया जाये कि शुभ या मूल्य स्वयं साध्य (intrinsic) भी हो सकते हैं जो अपने-आप में, अपने स्वरूप से ही शुभ या मूल्यवान् है तथा साधन रूप (instrumental) भी जो किसी उच्च शुभ या मूल्य की प्राप्ति में सहायक की भाँति उपयोग किये जाते हैं। कर्मों के नैतिक मानदण्ड हेतु जिस शुभ या मूल्य की चर्चा की जा रही है, वह स्पष्ट ही, स्वयं साध्य शुभ या मूल्य है जो अन्तिम या परम है, न कि साधन रूप। जीवन में सामान्य उन्नति का इच्छुक व्यक्ति बी. ए. की डिग्री प्राप्त करने का लक्ष्य करता है तो बी. ए. की डिग्री प्राप्त करना उसका अन्तिम साध्य नहीं, बल्कि एक सहायक शुभ साधन है। उस व्यक्ति के कर्मों का अन्तिम प्रयोजन तो सामान्य रूप से जीवन की उन्नति ही है। मूल्यों व शुभ में इस भेद के स्पष्टीकरण के बाद, अब यह जान लिया जाये कि नीतिदर्शन के इतिहास में विभिन्न विचारकों द्वारा भिन्न-भिन्न जीवन-मूल्यों को अपने-आप में शुभ (intrinsically good) के रूप में स्वीकार किया गया है। कुछ विचारकों की मान्यता है कि एकमात्र सुख (happiness) अन्तिम शुभ या स्वतः मूल्यवान् है और यही नैतिक जीवन का उद्देश्य या प्रयोजन है। ऐसा माननेवाले विद्वान् सुखवादी (Hedonists) कहलाते हैं। इसी तरह, कुछ अन्य दार्शनिकों का विचार है कि व्यक्ति अथवा समाज का विकास या पूर्णत्व ही मानव-जीवन का नैतिक उद्देश्य है। इस विचार को पूर्णतावाद (Perfectionism) की संज्ञा दी जाती है। इसके अतिरिक्त, धार्मिक प्रवृत्ति के व्यक्ति ईश्वर की प्राप्ति (Realisation of God) को जीवन का अन्तिम ध्येय मान लेते हैं। इसी श्रृंखला में शक्ति (Power) को परम मूल्य माना जा सकता है, ज्ञान (Knowledge) को भी अथवा सौन्दर्य (Beauty) को भी, इत्यादि। यह भी हो सकता है कि कोई एक विद्वान् कई मूल्यों को एक साथ अपने-आप में साध्य मान ले। फलतः अनेकानेक परिणाम-सापेक्षतावादी सिद्धान्त प्रकाश में आते हैं जिनमें से कुछ प्रमुख सिद्धान्तों का विवरण आगे प्रस्तुत किया जायेगा। यह अध्याय सुखवाद (Hedonism) के आलोचनात्मक विमर्श से सम्बन्धित है।

परम शुभ के रूप में सुख : सुखवाद
(Happiness as Ultimate Good : Hedonism)

"जब हम शान्ति से बैठते हैं तो हम यह महसूस करते हैं कि ऐसा कुछ भी नहीं है जिसको प्राप्त करना युक्तियुक्त है - यानी जो अपने-आप में वांछनीय है, सिवाय सुख के।"[2]

हेनरी सिजविक के इस कथन का भाव यह है कि एकमात्र सुख ही स्वयं साध्य शुभ है तथा सुख के अतिरिक्त अन्य कुछ भी ऐसा नहीं है जिसे अपने-आप में शुभ कहा जा सके। सुख के अतिरिक्त अन्य सभी वस्तुएँ, चाहे वह सद्गुण हो या ज्ञान, शक्ति हो, जीवन, प्रकृति या सौन्दर्य हो अथवा संसार की कोई भी चीज़ हो, या फिर ईश्वर

की प्राप्ति ही हो, वस्तुतः ये सब सुख के साधन के रूप में ही शुभ या मूल्यवान् हैं, न कि अपने स्वयं के स्वरूप में या परम साध्य के रूप में। यह **'सुखवाद'** (Hedonism) की केन्द्रीय अवधारणा है। अंग्रेज़ी शब्द 'Hedonism' यूनानी शब्द Hedon से व्युत्पन्न है जिसका अर्थ है आनन्द या सुख। 'Hedonism', इस शब्द को उस नैतिक सिद्धान्त के लिए प्रयुक्त किया जाता है जिसके अनुसार, कर्मों के मूल्यांकन का एकमात्र प्रतिमान उनके अधिक-से-अधिक सुख उत्पन्न करने की सम्भावना है।

सुखवाद का प्रारम्भ सुकरात के शिष्य व साइरिनाइक सम्प्रदाय के संस्थापक अरिस्टिपस से माना जाता है। एपीक्यूरस तथा उसके शिष्य भी इसी मत के समर्थक थे। आधुनिक युग में कर्मों के नैतिक मूल्यांकन हेतु सुख को एकमात्र मानदण्ड माननेवाले विद्वानों में थॉमस हॉब्स, पियरे गैसेण्डी, हेल्विटियस, मेण्डविन, मौरित्ज़ शिलक, जेरेमी बेन्थम, जॉन स्टुअर्ट मिल, हर्बर्ट स्पेन्सर, सिजविक इत्यादि को सम्मिलत किया जाता है। भारत में एकमात्र चार्वाक दार्शनिक ही इसके समर्थक हैं।

सुख के अतिरिक्त अन्य कुछ भी स्वतः शुभ नहीं है, इस मूलभूत अवधारणा के अतिरिक्त विभिन्न सुखवादी विचारकों के दृष्टिकोणों में अनेकानेक भिन्नताएँ हैं। इसी कारण सुखवाद के कई प्रकार हैं। यदि कर्मों के मूल्यांकन हेतु अन्तिम मानदण्ड कर्मों के सुख उत्पन्न करने की सम्भावना है तो यह प्रश्न उठना स्वाभाविक है कि यह सुख किसका हो। क्या कर्त्ता के स्वयं के सुख में वृद्धि की सम्भावना मानदण्ड है, अथवा सामान्य रूप से अन्य व्यक्तियों का सुख नैतिक कसौटी है ? इस प्रश्न के उत्तर में दो प्रकार के सुखवाद प्रकाश में आते हैं - एक को स्वार्थमूलक सुखवाद या स्वसुखवाद (Egoistic Hedonism) कहा जाता है तथा दूसरे को परार्थमूलक सुखवाद या परसुखवाद (Altruistic Hedonism) का नाम दिया गया है।

स्वार्थमूलक या स्वसुखवाद (Egoistic Hedonism)

प्रत्येक मनुष्य को अपना ही अधिकतम सुख प्राप्त करने का प्रयास करना चाहिए क्योंकि जीवन में केवल सुख ही काम्य है, यही मनुष्य जीवन का आदर्श है। अतः कर्मों का मूल्यांकन इसी आधार पर किया जाना चाहिए कि वे कर्म कर्त्ता-व्यक्ति को कितना सुख प्रदान करने की सम्भावना रखते हैं। इस तरह, कर्त्ता के अधिकतम सुख की सम्भावना ही वह मानदण्ड है जो कर्मों के नैतिक औचित्य का निर्णय करता है। वही कर्म नैतिक रूप से उचित है जो कर्त्ता-व्यक्ति के अपने सुख में अधिकतम वृद्धि करने की सम्भावना रखे। इस दृष्टि से निजी सुख में बाधक सभी कर्म अनुचित हैं। यह स्वार्थमूलक सुखवाद या स्वसुखवाद है। इसके अनुसार, दूसरे व्यक्तियों का सुख या दुःख कर्मों के औचित्य के लिए अप्रासंगिक है। यानी व्यक्ति के किसी कर्म का दूसरों

के सुख पर क्या प्रभाव पड़ता है, इसका नैतिक दृष्टि से तब तक कोई महत्त्व नहीं है जब तक वह कर्म किसी-न-किसी रूप में कर्त्ता-व्यक्ति के अपने सुख को प्रभावित नहीं करता। इस सिद्धान्त के अनुसार, मनुष्य का एकमात्र नैतिक दायित्व है कि वह पूरे जीवन अपने लिये अधिक-से-अधिक सुख को प्राप्त करने की चेष्टा करे, अर्थात् प्रत्येक व्यक्ति का एकमात्र कर्त्तव्य केवल अपने अधिकतम सुख के लिए प्रयास करना ही है।

मगर सुख क्या है, इस विषय में स्वार्थवादी विचारकों के बीच मतभेद रहा है जिसका उदाहरण प्राचीन ग्रीक दार्शनिकों में मिलता है। **अरिस्टिपस** (435-350 ई.पू.) ने सुख को विधानात्मक रूप से अत्यधिक उपभोग के रूप में स्वीकार किया है तो **एपिक्यूरस** (341-270 ई.पू.) ने इसे मुख्यतः दुःख के निवारण या निषेध के रूप में माना है। अरिस्टिपस के लिए सुख का अर्थ ऐन्द्रिक उत्तेजना है। उसके सिद्धान्त की तीन प्रमुख विशेषताएँ हैं - (1) मनुष्य का उद्देश्य एक सामान्य सुखमय जीवन न होकर अधिक-से-अधिक संख्या में विशेष-विशेष ऐन्द्रिक सुखों की प्राप्ति है। (2) तीव्रतम सुख ही श्रेयस्कर है और ऐसे सुखों को दुःख व अपमान सहकर भी प्राप्त करने का प्रयत्न करना चाहिए। (3) ऐसे सुख की प्राप्ति के साधन के रूप में बुद्धि (intellect) व साहस (courage) का भी महत्त्व है। अरिस्टिपस के जीवन तथा सिद्धान्त की झलक उसके विषय में इतिहासकार डायोजिनीज़ लर्टियस के एक कथन से मिलती है जिसमें उसने बताया कि "अरिस्टिपस अपने को प्रत्येक देश, काल, व्यक्ति के अनुसार बना लेता था और अपने इस अभिनय को हर परिस्थिति में ख़ूब निभाता था। वह वर्तमान वस्तुओं से सुख पाता था और भविष्य की चिन्ता नहीं करता था।"[3] इससे स्पष्ट हो जाता है कि अरिस्टिपस ने ऐन्द्रिक सुखों की तात्कालिकता (proximity) व तीव्रता (intensity) पर बल दिया। वस्तुतः ऐसा प्रतीत होता है कि उसकी दृष्टि में सभी सुख गुणात्मक दृष्टि से (qualitatively) समान हैं व कोई सुख अपने स्वरूप से उत्कृष्ट या निकृष्ट नहीं है। इस दृष्टि से दूसरे की अवनति से सुखी होना व अच्छे संगीत के श्रवण से उत्पन्न सुख एक ही स्तर के हैं। तदनुसार विभिन्न सुखों में केवल मात्रात्मक (quantitative) भेद है और मात्रा-निर्धारण हेतु तीव्रता व तात्कालिकता वे मानदण्ड हैं जो विभिन्न सुखों में चुनाव के आधार हैं। इसका अर्थ है कि अरिस्टिपस के अनुसार, जो सुख जितना तीव्र हो वह मात्रात्मक रूप से उतना ही अधिक है एवं उतना ही वांछनीय है; साथ ही, अनिश्चित भावी सुख की अपेक्षा निश्चित वर्तमान सुख को ही अपने कर्मों का उद्देश्य बनाना चाहिए। ऐसे सुख की प्राप्ति में बुद्धि व साहस साधन हैं, व्यक्ति को इनके प्रयोग द्वारा अपने जीवन को सुखमय बनाना चाहिए, ऐसा अरिस्टिपस का मानना है। उसके अनुसार, सुख का तब भी वरण करना चाहिए जब इसके लिए कुछ दुःखों को झेलना पड़े। अरिस्टिपस कहता है कि केवल उन सुखों का त्याग करना

चाहिए जिनका परिणाम अन्ततः दुःखद होगा, इसका हमें पूर्ण विश्वास हो। अरिस्टिपस के द्वारा प्रतिपादित सुखवाद के इस रूप को 'साइरिनाइकवाद' या 'साइरिनाइसिज़्म' (Cyrenaicism) का नाम दिया जाता है क्योंकि वह साइरीन (Cyrine) नामक शहर का निवासी था।

इसी तरह का सिद्धान्त एथेन्स के एक कैलीक्लीज़ नामक व्यक्ति ने भी प्रस्तावित किया था। प्लेटो के अनुसार, कैलीक्लीज़ की मान्यता थी कि उचित तरह से रहने के लिए मनुष्य को अपनी इच्छाएँ जहाँ तक सम्भव हो, ख़ूब बढ़ा लेनी चाहिए और उनको रोकना नहीं चाहिए। जब वे अपनी ऊँचाई पर हों तो उसमें उनको पूर्ण रूप से सन्तुष्ट कर सकने का साहस व बुद्धि होनी चाहिए और जब कभी कोई नयी इच्छा पैदा हो तो उसे भी सन्तुष्ट करना चाहिए। उसके अनुसार, सुखी जीवन इच्छाओं को दबाने से नहीं मिलता वरन् उनको बढ़ावा देकर तृप्त करने से मिलता है।

अरिस्टिपस के विपरीत, एपिक्यूरस ने दुःख के अभाव पर अधिक ज़ोर दिया, साथ ही, उसने विशेष-विशेष सुखों की अपेक्षा सामान्य रूप से सुखी जीवन को ज़्यादा महत्त्व दिया। वह सुखों में गुणात्मक (qualitative) भेद करता है। इसी कारण उसका कहना है कि प्रत्येक सुख वांछनीय (desirable) नहीं होता क्योंकि कुछ सुख अपने साथ कई गुना ज़्यादा दुःख ही लाते हैं। उदाहरण के लिए, उसकी मान्यता है कि अत्यधिक भोग-विलास तथा उपभोग से मानसिक थकान व ऊब पैदा होती है, ऐन्द्रिक (sensual) सुखों की प्राप्ति में ज़्यादा लगे रहने से उनके लिए तृष्णा व लालसा बढ़ती ही जाती है जो अन्ततः दुःखद ही है क्योंकि ये मानसिक शान्ति में बाधक है। एपिक्यूरस का मानना है कि असीमित ऐन्द्रिक उपभोग सामान्य रूप से सुख को बढ़ाता नहीं। इसी कारण उसने ऐन्द्रिक सुखों के स्थान पर अनैन्द्रिक (nonsensual), बौद्धिक (intellectual) सुखों को श्रेयस्कर समझा, क्योंकि ये सुख कम तीव्र होते हुए भी अपेक्षाकृत अधिक स्थायी व शान्तिदायक होते हैं और पूरे जीवन को सुखमय बनाते हैं। साथ ही, उसके अनुसार, व्यक्ति को भविष्य में प्राप्त होनेवाले कमोबेश स्थायी अनैन्द्रिक सुख के लिए तात्कालिक तीव्र इन्द्रिय सुख का परित्याग करना चाहिए। इससे स्पष्ट है कि एपिक्यूरस की दृष्टि में सुख की वांछनीयता का मानदण्ड उसकी तात्कालिकता व तीव्रता नहीं, अपितु उसका स्थायित्व व सुनिश्चितता (duration and certainty) तथा उस सुख के फलस्वरूप प्राप्त होनेवाली मानसिक शान्ति है जो अत्यधिक सुखदायक है। यही कारण है कि उसने साहित्य, कला, चिन्तन-मनन, ज्ञान, सत्य की खोज, इत्यादि से प्राप्त होनेवाले बौद्धिक सुख को ऐन्द्रिक इच्छाओं की तृप्ति से प्राप्त सुख की तुलना में अधिक महत्त्व दिया। विशेष रूप से दार्शनिक चिन्तन को उसने बहुत श्रेष्ठ समझा है क्योंकि उसके अनुसार, दार्शनिक ज्ञान जीवन की समझ पैदा कर सकता है, जीवन के प्रति एक सन्तुलित दृष्टि

दे सकता है, एक ऐसा निरासक्त भाव उत्पन्न कर सकता है जिससे जीवन के दुःखों से छुटकारा मिल सकता है और जीवन शान्तिमय बन सकता है क्योंकि इसी से अत्यधिक भोग-विलास से उत्पन्न होनेवाले क्लेशों व निराधार डरों से उत्पन्न होनेवाली मानसिक अशान्ति को दूर किया जा सकता है। मान्यता है कि मृत्यु का डर मनुष्य की प्रबलतम भयपूर्ण मनःस्थितियों में से एक है और एपिक्यूरस का विश्वास है कि दार्शनिक-विमर्श इस भय से भी मुक्ति दिलाता है।[4] उसका कथन है कि अच्छा-बुरा, सुख-दुख, आनन्द-पीड़ा इत्यादि तो अनुभूति के रहने पर ही होते हैं किन्तु जब मृत्यु में कोई अनुभूति शेष नहीं रहती तो मृत्यु से डरने की आवश्यकता भी नहीं रहती। मृत्यु हमारे लिये कुछ नहीं है, इसको ठीक से समझ लेने के बाद जीवन सुखमय बन जाता है। मृत्यु का सही ज्ञान हमारे मन से अमरता की लालसा को भी निकाल देता है। चूँकि मृत्यु दुःखद नहीं है तो उसका विचार या ख़्याल भी दुःखदायी नहीं होता अतः उससे डर भी नहीं लगना चाहिए। वस्तुतः ज्ञानी पुरुष के लिए मृत्यु अर्थहीन है क्योंकि जब तक व्यक्ति रहता है तब तक मृत्यु नहीं रहती और जब मृत्यु रहती है तब व्यक्ति नहीं रहता। इस तरह, एपिक्यूरस के अनुसार, सच्चा सुख या सुखी जीवन गम्भीर सोच-विचार व चुनाव करने के उद्देश्य की विवेचना आदि से मिलता है, न कि भोग-विलास, आमोद-प्रमोद या खाने-पीने से, क्योंकि सुख दार्शनिक चिन्तन से उत्पन्न होनेवाला मनःप्रसाद ही है।

परन्तु इसका अर्थ यह नहीं है कि एपिक्यूरस ने ऐन्द्रिक सुखों का पूर्णरूपेण निषेध किया है। उसका मत है कि मूलभूत व स्वस्थ शारीरिक इच्छाओं की पूर्ति अवश्य की जानी चाहिए किन्तु गुणात्मक रूप से बौद्धिक अनैन्द्रिक सुख श्रेयस्कर व वांछनीय है। सुखवाद सम्बन्धी एपिक्यूरस के इस दृष्टिकोण को 'एपिक्यूरियनवाद' या 'एपिक्यूरियनिज़्म' (Epicurianism) कहा जाता है जिसका लक्ष्य है मन की एक ऐसी शान्तिमय सुख की स्थिति जिसे उसने 'एटरैक्सिया' (Ataraxia) का नाम दिया है जो भय, वासनाओं और पीड़ा से मुक्त है।

स्वार्थमूलक या स्वसुखवाद को अपने विशुद्ध रूप से माननेवाले प्रमुख विचारक साइरिनाइकवादी व एपिक्यूरियनवादी ही हैं। आधुनिक काल में शायद ईसाई धर्म के आत्म-त्याग के उपदेश के कारण इस सिद्धान्त को स्वीकार करनेवाले विद्वान् कम ही हैं। इस स्वार्थमूलक सुखवाद पर आलोचनात्मक दृष्टि डालते हुए, व्यक्तिगत रूप से हमें ऐसा नहीं प्रतीत होता कि यह नैतिक प्रतिमान को प्रस्तावित करनेवाला कोई गम्भीर सिद्धान्त है। यह एक व्यावहारिक जीवन का सिद्धान्त हो सकता है जो यह स्थापित करने का प्रयास करे कि समझदारी अथवा व्यावहारिक जीवन की माँग यही है कि हम अपने सुख को अपने कर्मों का लक्ष्य बनायें। वस्तुतः अपने कर्मों के परिणामस्वरूप अपना सुख प्राप्त करने की कामना अत्यन्त स्वाभाविक है। मगर इसे नैतिक-अनैतिक कहने का कोई अर्थ नहीं है। अतः हमारे दृष्टिकोण से स्वार्थमूलक सुखवाद एक अन-नैतिक (a-moral or non-moral) सिद्धान्त है। हमारा तर्क है कि यदि यह प्रस्तावित किया जाता है कि अपने सुख को कर्म का उद्देश्य बनाना हमारा कर्त्तव्य है तो इसका अर्थ यह भी हुआ कि अपने लक्ष्य का त्याग करना अकर्त्तव्य है; यदि आत्म-लाभ या आत्म-सुख नैतिक है तो आत्म-त्याग अनैतिक होगा ! मगर क्या कोई भी सन्तुलित बुद्धिवाला व्यक्ति ऐसा मानेगा ? इसलिए हमारा निष्कर्ष यही है कि स्वसुखवाद एक नीतिशास्त्रीय सिद्धान्त नहीं है क्योंकि यह हमारे समस्त नैतिक अनुभवों (all moral experiences) के विरुद्ध है और इसका नैतिकता से कोई सरोकार नहीं है। हमें लगता है कि शायद इसीलिए कतिपय आधुनिक गम्भीर चिन्तकों ने नैतिक प्रतिमान के सिद्धान्त के रूप में सुख को परम शुभ मानते हुए सुखवाद के दूसरे प्रकार 'परार्थमूलक सुखवाद' (Altruistic Hedonism) को स्वीकार किया है।

परार्थमूलक या परसुखवाद
(Altruistic Hedonism)

सामान्य रूप से सुखवाद के इस रूप में यद्यपि मनुष्य के लिए 'सुख' को ही अपने-आप में शुभ माना गया है, मगर सुख की व्यापकता को भी नैतिक दृष्टि से अत्यधिक महत्त्व दिया गया है। यानी केवल अधिकतम सुख नहीं बल्कि अधिकतम व्यक्तियों का अधिकतम सुख हमारे नैतिक कार्यों का उद्देश्य होना चाहिए। वास्तव में, "अधिकतम संख्या का अधिकतम सुख' (Greatest Happiness for Greatest Number), यह परार्थमूलक सुखवाद का सूत्रवाक्य है। इसके समर्थकों में मुख्य रूप से बेन्थम, मिल व सिजविक आते हैं। इस अध्याय में परार्थमूलक या परसुखवाद की स्थापना हेतु इन तीनों विचारकों द्वारा प्रस्तुत तर्कों व मान्यताओं पर विचार किया जायेगा जिनमें से प्रथम दो विचारकों - बेन्थम व मिल - का दृष्टिकोण कमोबेश समान है जबकि सिजविक एक भिन्न मार्ग अपनाता है जिसकी स्पष्ट व्याख्या बाद में प्रस्तुत की जायेगी। सर्वप्रथम बेन्थम व मिल के प्रयासों पर दृष्टि डाली जाये।

जेरेमी बेन्थम (1748-1832 ई., इंग्लैण्ड) व **जॉन स्टुअर्ट मिल** (1806-1873 ई., इंग्लैण्ड) ने प्रारम्भ में आश्चर्यजनक रूप से स्वसुखवाद को भी स्वीकार किया और फिर उसके ही बल पर परसुखवाद की स्थापना की है। इसके साथ ही उन्होंने 'मनुष्य के लिए सुख ही एकमात्र शुभ है', इस मान्यता को प्रमाणित करने हेतु मनुष्य की प्रकृति यानी मूल स्वभाव के बारे में एक तथ्यात्मक सिद्धान्त को भी स्वीकार किया। उन्होंने माना कि मनुष्य की मूल प्रकृति है कि वह केवल सुख के लिए कार्य करता है, साथ ही, यह सुख वह केवल अपने लिये ही प्राप्त करना चाहता है। जब ऐसा लगता है कि वह सुख के अतिरिक्त किसी अन्य लक्ष्य के हेतु या फिर दूसरों के सुख के लिए कार्य कर रहा है तो भी इसके पीछे उसका अन्तिम उद्देश्य निजी सुख ही होता है। मनुष्य

के मूल स्वभाव के विषय में इस दृष्टिकोण को **मनोवैज्ञानिक सुखवाद (Psychological Hedonism)** की संज्ञा दी गयी है। बेन्थम इसे 'आत्मवरीयता का सिद्धान्त' (Principle of Self Preference) कहता है।[5] उसका विचार है कि प्रत्येक व्यक्ति अपने दृष्टिकोण से इस तरह काम करता है कि उस काम से उसे अत्यधिक सुख मिल सके, चाहे उस काम का असर दूसरों के सुख पर कैसा ही क्यों न हो।[6] सामान्य रूप से मनुष्य के स्वभाव का वर्णन करनेवाले इस दृष्टिकोण को ऐसे रखा जा सकता है कि प्रत्येक व्यक्ति अपने लिये अधिकाधिक सुख और कम-से-कम दुःख पाने के लिए ही काम करता है। निजी सुख की इच्छा ही मनुष्य के कर्मों को संचालित करती है। यह मनोवैज्ञानिक सुखवाद एक तरह से **मनोवैज्ञानिक स्वार्थवाद (Psychological Egoism)** का ही एक प्रकार है जिसके अनुसार, व्यक्ति केवल अपने निजी हित के लिए ही कार्य करता है; वह हित शक्ति, ज्ञान, धन, सुख, ऐश्वर्य इत्यादि कुछ भी हो सकता है। लेकिन जब इनमें से केवल सुख की प्राप्ति में ही मनुष्य का हित माना जाता है तो यह विचार 'मनोवैज्ञानिक सुखवाद' कहलाता है।

'मनोवैज्ञानिक सुखवाद' के वर्णनात्मक तथ्यात्मक सिद्धान्त (descriptive factual theory) को स्वीकार करके, इसी के बल पर बेन्थम व मिल ने अपने नैतिक आदर्श सम्बन्धी सिद्धान्त (Theory about Moral Ideals) के रूप में सुखवाद को प्रमाणित किया। यहाँ यह स्पष्ट कर दिया जाये कि 'मनोवैज्ञानिक सिद्धान्त' (Psychological Theories) इस प्रश्न का उत्तर है कि **मनुष्य क्या करता है**। तदनुसार, मनोवैज्ञानिक सुखवाद यह प्रतिपादित करता है कि मनुष्य केवल सुख के लिए ही काम करता है। 'नैतिक सिद्धान्त' (Ethical Theories) इस भिन्न प्रश्न का उत्तर हैं कि **मनुष्य को क्या करना चाहिए**। फलस्वरूप **नैतिक सुखवाद (Ethical Hedonism)** सुख को एक आदर्श के रूप में स्वीकार करता है जिसको प्राप्त करने के लिए मनुष्य को काम करना चाहिए। बेन्थम एवं मिल ने 'मनुष्य केवल निजी सुख की कामना करता है', इस मान्यता अर्थात् मनोवैज्ञानिक सुखवाद के आधार पर नैतिक सुखवाद के एक प्रकार - स्वसुखवाद - को आपादित किया जो मनुष्य के निजी सुख को ही एकमात्र नैतिक आदर्श के रूप में स्वीकार करता है और जिसके अनुसार, व्यक्ति का निजी सुख ही काम्य है। तत्पश्चात् दोनों विद्वानों ने इस 'स्वसुखवाद' के बल पर 'परसुखवाद' को स्थापित किया।

नैतिक सुखवाद के लिए बेन्थम व मिल की युक्ति है कि यदि मनुष्य अपने मूल स्वभाव से सुख-प्राप्ति हेतु बाध्य है तो उसके कर्मों के मूल्यांकन हेतु सुख के अतिरिक्त अन्य कोई मानदण्ड स्वीकार किया ही जा नहीं सकता क्योंकि यह नीतिशास्त्र का सर्वस्वीकृत सिद्धान्त है कि मनुष्य के आदर्श उसके स्वभाव या क्षमता के विरुद्ध नहीं हो सकते, अन्यथा वे निरर्थक हो जायेंगे। यह बात पुस्तक के प्रथम अध्याय में विस्तार से

स्पष्ट भी की जा चुकी है। इस दृष्टि से निजी सुख को नैतिक आदर्श के रूप में मान्यता देना वस्तुतः ऐसे आदर्श को स्वीकार करना है जो मनुष्य के स्वभाव के अनुकूल ही है। इस सामान्य स्वीकृति के अतिरिक्त बेन्थम व मिल ने अपने पृथक्-पृथक् तर्क भी दिये।

मनोवैज्ञानिक सुखवाद के आधार पर स्वसुखवाद को स्थापित करने के लिए अपने तर्क को बेन्थम ने इस तरह प्रस्तुत किया -

"प्रकृति ने मनुष्य को दुःख और सुख रूपी प्रभुसत्तासम्पन्न स्वामियों के संचालन में रखा है। यह बताना उन्हीं का (सुख और दुःख का) काम है कि हमें क्या करना चाहिए, साथ ही, यह भी निश्चित करना (उनका काम है) कि हम क्या करेंगे। एक ओर तो उचित व अनुचित का मानदण्ड और दूसरी ओर कार्य-कारण शृंखला उन्हीं के शासन से बँधे होते हैं।"[6]

बेन्थम व मिल का विचार है कि इसमें कोई सन्देह नहीं है कि व्यक्ति सुख-दुःख के वश में है। इन दोनों विचारकों के अनुसार, जब व्यक्ति दुःख या कष्ट को चुनता प्रतीत होता है तो भी उसके पीछे किसी-न-किसी रूप में, किसी-न-किसी प्रकार के सुख की आकांक्षा काम करती है। यदि हम किसी डूबते हुए व्यक्ति की जान बचाने के प्रयास में स्वयं को संकट में डालते हैं तो इसके पीछे भी यही विचार काम करता है कि यदि हम ऐसा न करते तो हमें अपराध-बोध या ग्लानि होती जो लम्बे समय तक या जीवनपर्यन्त पीड़ादायक होती। अब यदि यह मान लिया जाये कि मनोवैज्ञानिक सुखवाद सत्य है तो बेन्थम के अनुसार, स्वसुखवाद अपरिहार्य है। यदि मनुष्य सदा सुख-दुःख से ही परिचालित होता है तो उसके लिए किसी अन्य लक्ष्य को निर्धारित करना वास्तव में चाँद को पकड़ने की चेष्टा करने जैसा हास्यास्पद होगा।

बेन्थम के अतिरिक्त मिल का भी यही दृष्टिकोण है यद्यपि उसकी युक्ति कुछ दूसरे ढंग की है जो इस प्रकार है -

"कोई चीज़ देखी जा सकती है यानी दृश्य (visible) है तो इसका प्रमाण यह है कि लोग उसे देखते हैं; कोई चीज़ सुनी जा सकती है यानी श्रव्य (audible) है तो इसका प्रमाण यह है कि लोग उसे सुनते हैं। इसी तरह, यदि कोई चीज़ काम्य (desirable) है तो उसका प्रमाण भी यही होगा कि लोग उसकी इच्छा करते हैं।"[7] इन आधारों पर यह माना जा सकता है कि चूँकि लोग सुख की इच्छा करते हैं अतः सुख ही वांछनीय है।

इसे संक्षेप में इस प्रकार रखा जा सकता है कि -

देखते हैं तो सिद्ध होता है कि दृश्य है,
सुनते हैं तो सिद्ध होता है कि श्रव्य है,
कामना करते हैं तो सिद्ध होता है कि काम्य है;
अब चूँकि सुख की कामना या इच्छा करते हैं तो सुख काम्य है।

मिल का विचार है कि इस युक्ति से प्रमाणित होता है कि सुख काम्य है अर्थात् उसकी कामना करना श्रेयस्कर है। अब चूँकि सब लोग सदा अपने लिये अधिक-से-अधिक सुख की कामना करते हैं इसलिए हमें अधिकाधिक स्वसुख की कामना करनी चाहिए। अतः हमारा सर्वोच्च नैतिक कर्त्तव्य अपनी शक्ति के अनुसार ज़्यादा-से-ज़्यादा स्वसुख पाने का प्रयत्न ही होना चाहिए। इस प्रकार, बेन्थम व मिल, दोनों विचारकों ने अपने-अपने ढंग के तर्कों से मनोवैज्ञानिक सुखवाद के बल पर स्वार्थमूलक नैतिक सुखवाद को सिद्ध करने का प्रयास किया।

अब इस स्वसुखवाद से परसुखवाद तक जाने के लिए दोनों विचारक अपने-अपने तरीक़े से प्रयत्न करते हैं। बेन्थम ने इसके लिए यद्यपि कोई विशेष युक्ति प्रस्तुत नहीं की है, फिर भी उसके द्वारा सुख की मात्रा को नापने हेतु पैमाने के रूप में प्रदत्त 'सुखवादी कलन' (Hedonistic Calculus) - जिसकी विस्तार से चर्चा आगे की जायेगी - में उसने अन्तिम तत्त्व के रूप में आश्चर्यजनक रूप से सुख की व्यापकता के विचार को स्वीकार किया है। इस तत्त्व - 'विस्तार' (extent) - का अर्थ है सुख का सामाजिक विस्तार (social extension)। उसका तर्क है कि यदि हमारा नैतिक उत्तरदायित्व अधिकतम सुख प्राप्त करना है तो अधिकतम सुख का अर्थ है कि उसमें अधिकतम तीव्रता (intensity), निश्चितता (certainty) व अवधि (duration) के साथ-साथ उस सुख की व्यापकता (extent) भी हो, यानी वह सुख अधिकतम व्यक्तियों का भी सुख हो। बेन्थम का यह विचार स्वसुखवाद को परसुखवाद में परिवर्तित कर देता है।

मिल ने इस कार्य हेतु एक दूसरी युक्ति गढ़ी जो इस प्रकार है -

"यदि एक व्यक्ति का सुख उस व्यक्ति का शुभ है तो समस्त व्यक्तियों का सुख सभी व्यक्तियों का शुभ होगा।" मिल का मानना है कि इस युक्ति में यह विचार अन्तर्निहित है कि "चूँकि सभी व्यक्तियों का सुख सब व्यक्तियों का शुभ है तो निष्कर्षतः सभी व्यक्तियों का सुख प्रत्येक व्यक्ति का शुभ है।"

इस तरह, मिल ने सभी व्यक्तियों या अधिकतम व्यक्तियों के सुख को सामान्य नैतिक आदर्श के रूप में स्थापित करने का दावा किया।

बेन्थम व मिल के प्रयासों से स्वसुखवाद के बल पर परसुखवाद को स्वीकृति मिली। वस्तुतः बेन्थम व मिल के परार्थमूलक या परसुखवाद को **'सर्वार्थमूलक सुखवाद' या 'सर्वसुखवाद' (Universalistic Hedonism)** कहा जाता है क्योंकि 'अधिकतम संख्या के अधिकतम सुख' के सिद्धान्त में जो अधिकतम संख्या की अवधारणा है, उसमें केवल दूसरों का ही नहीं, बल्कि स्वयं अपना सुख भी शामिल है। यानी कर्त्ता-व्यक्ति को उन सभी व्यक्तियों में सम्मिलित किया जाता है जिनका अधिकतम सुख उस कर्त्ता-व्यक्ति के कर्म का उद्देश्य है। मिल ने इस सर्वार्थमूलक सुखवाद या सर्वसुखवाद को **'उपयोगितावाद' (Utilitarianism)**

का एक अन्य नाम भी दिया है। किन्तु मिल ने 'उपयोगिता' इस पद का 'काम में आना', इस साधारण रोज़मर्रा के अर्थ में प्रयोग नहीं किया है क्योंकि उसके अनुसार 'उपयोगिता' का अर्थ है सुख या आनन्द उत्पन्न करने की उसकी प्रवृत्ति। उसका मानना है कि वही कर्म उपयोगी है जो सुख की सम्भावना को बढ़ाये। सामान्य रूप से 'उपयोगितावाद' (Utilitarianism) वह सिद्धान्त है जो दावा करता है कि एक कर्म का नैतिक मूल्य उस परिणाम या शुभ पर निर्भर करता है जिसे प्राप्त करने हेतु वह कर्म सम्पादित किया गया है। यदि कोई विद्वान् मिल की भाँति कर्म के उद्देश्य, परिणाम या मूल्य को 'सुख' के साथ एकीकृत कर दे तो वह उपयोगितावादी के साथ-साथ सुखवादी भी हो जायेगा या कि उसे 'सुखमूलक उपयोगितावाद' (Hedonistic Utilitarianism) की श्रेणी में रखा जायेगा। मगर कुछ विचारक, यथा मूर, रैशडल, नीत्शे ऐसा नहीं करते और वे कर्म के उद्देश्य के रूप में सुख नहीं बल्कि किसी अन्य मूल्य या आदर्श, जैसे ज्ञान, सौन्दर्य, शक्ति, इत्यादि को स्वीकार करते हैं। इन्हें 'आदर्शमूलक उपयोगितावाद' (Idealistic Utilarianism) के वर्ग में शामिल किया जा सकता है। इस चर्चा के आधार पर यह माना जा सकता है कि समस्त 'परिणाम-सापेक्षतावादी सिद्धान्त' वस्तुतः 'उपयोगितावाद' ही हैं और सुखवाद 'सुखमूलक उपयोगितावाद' है।

इस तरह, संक्षेप में, नैतिक प्रतिमान के सिद्धान्त के रूप में सर्वसुखवाद की स्थापना हेतु बेन्थम व मिल ने सर्वप्रथम मनुष्य के स्वार्थी सुखमूलक स्वभाव सम्बन्धी एक वर्णनात्मक सिद्धान्त 'मनोवैज्ञानिक सुखवाद' को स्वीकार किया। फिर उस तथ्यात्मक सिद्धान्त के आधार पर नैतिक सिद्धान्त 'स्वसुखवाद' को अपनाया, और पुनः उसके बल पर 'सर्वसुखवाद' को सिद्ध ठहराया।

अब इन विद्वान्-द्वय द्वारा प्रस्तुत इस सम्पूर्ण त्रितलीय (3 tier) तर्कप्रक्रिया पर आलोचनात्मक दृष्टि डाली जाये। सबसे पहला प्रश्न है कि क्या मनुष्य के मूल स्वभाव या प्रकृति के विषय में 'मनोवैज्ञानिक सुखवाद' एक सत्य दृष्टिकोण है। क्या ऐसा वास्तव में होता है कि व्यक्ति के समस्त कार्य एकमात्र स्वसुख के उद्देश्य से प्रेरित होते हैं एवं इसी एक परिणाम की आकांक्षा से किये जाते हैं ? मनोवैज्ञानिक सुखवाद के समर्थन में बेन्थम एवं मिल के अतिरिक्त अन्य कई विचारक भी हैं। मौरित्ज़ श्लिक ने स्पष्ट कहा है कि वस्तुतः यह एक सार्वभौमिक सत्य है कि मनुष्य अधिकतम सुख की इच्छा से प्रेरित होकर कर्म करता है। उसने कहा कि "जिस प्रकार हमारे नेत्र पूर्ण अन्धकार में छिपी किसी वस्तु को नहीं देख पाते, उसी प्रकार हमारी क्रिया शक्ति किसी ऐसे लक्ष्य द्वारा प्रेरित नहीं हो सकती जिसका विचार हमारे लिये पूर्णतः दुःखद हो तथा जिसमें हमारे लिये किसी प्रकार का आकर्षण तथा प्रलोभन न हो।"[8] इस तरह, श्लिक का दृढ़ विश्वास है कि मनुष्य के सभी कर्मों की मूल प्रेरक शक्ति सुख की इच्छा ही है। प्रत्येक व्यक्ति दुःख से यथासम्भव मुक्त होना तथा अपने लिये अधिकतम सुख प्राप्त

करना चाहता है, अतः वह केवल वही कार्य करता है जिसे अपने लिये सर्वाधिक सुख देनेवाला समझता है। जहाँ तक व्यक्ति के स्वार्थी स्वभाव का प्रश्न है तो इसके जवाब में थॉमस हॉब्स ने कहा है कि "जिस प्रकार एक पत्थर ऊपर आकाश में नहीं उड़ सकता और अन्ततः ज़मीन पर गिरने के लिए बाध्य होता है, उसी प्रकार प्रत्येक व्यक्ति अपने जीवन में प्रतिक्षण केवल अपने लाभ या हित का ध्यान रखने के लिए बाध्य है। अर्थात् वह इसके अतिरिक्त अन्य कुछ नहीं कर सकता।"[9] अपनी एक अन्य अति प्रसिद्ध पुस्तक 'लेवियाथाँ' में भी उसने मनुष्य को पूर्णरूपेण स्वार्थी बताया है। उसके मतानुसार, दूसरों के सुख-दुःख के प्रति पूर्णतः उदासीन होकर प्रत्येक मनुष्य सदैव केवल अपनी इच्छाओं को पूर्ण करने का अधिकाधिक प्रयास करता है। व्यक्ति के लिए अपनी दो मूल इच्छाओं की तृप्ति सर्वाधिक महत्त्व की हैं। वे मूल इच्छाएँ हैं, अपने जीवन को सुरक्षित रखने की इच्छा तथा अपने लिये अधिकतम सुख प्राप्त करने की इच्छा। हॉब्स की मान्यता है कि मनुष्य की अन्य सभी इच्छाएँ मूलतः आत्मरक्षा (Self Preservation) तथा स्वसुख (Happiness for Self), इन दो इच्छाओं से ही उत्पन्न हैं। इस तरह, हॉब्स भी मनोवैज्ञानिक सुखवाद को मान्यता देता प्रतीत होता है।

मगर दार्शनिकों-चिन्तकों का एक बड़ा वर्ग इस तथ्यात्मक सिद्धान्त को पूरी तरह से सत्य व सन्तोषजनक नहीं मानता, यद्यपि आंशिक रूप से इसके सही होने से इन्कार नहीं किया जा सकता। मनुष्य के मूल स्वभाव के तटस्थ विश्लेषण से प्रकट होता है कि अपने सुख तथा आत्मरक्षा के अतिरिक्त स्वार्थरहित सहानुभूति, विशुद्ध परोपकार तथा निर्विकल्पक कर्त्तव्यपालन, इत्यादि की इच्छाएँ या भावनाएँ भी मनुष्य के मूल व्यक्तित्व का अभिन्न अंग हैं। मनुष्य के व्यक्तित्व में आत्म-प्रेम के साथ-साथ परोपकार की प्रवृत्ति को भी मान्यता देनेवाले विचारक जोसेफ़ बटलर का कहना है कि मनुष्य के कुछ कर्म विशुद्ध परोपकार की भावना से प्रेरित होते हैं। परोपकार करने से हमें सुख अवश्य मिलता है किन्तु परोपकार करते समय हम सुख की आकांक्षा नहीं करते। दूसरे शब्दों में, सुख हमारे कार्य का परिणाम होता है, प्रेरक हेतु नहीं। मनोवैज्ञानिक स्वार्थवादी अथवा सुखवादी विचारक मनुष्य के स्वभाव के इन पक्षों की उपेक्षा करने के दोषी हैं।

मनोवैज्ञानिक सुखवाद - कि मनुष्य का निर्माण ही इस प्रकार का है कि वह केवल अपने सुख की ही इच्छा करता है - के पक्ष में वस्तुतः कोई तार्किक प्रमाण नहीं है। फिर भी मनुष्य के व्यवहार की एक विशेष प्रकार से व्याख्या करके इसे सन्तोषजनक ठहराया जा सकता है।[10] एक उदाहरण लें - दो बच्चों 'अ' और 'ब' को दीवाली पर 500 रुपये दिये जाते हैं। 'अ' उस पैसे को अपने तात्कालिक सुख पर ख़र्च करता है, जैसे मिठाई, केक, पेस्ट्री इत्यादि, फिर उन्हें अकेले ही खाने के बाद बीमार पड़ जाता है। बड़े लोग उसे इस लालच व स्वार्थ के लिए डाँटते हैं व समझाते हैं। इसके विपरीत, 'ब' अपने 500 रुपये को घर के बड़ों के लिए उपहार लाने में ख़र्च करता है जिसके लिए उसे बड़े

लोगों द्वारा प्रशंसा मिलती है। सतही तौर पर देखने से तो लगता है कि 'ब' ने स्वसुख न चुनकर मनोवैज्ञानिक सुखवाद की धारणा को ग़लत साबित किया। किन्तु गहराई से विश्लेषण करने पर कहा जा सकता है कि 'अ' की तुलना में 'ब' ज़्यादा स्वार्थी व चतुर था क्योंकि उसने पहले ही समझ लिया था कि यदि वह बड़ों को उपहार देगा तो बदले में वे उसकी तथाकथित निःस्वार्थता से प्रभावित होकर उसे और भी ज़्यादा उपहार देंगे, साथ ही, प्रशंसा भी करेंगे। परिणामस्वरूप 'ब' को सद्गुणी होने का तमगा व स्वसन्तोष तो मिला ही, नेकनामी भी मिली। इस तरह, 'ब' ने भी 'अ' की तरह स्वार्थपूर्णता से ही व्यवहार किया। उसने अपने जो भी पैसे दूसरों के सुख हेतु खर्च किये, वे वस्तुतः स्वार्थपूर्ण नीति के कारण ही किये क्योंकि उसे अन्य व्यक्तियों द्वारा प्रशंसा, स्वीकृति व नेकनामी मिठाई खाने से ज़्यादा सुख देती है। इस तरह, 'ब' भी 'अ' की ही भाँति अपना सुख ही चाहता है।

इसके अतिरिक्त, एक अन्य व्याख्या भी प्रस्तुत की जा सकती है। यदि कोई व्यक्ति सच में निःस्वार्थ व करूणामय होता है और वह अपने स्वभाव के अनुकूल कार्य करता है तो भी वह उन निःस्वार्थ व करुणामय कृत्यों से अपने स्वभाव की सन्तुष्टि व अन्ततः स्वसुख ही पाता है क्योंकि दूसरों को सुख देने की उसकी भावना उसे सीधे-सीधे अपने सुख के लिए कार्य करने से अधिक सुखदायी लगती है। इसी तरह की व्याख्या कर्त्तव्य या ईश्वर-भक्ति हेतु आत्मत्याग करनेवाले व्यक्तियों के लिए भी दी जा सकती है। एक दृढ़ कर्त्तव्यनिष्ठ व्यक्ति यदि अपनी मान्यताओं या आस्थाओं के विपरीत कार्य करे तो वह अधिक दुःखी होता है जबकि अपनी मान्यताओं के लिए कष्ट सहने में उसे उतना दुःख नहीं होता। यदि वह अपनी मान्यताओं हेतु कार्य करने का चुनाव करता है तो वस्तुतः वह अधिक दुःख की तुलना में कम दुःख को चुनता है।[11] इस तरह, मनोवैज्ञानिक सुखवाद के पक्ष में बहुत प्रभावी व्याख्याएँ प्रस्तुत की जा सकती हैं।

किन्तु क्या सचमुच ये तथाकथित प्रभावी व्याख्याएँ तार्किक रूप से प्रभावशाली व औचित्यपूर्ण हैं ? कैनन रैशडल ने कहा है कि यदि मनोवैज्ञानिक सुखवाद सत्य है तो हम सब जन्म लेते ही मर जाते। जब बच्चा पैदा होने के बाद पहली बार दूध पीता है तो उसकी यह क्रिया सुख पाने के लिए नहीं होती। यह उसका दूध पीने का प्रथम अवसर है अतः उसे तो पता ही नहीं है कि दूध पीना एक ऐसी क्रिया है जिसका परिणाम सुखद है। यदि मनोवैज्ञानिक सुखवाद सत्य है तो ऐसे में वह दूध पीने के लिए प्रवृत्त ही नहीं होगा और अन्ततः मर जायेगा। अगर मनोवैज्ञानिक सुखवाद की मान्यता सही है कि मनुष्य के कर्मों का एकमात्र उद्देश्य सुख है तो यह सिद्धान्त अपना खण्डन स्वयं है क्योंकि यदि मनुष्य जाति ही न होती तो यह सिद्धान्त भी न होता।[12] रैशडल का तर्क वस्तुतः यह संकेत करता है कि सामान्यतः व्यक्ति प्रवृत्त्यात्मक ढंग से (on instinct or impulse) कार्य करता है, परिणाम इत्यादि के विषय में बहुत विचार-विमर्श करके नहीं। बस के नीचे आने से बच्चे को बचाने हेतु जब व्यक्ति अपने-आपको ख़तरे में

डालकर बच्चे को खींचता है तो अधिकतम सम्भावना यही है कि वह ऐसा बच्चे की जान बचाने के अविचारित मनोवेग में करता है। यह सोचना कठिन लगता है कि वह पहले यह विचार करने के लिए रुके कि वहीं ख़डे रहकर बच्चे को बस के नीचे कुचले जाते हुए देखने की बजाय उसे बचाने के प्रयास में स्वयं को मुश्किल में डालने में उसे अधिक सुख मिलेगा।

बटलर[13] ने मनोवैज्ञानिक सुखवाद को अस्वीकार करते हुए तर्क दिया कि मनुष्य के कर्मों का प्रत्यक्ष एवं तात्कालिक लक्ष्य वस्तुएँ होती हैं, न कि उनसे प्राप्त होनेवाला सुख। अपनी बात को स्पष्ट करते हुए वह कहता है कि जब हम भूखे होते हैं तो हमारी इच्छा का प्रत्यक्ष विषय भोजन होता है। भोजन की इच्छा करते समय हम उससे प्राप्त होनेवाले सुख के बारे में नहीं सोचते। भोजन, पानी, धन, सन्तानोत्पत्ति, इत्यादि हमारी कुछ मूल इच्छाओं-कामनाओं को तृप्त करते हैं जिसके फलस्वरूप हमें सुख मिलता है किन्तु हमारे कार्य का तात्कालिक प्रयोजन इन वस्तुओं को प्राप्त करना ही होता है, इनसे प्राप्त होनेवाला सुख नहीं। सत्य तो यह है, अगर वस्तु की कामना ही न हो तो फिर उससे प्राप्त होनेवाला सुख भी सम्भवतः नहीं मिलता। इस तरह, बटलर के अनुसार, वस्तु या लक्ष्य की कामना पहले है और सुख उसके बाद में आनेवाला परिणाम है। जबकि सुखवादी विचारक सुख की कामना को पहले रखते हैं और वस्तु की इच्छा को बाद में। यह वैसे ही बेतुका व हास्यास्पद है जैसे घोड़े के आगे गाड़ी रखना।

सिजविक भी मनोवैज्ञानिक सुखवाद का खण्डन करता है। उसका विचार है कि जब हम किसी सुख को प्राप्त करना चाहते हैं तो हमें कर्म करते समय उस सुख को भूलना पड़ता है। उसके अनुसार, सुख-प्राप्ति का मनोवेग यदि बहुत अधिक बढ़ जाता है तो वह अपने सुख-लाभ के लक्ष्य को खो देता है। सिजविक के इस विचार को 'सुखवाद का विरोधाभास' (Paradox of Hedonism)[14] कहा जाता है जिसके अनुसार, सुख पाने के लिए सुख को भूलना आवश्यक है। कई अन्य विचारकों की भी ऐसी मान्यता है कि यदि व्यक्ति सुख के पीछे भागता रहेगा तो सुख से वंचित रह जायेगा। इस बात को एक ऐसे व्यक्ति के उदाहरण से समझाया जा सकता है जो एक दिन एक किसी बड़े संगीतज्ञ का कार्यक्रम सुनने जाता है और उसे संगीत से उत्पन्न आनन्द की मधुर अनुभूति होती है। दूसरे दिन वह फिर उस कार्यक्रम को सुनने जाता है ताकि वह पहले दिन प्राप्त हुए सुख को दोबारा प्राप्त कर सके। मगर दूसरे दिन उसे निराशा हाथ लगती है क्योंकि उसे वह सुख नहीं मिलता। कारण स्पष्ट है। पहले दिन वह संगीत सुनने के लिए गया था तो उसे आनन्द की अनुभूति हुई परन्तु दूसरे दिन वह आनन्द-प्राप्ति के लिए गया तो उसे वह आनन्द नहीं मिला क्योंकि वह निरन्तर उस आनन्द के बारे में ही सोचता रहा।[15] इस उदाहरण से स्पष्ट है कि सुख तभी मिलता है जब उसके बारे में सोचा न जाये या उसे विस्मृत कर दिया जाये। एक खिलाड़ी यदि

खेलते समय खेल से प्राप्त होनेवाले सुख के बारे में ही सोचता रहे तो उसे सुख नहीं मिलेगा लेकिन जब वह केवल और केवल खेलने पर ही ध्यान दे व उसी में मग्न रहे तो उसे खेलने का मज़ा मिल जाता है। इसी बात को जॉर्ज बर्नार्ड शॉ ने इस तरह से कहा है कि दुःख से बचने का एकमात्र तरीका है कि व्यक्ति के पास इतना ख़ाली समय ही न हो कि वह सोच सके कि वह सुखी है या दुःखी। सुख एक घर की तरह नहीं है जिसे व्यक्ति अपने हाथों से बनाता है बल्कि यह एक फूल की भाँति है जो यकायक खिलकर हमें चकित कर देता है। दूसरे शब्दों में, सुख सप्रयास प्राप्त नहीं किया जा सकता, अपितु अनायास ही हमें प्राप्त हो जाता है।[16] इस परिप्रेक्ष्य में सिजविक का कथन है कि यदि सुख प्राप्त करने के लिए उसे भूल जाना आवश्यक है तो वह हमारे कार्यों का प्रत्यक्ष व तात्कालिक उद्देश्य नहीं हो सकता। मनोवैज्ञानिक सुखवाद के उपर्युक्त आलोचकों के वर्ग में फ्रान्सिस हचेसन भी शामिल है। ये सभी विचारक मनोवैज्ञानिक सुखवाद को असन्तोषजनक प्रदर्शित करते हैं। इस तरह, परार्थमूलक/सर्वार्थमूलक सुखवादी विचारकों के त्रितलीय तर्क का पहला तल या मूल आधार ध्वस्त हो जाता है।

जैसा कि पूर्व में बताया जा चुका है, बेन्थम व मिल ने मनोवैज्ञानिक सुखवाद को स्वीकार करके, फिर उसके आधार पर नैतिक सिद्धान्त के रूप में स्वसुखवाद को सिद्ध किया। मनोवैज्ञानिक सुखवाद की अस्वीकृति के साथ उनका स्वसुखवाद का नैतिक सिद्धान्त निराधार हो जाता है। किन्तु यदि हम मनोवैज्ञानिक सुखवाद को मान्यता दे दें तो भी उसके बल पर स्वसुखवाद प्रमाणित नहीं होता। इसका कारण यह है कि मनोवैज्ञानिक सुखवाद एक तथ्य का कथनमात्र है और केवल मनुष्य के मूलभूत स्वभाव के बारे में वर्णन करता है कि वह केवल व केवल सुख की इच्छा करता है। इससे भिन्न नैतिक सुखवाद - चाहे वह स्वसुखवाद ही क्यों न हो - एक मूल्यपरक सिद्धान्त है जिसके अनुसार, सुख ही मूल्यवान् है। इस तरह, मनोवैज्ञानिक सुखवाद बताता है कि मनुष्य क्या करता है तथा नैतिक सुखवाद यह बताता है कि मनुष्य को क्या करना चाहिए। नैतिक सुखवाद को मनोवैज्ञानिक सुखवाद के आधार पर स्वीकार करने के सन्दर्भ में सिजविक का कथन है कि यदि व्यक्ति हमेशा अधिकतम सुख की इच्छा करता ही है तो यह कहने का कोई अर्थ ही नहीं है कि हमें उसकी इच्छा करनी चाहिए। वस्तुतः नैतिक मानदण्ड व आदर्श तो वे होते हैं जो शुभ तो हैं मगर जो मनुष्य के कर्मों के प्राकृतिक या स्वाभाविक लक्ष्य नहीं होते, यानी जिसको मनुष्य स्वभाव से बाध्य होकर नहीं लक्षित करता। हमें अमुक कार्य करना चाहिए, इस कथन की सार्थकता भी इसी में है। यदि हम स्वभावतः उसे करते ही हैं तो 'करना चाहिए' कहना वस्तुतः बेतुका है। मैकेञ्ज़ी ने भी इस बात पर सिजविक का समर्थन किया है। इसके अतिरिक्त, तर्कशास्त्र के नियमानुसार तथ्यात्मक आधारों से तथ्य-सम्बन्धी निष्कर्ष निकालना ही वैध होता है, जबकि उनसे आदर्श-सम्बन्धी निष्कर्ष निगमित करना अवैध होगा। स्पष्ट ही है कि हमारे आधारवाक्य जिस विषय के सम्बन्ध में होंगे निष्कर्ष को भी उसी विषय के बारे में होना

चाहिए। अब यदि आधारवाक्य पंखा, मेज़, कुर्सी से सम्बन्धित हों तो निष्कर्ष फूल, पत्ती या अन्य किसी चीज़ के बारे में तो नहीं हो सकता ! तथ्य-सम्बन्धी आधारवाक्य से मूल्य-सम्बन्धी निष्कर्ष निकालने के प्रयास को जी.ई. मूर ने दोषपूर्ण ठहराया है और इसे 'प्रकृतिवादी तर्कदोष' (Naturalistic Fallacy) का नाम दिया है जिसके अनुसार, तथ्य से मूल्य को आपादित नहीं किया जा सकता।[17] अतः बेन्थम व मिल का तत्सम्बन्धी प्रयास विफल हो जाता है।

मिल ने स्वसुखवाद को तथ्यों के बल पर प्रमाणित करने के लिए एक अन्य विशिष्ट युक्ति का गठन किया था जिसका वर्णन पहले किया जा चुका है। सामान्य रूप से प्रकृतिवादी तर्कदोष से ग्रस्त होने के अलावा वह युक्ति अन्य दृष्टि से भी दोषपूर्ण है। वह युक्ति इस प्रकार है -

किसी वस्तु का देखा जाना इस बात का प्रमाण है कि वह दृश्य (visible) है, किसी का सुना जाना इस बात का प्रमाण है कि वह श्रव्य (audible) है, इसी प्रकार, किसी चीज़ की कामना करना इस बात का प्रमाण है कि वह चीज़ काम्य (desirable) है। अब चूँकि सुख की इच्छा की जाती है अतः सुख काम्य है।

सतही तौर पर यह 'साम्य द्वारा युक्ति' (Argument by Analogy) ठीक ही लगती है, मगर ध्यान से देखने पर हम समझ जाते हैं कि यहाँ जो साम्य दिखाया गया है, वह वस्तुतः अनुपस्थित है और एक ग़लतफ़हमी के कारण उसकी प्रतीति होती है। वह ग़लतफ़हमी है शब्द 'काम्य' (desirable) के कारण। 'दृश्य' व 'श्रव्य' शब्दों का अर्थ है जो देखा व सुना जा सके, और स्पष्ट है कि इस बात का प्रमाण यही होगा कि उन्हें देखा या सुना जाता है। मगर जब इन दोनों शब्दों के साथ भाषिक साम्य के कारण 'काम्य' शब्द को इन दोनों के समतुल्य ठहरा दिया जाता है तो यह त्रुटिपूर्ण है क्योंकि यहाँ 'काम्य' का अर्थ यह नहीं है कि जिसकी इच्छा की जा सके, बल्कि इसका अर्थ है जिसकी इच्छा करना किसी भी अर्थ में उचित हो या जो इच्छा करने के योग्य हो। वस्तुतः 'काम्य' शब्द की इस सन्दिग्धार्थकता (ambiguity) के कारण मिल ने उसको 'दृश्य' व 'श्रव्य' शब्दों के समान मान लिया और तदनुसार 'सुख की इच्छा की जाती है' से उसको 'वांछनीय' या 'काम्य' यानी शुभ सिद्ध कर दिया। अब हम समझ सकते हैं कि मिल की यह युक्ति भाषा-सम्बन्धी 'सन्दिग्धार्थकता तर्कदोष' (Fallacy of Ambiguity) से ग्रस्त है तथा असन्तोषजनक है। फलस्वरूप तथ्य के बल पर मूल्य को सिद्ध करने का मिल का यह विशिष्ट प्रयास भी विफल हो जाता है। इस तरह, बेन्थम व मिल के त्रितलीय तर्क का दूसरा तल भी ढह जाता है।

अब तीसरे तल यानी स्वार्थमूलक सुखवाद के बल पर परार्थमूलक/सर्वसुखवाद को स्थापित करने की चेष्टा का विश्लेषण किया जाये। स्वसुखवाद का सर्वसुखवाद में आरोहण (transition) प्रकट करने के लिए बेन्थम ने कोई युक्ति तो नहीं दी है, किन्तु

जैसा कि उल्लेख किया जा चुका है, सुख की मात्रा के मापन हेतु प्रस्तुत 'सुखवादी कलन' (Hedonistic Calculus) के सातवें व अन्तिम तत्त्व 'व्यापकता' (extent) या सामाजिक विस्तार (social extension) के विचार से सर्वसुखवाद को स्वीकृति मिल जाती है, ऐसा माना जा सकता है। किन्तु इस सन्दर्भ में अधिकांश विचारकों का मत है कि यह तत्त्व 'विस्तार' उसके 'सुखवादी कलन' का अन्तरंग भाग नहीं है क्योंकि 'सुखवादी कलन' सुख की मात्रा को निर्धारित करने हेतु प्रदत्त एक पैमाना है और किसी सुख का अधिकतम व्यक्तियों का सुख होना उसकी मात्रा को निर्धारित नहीं करता है। बेन्थम के विपरीत, मिल ने इसके लिए एक युक्ति गठित की है जिसकी चर्चा पहले की जा चुकी है। उस युक्ति पर आलोचनात्मक दृष्टि डालने हेतु उसे पुनः उद्धृत किया जा रहा है। युक्ति है -

यदि एक व्यक्ति का सुख उस व्यक्ति का शुभ है तो समस्त व्यक्तियों का सुख सभी का शुभ होगा। परिणामस्वरूप सभी व्यक्तियों का सुख (अधिकतम व्यक्तियों का सुख) प्रत्येक व्यक्ति का शुभ है।

इस युक्ति में तर्कशास्त्र की दृष्टि से दो दोष हैं। सर्वप्रथम, इसमें 'संहति तर्कदोष' (Fallacy of Composition) है जिसके अनुसार, समूह के अंगों की विशेषता या लक्षण को सम्पूर्ण समूह पर आरोपित करना तर्कतः अनुचित है। यदि एक मशीन के समस्त पुर्ज़े व्यक्तिगत रूप से कम क़ीमत के हैं तो इससे वह पूरी मशीन सस्ती होगी, यह कहना इस दृष्टि से अनुचित होगा कि यह हमेशा सत्य नहीं होता। इसी तरह, दुनिया के श्रेष्ठ खिलाड़ियों को लेकर बनायी गयी टीम अक़्सर साधारण खिलाड़ियों की ऐसी टीम से परास्त हो जाती है जिसमें बढ़िया आपसी तालमेल व सामंजस्य तथा परस्पर विश्वास व सौहार्द हो। प्रत्येक खिलाड़ी का अपने-अपने में श्रेष्ठ होना टीम की श्रेष्ठता की गारण्टी नहीं है। इसी प्रकार, 'प्रत्येक व्यक्ति का अपना-अपना सुख उसका अपना-अपना शुभ है' से 'समस्त व्यक्तियों का सुख सभी व्यक्तियों का शुभ होगा', यह कहना तार्किक रूप से अनुचित व दोषपूर्ण है।

मिल की इस युक्ति में यह आशय भी निहित है कि "चूँकि सभी व्यक्तियों का सुख सबका शुभ है तो सभी व्यक्तियों का सुख एक या प्रत्येक व्यक्ति का शुभ है।" दूसरे शब्दों में, उपर्युक्त निष्कर्ष के बल पर मिल ने माना कि समस्त व्यक्तियों का सुख किसी भी विशेष व्यक्ति का शुभ है। अब इस विचार में भी तर्कदोष दिखाया जा सकता है जिसे 'विग्रह तर्कदोष' (Fallacy of Division) कहते हैं। यह 'संहति तर्कदोष' का उल्टा है। इसके अनुसार, समूह के लिए कही गयी बात को या उसके लक्षण को समूह के सदस्यों पर एक-एक करके निजी रूप से लागू नहीं किया जा सकता। यथा, 'पूरी सेना ने बहादुरी से लड़ाई लड़ी', इस कथन का यह मतलब हरगिज़ नहीं है कि प्रत्येक सैनिक ने बहादुरी दिखायी क्योंकि हो सकता है कि कुछ सैनिक लड़े ही न हों या लड़े भी हों तो वे बहादुरी से न लड़े हों। इसी तरह, एक भीड़ का चरित्र चाहे विध्वंसक हो

या चाहे सृजनात्मक, इससे यह मानना बिल्कुल आवश्यक नहीं है कि उस भीड़ के प्रत्येक सदस्य का व्यवहार भी वैसा ही हो। इस तरह, सर्वसुखवाद या उपयोगितावाद को सिद्ध करने के लिए मिल द्वारा प्रस्तुत युक्ति तर्कदोषों से ग्रस्त होने के कारण अस्वीकृत हो जाती है।

उपर्युक्त समस्त चर्चा यह स्पष्ट करने के लिए पर्याप्त है कि नैतिक मूल्य के सिद्धान्त के रूप में सर्वसुखवाद/उपयोगितावाद के औचित्य के लिए बेन्थम व मिल द्वारा प्रस्तावित त्रितलीय तर्क-शृंखला के तीनों स्तम्भ स्वीकारयोग्य नहीं हैं। न तो मनोवैज्ञानिक सुखवाद एक सन्तोषजनक तथ्यात्मक सिद्धान्त के रूप में स्वीकृति पाता है और न ही उसके बल पर स्वसुखवाद को तर्कतः सिद्ध किया जा सकता है। साथ ही, स्वसुखवाद से सर्वसुखवाद या उपयोगितावाद तक का आरोहण भी तार्किक रूप से उचित नहीं ठहराया जा सका। सारांश यह है कि उपयोगितावाद एक नैतिक मानदण्ड के रूप में बेन्थम व मिल की युक्तियों द्वारा असिद्ध ही रह गया।

बेन्थम ने सर्वसुखवाद या उपयोगितावाद की मूल अवधारणा को 'अधिकतम संख्या के अधिकतम सुख' (Greatest Happiness for Greatest Number) के रूप में सूत्रबद्ध किया था। हमने देख ही लिया है कि बेन्थम व मिल अधिकतम व्यक्तियों के सुख यानी सर्वसुखवाद को प्रमाणित करने में असफल रहे हैं। अब एक अन्य समस्या है कि **सुखों के माप (Measurement of Happiness)** की, यानी सुखों की अधिकतम मात्रा को कैसे सुनिश्चित किया जाये। हम कैसे जान पायेंगे कि कौन-सा सुख हमारे लिये तुलनात्मक दृष्टि से अधिकतम तृप्तिदायक होगा तथा कौन-सा कम? क्योंकि इस ज्ञान के आधार पर ही हम विभिन्न सुखों में से अपने लिये उस सुख को चुन पायेंगे जो हमारे लिये सबसे अधिक तृप्तिदायक है। अरिस्टिपस की भाँति बेन्थम ने सुखों में **मात्रात्मक भेद (quantitative difference)** स्वीकार किया है। उसका कहना था कि काम्य होने या वांछनीयता की दृष्टि से पुशपिन नामक खेल से प्राप्त सुख गुणात्मक दृष्टि से उतना ही मूल्यवान् है जितना कि कविता-पाठ का सुख। मात्रा-निर्धारण हेतु अरिस्टिपस ने 'तीव्रता' व 'तात्कालिकता' की कसौटियों के आधार पर सुखों में चयन का मार्ग सुझाया था। उसी विचार को आगे बढ़ाते हुए बेन्थम ने एक सात तत्त्वोंवाला पैमाना दिया जिसे **'सुखवादी कलन' (Hedonistic Calculus)**[18] का नाम दिया गया। इस कलन के आधार पर अधिकतम सुख का चयन किया जा सकता है, ऐसा बेन्थम का दावा है। इस 'सुखवादी कलन' के सात तत्त्व हैं - (1) तीव्रता (Intensity), (2) अवधि (Duration), (3) निश्चितता (Certainty), (4) समीपता (Proximity), (5) उत्पादकता (Fecundity), (6) शुद्धता (Purity), (7) विस्तार या व्यापकता (extent)। इस कलन के अनुसार, किन्हीं दो सुखों में चुनाव के लिए प्रमुख रूप से 'तीव्रता' व 'अवधि' का ध्यान रखना चाहिए। जो सुख जितना तीव्र तथा जितने ज़्यादा

समय तक टिकने की सम्भावनावाला हो, उसकी मात्रा उतनी ही ज़्यादा मानी जायेगी, अतः वह तुलनात्मक रूप से उतना ही श्रेष्ठ व वरीय होगा। साथ ही, सुख को प्राप्त करने की सम्भावना कितनी निश्चित है, यह भी चुनाव की दृष्टि से महत्त्वपूर्ण है। यद्यपि ऐसा लगता है कि सच्चे अर्थों में 'निश्चितता' का यह तत्त्व मात्रा निर्धारण नहीं करता और केवल सुख पाने की सम्भावना का द्योतक है इसीलिए यह चुनाव हेतु प्रासंगिक है। इसके बाद 'समीपता' की कसौटी है जिसके अनुसार, दूरगामी सुख की तुलना में तात्कालिक सुख अधिक वरीय है क्योंकि स्पष्ट ही, उसको पाने की निश्चितता अधिक होती है। तो एक तरह से 'समीपता' की कसौटी 'निश्चितता' की कसौटी का ही अंग है। इन चारों तत्त्वों के अतिरिक्त बेन्थम के इस कलन के अनुसार सुख की 'उत्पादकता' यानी अन्य सुखों को उत्पन्न करने की क्षमता भी चुनाव करने का एक मानदण्ड हो सकती है। उत्पादकता बढ़ने पर अन्ततोगत्वा सुख की अवधि बढ़ जाती है, यह तो स्पष्ट ही है। इसलिए इसे स्वतन्त्र मानदण्ड न होकर 'अवधि' का ही एक भिन्न रूप माना जा सकता है। छठे मानदण्ड के रूप में 'शुद्धता' यानी दुःखद अनुभवों से स्वतन्त्रता को स्वीकार किया गया है। इसके अनुसार, सुख के दुःख-राहित्य (absence of pain) पर भी विचार किया जाना चाहिए। 'सुखवादी कलन' का अन्तिम तत्त्व है 'विस्तार', जिसका तात्पर्य है कि सुख का उपभोग करनेवाले व्यक्तियों की संख्या। बेन्थम द्वारा सुख के चुनाव हेतु एक महत्त्वपूर्ण कसौटी यह भी बतायी गयी है कि किसी कर्म के सम्भाव्य सुखद परिणाम से कितने अन्य लोग सकारात्मक रूप से प्रभावित हो सकते हैं; यानी कर्त्ता का व्यक्तिगत सुख अन्य कितने व्यक्तियों को सुखी कर सकता है। हम देख चुके हैं कि इस तत्त्व के आधार पर ही बेन्थम स्वसुखवाद से सर्वसुखवाद तक का मार्ग तय करता है।

इस 'सुखवादी कलन' के सन्दर्भ में यह स्वीकार करना होगा कि व्यक्ति के कर्म के व्यावहारिक वास्तविक परिणाम की प्रसम्भाव्यता एक बहुत महत्त्वपूर्ण विषय है और इस दृष्टि से सुख की प्रसम्भाव्यता को बढ़ाना उपयोगी होता है। अतः 'निश्चितता' का तत्त्व व उसी की सम्भावना को बढ़ानेवाले तत्त्व 'समीपता' का ध्यान रखना बुद्धिमानी प्रतीत होती है। 'तीव्रता' व 'अवधि' के साथ अवधि बढ़ानेवाले तत्त्व 'उत्पादकता' का महत्त्व भी समझ में आता है। जहाँ तक 'शुद्धता' का प्रश्न है तो कहा जा सकता है कि वह सुखद अनुभूति की मात्रा-निर्धारण का तत्त्व नहीं है मगर दुःख के ऊपर सुख के सन्तुलन (balance of pleasure over pain) को निर्धारित करनेवाला अवश्य है। 'व्यापकता' का सातवाँ तत्त्व, जैसे कि पहले कहा जा चुका है, सुख की अधिकतम मात्रा नहीं, बल्कि कितने लोग इस सुख को अनुभव करते हैं, उनकी संख्या का निर्धारण करने हेतु है। अतः उसे सही अर्थों में, सुख की मात्रा का निर्धारण करनेवाले कलन का अंग नहीं माना जाना चाहिए यद्यपि बेन्थम ने इसका प्रयोग स्वसुखवाद से सर्वसुखवाद का आरोहण सम्भव बनाने के लिए किया था।

अधिकांश दार्शनिकों का मत है कि बेन्थम द्वारा सुख की मात्रा-निर्धारण हेतु 'सुखवादी कलन' को प्रस्तुत करना एक बेतुका प्रयास है, क्योंकि सुख कोई भौतिक वस्तु नहीं है जिसे नापा जा सके। यह एक नितान्त निजी अनुभूति है जिसको नापने की बात करना ही अर्थहीन है। कोई भी यह नहीं बता सकता कि उसे किसी कर्म के परिणामस्वरूप कितनी मात्रा में सुख प्राप्त हुआ। साथ ही, विभिन्न सुखों की तुलना करने का विचार भी अव्यावहारिक है क्योंकि समय, परिस्थिति व व्यक्ति के अनुरूप ही विभिन्न सुखों का महत्त्व होता है। इस कारण सुख को नापने का विचार अत्यन्त हास्यास्पद प्रतीत होता है। मगर यदि सुख नापा जा सके, तो भी यह कलन असन्तोषजनक है क्योंकि यह मानना कठिन है कि कोई विशेष सुख अपनी वांछनीयता के निर्धारण हेतु इसके सभी तत्त्वों पर बराबर से खरा उतरेगा। फलतः यह स्वीकार करना होगा कि इसके सभी तत्त्व आपस में सामंजस्य नहीं रख सकते। यदि दो सुखद अनुभूतियों में से एक, यथा, मिठाई खाना, अत्यन्त तीव्र किन्तु क्षणिक हो जबकि दूसरी, यथा, पुस्तक पढ़ना, अपेक्षाकृत लम्बी अवधिवाली मगर कम तीव्र हो तो यह कहना बहुत कठिन होगा कि इनमें से कौन-सी अनुभूति अधिक वांछनीय है। इस तरह, सुख को नापने व उसकी वांछनीयता को तय करने का यह विचार अत्यन्त असन्तोषजनक है।

बेन्थम के विपरीत, मिल सहित अनेक चिन्तकों का विचार है कि यदि मात्रा का निर्धारण सम्भव भी हो और उसका कोई सन्तोषजनक पैमाना मिल भी जाये तो भी केवल मात्रा के आधार पर किसी सुख के नैतिक मूल्य व चुनाव हेतु वरीयता का आकलन करना उचित नहीं होगा। मिल के अनुसार, सुख केवल अधिक और कम मात्रावाले ही नहीं होते, बल्कि वे गुणात्मक उत्कृष्टता की दृष्टि से अच्छे व बुरे भी होते हैं। कुछ लोगों ने तो सुखों को नापने के आधार पर वांछनीयता तय करने के विचार को 'शूकर दर्शन' (Pig Philosophy) का नाम देकर इसका उपहास किया है क्योंकि इसमें शूकर के सुख व बौद्धिक व्यक्ति के सुखों में कोई भेद नहीं किया जाता। मिल ने ही कहा कि कीचड़ में लोटने का मज़ा तथा दार्शनिक चिन्तन का सुख, दोनों एक ही स्तर के नहीं हैं और केवल मात्रा के आधार पर इनका मूल्यांकन नहीं किया जा सकता। हो सकता है, कालिदास के नाटकों का पूरी समझ व सौन्दर्य-बोध से आनन्द लेने तथा एक शराबी के नशे में बर्तन फेंकने, गाली-गलौच करने के सुख में मात्रात्मक समानता हो। मगर दोनों सुख एक स्तर के नहीं हैं और हम साहित्य-सुख को मद्यपान के सुख से अधिक मूल्यवान् मानेंगे। मिल की प्रसिद्ध उक्ति है कि एक असन्तुष्ट सुकरात होना एक सन्तुष्ट मूर्ख होने से श्रेयस्कर है। उसका मानना था कि कुछ प्रकार के सुख दूसरे कुछ सुखों की तुलना में अधिक मूल्यवान् व वांछनीय होते हैं। अतः नैतिकता की दृष्टि से वह चुनाव उचित कहा जायेगा जो सुख की मात्रा के स्थान पर उसकी गुणवत्ता (quality) को ध्यान में रखकर किया गया हो। तात्पर्य यह है कि सुख में मात्रात्मक भेद की बजाय उसके **गुणात्मक उत्कृष्टता (qualitative excellence) सम्बन्धी भेद** का नैतिकता

की दृष्टि से अधिक महत्त्व है। सुखों में मात्रात्मक भेद के अलावा उससे कहीं अधिक महत्त्वपूर्ण गुणात्मक भेद करनेवाले मिल के सिद्धान्त से अधिकांश विचारक सहमति रखते हैं और इसी आधार पर कुछ लेखकों ने मिल के विचार को परिष्कृत सुखवाद (Refined Hedonism) की संज्ञा दी है और इसकी तुलना में बेन्थम के सुखवाद को अपरिष्कृत या स्थूल (Gross Hedonism) माना है।

किन्तु अब विचारणीय है कि क्या मिल का 'सुखों में गुणात्मक भेद' का सिद्धान्त उसके उपयोगितावाद से संगति रखता है। जब एक सुख दूसरे सुख से इसलिए अधिक वांछनीय है क्योंकि उस सुख के अन्दर सुखद होने के अतिरिक्त कोई दूसरी अच्छाई है तो स्पष्ट ही है, वह अच्छाई सुखों का मूल्य-निर्धारण करने का मानदण्ड हो जायेगी। दूसरे शब्दों में, शुभत्व के लिए, सुख के अलावा कोई दूसरा तत्त्व ही निर्णायक होगा। क्योंकि यदि एक सुख किसी दूसरे सुख की तुलना में उच्च है तो इस तुलना का आधार सुख स्वयं नहीं हो सकता। उदाहरण के लिए, नाटक देखने के सुख व शराबी के सुख, दोनों भले ही समान रूप से सुखद हैं, मगर उनमें गुणात्मक उत्कृष्टता की दृष्टि से बहुत बड़ा अन्तर है, यह मानना होगा। तो सुख के अतिरिक्त यह कोई अन्य तत्त्व ही है जो विभिन्न सुखों के गुणात्मक भेद के आधार के रूप में मूल्यवान् है। फलतः 'सुख ही एकमात्र मूल्य है', यह अवधारणा निरस्त हो जाती है क्योंकि तब न तो सुख अपने-आप में मूल्यवान् रह जाता है और न ही एकमात्र अकेला शुभ। इस तरह, सुखों में गुणात्मक उत्कृष्टता सम्बन्धी भेद की स्वीकृति मिल को शुद्ध सुखवादी नहीं रहने देती, यद्यपि मिल ने इस बात को नज़रअन्दाज करके अपने को सुखवादी उद्घोषित किया क्योंकि उसके अनुसार, उच्चतर सुख अन्ततः है तो सुख ही।

सर्वसुखवाद के उद्देश्य 'अधिकतम संख्या के अधिकतम सुख' को निर्धारित करनेवाले सुखवादी सिद्धान्त में अन्य कठिनाइयाँ भी हैं। यदि हमें कम लोगों के अधिक सुख तथा अधिक लोगों के कम सुख के बीच चुनाव करना पड़े तो ? 'अधिकतम मात्रा' के आधार पर तो कम लोगोंवाले सुख का चुनाव करना होगा, चाहे वह कम लोगों की संख्या एक यानी मैं स्वयं ही क्यों न होऊँ। मगर यदि 'अधिकतम संख्या' पर बल हो (जो उपयोगितावाद/सर्वसुखवाद की मूल अवधारणा है) तो कम मात्रा के सुख को चुनना पड़ेगा। स्पष्ट ही, यह सिद्धान्त विरोधाभासों से भरा पड़ा है। सामान्यतः हम यह मानते हैं कि अन्यों की अपेक्षा कुछ विशिष्ट लोगों (यथा परिवार) के प्रति नैतिक दृष्टि से हमारा दायित्व अधिक है। यह सही है कि परेशानी में पड़े किसी भी व्यक्ति की सहायता करना हमारा कर्त्तव्य है मगर हमें अपने परिवार के सुख के प्रति अधिक गहरा दायित्व महसूस होता है। अपनी सन्तान की उच्च शिक्षा के लिए ख़र्च किये गये धन से अनेक उन लोगों की भूख मिटायी जा सकती है जो अकालपीड़ित हैं, किन्तु अधिकाधिक लोग उस व्यक्ति को ग़लत ही कहेंगे जो अकालपीड़ितों की सहायता हेतु अपनी सन्तान की

उच्च शिक्षा की बलि चढ़ा दे। यदि व्यक्ति अपनी पत्नी व बच्चों की इच्छा के विरुद्ध उनको सारी सुख-सुविधाओं से वंचित कर उस धन का अन्य अनेक परिवारों को सुखी करने हेतु दान दे दे, तो अधिकांश जन ऐसे व्यक्ति के कर्म को उचित नहीं कहेंगे। इन उदाहरणों से प्रकट होता है कि 'अधिकतम संख्या का अधिकतम सुख', इस सूत्रवाक्य में 'अधिकतम मात्रा' का तत्त्व तो विवादास्पद है ही, 'अधिकतम संख्या' वाला तत्त्व भी न तो स्पष्ट है, न ही नैतिकता को तय करने हेतु एक मूल्य। मान लीजिये कि हम दस लोगों के समवेत सुख के लिए किसी एक व्यक्ति का सारा सुख ले लें ! क्या यह न्यायपूर्ण होगा ? इन्हीं कठिनाइयों के कारण सर्वसुखवाद/उपयोगितावाद के लिए सम्भवतः 'अधिकतम संख्या का अधिकतम सुख' सूत्रवाक्य या नारा अब कम ही उपयोग होता है। पहले इस नारे का मतलब यह समझा जाता था कि यदि हमें कम लोगों के अधिक सुख एवं अधिक लोगों के कम सुख के बीच चुनाव करना पड़े तो सुख की समग्र मात्रा में कमी होने के बावजूद हमें दूसरे विकल्प का ही चुनाव करना चाहिए। मगर स्पष्ट है, तब वह 'अधिकतम सुख' नहीं होगा और सुखवादी मूलभूत नैतिक मान्यता का उल्लंघन होगा। इसलिए यह मान लिया गया है कि यदि सुख ही एकमात्र शुभ है तो हमें अधिकतम सुख का ही चुनाव करना पड़ेगा, भले ही वह अधिकतम संख्या में बँटे होने की बजाय एक ही व्यक्ति में केन्द्रित हो। तदनुसार अब इस नारे को भी छोड़ दिया गया है। ऐसा लगता है कि स्वयं बेन्थम ने भी बाद में 'अधिकतम लोगों' शब्द का प्रयोग छोड़ दिया था।[19] बर्टन ने अपनी एक पुस्तक की टिप्पणी में इसके कारण बताये हैं यद्यपि वे बहुत स्पष्ट नहीं हैं।[20]

अब तो सर्वसुखवाद के लिए मिल द्वारा दिया गया नाम 'उपयोगितावाद' भी प्रयोग करने में संकोच किया जाने लगा है। क्योंकि इसके अनुसार, सुख ही उपयोगी है और उसका ही अनुसरण करना चाहिए। लेकिन, ज्ञान, सद्गुण, चारित्रिक उत्कर्ष, परोपकार इत्यादि भी बराबर के उपयोगी हैं। मैकेञ्जी के अनुसार, सुख किसी भी अन्य साधन से अधिक उपयोगी नहीं है, फलतः सर्वसुखवाद के लिए 'उपयोगितावाद' इस नाम को अब प्रयुक्त नहीं किया जाता, यद्यपि 'Universalistic Hedonism' नाम की तुलना में छोटा होने के कारण 'Utilitarianism', इस नाम का प्रचलन अभी भी अंग्रेज़ी की पुस्तकों में है।[21]

सर्वसुखवाद या उपयोगितावाद की स्थापना के लिए बेन्थम व मिल के प्रयासों की असफलता प्रदर्शित करने के बाद अब इस हेतु **हेनरी सिजविक** (1838-1900 ई., इंग्लैण्ड) के प्रयत्न पर विचार किया जाये जो सर्वसुखवाद के समर्थन में किया गया सम्भवतः सबसे सम्यक् व युक्तियुक्त माना जाता है। यह देखा जा चुका है कि सिजविक ने मनोवैज्ञानिक सुखवाद की सत्यता को स्वीकार नहीं किया और न ही उसके बल पर नैतिक सुखवाद की सिद्धि को उचित ठहराया। इसके अतिरिक्त, उसने स्वसुखवाद को आधार बनाकर सर्वसुखवाद की स्थापना के मिल के प्रयासों को भी तार्किक दृष्टि से

अवैध माना। बेन्थम व मिल से भिन्न पद्धति अपनाते हुए सिजविक ने विशेष रूप से मूलभूत नैतिक सुखवादी मान्यता कि 'एकमात्र सुख ही नैतिक दृष्टि से स्वरूपतः शुभ है', की स्थापना के लिए अन्तश्चेतना (conscience) द्वारा प्रदत्त स्वतःसिद्ध प्रातिभज्ञान या अन्तःप्रज्ञा (Intuition) का सहारा लिया। सिजविक का मत है कि यह हमारा स्पष्ट सहज बोध है कि कार्य के सम्भावित परिणाम के रूप में केवल सुख ही अपने-आप में शुभ व वांछनीय है। इस सन्दर्भ में उसके उस एक प्रसद्धि कथन को यहाँ उद्धृत करना अत्यधिक उपयुक्त होगा जिसका उल्लेख अध्याय के प्रारम्भ में भी किया जा चुका है। वह उक्ति है -

"जब हम शान्ति से बैठते हैं तो हम यह महसूस करते हैं कि ऐसा कुछ भी नहीं है जिसको प्राप्त करना युक्तियुक्त है - यानी जो अपने-आप में वांछनीय है, सिवाय सुख के।"

अब यह स्पष्ट है कि यदि सुख एक वांछनीय चीज़ है तो अधिकतम सुख सर्वाधिक वांछनीय है। इस कथन में सिजविक ने सुख के मूल्यवान् व शुभ होने के सहजबोध का अत्यधिक स्पष्टता से वर्णन किया है। सुख ही सर्वोच्च मूल्य है, इस ज्ञान को अन्तःप्रज्ञा सिद्ध करते हुए उसका कहना है कि यह विचार किसी दार्शनिक द्वारा सप्रयास सूत्रबद्ध नहीं किया गया है बल्कि सहज रूप से ज्ञात है और मानव जाति के अपरोक्ष अनुभवों द्वारा (क्रमोबेश अविचारित ढंग से unconsciously) शनैः-शनैः प्राप्त व संशोधित किया गया है। अर्थात् सुख सम्बन्धी उपर्युक्त बोध किसी बौद्धिक प्रक्रिया से प्राप्त निष्कर्ष नहीं है बल्कि मानव जाति की सहज अनुभूति का परिणाम है। यहाँ यह समझ लेना आवश्यक है कि सिजविक विशिष्ट नैतिक नियमों, यथा सदा सत्य बोलना चाहिए, ईमानदारी से जीवन व्यतीत करना चाहिए, दूसरों की सहायता करना प्रत्येक मनुष्य का कर्त्तव्य है, इत्यादि के ज्ञान को सहजबोध नहीं कहता; उसके अनुसार, सुख के ही एकमात्र स्वतः शुभ होने सम्बन्धी मान्यता का ही अन्तर्बोध होता है, न कि विशिष्ट नियमों का। सिजविक का मत है कि कर्म-परिणाम के रूप में सुख के सर्वोच्च मूल्य होने सम्बन्धी इस ज्ञान के आधार पर ही कहा जा सकता है कि सुख को ही हमारे समस्त कर्मों का लक्ष्य होना चाहिए, हमारे कर्मों को सुख की वृद्धि व दुःख में कमी करनेवाला होना चाहिए। मनुष्य के लिए हर दृष्टि से मूल्यवान् सुख हमारे कर्मों की नैतिकता का मानदण्ड है। दूसरे शब्दों में, हमारे सभी आचरणों का नैतिक औचित्य सुख के इस सर्वोच्चं शुभ से ही निर्धारित होता है। यहाँ स्पष्ट कर दें कि सिजविक का विचार है कि सुख के अतिरिक्त अन्य चीज़ें जैसे धन, ज्ञान, शक्ति, यश, इत्यादि, स्वतः मूल्यवान् नहीं हैं और उनका मूल्य इस बात पर निर्भर करता है कि वे सुख के लिए साधन हैं। इस तरह, सिजविक ने अपने नैतिक सिद्धान्त को अन्तःप्रज्ञावादी जोसेफ़ बटलर की भाँति अन्तश्चेतना (Conscience) पर आधारित किया। इसी कारण, उसके

सिद्धान्त को **'अन्तःप्रज्ञात्मक सुखवाद' (Intuitional Hedonism)** भी कहा जाता है।

सिजविक के अनुसार, 'सुख ही स्वतः साध्य एकमात्र सर्वोच्च मूल्य है', इस अन्तर्बोध के आधार पर ही आगे बढ़कर यह कहा जा सकता है कि अपने सुख की प्राप्ति करना साधारणतः नैतिक दृष्टि से उचित ही है। दूसरे शब्दों में, सुख के मूल्य-सम्बन्धी सहजबोध से ही **स्वसुखवाद** को मान्यता मिल जाती है, ऐसा उसका मत है। वस्तुतः सिजविक के सिद्धान्त में स्वसुखवाद की स्वीकृति तार्किक या बौद्धिक नहीं है, वह सामान्य रूप से सुख के मूल्यवान् होने सम्बन्धी अन्तर्बोध का ही एक सहज परिणाम है। यहाँ बेन्थम व मिल के विचारों से उसका अन्तर स्पष्ट देखा सकता है। बेन्थम ने स्वसुखवाद को मनोवैज्ञानिक सुखवाद के आधार पर सिद्ध करने का प्रयास किया जबकि मिल ने इसके अतिरिक्त एक विशिष्ट युक्ति की भी संरचना की थी जिनका विस्तार से वर्णन (व खण्डन) पहले ही किया जा चुका है। परन्तु सिजविक ने एक भिन्न मार्ग अपनाते हुए स्वसुखवाद को एक नैतिक सिद्धान्त के रूप में तर्कतः सिद्ध करने की बजाय उसको सहज अनुभूति का ही एक प्राकृतिक परिणाम (natural consequence or corolary) माना है।

सिजविक स्वसुखवाद तक ही नहीं रुकता बल्कि उसके आगे भी जाकर **'सर्वसुखवाद' या 'उपयोगितावाद' (Universalistic Hedonism or Utilitarianism)** को भी स्थापित करता है क्योंकि उसने यह महसूस किया कि स्वसुखवाद नैतिकता की पूर्ण माँग नहीं है। किन्तु इसके लिए भी वह बेन्थम व मिल जैसे तर्कों की बजाय कुछ दूसरे ढंग के तर्क का मार्ग चुनता है। वस्तुतः उसने बटलर के अन्तश्चेतना के सिद्धान्त (Theory of Conscience) के अलावा काण्ट के व्यावहारिक बुद्धि के सिद्धान्त (Theory of Practical Reason) को भी अपनाया है और अन्तश्चेतना व व्यावहारिक बुद्धि में ऐक्य स्थापित किया है। अपने इसी दृष्टिकोण के कारण सिजविक के नैतिक सिद्धान्त को **बौद्धिक सुखवाद (Rational Hedonism)** का भी नाम दिया गया है। सिजविक की दृष्टि में अन्तश्चेतना बुद्धि ही है, कोई पृथक् ज्ञान-स्रोत (faculty) नहीं। यहाँ व्यावहारिक बुद्धि से तात्पर्य है बुद्धि का व्यवहार या आचरण (conduct) के क्षेत्र में कार्यशील होना। सिजविक के अनुसार, आचरण के क्षेत्र में बुद्धि की भूमिका है क्योंकि कर्त्तव्य या अकर्त्तव्य के विषय में बुद्धि ही समुचित निर्णय दे सकती है। उसका कहना है कि एक विवेकशील प्राणी होने के नाते जब हम व्यावहारिक बुद्धि का दृष्टिकोण अपनाते हैं तो हमें **समता या न्याय का सिद्धान्त या विचार (Principle or Concept of Equity or Justice)** प्राप्त होता है। समता के सम्प्रत्यय या विचार के अनुसार, सभी व्यक्तियों के सुख का समान महत्त्व है अर्थात् एक व्यक्ति का सुख दूसरों के सुख से अधिक महत्त्वपूर्ण नहीं है। सुख किसका हो, मेरा या किसी अन्य व्यक्ति

का, इसका नैतिक दृष्टि से महत्त्व नहीं है क्योंकि यह हमारी बुद्धि का सहज बोध है कि सभी व्यक्तियों के सुख समान मूल्य रखते हैं। इसी कारण, एक व्यक्ति के सुख को दूसरों के सुख की अपेक्षा तब तक अधिक महत्त्व नहीं दिया जाना चाहिए जब तक ऐसा करने से संसार में सम्पूर्ण सुख की मात्रा में वृद्धि न हो, ऐसा सिजविक का मत है। यह समानता का सिद्धान्त न्याय का सम्प्रत्यय है, यह तो स्पष्ट ही है। इस न्याय या समता के सिद्धान्त के दो पक्ष हैं। पहला, हमें अपने प्रति न्यायपूर्ण होना चाहिए। इसका सिजविक द्वारा स्वीकृत अर्थ है कि हमें अपने जीवन के सभी क्षणों के प्रति निष्पक्ष या भेदभावरहित होना चाहिए और अपना सुख चुनते समय वर्तमान के साथ-साथ भविष्य को भी बराबर का मूल्य देना चाहिए या कि भविष्य का भी ध्यान रखना चाहिए। ताकि ऐसा न हो कि वर्तमान सुख की लालसा में हम भविष्य को दुःखद बना लें। न्याय के सिद्धान्त का दूसरा पक्ष है कि दूसरों के सुख को भी अपने सुख के बराबर ही समझना चाहिए। इसके अनुसार, चूँकि मेरे व दूसरे के सुख का बराबर महत्त्व है तो हमारा यह कर्त्तव्य हो जाता है कि हम केवल वह कर्म करें जिसके परिणामस्वरूप समग्र रूप से कम-से-कम दुःख तथा अधिक-से-अधिक सुख उत्पन्न होने की सम्भावना हो। सुख चाहे अपना हो या किसी अन्य का, बिना किसी भेदभाव के, हमें सुख-मात्र की प्राप्ति का प्रयत्न करना चाहिए। इस दृष्टि से एक व्यक्ति का यह नैतिक उत्तरदायित्व है कि वह ऐसे सुख को प्राप्त करने का लक्ष्य करे जो निष्पक्ष रूप से समग्र सुख में वृद्धि की सम्भावना रखे।[22]

पुनः सिजविक की मान्यता है कि सुख के मूल्य-सम्बन्धी अन्तर्बोध तथा समता के सिद्धान्त के बौद्धिक बोध के समन्वय से एक अन्य सिद्धान्त आपादित होता है जिसे वह **परहित का सिद्धान्त या विचार (Principle or Concept of Benevolance)** कहता है। यही परहित का प्रत्यय सर्वसुखवाद या उपयोगितावाद का आधार है। सिजविक के अनुसार, इस परहित के सिद्धान्त के अनुरूप हमारा यह कर्त्तव्य है कि हम सामान्य रूप से दूसरों के सुख को अपना लक्ष्य बनायें। किसी प्रस्तुत परिस्थिति में वही आचरण वस्तुनिष्ठ रूप से उचित होगा जो कुल मिलाकर अधिकतम सुख उत्पन्न करेगा : उन सभी व्यक्तियों का ध्यान रखते हुए जिनका सुख उस आचरण से प्रभावित होता है। इस तरह, सिजविक बौद्धिक समता के सिद्धान्त से निष्पन्न परहित के सिद्धान्त के बल पर सर्वसुखवाद को स्थापित करता है।

मगर यहाँ यह ध्यान रखना चाहिए कि बेन्थम व मिल के विपरीत सिजविक ने सर्वसुखवाद के साथ स्वसुखवाद की स्वीकृति भी बनाये रखी है, यद्यपि सामान्यतः ऐसा लग सकता है कि परहित के सिद्धान्त की स्वीकृति स्वसुखवाद को अमान्य कर देती है। इस सन्दर्भ में मैकेञ्ज़ी का कहना है कि किन्हीं अबूझ कारणों से सिजविक ने सर्वसुखवाद को अपनाते हुए भी स्वसुखवाद का त्याग नहीं किया। इसका कारण सम्भवतः यह है कि प्राकृतिक रूप से हमारा सुख ही हमारा शुभ है जो हमारी स्पष्ट अन्तःप्रज्ञा है और जहाँ

तक दूसरों के सुख को भी अपने सुख के समान समझने की बात है, यह उसके पश्चात् ज्ञात होनेवाला सत्य है, अतः यह एक अनुवर्ती बोध या अनुमान है। अब यह अनुवर्ती बोध प्रथम मूलभूत सत्य को अमान्य नहीं कर सकता। अतः प्राथमिक होने के नाते हमें अपने सुख को शुभ मानना चाहिए; मगर एक विवेकशील या बौद्धिक प्राणी होने के नाते, न्याय या समता की दृष्टि से सभी के सुख को बराबर महत्त्व देना चाहिए, इसलिए कर्त्तव्य के बौद्धिक विचार के अनुसार, नैतिकता का उद्देश्य **'अधिकतम संख्या का अधिकतम सुख' (Greatest Happiness for Greatest Number)** भी हो जाता है।

सिजविक ने अपने इस सर्वसुखवाद के नैतिक आदर्श के समर्थन में **समाज में प्रचलित आम समझ की नैतिकता (common sense morality prevalent in the society)** की चर्चा की है। उसका कहना है कि समाज में जो नैतिक नियम प्रचलित हैं, यथा, चोरी नहीं करनी चाहिए, सदा सत्य बोलना चाहिए, दूसरों की सहायता करनी चाहिए इत्यादि, वे उसके सुख के नैतिक मूल्य-सम्बन्धी विचारों को पुष्ट करते हैं। उसके अनुसार, समाज में प्रचलित नैतिक नियम अधिकांशतः ऐसे हैं जो अन्ततः सुख में सहायक हैं। ये नियम समाज के एकत्रीभूत अनुभव का परिणाम हैं। प्रत्येक साधारण व्यक्ति सहज रूप से अन्ततः यही अनुभव करता है कि सुख ही अपने-आप में मूल्यवान् है और इसी को प्राप्त करना नैतिक दृष्टि से उचित है। इसलिए समाज में ऐसे नैतिक नियमों को मान्यता मिलती है जो समाज को सुख प्रदान करने में सहायक होते हैं। मगर समयान्तर में होता यह है कि व्यक्ति इन नियमों की स्वीकृति का कारण भूल जाता है। वह भूल जाता है कि उनकी स्वीकृति सुख-प्रदानार्थ की गयी है और वह इन नियमों को इनके सुखदायक परिणामों से स्वतन्त्र, अपने ही आप में मूल्यवान् समझने लगता है या मानने लगता है कि किसी बाह्य शक्ति जैसे समाज, ईश्वर, इत्यादि के द्वारा प्रदत्त किये जाने के कारण ये मूल्यवान् हैं। इस तरह, व्यक्ति एक तरह से रूढ़िवादी हो जाता है और उन नियमों से चिपके रहता है। मगर जब समझदार लोग पाते हैं कि कोई नियम समय के बदलाव के साथ अपेक्षित सुखद परिणाम देने में असफल है तो वे ऐसे नियमों को त्याग देते हैं तथा अनुकूल नये नियम गढ़ते हैं। पूरे सामाजिक विकास की धारा में यही प्रकट होता है। इस सामाजिक धारा की समझ से यही स्पष्ट होता है कि उपयोगितावादी सिद्धान्त - कि सर्वसुख ही अपने-आप में नैतिक रूप से मूल्यवान् व आदर्श है - को स्वीकार करना ही विवेकपूर्ण है।

स्वसुखवाद व सर्वसुखवाद, दोनों को मान्यता देने के कारण, सिजविक यह स्वीकार करता है कि नैतिकता-सम्बन्धी बुद्धि के अन्तिम आदेशों या प्रस्तावों में एक विशिष्ट प्रकार का द्वन्द्व या द्वैत है क्योंकि एक ओर हम अपने अधिकतम सुख को मूल्यवान् समझते हुए उसे अपना लक्ष्य बनाते हैं, तो साथ ही, अधिकाधिक मनुष्यों के अधिकतम सुख को लक्षित करने के लिए भी हम नैतिक रूप से बाध्य हैं। अब ये दो

लक्ष्य शायद ही कभी एक साथ पूरे हो पायें क्योंकि इनमें सामंजस्य होना प्रायः असम्भव है। अतः सिजविक मानता है कि बुद्धि के दो भिन्न आदेशों में संघर्ष होता ही है। उसने इस संघर्ष को **'व्यावहारिक बुद्धि का द्वैत' (Dualism of Practical Reason)** कहा है।[23] मगर उसका यह भी कहना है कि इस व्यावहारिक द्वैत या कठिनाई को दो तरीक़ों से सुलझाया जा सकता है। एक तरीक़ा मनोवैज्ञानिक समाधान (psychological reconciliation) का है जबकि दूसरा तात्त्विक समाधान (metaphysical reconciliation) का। मनोवैज्ञानिक समाधान यह है कि हम मान लें कि सहानुभूति की भावना व परहित के कार्यों से व्यक्ति जो सुख प्राप्त करता है, उसके कारण दूसरों के सुख के लिए किये गये कार्य अन्ततः स्वयं कर्त्ता को अधिकतम सम्भव सुख देते ही हैं। मगर सिजविक की यह बात पूर्णतः स्वीकारयोग्य नहीं है क्योंकि यह देखा गया है कि यद्यपि जन सेवा से अधिकांशतः व्यक्ति अपने-आपको सुखी बनाता है पर कई बार पूरी सोच-समझ के साथ दूसरों के सुख के लिए किये गये कार्य का परिणाम कर्त्ता-व्यक्ति के लिए दुःखदायी होता है। सिजविक के अनुसार, व्यावहारिक बुद्धि के द्वैत को सुलझाने का दूसरा तात्त्विक तरीक़ा यह है कि मान लिया जाये कि ईश्वर नामक एक नियन्ता है जो घटनाओं को इस प्रकार व्यवस्थित करता है कि जो व्यक्ति दूसरों के सुख के लिए कार्य करता है, उसे अन्ततः इस जीवन में या फिर आनेवाले जीवन में पुरस्कार के रूप में उतने ही अनुपात में सुख मिल जाता है। परन्तु इस दृष्टि कोण का भी खण्डन किया जा सकता है क्योंकि अनुभव यही दिखाता है कि जो व्यक्ति दूसरों के लिए जितना त्याग करता है, अधिकतर समय वह व्यक्ति कम-से-कम अपने इस वर्तमान जीवन में उतना ही कष्ट भोगता है। जहाँ तक अगले जन्म में परहित का पुरस्कार मिलने की बात है तो मानना होगा कि इसके लिए ईश्वर या फिर बौद्ध सरीखे अवैयक्तिक कर्म सिद्धान्त के साथ पुनर्जन्म के सिद्धान्त को भी स्वीकार करना पड़ेगा। परन्तु ऐसा करना यानी ईश्वर, कर्म व पुनर्जन्म के सिद्धान्त को मान्यता देना, ऐसी प्राक्कल्पनाओं को स्वीकार करना है जिनकी सत्यता सन्देह से परे नहीं है और जो अत्यधिक विवाद का विषय है। स्वयं सिजविक ने भी न तो इन प्राक्कल्पनाओं को स्वीकार किया, न ही समस्या के समाधान हेतु इनके सामर्थ्य के विषय में वह निश्चित था। वस्तुतः स्वसुखवाद व सर्वसुखवाद के मध्य संघर्ष को समाप्त करने हेतु चाहे तात्त्विक समाधान हो या फिर मनोवैज्ञानिक, सिजविक स्वयं इन दोनों की सत्यता में पूर्ण विश्वास करता है, यह नहीं कहा जा सकता। 'व्यावहारिक बुद्धि के द्वैत' से बचने के लिए दिये गये दोनों समाधान केवल आत्मसन्तोष के लिए ही हैं। सिजविक ने इन्हें वास्तव में इस समस्या का युक्तियुक्त हल माना है, यह कहना ज़रा कठिन लगता है।

नैतिक प्रतिमान-सम्बन्धी सर्वसुखवादी/उपयोगितावादी सिद्धान्त को स्थापित करने हेतु सिजविक के इस प्रयास के विषय में कहा जा सकता है कि उसने अन्तःप्रज्ञावाद, बुद्धिवाद व सुखवाद, इन तीनों नैतिक सिद्धान्तों का समन्वय किया और जहाँ 'सामान्य

रूप से सुख ही स्वतः साध्य शुभ है' की सुखवादी मान्यता तथा स्वसुखवाद को उसने व्यक्ति का सहज बोध माना, वहीं सर्वसुखवाद या उपयोगितावाद को व्यक्ति के व्यावहारिक बुद्धि से प्राप्त सिद्धान्तों से निगमित माना। सिजविक के नैतिक सिद्धान्त का सार है कि हमें सबसे अधिक सुखद अवस्था को ही प्राप्त करना चाहिए, यदि ऐसा करना किसी अन्य व्यक्ति के सुख में बाधक न हो; और सामान्य रूप से हमें न्याय के सिद्धान्त के अनुसार इस तरह से काम करना चाहिए कि चेतना की सभी वर्तमान व भावी अवस्थाओं के सुखों का योग यथासम्भव अधिक-से-अधिक हो (स्वसुखवाद)। मगर उससे भी आगे बढ़कर हमें परहित के सिद्धान्त के आधार पर अन्य अधिकाधिक व्यक्तियों के सुख (सर्वसुखवाद) को अपना लक्ष्य बनाना चाहिए।

जैसा कि पहले भी कहा जा चुका है, बेन्थम व मिल की अपेक्षा सर्वसुखवाद की स्थापना हेतु सिजविक के इस प्रयास को कहीं अधिक सराहना मिली है। किन्तु उसके इस प्रयास की कमियों की ओर ध्यान आकृष्ट करना भी आवश्यक है। वस्तुतः सिजविक ने स्वयं एक कमी की ओर संकेत किया था। ऊपर बताया जा चुका है कि अपने सिद्धान्त में स्वसुखवाद व सर्वसुखवाद के मध्य संघर्ष की स्थिति को उसने स्वयं ही उजागर किया है तथा माना है कि दोनों सिद्धान्तों को मान्यता देने के कारण ऐसी स्थिति उत्पन्न होना स्वाभाविक है कि जब व्यक्ति इस दुविधा में पड़ जाये कि वह आत्मसुख को अपना लक्ष्य बनाये या परसुख को। सिजविक ने स्वयं इस स्थिति को 'व्यावहारिक बुद्धि को द्वैत' कहा है। साथ ही, इस द्वैत के निवारण हेतु जो दो वैकल्पिक सम्भावित समाधान उसने प्रस्तावित किये हैं, उन समाधानों को वह स्वयं ही पूरी तरह वास्तविक समाधान नहीं मानता। तो स्पष्ट है कि उसके सिद्धान्त में एक बड़ी समस्या अनसुलझे ही रह जाती है।

किन्तु समस्या यहीं तक नहीं है क्योंकि द्वैत या संघर्ष केवल स्वसुख व सर्वसुख में ही नहीं है। ऐसा लगता है कि यह संघर्ष स्वयं अपने सुख के सन्दर्भ में भी परिलक्षित हो सकता है जब हम किसी एक विशेष क्षण के अपने वर्तमान सुख की खोज करें, साथ ही, पूरे सामान्य जीवन के अधिकतम सुख का भी विचार करें। सामान्यतः विशेष क्षण का सुख ही प्राथमिक रूप से वांछनीय प्रतीत होता है। क्योंकि वह हमारी वर्तमान इच्छा को सन्तुष्ट करता है। परिणामस्वरूप, इसी सिद्धान्त के आधार पर, यह कहा जा सकता है कि हम अपने वर्तमान क्षण के अधिकतम सुख को प्राप्त करने के लिए उतना ही बाध्य होते हैं जितना कि पूरे जीवन के अधिकतम सुख को पाने हेतु। अब यदि पूर्वोक्त स्वसुख व सर्वसुख के मध्य संघर्ष के साथ-साथ स्वसुख में भी परिलक्षित इस नये संघर्ष पर भी ध्यान दें तो सिजविक के सिद्धान्त में तीन प्रकार के सुखवाद मानने होंगे[24] - (1) साइरिनाइक दृष्टिकोण जो बहुत अपरिपक्व स्वसुखवादी दृष्टि थी, (2) एपिक्यूरियनवाद यानी एक संगत व परिपक्व स्वसुखवाद तथा (3) बेन्थम का 'अधिकतम संस्था के अधिकतम सुख' के नारेवाला सर्वसुखवाद या उपयोगितावाद। स्पष्ट है, यह स्थिति सिजविक के सिद्धान्त को विरोधाभासों से युक्त बना देती है।

सिजविक के सिद्धान्त के विवेचन से एक बात यह भी उभरकर सामने आती है कि वह शुद्ध सुखवादी नहीं है। इसका कारण यह है कि उसने सुख के अलावा एक अन्य मानदण्ड 'समता' या 'न्याय' को भी मूल्य दिया है और उसका सर्वसुखवाद इसके ही बल पर आपादित किया जा सकता है। इस दृष्टि से एकमात्र सुख नहीं, बल्कि उसके साथ न्याय या समता का भी बराबर का मूल्य है अतः सिजविक को शुद्ध रूप से सुखवादी मानने में संकोच होता है। मिल के विषय में भी यही बात कही गयी है। हम पहले ही देख चुके हैं कि मिल द्वारा सुखों में गुणात्मक उत्कृष्टता सम्बन्धी भेद की स्वीकृति विभिन्न सुखों के तुलनात्मक मूल्य को तय करने हेतु किसी अन्य आधार की अपेक्षा रखती है जिसके कारण मिल भी शुद्ध सुखवादी नहीं रह जाता। अब जबकि सिजविक को भी इसी श्रेणी में शामिल किया जा सकता है तो इस दृष्टि से शुद्ध सुखवादी (सर्वसुखवादी) यदि किसी को कहा जा सकता है तो वह केवल बेन्थम ही है।

सिजविक ने 'एकमात्र सुख ही स्वतः शुभ है', इस मूलभूत सुखवादी मान्यता को अन्तःप्रज्ञात्मक माना, जबकि कई विद्वानों का कहना है कि ऐसी अन्तःप्रज्ञा कदाचित् सम्भव ही नहीं है। इसका कारण यह है कि वास्तविकता में सुख कभी भी अकेले अनुभव नहीं होता। वह सदैव किसी ऐसी चीज़ या विषय (object) से संयुक्त होता है जो सुखद होता है। सुख की अनुभूति हमेशा विषयों से जुड़ी रहती है, यथा खाने का सुख सदैव खाद्य पदार्थों के साथ है, खेलने का सुख खेल के साथ, इत्यादि। खाद्य पदार्थों या खेल के बिना तत्सम्बन्धी सुख अकेले अनुभव में नहीं आ सकते। हमारी अनुभूतियों में हमेशा 'सुख + विषय', यह संघात या यौगिक (compound) ही उपस्थित होता है, अकेला सुख कभी नहीं। चूँकि सुख को इस यौगिक से पृथक् नहीं किया जा सकता तो ऐसे में 'केवल सुख ही शुभ है', यह अन्तर्बोध अप्रसम्भाव्य प्रतीत होता है।

इसीलिए कुछ दार्शनिकों ने यह मत दिया कि ये वस्तुएँ या विषय हैं जो शुभ होते हैं, न कि सुख। यह इस बात से भी प्रकट होता है कि कुछ सुख ऐसे विषयों या वस्तुओं से जुड़े होते हैं जो अशुभ हैं अतः वे सुख भी नैतिक दृष्टि से अमान्य हो जाते हैं। जैसे कि कोई व्यक्ति किसी अन्य को कष्ट में देखकर प्रसन्न होता हो तो ऐसा सुख कभी भी शुभ नहीं माना जायेगा। इस तरह, किसी सुख का अच्छा या बुरा होना इस पर निर्भर करता है कि वह किस तरह की वस्तु या विषय से जुड़ा है। मूलभूत सुखवादी मान्यता के सहजबोध की असिद्धि सिजविक के सर्वसुखवाद या उपयोगितावाद को आधारहीन बना देती है क्योंकि उसने इस सहजबोध के साथ न्याय व समता (पुनः एक सहजबोध ही) व परहित के सिद्धान्त (अनुमानित) को मिलाकर ही सर्वसुखवाद को प्रतिपादित किया था। उपयुक्त सभी आलोचनात्मक विचारों से यह प्रकट होता है कि नैतिक प्रतिमान के सिद्धान्त सर्वसुखवाद या उपयोगितावाद को युक्तियुक्त सिद्ध करने में सिजविक भी उसी तरह असमर्थ है जैसे बेन्थम व मिल। यद्यपि सिजविक ने अलग ढंग का प्रयास किया किन्तु ऐसा लगता है कि वह भी सफल न हो सका।

बेन्थम, मिल व सिजविक के विशिष्ट प्रयासों की असफलता मात्र से यह प्रमाणित नहीं हो जाता कि सामान्य रूप से सुखवाद, जिसका एकमात्र संगत रूप सर्वसुखवाद/उपयोगितावाद है, एक समुचित नैतिक सिद्धान्त नहीं है। अतः हमें कुछ अन्य विधानात्मक तर्क प्रस्तुत करने होंगे जो सामान्य रूप से सुखवाद की एक नैतिक मानदण्ड के रूप में परीक्षा कर सकें।

अब इस हेतु हम अपनी आलोचना के प्रथम बिन्दु को वहीं से उठाते हैं जहाँ पर सिजविक के व्यक्तिगत प्रयास की विवेचना को हमने समाप्त किया था। मूलभूत सुखवादी मान्यता कि 'केवल सुख ही स्वरूपतः शुभ है', को बिना वस्तु से जोड़े अकेले ही एक अन्तःप्रज्ञा या सहजबोध नहीं माना जा सकता, यह तो देखा ही जा चुका है। प्रश्न है कि क्या सुख के अकेले शुभ होने को अनुमान द्वारा प्रमाणित किया जा सकता है। यदि हाँ, तो बेन्थम, मिल व सिजविक की असमर्थता के बावज़ूद यह सिद्धान्त एक उचित नैतिक सिद्धान्त हो सकता है। मगर अब यही विचार करना है कि क्या इस मूलभूत मान्यता को किसी भी तरह अनुमानित किया जा सकता है।

'केवल सुख ही स्वरूपतः शुभ है', इसके अन्तर्बोध की असम्भावना के प्रकाश में अधिक-से-अधिक यह कहा जा सकता है कि अन्तर्बोध या सहज अनुभूति केवल इन दो बातों की हो सकती है कि (1) सभी सुखद अनुभव (विषय + सुख) अपने में ही शुभ हैं, तथा (2) कोई सुखरहित अनुभव (विषय-सुख) ऐसा शुभ नहीं है। इन दोनों तर्कवाक्यों को मिलाकर तार्किक रूप से यह निष्कर्ष निकाला जा सकता है कि (3) किसी अनुभव का केवल सुख तत्त्व ही स्वतः शुभ है। यह एक अनुमान है और यदि यह अनुमान दोषरहित है तो, जैसा कि ऊपर कहा गया है, सुखवादी मूलभूत मान्यता को स्थापित किया जा सकता है और सामान्य रूप से सुखवाद को भी। मगर खेद यही है कि यह अनुमान या युक्ति इस दृष्टि से दोषपूर्ण है कि जिन दो आधारवाक्यों के बल पर सुखवाद की यह मूलभूत मान्यता निगमित है, उन दोनों में से किसी को भी सत्य नहीं माना जा सकता। जहाँ तक पहले आधारवाक्य - 'सभी सुखद अनुभव स्वतः शुभ हैं' - का प्रश्न है तो कोई भी समझदार व्यक्ति इस बात को सत्य नहीं मानेगा। यदि कोई विद्वेष या दुर्भावना में अथवा परपीड़ा या दमन में सुख पाये तो ? क्या इसे शुभ कहा जा सकता है ? इसके अतिरिक्त, क्या हम कभी ऐसे व्यक्ति की प्रशंसा व सम्मान करते हैं जो बेरोक-टोक, खाने-पीने, मौज़-मस्ती में मग्न रहकर केवल मज़ा करता है ? सच्चाई तो यह है कि ऐसे व्यक्तियों को हम नीची नज़र से देखते हैं क्योंकि जिन चीज़ों से वह सुख पा रहा है, उन्हें मूल्य नहीं दिया जाता। अतः निरपवाद रूप से यह नहीं कहा जा सकता कि सभी सुखद अनुभव व चीज़े अपने-आप में शुभ हैं। यही बात दूसरे आधारवाक्य - "कोई सुखरहित अनुभव स्वरूपतः शुभ नहीं है"- के साथ भी है। ज्ञान-प्राप्ति के लिए अनेक प्रकार के त्याग करना कभी-कभी दुःखपूर्ण हो सकता है। ऐसे ही, लोगों की मदद करना भी कष्टकारी हो सकता है। मगर हम ऐसे लोगों का आदर-सम्मान

करते हैं जो दुःख उठाकर, अनेकानेक त्याग करके अपने लक्ष्य को प्राप्त करने का प्रयत्न करते हैं। हम ऐसे सुखरहित अनुभवों को भी मूल्यवान् मानते हैं क्योंकि वे किसी वांछनीय शुभ, चीज़ या लक्ष्य से जुड़े होते हैं। अतः अनुमान द्वारा भी यह प्रमाणित नहीं हो सकता कि केवल सुख ही अपने में शुभ है। इस तरह, सुख को एकमात्र सर्वोच्च शुभ मानने का कोई औचित्य नहीं बचता।

फिर भी यदि तर्क के लिए मान लिया जाये कि कोई चीज़ तब तक शुभ नहीं है जब तक वह सुख न दे, तो भी यह स्वीकृति अपने-आप से ही इस निष्कर्ष तक नहीं पहुँचा सकती कि चीज़ों या विषयों के बिना, अनुभव का केवल सुख-तत्त्व ही शुभ है। इस बात को समझाने के लिए सौन्दर्यशास्त्र के क्षेत्र में प्रस्तुत किये गये एक तर्क का साम्य लिया जा सकता है। सौन्दर्यशास्त्र में सौन्दर्य को वस्तुनिष्ठ रूप से परिभाषित करने के लिए उसे सामंजस्यपूर्ण या अर्थवान् रूप या आकार (harmoneous or significant form) कहा जाता है। मगर प्रश्न उठता है कि कोई सामंजस्यपूर्ण या अर्थवान् आकार यदि आनन्द न दे तो क्या फिर भी उसे सुन्दर कहा जायेगा ! स्पष्ट उत्तर होगा, नहीं। क्योंकि हमें ऐसा लगता है कि सौन्दर्य को किसी-न-किसी रूप में आनन्दप्रद तो होना ही चाहिए। मगर इस स्वीकृति के बावज़ूद इससे यह निष्कर्ष निकालना दोषपूर्ण होगा कि सौन्दर्य का सार सुख या आनन्द में ही है। हम हमेशा यही मानते हैं कि यह वस्तु ही है जो सुन्दर होती है और सुख उस सौन्दर्य की अनुभूति का संकेतक (sign) या सहचर मात्र (accompaniment) होता है। ठीक इसी तरह तर्क किया जा सकता है कि नैतिकता या शुभ की अनुभूति में सम्भवतः सुख एक सहचर या संकेतक मात्र ही होता है। तो मानना पड़ेगा कि नैतिक अनुभूति का विषय ही शुभ होता है, न कि उसके साथ आनेवाला सुख, यद्यपि हो सकता है कि सुख नैतिक अनुभव का सारभूत अंश हो। मगर सच्चाई तो यह है कि सुख शुभत्व की कसौटी नहीं हो सकता। इस प्रकार, सुखवादी मूलभूत मान्यता की असिद्धि की परिस्थिति में नैतिक प्रतिमान के सिद्धान्त के रूप में सुखवाद का दावा निरस्त हो जाता है, फिर चाहे वह 'सर्वसुखवाद' या 'उपयोगितावाद' ही क्यों न हो।

सामान्य रूप से 'सुखवाद' की आलोचना में एक बात यह भी कही जा सकती है कि इस सिद्धान्त में जिस चीज़ - सुख - को सर्वोच्च व एकमात्र मूल्य माना गया, उसका ही स्वरूप सन्देहास्पद व अस्पष्ट रह जाता है। कोई भी सुखवादी विचारक सुख (pleasure) व आनन्द (happiness) में अन्तर नहीं करता तथा दोनों सम्प्रत्ययों को पर्यायवाची (synonimous) व परस्पर विनिमेय (interchangeable) के रूप में स्वीकार किया जाता है; यद्यपि ऐसा है नहीं। सुख व आनन्द, दोनों ही सन्तोष व तृप्तिदायक हैं किन्तु दोनों में कुछ मूलभूत अन्तर अवश्य है जिसे सुखवादी दार्शनिक अमूमन नज़रअन्दाज़ कर देते हैं। सुख सम्भवतः विशिष्ट वस्तु/विषय की इच्छाओं (desires) की तृप्ति की उपज है और अपेक्षाकृत कम स्थायी होता है। इससे भिन्न

आनन्द किसी विषय की इच्छापूर्ति न हो तो भी उपस्थित हो सकता है। यह मन की कमोबेश स्थायी स्थिति है जो विशेष इच्छाओं की पूर्ति पर निर्भर नहीं है। कोई व्यक्ति बिना आनन्द पाये विभिन्न सुखों से युक्त हो सकता है तो कोई अन्य व्यक्ति सुखों को प्राप्त किये बिना भी आनन्दपूर्ण जीवन जी सकता है क्योंकि सुख व आनन्द, दोनों एक-दूसरे के बिना अस्तित्ववान् हो सकते हैं। उदाहरण के लिए, एक अवसादग्रस्त व्यक्ति शराब पीकर कुछ क्षणों के सुख का अनुभव तो प्राप्त कर लेता है मगर मात्र इससे उसका जीवन स्थायी रूप से आनन्दमय नहीं कहा जा सकता। सुख प्रायः किन्हीं विशेष क्रियाओं से सम्बन्धित है, यथा खाने-पीने, खेलकूद, संगीत, पठन-पाठन, इत्यादि। यह किन्हीं विशेष इच्छाओं-कामनाओं की तृप्ति से प्राप्त होता है, जैसे हम संगीत से सुख पाते हैं, या फिर खाने से। इसी तरह, मित्रता, परोपकार, पारस्परिक स्नेह-सम्बन्धों से भी हमें सुख मिलता है। मगर ऐसा लगता है कि आनन्द कहीं अधिक सामान्य है जो चेतना या मन की अपेक्षाकृत अधिक स्थायी अवस्था है। इसे आत्मिक अवस्था भी कहा जा सकता है। एक राजा व किसान की कहानी सुख व आनन्द के भेद को स्पष्ट करने में उपयोगी हो सकती है। राजा के पास सभी-कुछ था, उसकी इच्छाएँ पलक झपकते ही पूरी हो जाती थीं और वह विभिन्न सुखदायक क्रियाओं में निमग्न रहता था, फिर भी वह एक उदासी, बोरियत या आनन्दहीनता का अनुभव करता था। उसके जीवन में कोई उत्साह न था। एक दिन वह अपने महल से बाहर निरुद्देश्य घूमने निकल पड़ा और शहर से दूर जंगल के पार एक छोटी झोंपड़ी के पास पहुँचा। झोंपड़ी के भीतर से गाना गुनगुनाने की आवाज़ आ रही थी। राजा ने अन्दर झाँका तो वहाँ एक दुबला-पतला किसान एक टूटी चारपायी पर लेटा था और आँखें बन्द करके गाना गा रहा था। झोंपड़ी में दो-चार मिट्टी के बर्तन थे। उसके गायन से मानो प्रसन्नता बरस रही थी। राजा की आहट से चौंककर वह उठा तो राजा को सामने पाकर अचम्भित हुआ। उसने एक पुरानी चादर बिछाकर राजा को उस टूटी चारपायी पर बिठाया और आतिथ्यस्वरूप भोजन अर्पित किया जो केवल नमक, रोटी एवं कुछ कन्द-मूल थे। वह किसान जो अकिंचन था और जिसको अपनी अनेकानेक इच्छाओं को पूरा करने का अवसर ही नहीं मिला था, एक प्रसन्नता-भरा जीवन जी रहा था और राजा का जीवन उदासीनता से ग्रस्त था यद्यपि वह सब तरीक़े से सुखी-सम्पन्न था। एक आन्तरिक दुःख राजा को व्यथित करता था जबकि किसान आत्मिक प्रसन्नता व सन्तुष्टि से उल्लसित था।

इस कहानी से समझा जा सकता है कि आनन्द व्यक्ति की आत्मिक सन्तुष्टि व तनाव के अभाव (absence of stress) का द्योतक है। आनन्द वस्तुतः व्यक्तित्व का एक कमोबेश स्थायी अद्भुत लक्षण है। जबकि, जैसा कि ऊपर स्पष्ट किया गया, सुख विशेष-विशेष कामनाओं या क्रियाओं से प्राप्त अस्थायी सन्तुष्टि है। सुख व आनन्द में अन्तर स्पष्ट हो जाने के बाद यह समझ लेना चाहिए कि मानव-जीवन के लिए दोनों का

महत्त्व है फिर भी अपेक्षाकृत अधिक स्थायी आत्मिक अवस्था (state of psyche) होने के कारण आनन्द को सामान्यतः सुख से श्रेष्ठ माना जाता है। यही आनन्द अरस्तू का 'यूडायमोनिया' (Eudaemonia) है जो अरस्तू के अनुसार, मनुष्य का परम शुभ है जो एक अच्छे, समृद्ध व कल्याणकारी जीवन की ओर संकेत करता है। 'यूडायमोनिया' वास्तव में मानव-जीवन की सामान्य परिपूर्णता या मनुष्य के श्रेयस्कर कल्याणमय जीवन (well being) का द्योतक है, आनन्द जिसका अनिवार्य तत्त्व है। मनुष्य के परम शुभ के रूप में 'यूडायमोनिया' कोई भावना मात्र नहीं हो सकती जो जीवन में यदा-कदा घटित होती है। यह 'यूडायमोनिया' पूरे मानव-जीवन की गुणात्मकता है, मात्र एक भावना नहीं। सुखवादी विचारकों द्वारा सुख व आनन्द के बीच उपर्युक्त भेद की उपेक्षा करने के कारण उनका सिद्धान्त अपने एकमात्र सर्वोच्च मूल्य के सम्बन्ध में अस्पष्ट रहता है और वे कब, किस अर्थ को स्वीकार कर रहे हैं, इस बात में भ्रम बना रहता है। मिल सम्भवतः सुख व आनन्द के भेद को समझता था मगर उसने भी इन दोनों सम्प्रत्ययों को पूरी स्पष्टता से पृथक् करने की चेष्टा नहीं की। इस तरह, सुखवाद के एकमात्र सर्वोच्च मूल्य का स्वरूप उलझा ही रह जाता है।

इन सब कठिनाइयों के कारण 'सुखवाद' को नैतिक प्रतिमान के सिद्धान्त के रूप में मान्यता देना कठिन लगता है। सुखवाद के आलोचनात्मक विवेचन के अन्तिम बिन्दु को स्पष्ट करने से पहले एक मशहूर प्रशिक्षित व अतिकुशल चिकित्सक की कहानी प्रस्तुत है। एक नाव में एक विशेषज्ञ चिकित्सक नदी पार करने के लिए जा रहे थे। उस नाव में एक ऐसा भी साधारण वृद्ध व्यक्ति था जिसके जीवन की समाज के लिए कोई उपयोगिता न थी। इनमें से किसी को तैरना नहीं आता था। नदी के बीच में आने पर नाव में छेद हो गया और ऐसा लगने लगा कि यदि नाव का भार कम न किया गया तो वह डूब जायेगी। ऐसे में दो वैकल्पिक चुनाव किये जा सकते हैं - वह वृद्ध व्यक्ति स्वयं की आहुति देने का प्रस्ताव करे क्योंकि उनका जीवन समाज के लिए उपयोगी नहीं है जबकि नाव में बैठे चिकित्सक का जीवन समाज के कल्याण के लिए बहुत महत्त्वपूर्ण था। इस प्रस्ताव के तहत वह वृद्ध नदी में कूद जाता है और प्राणोत्सर्ग कर देता है ताकि डॉक्टर बच सके। एक अन्य चुनाव यह हो सकता है कि वह चिकित्सक तय करे कि चूँकि उसका जीवन समाजोपयोगी है अतः उसकी जान बचाने के लिए वृद्ध व्यक्ति को नदी में फेंक दिया जाये जिससे नाव हल्की होकर डूबने से बच सके। स्पष्ट है, दोनों कर्मों का परिणाम समान है - अनुपयोगी वृद्ध की मृत्यु व डॉक्टर का सकुशल नदी पार कर लेना। मगर क्या दोनों कर्मों का नैतिक मूल्य समान है ? यह कहानी बहुत गम्भीर ढंग से यह बात सामने रखती है कि नैतिकता मात्र परिणाम के विचार (idea of an end) पर निर्भर नहीं करती और हमेशा कर्म के परिणाम नैतिक मूल्यांकन के आधार नहीं हो सकते। वस्तुतः नियमपालन के रूप में कर्म के पीछे के भाव या प्रेरक हेतु (Motive) वह चीज़ है जो

अत्यधिक महत्त्वपूर्ण होती है। इस दृष्टि से परिणाम-सापेक्षतावादी सिद्धान्तों के एक प्रकार होने के कारण सुखवाद अपने-आप में कर्मों के नैतिक प्रतिमान के रूप में औचित्यपूर्ण नहीं हो सकता, यद्यपि इससे इन्कार नहीं है कि जीवन के लिए सुख का किसी-न-किसी रूप में महत्त्व है।

'उपयोगितावाद' परवर्ती काल में दो रूपों में विकसित हुआ - 'कर्म-उपयोगितावाद' (Act Utilitarianism) व 'नियम-उपयोगितावाद' (Rule Utilitarianism)। इस विकास के पीछे 'परिणाम-सापेक्षतावादी सिद्धान्तों' के सम्मुख उठनेवाला यह प्रश्न था कि ऐसे सिद्धान्त में किसी नैतिक नियम का क्या स्थान है। फलवाद (चाहे वह मिल जैसा उपयोगितावाद ही क्यों न हो) की मूलभूत मान्यता है कि सम्भावित परिणाम का विचार ही कर्मों की नैतिकता को तय करता है। अब प्रश्न है कि 'चोरी नहीं करनी चाहिए,' 'कृतघ्नता बुरी बात है', जैसे नैतिक नियमों की इसके सन्दर्भ में क्या स्थिति है ?

'नियम-उपयोगितावाद' जो 'नियम परिणाम-सापेक्षतावादी सिद्धान्त' (Rule Teleological Theory) है, के अनुसार, परिणाम के आधार पर कर्मों के औचित्य को बतानेवाली फलवादी मान्यता के साथ-साथ नैतिक नियमों को भी महत्त्वपूर्ण माना जा सकता है। क्योंकि नियम-उपयोगितावादी विचारकों का मत है कि नैतिक नियमों की स्वीकृति अन्ततः उनके शुभ/सुखद परिणाम के आधार पर ही होती है। यहाँ यह समझ लेना चाहिए कि ये विचारक काण्ट सरीखे नहीं हैं जो नैतिक नियमों को उनके अपने लिये (Principle for Principle's Sake) स्वीकार करते हैं। नियम-उपयोगितावादी विचारक नैतिक नियमों को इसलिए मान्यता देते हैं कि वे नियम शुभ परिणाम प्राप्त करने का सर्वश्रेष्ठ तरीक़ा हैं। यदि सभी व्यक्ति सभी परिस्थितियों में किसी एक विशेष ढंग से ही कार्य करेंगे (जैसे, सत्य बोलना) तो सामान्य शुभ/सुख (general good / happiness) प्राप्त करने की उच्चतम सम्भावना होगी, भले ही किसी विशेष परिस्थिति में यह परिणाम न भी प्राप्त हो पाये। यानी इस विचारधारा के अनुसार, नैतिक औचित्य सामूहिक रूप से तय किया जाता है और नैतिक नियम उस सामूहिकता का आधार है।

इससे भिन्न 'कर्म-उपयोगितावाद' है जिसे कर्म परिणाम-सापेक्षतावादी सिद्धान्त (Act Teleological Theory) कहा जा सकता है। इसके अनुसार, एक विशेष कर्म अधिकतम सुख की वृद्धि में कितना सहायक है, यही महत्त्वपूर्ण है। कर्म-उपयोगितावादी चिन्तकों का मत है कि प्रत्येक विशिष्ट कर्म को करने से पहले हमें स्वयं से यह प्रश्न पूछना चाहिए कि क्या यह शुभ को उत्पन्न करेगा अथवा नहीं। ये विद्वान् (जिनके अनुसार सुख ही एकमात्र शुभ है) कहते हैं कि हमें प्रत्येक कर्म को इस आधार पर अलग-अलग जाँचना चाहिए कि वे सुख व दुःख के मध्य सन्तुलन रूपी शुभ को उत्पन्न करने में सक्षम हैं या नहीं। यदि हैं तो वे नैतिक रूप से उचित कर्म माने जायेंगे, अन्यथा

उन्हें अनुचित कहा जायेगा। इस तरह, कर्म-उपयोगितावादी विचारक 'चोरी न करो', 'झूठ न बोलो', 'धोखा न दो', जैसे नैतिक नियमों से बाध्यता नहीं स्वीकार करते। वे सम्भवतः यह अवश्य कहेंगे कि हमें साधारणतः चोरी करने, झूठ बोलने, धोखा देने जैसे कामों को करने से बचना चाहिए क्योंकि ऐसा करना सामान्यतः बुरे परिणाम देता है। इसी कारण वे यह भी कह सकते हैं कि जीवन में ऐसा करना कभी उचित नहीं है। लेकिन वे ऐसे कामों से रोकनेवाले नैतिक नियमों को पकड़कर नहीं रखेंगे। क्योंकि उनके अनुसार, किसी कर्म की नैतिकता को वास्तव में तय करनेवाली एकमात्र चीज़ उस विशेष कर्म का सम्भावित परिणाम ही है।

दोनों सिद्धान्तों में भेद को स्पष्ट करने के लिए एक सटीक उदाहरण दिया जा सकता है। एक अच्छा ड्राइवर यह जानता है कि सड़क पर लाल बत्ती होने पर रुकना चाहिए और बत्ती बदलने तक इन्तजार करना चाहिए। एक नियम-उपयोगितावादी कहेगा कि चाहे रास्ता साफ़ हो और सड़क पर कोई न हो, तो भी लाल बत्ती पर तब तक रुकना है जब तक बत्ती हरी न हो जाये। वह यह भी जानता है कि यह नियम अपने-आपके लिए स्वीकृत नहीं है। यह नियम सड़क-सुरक्षा हेतु माना जाता है। वह जानता है कि यदि सभी लोग इस नियम का हमेशा पालन करेंगे, तो दुर्घटनाएँ कम ही होंगी। हम जानते हैं कि सड़क-सुरक्षा की दृष्टि से लाल बत्ती पर रुकना औचित्यपूर्ण है, फिर भी यह स्पष्ट है कि कभी-कभी लाल बत्ती पर न रुकना और उसे पार कर लेना ख़तरनाक नहीं होता। तो लाल बत्ती पार करना सुरक्षित हो तब भी लाल बत्ती का उल्लंघन न करने का नियम सदैव क्यों पालन करना चाहिए ? इस प्रश्न का सन्तोषप्रद नियम-उपयोगितावादी उत्तर यही होगा कि सभी चिन्तनीय अपवादों का ध्यान रखते हुए अगर इस नियम की पुनर्व्याख्या की जायेगी तो वस्तुतः यह नियम इस दूसरे नियम में बदल जायेगा कि वही करो जो तुम्हें किसी परिस्थिति में करना सुरक्षित लगे। और यदि सभी इस नियम का पालन करें तो इसके परिणामस्वरूप कहीं अधिक दुर्घटनाएँ होने लगेंगी क्योंकि यह वस्तुतः कोई नियम ही नहीं है। इसलिए, नियम-परिणामवादी लाल बत्ती पर रुकने सम्बन्धी नियम की निरपवाद स्वीकृति को औचित्यपूर्ण ठहराते हैं। इसी के समकक्ष किसी नैतिक नियम, यथा, सदा सत्य बोलो, को रखकर इन चिन्तकों के दृष्टिकोण को समझा जा सकता है। कभी-कभार झूठ बोलने के अच्छे परिणाम भी सदा सत्य बोलने के नियम के उल्लंघन को औचित्यपूर्ण नहीं ठहरा सकते। झूठ बोलने के अच्छे परिणाम झूठ बोलने की आदत बना सकते हैं जो अन्ततः तब भी झूठ बोलने पर बाध्य करेगी जब परिणाम बुरा हो। यह भी कहा जा सकता है कि चूँकि झूठ अधिकांशतः स्वार्थपूर्ण उद्देश्यों से बोला जाता है तो व्यक्ति यह सोचने को उद्यत हो सकता है कि परिणाम अच्छा होगा जबकि वास्तव में वैसा नहीं होगा।

नियम-उपयोगितावादियों के इस तर्क के पर्याप्त सन्तोषजनक प्रतीत होने के बावज़ूद कर्म-उपयोगितावादी विचारक इसका विरोध करते हैं। उनका तर्क है कि प्रथमतः तो उपर्युक्त विचार वास्तव में 'परिणाम-सापेक्षतावाद' या 'फलवाद' नहीं अपितु एक 'परिणाम-निरपेक्षतावादी सिद्धान्त' या 'शुद्ध कर्त्तव्यवाद' (Deontological Theory) का दृष्टान्त होगा; और यदि ऐसा नहीं है तो फिर दूसरी स्थिति यह होगी कि उपर्युक्त नियम-उपयोगितावाद कोई पृथक् विचार नहीं बल्कि वास्तव में कर्म-उपयोगितावाद ही सिद्ध होगा। पहले आक्षेप से अपना बचाव करते हुए नियम-उपयोगितावादी बलपूर्वक कहते हैं कि वे सच्चे परिणाम-सापेक्षतावादी हैं, न कि नियम-पूजक, क्योंकि किसी विशिष्ट परिस्थिति में किसी नियम की स्वीकृति का एकमात्र आधाार यही है कि ऐसा करना यानी नियमानुसार कार्य करना अच्छे परिणाम देगा। मगर इनका यह बचाव कारगर नहीं है क्योंकि यह स्पष्ट देखा जा सकता है कि नियम-उपयोगितावाद वस्तुतः कर्म-उपयोगितावाद ही है। जब कोई नियम-उपयोगितावादी यह कहता है कि किसी नियम को तोड़ने के विशेष कर्मों का कुल परिणाम बुरा होगा अतः नियम नहीं तोड़ा जाना चाहिए तो इसका यही अर्थ है कि नियम तोड़ने के उन विशिष्ट कर्मों के बुरे परिणाम वे कारण बनते हैं जिनके आधार पर उन कर्मों को अनैतिक कहा जाता है। तो स्पष्ट है कि नियम का विचार यहाँ अप्रासंगिक है और प्रत्येक विशेष कर्म का मूल्यांकन उसके अपने परिणाम के बल पर किया जा रहा है जो कर्म-उपयोगितावाद की मान्यता है।

अपने-आपको कर्म-उपयोगितावाद से पृथक् बनाये रखने के लिए, मान लीजिये, नियम-उपयोगितावादी चिन्तक स्वीकार कर लेते हैं कि किसी विशिष्ट अपवादात्मक परिस्थिति में नियम के उल्लंघन से कोई नुक़सान न भी हो तो भी नियम नहीं तोड़ना चाहिए क्योंकि नियम के सामान्य उल्लंघन की बजाय उसके पालन से ज़्यादा भला हुआ है। अब इस स्वीकृति का जवाब कर्म-उपयोगितावादी यह कहकर दे सकते हैं कि यह एक सच्ची परिणाम-सापेक्षतावादी दृष्टि नहीं है क्योंकि यह ऐसे विचार को प्रस्तावित करती है जिसका परिणामों के आधार पर औचित्य नहीं ठहराया जा सकता। क्योंकि अगर यह बात मान भी ली जाये कि सभी लोगों द्वारा नियम पालन के परिणाम किसी के द्वारा नियम-पालन न करने की अपेक्षा अच्छे होंगे, फिर भी इससे बेहतर यह होगा कि नियम-पालन केवल तब किया जाये जब ऐसा करना लाभप्रद हो और तब-तब नियम तोड़ा जाये जब-जब वह नुकसानदायक हो। पुनः यह स्थिति कर्म-उपयोगितावाद की ही है क्योंकि नियम-पालन व तोड़ने का प्रत्येक विशेष कर्म परिणामस्वरूप प्राप्त होनेवाले लाभ की दृष्टि से औचित्यपूर्ण है। मोटे तौर पर अब भी यह कहा जा सकता है कि नियम की स्थूल व्यवस्था अधिक लाभदायक है क्योंकि प्रत्येक कर्म को करने से पहले उसके परिणाम की गणना करना समय बरबाद करना है। मगर अधिकांश समय लाभदायक नियम निरपेक्ष नहीं

हो सकते क्योंकि परिणाम की दृष्टि से इन्हें कभी-कभी तोड़ा भी जाना चाहिए, यह स्पष्ट है। इससे यह निष्कर्ष निकलता है कि कर्म-उपयोगितावाद ही हमारी चर्चा का विषय होना चाहिए क्योंकि नियम-उपयोगितावाद या तो 'परिणाम-सापेक्षतावाद' है ही नहीं क्योंकि यह नियमों को परिणाम से स्वतन्त्र नैतिक मूल्य प्रदान करता है, या फिर यह कर्म-उपयोगितावाद में ही शामिल है।

परिशिष्ट
(Addendum)

सामान्य रूप से सुखवाद की स्थापना के प्रयासों की आलोचनात्मक व्याख्या से विषयान्तर के बावज़ूद, एक विषय की चर्चा यहाँ वांछनीय है। देखा जा चुका है कि बेन्थम व मिल ने मनोवैज्ञानिक सुखवाद को स्वीकार किया एवं मान लिया कि मनुष्य केवल और केवल अपने सुख की प्राप्ति की कामना करता है और इसके लिए वह अपने स्वभाव से बाध्य है। मगर इस तथ्य की स्वीकृति के साथ ही नैतिक प्रतिमान के रूप में दोनों विद्वज्जन 'अधिकतम संख्या के अधिकतम सुख' के विचार को प्रस्तावित करते हैं, यह भी हम स्पष्ट कर चुके हैं। इस सम्बन्ध में एक स्वाभाविक प्रश्न उठता है कि स्वार्थी प्रकृति यानी स्वयं के लिए अधिकतम सुख की इच्छा करनेवाले मूल" ़ूत स्वभाव से बाध्य व्यक्ति सुख की व्यापकता-अधिकतम संख्या के सुख - हेतु कैसे प्रेरित हो सकता है। इस समस्या का एकमात्र हल यही हो सकता है कि किसी तरह यह दिखाया जा सके कि परार्थ के माध्यम से ही स्वार्थ-सिद्धि हो सकती है। बेन्थम ने अपने **नैतिकता की अनुशास्तियों (Sanctions of Morality)** के सिद्धान्त के द्वारा यही करने का प्रयास किया। मूल रूप से स्वार्थी व्यक्ति को परार्थ की ओर मोड़ने के लिए बेन्थम ने व्यक्ति के ऊपर एक प्रकार के 'पुरस्कार व दण्ड के विधान' को प्रस्तावित किया है जिसे उसने 'नैतिकता की अनुशास्तियों' का नाम दिया है। वह चार अनुशास्तियों को स्वीकार करता है। ये हैं - भौतिक अनुशास्ति (Physical Sanction), राजनीतिक अनुशास्ति (Political Sanction), सामाजिक अनुशास्ति (Social Sanction) एवं धार्मिक अनुशास्ति (Religious Sanction)। शारीरिक रूप से स्वस्थ बने रहने के लिए किन्हीं प्राकृतिक नियमों का पालन आवश्यक होता है। संयमित आचरण ही शारीरिक स्वास्थ्य को बनाये रखता है। इन्हें ही बेन्थम भौतिक अनुशास्ति कहता है। इसी तरह, प्रत्येक व्यक्ति जानता है कि यदि वह राजनीतिक कानूनों व सामाजिक व्यवस्था व नियमों का उल्लंघन करके दूसरों को कष्ट पहुँचायेगा तो राज्य उसे दण्डित कर सकता है (राजनीतिक अनुशास्ति) तथा समाज उसकी भर्त्सना व निन्दा कर सकता है (सामाजिक अनुशास्ति) जिसके परिणामस्वरूप उसका अपना जीवन दुःखमय हो सकता है। परोपकारी व्यक्ति को राजनीतिक-सामाजिक सम्मान व प्रशंसा मिलती है और इससे व्यक्ति को जो

सुख मिलता है, उससे केवल स्वार्थ-पूर्ति करनेवाला व्यक्ति वंचित रह जाता है। इसके अतिरिक्त, अधिकांश व्यक्ति यह भी मानते हैं कि यदि वे दूसरों को हानि या कष्ट पहुँचायेंगे तो ईश्वर उन्हें दण्ड देगा और इस जीवन अथवा इसके बाद नरक की यातनाएँ भोगनी होंगी। इसके विपरीत, परोपकार करनेवालों से ईश्वर प्रसन्न रहता है और उन्हें पुरस्कार के रूप में इस जीवन व परलोक, दोनों में सुख प्रदान करेगा। यह धार्मिक अनुशास्ति है। इस प्रकार, बेन्थम के मतानुसार, राज्य, समाज तथा ईश्वर द्वारा दण्डित किये जाने के भय से व पुरस्कृत होने के आकर्षण से व्यक्ति अपने सुख के साथ-साथ दूसरों के सुख का भी ध्यान रखने के लिए प्रेरित हो सकता है। अतः स्वार्थी व्यक्ति को सर्वार्थ के आदर्श हेतु प्रेरित करने में नैतिकता की अनुशास्तियाँ सहायक व साधन होती हैं। इन अनुशास्तियों के कारण ही बेन्थम के अनुसार, व्यक्ति अपने स्वभाव के विपरीत बाह्य रूप से परोपकार करता है। मिल ने इन सभी बाह्य अनुशास्तियों (External Sanctions) के अतिरिक्त आन्तरिक अनुशास्ति (Internal Sanction) या दबाव को भी स्वीकार किया है। क्योंकि उसके अनुसार, परार्थ के लिए कार्य करने पर व्यक्ति की अन्तश्चेतना (conscience) उसे पुरस्कार और उसके विरुद्ध काम करने पर आत्मग्लानि के दंश के रूप में दण्ड देती है। अतः अन्तश्चेतना द्वारा स्व-सुख या सन्तोष को प्राप्त करने के लिए एवं दुःख के दंश से बचने के लिए स्वार्थी व्यक्ति परार्थ की ओर अग्रसर होता है।

मगर बेन्थम व मिल के इन विचारों में कुछ मूलभूत त्रुटियाँ हैं। पहले बेन्थम की चर्चा करें। यह सत्य है कि बेन्थम द्वारा बतायी गयी चार बाह्य अनुशास्तियाँ या दबाव प्रायः मनुष्य को कुछ परोपकार करने तथा घोर स्वार्थ से बचने को प्रेरित करते हैं। इन दबावों का अपना मूल्य है क्योंकि कम-से-कम इन्हीं के कारण व्यक्ति का आचरण कुछ संयमित रहता है, साथ ही, सामाजिक व्यवस्था के लिए उपयोगी भी। मगर यह सच्चे अर्थों में नैतिकता नहीं है, यह स्पष्ट ही है। इसलिए इन दबावों को 'नैतिकता की अनुशास्तियाँ' कहना ग़लत होगा। वस्तुतः ये अनुशास्तियाँ नैतिकता की नहीं, बल्कि उस आचरण की है जो बाह्य रूप से नैतिक आचरण से मिलता-जुलता है क्योंकि यदि कोई कार्य प्रशंसा या दण्ड की वजह से किया जाता है तो वह सच्चे अर्थ में नैतिक आचरण नहीं है।

मिल की आन्तरिक अनुशास्ति का विचार तो और भी अधिक बेतुका है क्योंकि अन्तश्चेतना द्वारा प्रशंसा तभी मिल सकती है जब व्यक्ति सच्चे अर्थों में नैतिक आचरण करे, किसी भय या लालच से नहीं। तो यदि किसी ने केवल भय या लालच से अच्छा कार्य किया है तो अन्तश्चेतना द्वारा पुरस्कार तो कदापि नहीं प्राप्त होगा, बल्कि सम्भव है कि दंश ही मिले क्योंकि अन्तश्चेतना इस पाखण्ड (नैतिकता की प्रतीति, किन्तु नैतिक न होना) का कभी अनुमोदन नहीं करेगी। ऐसा लगता है कि मिल नैतिक शक्ति के रूप में अन्तश्चेतना के स्वरूप को समझ नहीं पाया था।

सन्दर्भ एवं टिप्पणी

1. Chatterjee, Phanibhushan; (Vol I, 12th Ed. 1945) Principles of Ethics; The Author, 32, Beadon Street, Calcutta; p. 140
2. Mackenzie, J.S.; A Mannual of Ethics (हिन्दी अनुवाद); p. 193
3. Wheelright, Philip; A Critical Introduction to Ethics; p. 69
4. Ibid; 71
5. Ibid; p. 75
6. Ibid; p. 73
7. Ibid; p. 74
8. वर्मा, डॉ. वेद प्रकाश; नीतिशास्त्र के मूल सिद्धान्त, पृ. 91-92
9. वही; पृ. 80
10. Joad, C.E.M.; Guide to Philosophy of Politics and Morals; p. 397-8
11. Ibid; p. 399
12. Ibid; p. 400
13. Ibid; p. 403
14. Urban , W.M.; Fundamentals of Ethics : An Introduction to Moral Philosophy; p. 89
15. Joad, C.E.M.; Guide to Philosophy of Politics and Morals; p. 404
16. Ibid; p. 405
17. Frankena, William K.; (IInd Ed. 2001); Ethics; Prentice-Hall of India Pvt. Ltd.; New Delhi; p. 99-100
18. बेन्थम ने अपनी पुस्तक Principles of Morals and Legislation में संक्षेप में अपने मत को निम्नलिखित कविता में पिरोया था -

    "Intense, long, certain, speedy, fruitful, pure, Such marks in pleasures and in pains endure, Such pleasures seek, if private be thy end; If it be public, wide let them extend, Such pains avoid, whichever be thy view; If pains must come , let them extend to few."

    Mackenzie, J.S.; A Manual of Ethics (हिन्दी अनुवाद); p. 191
19. Ibid; p. 197 (foot note)
20. Ibid; p. 197 (foot note)
21. Ibid; p. 197
22. Sidgwick, Henry; (1907); Methods of Ethics; Macmillan & Co. Ltd., London; p. 379-84
23. Mackenzie, J.S.; A Manual of Ethics (हिन्दी अनुवाद); p. 196
24. Ibid; p. 196

अध्याय 9

विकासवादी नैतिक प्रतिमान
(Evolutionary Ethics)

कर्म की नैतिकता को उसके उद्देश्य या परिणाम (purpose or consequence) के रूप में परिभाषित करनेवाले परिणाम-सापेक्षतावादी सिद्धान्तों (Teleological Theories) में से एक 'सुखवाद' (Hedonism) की आलोचनात्मक व्याख्या पिछले अध्याय में प्रस्तुत की गयी। हमने देखा कि सुखवाद अनेकानेक कारणों से सन्तोषजनक नहीं ठहरता। 'सुखवाद' को अस्वीकार करनेवाले एक अन्य विशेष फलवादी दृष्टिकोण के समर्थक फ्रेडरिक विल्हेम नीत्शे व अंग्रेज़ी साहित्य के मूर्द्धन्य लेखक-विचारक जॉर्ज बर्नार्ड शॉ सरीखे विद्वानों की दृष्टि में शुभ 'सुख' (happiness) की बजाय 'विकास' (development) में निहित है, अर्थात् शुभ 'सुख की अधिकतम मात्रा' (maximum of happiness) में नहीं, वरन् 'अधिकतम जीवन' (maximum of life) में है।[1] यह 'अधिकतम जीवन या विकास' का विचार वस्तुतः नीतिदार्शनिक अध्ययन में एक बदलाव का द्योतक है जिसमें नीतिशास्त्रियों ने अपना ध्यान मानव-विकास की प्रक्रिया पर क्रेन्द्रित किया और उसी के सन्दर्भ में नैतिक नियमों, आदर्शों व मूल्यों की व्याख्या करने का प्रयास किया। ध्यान देने पर यह प्रकट हो जाता है कि न केवल सुखवाद, बल्कि पुस्तक में उससे पूर्व वर्णित सभी सिद्धान्तों में व्यक्ति की नैतिकता के क्रमपूर्वक विकास व उस विकास के कारणों की कोई चर्चा नहीं की गयी थी। किन्तु आधुनिक दर्शन में एक धारा ऐसी विकसित हुई जिसमें मानव-विकास का विचार मूलभूत महत्त्व का हो गया। फलतः समस्त नैतिक आदर्श उसी के सन्दर्भ में परिभाषित किये जाने लगे। इसे **'विकासवादी नीतिशास्त्र' (Evolutionary Ethics)** का नाम दिया जाता है। इस नीतिशास्त्रीय धारा की पृष्ठभूमि में जीवशास्त्री चार्ल्स डार्विन (1809-1882 ई., फ्रान्स) के जैविक विकास के सिद्धान्त (Theory of Biological or Organic Evolution) का एक विशेष स्थान है जो जीव के क्रमिक विकास की अवधारणा को प्रस्तावित करता है। कुछ दार्शनिकों ने इसके आधार पर नैतिकता के अपने सिद्धान्त को प्रतिपादित करने का प्रयास किया। अतः इन नैतिक सिद्धान्तों यानी विकासवादी नीतिशास्त्र की विवेचना से पूर्व इस क्रान्तिकारी वैज्ञानिक सिद्धान्त का संक्षिप्त विवरण कदाचित् उपयोगी होगा।

चार्ल्स डार्विन की दो पुस्तकों 'दि ओरिजिन ऑफ़ स्पीशीज़' (1859) तथा 'द डेसेण्ट ऑफ मैन' (1861) ने पृथ्वी पर जीवों (organisms) की उत्पत्ति व विकास के सम्बन्ध में हमारी समझ में क्रान्ति ला दी। इस सिद्धान्त ने शताब्दियों से प्रचलित ईसाई धर्म की इस मान्यता को पूर्णतः अपदस्थ कर दिया कि किसी विशेष काल में ईश्वर ने पृथ्वी तथा समस्त प्राणियों व पेड़-पौधों को उसी रूप में सृजित किया जिस रूप में हम आज उन्हें देखते हैं। डार्विन का जैविक विकास का सिद्धान्त यह प्रतिपादित करता है कि पेड़-पौधों व प्राणियों की प्रत्येक प्रजाति आज जिस रूप में है, प्रारम्भ में वैसी नहीं थी। वे अरबों-खरबों वर्षों में धीरे-धीरे भौतिक परिस्थितियों से तालमेल या समायोजन करने की अपनी क्षमता के फलस्वरूप ही वर्तमान रूप में विकसित हुई हैं। डार्विन ने माना कि आज एक-दूसरे से भिन्न दिखायी देनेवाली कुछ प्रजातियाँ सम्भवतः किन्हीं एक समान पूर्वजों (one common ancestors) से उत्पन्न हुई हैं। उदाहरण के लिए, मनुष्य व बन्दर को एक समान जाति के पूर्वजों से विकसित माना गया है। डार्विन ने केवल इतना ही नहीं कहा कि प्राणियों की प्रजातियों में काल-क्रम में परिवर्तन या विकास होता है, बल्कि इस विकास की प्रक्रिया की व्याख्या करते हुए उसने यह भी दावा किया कि यह विकास एक विशिष्ट प्राकृतिक नियम के अनुसार होता है। इस प्राकृतिक नियम को डार्विन ने 'प्राकृतिक चुनाव के नियम' (Priciple of Natural Selection) की संज्ञा दी। इसके चार प्रमुख अंग हैं -

(1) **किसी प्रजाति के कुछ सदस्यों में संयोगवश बदलाव (Chance Variation or Mutation among the Individuals of Species)** : डार्विन का कहना है कि संसार में जितनी भी प्रजातियाँ हैं, उनके सदस्य संयोगवशात् आये परिवर्तनों के कारण आपस में भिन्न होते जाते हैं। इस बदलाव (mutation) को पेड़-पौधों या जानवरों-पक्षियों की प्रजातियों में सुगमता से देखा जा सकता है।

(2) **अस्तित्व के लिए संघर्ष (Struggle for Life)** : विभिन्न प्रजातियों के सदस्यों के मध्य या एक ही प्रजाति के अनेक सदस्यों के बीच संघर्ष, साथ ही, उनका वातावरण से भी संघर्ष किसी भी जीव के अस्तित्व को ख़तरे में डाल देता है। डार्विन का कहना है कि बीमारी, मौसम, शत्रु, खाद्यान्न की कमी, इत्यादि के कारण ऐसा संघर्ष सदैव चलता रहता है।

(3) **योग्यतम की उत्तरजीविता (Survival of the Fittest)** : जीवन-संघर्ष में वही विजित यानी जीवित रहता है जिसने स्वयं को संघर्ष में जीतने के योग्य बनाया है, जिसने अपनी क्षमताओं को बढ़ाया व बदलते वातावरण से स्वयं को समायोजित (adapt) किया। डार्विन के अनुसार, जीवित रहने के लिए योग्यतम वह नहीं है जो सबसे अधिक ताकतवर है या सबसे अधिक बुद्धिमान्

है, बल्कि इस सन्दर्भ में योग्यतम वह है जिसने वातावरण से सफलतापूर्वक समायोजन करने की क्षमता को विकसित किया है।

(4) **आनुवंशिकता (Heredity)** : जीवन-संघर्ष में अपनी क्षमता व वातावरण से समायोजन के कारण जीवित बचनेवाले जीव अपने उन बदलावों (chance variations) को अगली पीढ़ी को हस्तान्तरित कर देते हैं जिनके कारण वे जीवित बचे। इस हस्तान्तरण की वजह से जो थोड़ा-थोड़ा परिवर्तन पीढ़ियों में आता है, वह उत्तरोत्तर इतना अधिक होता जाता है कि पहली पीढ़ी से आज की पीढ़ी पूरी तरह से भिन्न हो जाती है।

डार्विन के इस जैविक विकास के सिद्धान्त का समाज के प्रत्येक क्षेत्र में अभूतपूर्व प्रभाव पड़ा और इसी के कारण राजनीतिक, सामाजिक, धार्मिक, आर्थिक सभी पक्षों में, सत्ताओं, संस्थाओं, विचारधाराओं, मूल्यों, सिद्धान्तों, इत्यादि की उत्पत्ति (origin) तथा विकास (evolution or development) की बात की जाने लगी। इसका प्रभाव नीतिदर्शन पर भी पड़ा और अब नैतिक मूल्यों के सार (essence) के स्थान पर उनकी उत्पत्ति (origin) को समझने का प्रयास किया जाने लगा तथा यह भी जानने का प्रयास होने लगा कि वे कैसे विकसित होते हैं। तो एक तरह से नैतिक मूल्यों एवं आदर्शों के इतिहास व गतिशीलता (history and dynamics) का अध्ययन किया जाने लगा जो समाजशास्त्र (Sociology) की विषयवस्तु है। जैविक विकास के सिद्धान्त का नीतिदर्शन पर एक दूसरा अधिक महत्त्वपूर्ण असर यह हुआ कि इस सिद्धान्त का प्रभाव नैतिक मानदण्ड की खोज की प्रक्रिया पर भी पड़ा। डार्विन का जैविक सिद्धान्त केवल तथ्यों व उनकी व्याख्या हेतु प्रस्तावित था और उसका मूल्यों से सीधे-सीधे कुछ भी लेना-देना नहीं था। मगर जब यह सिद्धान्त दार्शनिकों के हाथ में पड़ा तो इस सिद्धान्त में दो अत्यधिक प्रचलित तत्त्वदार्शनिक विचार जोड़े गये जिनके कारण मूल्य-स्थापना के लिए यह प्रासंगिक हो गया। वे दो तत्त्वमीमांसीय विचार थे-[2]

1. विश्व-एकत्व का सम्प्रत्यय (Idea of Cosmic Unity)
2. उन्नति का विचार (Idea of Progress)

डार्विन का सिद्धान्त केवल इतना प्रस्तावित करता था कि कई प्रजातियाँ प्राकृतिक चुनाव के नियमानुसार अन्य प्रजातियों में बदल जाती हैं और इसके लिए हमारे पास बलशाली वैज्ञानिक साक्ष्य भी हैं। किन्तु कुछ तत्त्वदार्शनिकों ने इस विचार को यह रूप दे दिया कि जीवों की सभी प्रजातियाँ वस्तुतः एक समान (cosmo plasmatic), 'एक कोशीय जीव' (unicellular organism) से विकसित होकर अस्तित्व में आयी हैं। अर्थात् वर्तमान में विद्यमान सभी जैविक प्रजातियाँ मूलरूप से विकास की समान प्रक्रिया की उपज हैं। जब विकासवाद को इस रूप में समझा जाने लगा तो इसने एक अन्य धारणा को भी जन्म दिया कि यह सारी प्रक्रिया केवल बदलाव या परिवर्तन की नहीं, बल्कि उन्नति (progress) की भी प्रक्रिया है जिसमें एक कोशीय जीव से अत्यधिक

जटिल मनुष्य जैसे जीव का विकास हुआ जिसकी श्रेष्ठता निर्विवाद है। मनुष्य को इस दृष्टि से अन्य प्राणियों से श्रेष्ठ माना जाता है कि उसने ज़्यादा बेहतर समायोजन किया जिससे वह निम्न से उच्च श्रेणी में आ गया। इस दृष्टि से जैविक परिवर्तन मात्र रूप-परिवर्तन नहीं, बल्कि उन्नतिपूर्ण विकास का द्योतक हो गया जो निम्न स्तर से उच्च स्तर में जाने के लिए होता है। तो स्पष्ट ही यह स्तर-परिवंर्तन श्रेयस्कर या शुभ है अतः इस जैविक विकास को वस्तुतः एक तरह से नैतिक विकास समझा जाने लगा। जैविक विकास में परिवर्तन के साथ उन्नति के सम्प्रत्यय को जोड़ देने से यह विकास नैतिक रूप से मूल्यवान् हो गया।[3] इससे यह अर्थ निकला कि इस जैविक विकास को बढ़ाना हमारा नैतिक उत्तरदायित्व है और जो आचरण इसको अवरुद्ध करेगा, वह अनैतिक है। जैविक विकास को नैतिक विकास के रूप में परिवर्तित करने के इस दृष्टिकोण ने ही एक नैतिक मानदण्ड को जन्म दिया जिसको प्रस्तावित करने का प्रमुख श्रेय हर्बर्ट स्पेन्सर (1820-1903 ई., इंग्लैण्ड) को जाता है।

हर्बर्ट स्पेन्सर का विकासवादी नैतिक सिद्धान्त (Evolutionary Theory of Morals by Herbert Spencer)

हर्बर्ट स्पेन्सर उन प्रमुख विचारकों में से एक है जिन्होंने प्राकृतिक यान्त्रिक नियमानुसार संचालित जैविक विकास के विचार को नीतिशास्त्रीय विचारों व विधियों पर सुव्यवस्थित रूप से लागू करने का कार्य किया। एक दूसरी दृष्टि से स्पेन्सर को उपयोगितावादी विचारकों (Universalistic Hedonists or Utilitarianists), विशेष रूप से बेन्थम, का तार्किक उत्तराधिकारी माना जाता है क्योंकि बेन्थम की भाँति ही वह **सुख (happiness)** को नैतिक दृष्टि से महत्त्व देता है और उसे स्वतः साध्य शुभ व परम उद्देश्य मानता है। सुखवादियों की भाँति ही वह स्वीकार करता है कि सद्गुण का निर्धारण सुख के आधार पर किया जा सकता है यानी सुख की मात्रा किसी कर्म के नैतिक औचित्य को तय कर सकती है। मगर साथ ही, वह प्राकृतिक चयन पर आधारित विकास की प्राक्कल्पना को प्रस्तावित करनेवाले वैज्ञानिक सिद्धान्त से भी प्रभावित था और इस **विकास या वृद्धि (Development or Progress)** को वह नैतिक मूल्य प्रदान करता था। प्रश्न यह है कि विकास क्या है। डार्विन ने 'विकास' शब्द को सरल व असंगठित जैविक अवस्था से अपेक्षाकृत जटिल तथा सुसंगठित अवस्था में बदलने के अर्थ में प्रयोग किया था। इसी आधार पर 'विकास' की परिभाषा करते हुए स्पेन्सर ने कहा कि सरलता (simplicity) से जटिलता (complexity) की ओर, एकता (oneness) से अनेकता (multiplicity) की ओर तथा अव्यवस्थित अवस्था (unorganisedness) से सुव्यवस्था (well organisedness) की ओर बढ़ने का

क्रम ही विकास है। उसका मत है कि केवल जीव (organisms) ही नहीं वरन् विचार भी इसी तरह विकसित होते हैं। अतः सामाजिक व नैतिक नियम भी मूलतः जैविक नियमों से ही प्राप्त किये जा सकते हैं। जैविक विकास को मूलाधार मानने के कारण वह मानता है कि नैतिकता का उद्देश्य जीवन के विकास की प्रक्रिया को उत्तरोत्तर आगे बढ़ाना है। तदनुसार जो कर्म व्यक्ति एवं समाज की जीवन-रक्षा व वृद्धि में जितना सहायक या बाधक है, वह क्रमशः उतना ही शुभ या अशुभ है। स्पेन्सर ने समायोजन को इतना अधिक महत्त्व दिया कि उसने वातावरण से प्राणी के निरन्तर समायोजन को ही जीवन की संज्ञा दी है।

इस तरह, स्पेन्सर दो नैतिक आदर्शों को स्वीकृति देता प्रतीत होता है - सुख एवं विकास। परन्तु सतही रूप से भिन्न प्रतीत होनेवाले सुख एवं विकास के दोनों कर्म-उद्देश्यों में वह व्यावहारिक रूप से कोई विरोध नहीं मानता, इसीलिए उसने दोनों में समन्वय करने की चेष्टा की जिसकी चर्चा आगे की जायेगी। अभी केवल इतना बताना पर्याप्त है कि समन्वय के पीछे कदाचित् उसके मन में दोनों के प्रति सम्मान के अतिरिक्त यह भाव भी था कि सुख एक ऐसी अनुभूति है जिसको सुनिश्चितता से नापा नहीं जा सकता, मगर जीवन के विकास को नापने के लिए एक वस्तुनिष्ठ पैमाना हो सकता है, इसीलिए स्पेन्सर ने व्यावहारिक दृष्टि से विकास को अधिक महत्त्व दिया जिसके कारण ही उसे नैतिक सन्दर्भ में विकासवादी विचारक माना गया। स्पष्ट ही है कि यदि नैतिक मूल्यों के किसी व्यावहारिक मापदण्ड की आवश्यकता हो तो उसे निजी अनुभूतियों में नहीं, बल्कि बाह्य जगत् में खोजा जाना चाहिए। एक जीवनशास्त्री की दृष्टि से अनुभूतियाँ गौण हैं और मुख्य महत्ता भौतिक/शारीरिक जीवन (physical life) की घटना की है। उसी तरह, स्पेन्सर ने भी यह तय किया कि नैतिक मूल्य का आधार (Locus of Moral Values) वह जीवन है जिसे नापा जा सकता है। इस तरह, ऐसा लगता है कि नीतिशास्त्रीय सिद्धान्त को वस्तुनिष्ठ एवं व्यावहारिक आधार मिल जाता है।

अब प्रश्न है कि जीवन को कैसे नापा जाये। स्पष्ट है, आयु या जीवित रहने के वर्षों की संख्या वह मापदण्ड हो सकता है जिसके आधार पर जीवन को नापा जा सकता है। मगर अधिक वर्षों तक जीवित रहना, जिसे स्पेन्सर ने 'जीवन की लम्बाई' (length of life) का नाम दिया, जीवन को नापने का केवल एक पक्ष है। सिर्फ़ लम्बा जीवन मूल्यवान् है, यह मानना स्पष्ट ही बचकाना है। सौ वर्षों तक जीवित रहनेवाले एक कछुए का जीवन मनुष्य से बहुत लम्बा होता है मगर इस आधार पर उसका जीवन मनुष्य से श्रेष्ठ नहीं है। एक जंगली व्यक्ति तथा सभ्य-सुसंस्कृत व्यक्ति की आयु का अन्तर उनके जीवन के मूल्य को निर्धारित करने की सही दृष्टि नहीं हो सकती। इसके स्थान पर विचारों, भावनाओं व क्रियाओं का समवेत रूप कहीं अधिक सन्तोषजनक पैमाना होगा जिसके द्वारा किसी व्यक्ति के जीवन का मूल्यांकन किया जा सके। जीवन को नापने के इस दूसरे पक्ष को स्पेन्सर विभिन्न जैविक क्रियाओं का योग (sum total of vital activities) कहता है। इस बात को आसानी से समझा जा सकता है कि व्यक्ति की लम्बी आयु की तुलना में उस व्यक्ति की वे क्रान्तिकारी क्रियाएँ अधिक महत्त्वपूर्ण हैं जो उसके जीवन को वास्तव में 'जीवन' यानी उन्नत, समृद्ध या पूर्ण अर्थात् एक दृष्टि से विकसित बनाती है।[4] इसे स्पेन्सर आलंकारिक रूप से 'जीवन की चौड़ाई' (breadth of life) कहता है। उसका मत है कि जीवन को नापने के लिए उसकी लम्बाई के अंतिरिक्त इस चौड़ाई यानी जीवन-समृद्धि (परिपूर्णता) पर भी विचार किया जाना चाहिए क्योंकि लम्बाई व चौड़ाई, दोनों ही जीवन के विकास का अंग हैं। स्पेन्सर के शब्दों में, "आचरण का हर विकास जीवन की लम्बाई को बढ़ाते हुए क्रियाओं की संख्या भी बढ़ाता है।"[5] जीवन की लम्बाई व चौड़ाई, दोनों - जो पर्यावरण व समाज यानी पूर्ण वातावरण से सफल समायोजन सम्बन्धी जटिल क्रियाएँ ही हैं - मिलकर ही 'अधिकतम जीवन' (maximum of life) हैं और यही जीवन का परम शुभ (ultimate end of life) है, ऐसा स्पेन्सर का मत है। तदनुसार प्रत्येक वह कर्म नैतिक या उचित है जो इस समायोजन में सहायक है; दूसरे शब्दों में, जो जीवन की लम्बाई व चौड़ाई को बढ़ाने वाला है।

इस तरह, स्पेन्सर का नैतिक आदर्श मूलतः जीववैज्ञानिक है। विकासवाद के दार्शनिक आदर्श के अनुसार, सम्पूर्ण सृष्टि का निरन्तर विकास हो रहा है, यह अनवरत उन्नति की ओर जा रही है और विकास व उन्नति का अर्थ है, विभिन्न प्रजातियों का वातावरण से बेहतर व सफल समायोजन। इसका नीतिशास्त्रीय आशय यह है कि मनुष्य का कर्त्तव्य है कि वह इस उन्नति की ओर उन्मुख विकास-प्रक्रिया में सहयोग करे। अतः मनुष्य का प्रत्येक वह कर्म नैतिक है जो पर्यावरण व समाज के साथ उसके बेहतर व सफल समायोजन में मदद करता है और जीवन को लम्बा व समृद्ध बनाता है तथा इस विकास-प्रक्रिया में बाधक कर्म अनैतिक है। जीवन का विकास अर्थात् उसकी लम्बाई-चौड़ाई परम शुभ है जो हमारे कर्मों का लक्ष्य है। यह कर्मों का प्रेरक हेतु है व मूल्यांकन का मानदण्ड भी। स्पेन्सर के इस विकासवादी नैतिक सिद्धान्त के सार को व्हीलराइट के निम्नलिखित शब्दों में इस तरह प्रकट किया जा सकता है -

"संक्षेप में, सभी आचरण व्यक्ति के वातावरण या समाज जिसका वह सदस्य है, से उसका किसी-न-किसी रूप में समायोजन ही है। सफल या असफल समायोजन के अनुरूप ही आचरण अच्छा या बुरा, प्रशंसनीय या निन्दनीय होता है; समायोजन की सफलता नापी जाती है कि किस सीमा तक व्यक्ति जीवन को - चाहे अपने या चाहे दूसरों के जीवन को - बढ़ाने में सफल रहा और जीवन को बढ़ाने का अर्थ है उसकी लम्बाई और परिपूर्णता, दोनों।"[6]

स्पेन्सर के नैतिक सिद्धान्त के विस्तार में जाने पर कई महत्त्वपूर्ण विचार सामने आते हैं। सर्वप्रथम, उसके अनुसार, समस्त नैतिकता का उद्देश्य है कि मनुष्य अपने कर्मों

के चुनाव द्वारा एक ऐसी अन्तिम स्थिति में पहुँच जाये जिसमें वातावरण के साथ उसका समायोजन पूर्णता में हो। यह स्थिति अधिकतम समृद्ध जीवन की स्थिति होगी। स्पेन्सर के अनुसार, विकास की प्रक्रिया में हम उस स्थिति की ओर आगे बढ़ रहे हैं जो विकास का पूर्णत्व व चरमोत्कर्ष होगा। यह आदर्श स्थिति हमारे आचरण का लक्ष्य है। उसका मानना है कि जब विकास अपने चरमोत्कर्ष पर पहुँच जायेगा और पूर्णता के आदर्श को प्राप्त कर लेगा तब हमारा आचरण भी **'पूर्ण विकसित' (completely developed)** स्तर का यानी नैतिक रूप से सर्वोत्कृष्ट हो जायेगा। सम्भवतः नैतिकता के इस स्तर को ही वह **'निरपेक्ष नैतिकता' (Absolute Morality)** कहता है। यद्यपि स्पेन्सर के सिद्धान्त में 'निरपेक्ष नैतिकता' का ठीक-ठीक क्या अर्थ है तथा इसके क्या नियम हैं, यह स्पष्ट नहीं हो पाता, किन्तु ऐसा प्रतीत होता है कि निरपेक्ष नैतिकता से उसका आशय ऐसी नैतिकता से है जिसके नियम वर्तमान समाज या दुनिया से सम्बन्धित न होकर पूर्णरूपेण विकसित आदर्श मानव-समाज से सम्बन्धित होने के कारण परिवर्तनशील नहीं हैं। इस निरपेक्ष नैतिकता के विपरीत वह नैतिकता है जिसे स्पेन्सर **'सापेक्ष नैतिकता' (Relative Morality)** कहता है जो काल-क्रम में विभिन्न स्तरों पर विकसित होनेवाले समाजों से सम्बन्धित है। स्पष्ट है, यह नैतिकता परिवर्तनशील है क्योंकि विकास के स्तरों के अनुसार विभिन्न समाजों में तो यह अलग-अलग होगी ही, एक ही समाज के विकास के अलग-अलग पड़ावों पर भी यह पृथक्-पृथक् होगी। जब तक मानव समाज पूर्ण आदर्श की अवस्था में नहीं पहुँचता तब तक वह सापेक्ष नैतिकता के नियमों से शासित होता है, ऐसा स्पेन्सर का मत है। मनुष्य के विभिन्न समाजों में प्रचलित व स्वीकृत नैतिकता सापेक्ष नैतिकता है। और चूँकि यह विकास की अपूर्ण या कम विकसित अवस्था की द्योतक है अतः ऐसे सन्दर्भ में, स्पेन्सर के मतानुसार, मनुष्य के आचरण को **'कम विकसित आचरण' (less developed conduct)** कहा जा सकता है।

स्पेन्सर के सिद्धान्त में एक अन्य महत्त्वपूर्ण विचार यह है कि वह केवल अपने निजी जीवन के संरक्षण व विकास पर बल नहीं देता बल्कि उसके अनुसार, सबके - जिसमें वह स्वयं भी शामिल है - जीवन का विकास नैतिक रूप से शुभ व मूल्यवान् है। स्पेन्सर का विचार है कि स्वार्थ (Egoism - अपने स्वयं के जीवन को आगे बढ़ाना) तथा परार्थ (Altruism - सबके जीवन को आगे बढ़ाना), दोनों समान रूप से महत्त्वपूर्ण हैं क्योंकि समाज का विकास यानी 'अधिकतम संख्या का अधिकतम जीवन' (Maximum Life for Maximum Number) तभी प्राप्त किया जा सकता है जब सभी व्यक्ति अपना-अपना विकास करते हुए दूसरों के विकास हेतु परस्पर अपेक्षाकृत निःस्वार्थ सहयोग करें। स्वयं तथा दूसरों, दोनों के लिए अधिकतम जीवन समान रूप से सम्भव है क्योंकि स्पेन्सर के अनुसार, आत्म-संरक्षा (self-preservation) तथा आत्म-त्याग (self-sacrifice), दोनों ही व्यक्ति की मौलिक प्रवृत्तियाँ हैं। उसकी दृष्टि

में मनुष्य की स्वार्थमूलक प्रवृत्ति निन्दनीय नहीं, बल्कि मानव-जाति के विकास के लिए अनिवार्य व वांछनीय है। इस स्वाभाविक स्वार्थमूलक प्रवृत्ति के कारण ही वह प्रत्येक परिस्थिति में आत्म-रक्षा करता है तथा अपना अस्तित्व बनाये रखने व स्वयं को विकसित करने का निरन्तर प्रयास करता है। इसके बिना व्यक्ति का जीवित रहना और विकास करना असम्भव है। इसके साथ ही, स्पेन्सर के मतानुसार, व्यक्ति की परोपकारात्मक प्रवृत्ति भी उसके लिए स्वाभाविक व अनिवार्य है और मानव-जाति के विकास में सहायक है। माता-पिता अपनी चिन्ता किये बिना सन्तान के पालन-पोषण व विकास के लिए निरन्तर प्रयास करते हैं। इसी प्रवृत्ति के कारण अनेक व्यक्ति दूसरों के कल्याण हेतु अपने सुख का ही नहीं, वरन् कभी-कभी अपने जीवन का भी बलिदान कर देते हैं। जैसा कि ऊपर उल्लेख किया जा चुका है, स्पेन्सर के अनुसार, स्वार्थ व परोपकार, ये दोनों ही मानव-स्वभाव के अनिवार्य अंग हैं और इनमें कोई मूलभूत विरोध नहीं है। वह मानता है कि इनमें से किसी भी एक को समाप्त करने का प्रयास व्यक्ति के लिए अप्राकृतिक व मानव-जीवन के लिए हानिकारक होगा क्योंकि केवल स्वार्थ या केवल परोपकार, दोनों ही मानव-जाति के विकास में समान रूप से बाधक हैं। इस तरह, स्पेन्सर मानव-जाति के विकास के लिए **स्वार्थ व परार्थ में समुचित समन्वय (Synthesis of Egoism and Altruism)** को बहुत आवश्यक मानता है। उसका विश्वास है कि वर्तमान में इन दोनों में दिखायी देनेवाला संघर्ष वास्तविक नहीं है और मात्र अविकसित अवस्था की उपज है। जैसे-जैसे विकास-क्रम आगे बढ़ता जाता है, स्वार्थ व परार्थ में समन्वय भी बढ़ता जाता है और विकास की अन्तिम अवस्था में इनका वर्तमान अस्थायी विरोध पूर्णतः समाप्त हो जायेगा। यह अन्तिम अवस्था जो मनुष्य के वातावरण व समाज से पूर्ण समायोजन व पूर्ण विकसित आचरण की अवस्था है, वस्तुतः वैयक्तिक व सामाजिक हित के मध्य पूर्ण विरोध शान्ति की अवस्था भी है। इसके साथ ही, उसका मत है कि वस्तुतः जिन व्यक्तियों व समाजों में स्वार्थ व परार्थ में समन्वय स्थापित हो जाता है, वही विकास-क्रम में जीवित रह जाते हैं और जिनमें ऐसा नहीं होता वे विकास क्रम में स्वतः ही नष्ट हो जाते हैं। इस तरह, स्पेन्सर ने स्वार्थवाद व परार्थवाद के संघर्ष को समाप्त करने का प्रयास किया।

अब स्पेन्सर के नैतिक सिद्धान्त के सम्बन्ध में उस महत्त्वपूर्ण विचार का वर्णन किया जाये जिसकी ओर प्रारम्भ में ही संकेत किया जा चुका है। स्पेन्सर जीवशास्त्रीय विकास के नैतिक मूल्य के साथ ही 'सुख' (happiness) को भी मूल्यवान् मानता है। विभिन्न सुखवादियों की भाँति उसका भी मत है कि सुख प्राप्त करना व्यक्ति का मूलभूत स्वभाव है (मनोवैज्ञानिक सुखवाद Psychological Hedonism) और उसके कर्मों का एकमात्र लक्ष्य भी (नैतिक सुखवाद Ethical Hedonism)। स्पेन्सर अपनी इस सुखवादी मान्यता को विकासवादी सिद्धान्त के साथ मिलाने का प्रयास करता है और इस

मत को स्थापित करने की कोशिश करता है कि जीवन के विकास व सुख, दोनों में कोई विरोध नहीं है। उसका विचार है कि जब विकास का जीवशास्त्रीय आदर्श जीवों पर लागू किया जाता है तो उसके साथ-साथ जीवों के कुछ मनोवैज्ञानिक पक्ष भी उभर आते हैं। स्पेन्सर का मानना है कि जैविक विकास सम्बन्धी लक्ष्य से सम्पादित अर्थात् नैतिक दृष्टि से अच्छे कर्मों में सुख को उत्पन्न करने की प्रवृत्ति होती है जबकि विकास में अवरोधात्मक यानी बुरे कर्मों का झुकाव पीड़ा या दुःख की ओर होता है। दूसरे शब्दों में, उसके अनुसार, सामान्यतः सुख उन कर्मों के साथ-साथ रहता है जो जीवन को बढ़ाते हैं तथा दुख जीवन-विरोधी कर्मों का सह-सम्बन्धी है। जैसे, भोजन करना, परिवार बनाना, सम्पत्ति अर्जित करना सुखद तो है ही, साथ ही, निजी व सामाजिक विकास में सहयोगी भी है। इसी तरह, भूख, प्यास, चोट, बीमारी, इत्यादि, पीड़ादायक होने के साथ-साथ हमारे शरीर के लिए हानिकारक भी हैं। **जीवन-वृद्धि व सुख के सह-सम्बन्ध (Co-relation between Development of Life and Happiness)** को स्पेन्सर मात्र आनुभविक रूप से सिद्ध नहीं करता बल्कि उसको विकास सम्बन्धी प्राक्कल्पना के आधार पर निगमित भी करता है। उसका कहना है कि बिना इस सम्बन्ध के ऐन्द्रिक जीवों का अस्तित्व सम्भव नहीं हो सकता था। सुख का अर्थ है एक ऐसी अनुभूति जिसे हम चेतना में लाना व बनाये रखना चाहते हैं और दुःख एक ऐसी अनुभूति है जिसे हम चेतना से बाहर रखना चाहते हैं। इससे सहज ही यह निष्कर्ष निकलता है कि यदि चेतना या जीवन को सुखद बनाये रखने की अवस्था जीवन के लिए नष्टकारी कर्मों से सह-सम्बन्ध रखती और जीवन को दुःखद बनाये रखने की अवस्था जीवन-संरक्षणकारी कर्मों के साथ जुड़ी होती तो विकास के क्रम में जीवन नष्ट हो जाता क्योंकि फिर व्यक्ति जीवन के लिए नष्टकारक कर्मों की ओर प्रेरित होता व उसके संरक्षण सम्बन्धी कर्मों को त्याग देता। स्पेन्सर का मानना है कि यदि जीवन-संरक्षण व विकास में सुख न होता तो कोई व्यक्ति कभी जीवन को बचाने का प्रयास नहीं करता। साथ ही, यदि संरक्षा व विकास में हम दुःख पाते तो हम सभी जीवन-समाप्ति का प्रयत्न करते क्योंकि हम दुख नहीं, अपितु सदैव सुख की इच्छा करते हैं। उसके अनुसार, वस्तुतः विकास के क्रम में प्राणियों की केवल वे प्रजातियाँ ही जीवन को बचाये रखने में सफल रहीं जिन्होंने जीवन की संरक्षा, सुरक्षा व विकास में सुख तथा उसको प्रत्यक्ष/परोक्ष रूप से नष्ट करने सम्बन्धी कर्मों में प्राकृतिक रूप से दुःख की अनुभूति की। इसी कारण, जिन प्रजातियों में सुखानुभूति व संरक्षात्मक कर्मों का यह सहज सह-सम्बन्ध सर्वश्रेष्ठ था, उन्हीं की सबसे लम्बे समय तक उत्तरजीविता रही है।[7] संक्षेप में, स्पेन्सर का विचार है कि जीवन का संरक्षण व संवर्द्धन सुखद है क्योंकि सुख उन क्रियाओं से सहज रूप से जुड़ा है जो जीवन को आगे बढ़ाते हैं जबकि दुःख इसकी विपरीत कर्मों से सह-सम्बन्धित है।

हमारे विभिन्न जीवनानुभव भी स्पेन्सर की विकास व सुख के सह-सम्बन्ध को सिद्ध करनेवाली इस निगमनात्मक युक्ति का समर्थन करते हैं। हम पीड़ा परेशानियाँ तभी उठाते हैं जब पाते हैं कि हमारा कर्म पीड़ादायक होने के बावजूद किसी-न-किसी रूप में स्वयं के या दूसरों के सुखार्थ है, जैसे, ऑपरेशन का कष्ट उठाना या सार्वजनिक लाभ के लिए अनशन करना, इत्यादि। इसी तरह, शराब पीने को इसीलिए अशुभ माना जाता है क्योंकि यद्यपि वह क्षणिक सुख देता है मगर अन्ततः स्वास्थ्य के लिए घातक होने के कारण दीर्घकालीन सुख का विरोधी है। इस तरह, स्पेन्सर ने नैतिक सुखवादी विचारधारा तथा जैविक विकासवाद के सिद्धान्त का समन्वय कर एक नया प्रयोग किया और अन्तिम आदर्श व मानदण्ड के रूप में **'जीवन संरक्षण व विकास जो अन्ततः सुखद है' (Preservation and Progress of Life which ultimately is Pleasurable)** को प्रस्तावित किया। इस आदर्श के अनुसार, सभी अच्छे कर्म किसी-न-किसी अर्थ में मनुष्य द्वारा पर्यावरण व समाज से समायोजन के प्रयास हैं। जब जीवन-संरक्षण व विकास में सहायक कर्मों एवं इच्छित अनुभूति यानी सुख, इन दोनों में सह-सम्बन्ध होता है तो यह इस बात का संकेत है कि जीव का प्रकृति से समायोजन अपने सर्वोत्तम रूप में है। जैविक विकासवाद व सुखवाद के इस समन्वय के कारण स्पेन्सर के नैतिक सिद्धान्त को **'विकासमूलक सुखवाद' (Evolutionary Hedonism)** कहा जाता है।

स्पेन्सर ने यद्यपि सुख व विकास में समन्वय को मान्यता दी, मगर सच्चाई यह है कि हम अपने वर्तमान जीवन में इसके विरुद्ध कुछ गम्भीर अपवाद पाते हैं और कतिपय सुखद कर्म जीवन-रक्षात्मक व विकासात्मक नहीं होते। उदाहरण के लिए, उपभोगी वृत्ति (consumerism) यद्यपि सुखदायक होती है मगर यह व्यक्ति के व्यक्तित्व के विकास में बाधक है क्योंकि तब वह अपनी अन्य कलात्मक-बौद्धिक क्षमताओं को बढ़ाने का प्रयास नहीं करता। इसी तरह, अत्यधिक धन-सम्पत्ति का संचय भी यद्यपि निजी सुख देता है मगर यह अन्ततः समाज के लिए लाभदायक नहीं है। इस सन्दर्भ में स्पेन्सर की स्वीकारोक्ति भी है कि आधुनिक सभ्यता में जिन कृत्रिम परिस्थितियों में हम रहते हैं, उनमें वास्तव में सुख व विकास के सह-सम्बन्ध के कुछ अपवादात्मक उदाहरण सामने आते हैं। मगर उसने इनकी व्याख्या करने का भी प्रयास किया है। उसका विचार है कि छोटे घुमन्तू समूहों से विशाल स्थिर समाजों में बदलना, साथ ही, प्रारम्भिक हिंसक आदतों का शान्तिपूर्ण व्यवहार में बदलाव, ये सब वास्तव में एक बहुत बड़ा परिवर्तन है; ऐसे ही, विशेष रूप से विभिन्न समाजों के बीच परस्पर शत्रुता होते हुए भी प्रत्येक समाज के भीतर उस विशेष समाज के सदस्यों के बीच मित्रता व सहयोग का विरोधाभासी नया जीवन भी एक ऐसा बदलाव है जिसके कारण मानव-प्रवृत्तियाँ व भावनाएँ तथा संरक्षण, आपस में सही प्रकार से समायोजित नहीं रहे हैं। इसी कारण, सुख यानी मनुष्य का मनोवैज्ञानिक पक्ष व शारीरिक यानी जैविक अवस्था का सह-

सम्बन्ध आज के समाज में कुछ अधूरा-सा है। मगर स्पेन्सर को उम्मीद है कि यह अधूरापन आगे आनेवाले विकास-क्रम में दूर हो जायेगा और तब विकास व सुख का सह-सम्बन्ध पूर्णरूपेण अपने सर्वश्रेष्ठ रूप में स्थापित हो जायेगा।[7]

स्पेन्सर के विकासवाद व सुखवाद के समन्वयकारी नैतिक सिद्धान्त की विवेचना के इस पड़ाव पर एक बात यह उठती है कि उसके सिद्धान्त से किन विशेष ठोस नैतिक नियमों या कर्त्तव्यों का आपादन किया जा सकता है। वस्तुतः एक नैतिक सिद्धान्त की परीक्षा तब होती है जब उससे यह निष्पन्न किया जाये कि व्यक्ति के कर्त्तव्य क्या-क्या हैं। अपने अमूर्त सूत्रात्मक (abstract formulation) या सैद्धान्तिक (theoritical) रूप में तो स्पेन्सर का सिद्धान्त काफ़ी क्रान्तिकारी लगता है मगर जब उसके आधार पर कर्त्तव्यों का निर्धारण किया जाता है तो यह सिद्धान्त उतना क्रान्तिकारी नहीं रह जाता। स्पेन्सर रूढ़िवादी था और अपने सामान्य सिद्धान्त से विशेष-विशेष कर्त्तव्यों के निर्धारण में उसने समाज में प्रचलित व स्थापित नैतिकता को ही वरण किया। स्पेन्सर का मत है कि व्यक्ति व समाज के जीवन-संरक्षण व विकास में सहायक होने के कारण ही समस्त प्रचलित नैतिक नियमों व सद्‌गुणों की सार्थकता है। हज़ारों वर्षों से हमारे पूर्वजों ने अपने व्यापक अनुभवों के परिणामस्वरूप ऐसे नैतिक नियमों तथा सद्‌गुणों की खोज की है जो व्यक्ति तथा समाज, दोनों के जीवन-संरक्षण व विकास रूपी लक्ष्य के लिए एक साधन के रूप में सहायक सिद्ध हुए हैं। इस तरह, उसने वर्तमान काल की प्रचलित नैतिकता को अपने सिद्धान्त द्वारा केवल एक नया औचित्य प्रदान किया। उदाहरण के लिए, क्या मुझे झूठ बोलना चाहिए, यदि यह मेरे जीवन की लम्बाई-चौड़ाई के लिए आवश्यक हो ? स्पेन्सर का उत्तर होगा, नहीं। क्योंकि उसके अनुसार, झूठ की सहायता से जीवन के विकास व समृद्धि की कल्पना करना केवल तात्कालिक विकास की दृष्टि है, आदर्श-पूर्ति की स्थायी दूरगामी दृष्टि नहीं। स्पेन्सर के अनुसार, परम्परागत नैतिक नियम, जैसे सदा सत्य बोलना, ईमानदार होना, कृतज्ञ होना, दूसरों के सम्पत्ति-अधिकारों का सम्मान करना, इत्यादि व्यक्तियों के पारस्परिक सहयोग यानी समाज से बेहतर सामंजस्य के लिए आवश्यक हैं अतः उनका पालन प्रत्येक व्यक्ति का कर्त्तव्य है। ऐसे ही, उसकी दृष्टि में यौन उच्छृंखलता भी अनैतिक है और इसके बदले विवाह व सन्तानोत्पत्ति उचित है क्योंकि इसके माध्यम से व्यक्ति अपनी प्रजाति की उत्तरजीविता व स्वास्थ्य में सहायक होगा। घटिया साहित्य पढ़ने को भी स्पेन्सर नैतिक दृष्टि से बुरा कहेगा क्योंकि इससे सामाजिक वातावरण के विषय में मिथ्या विचार पनपते हैं जिसके कारण समाज के साथ समायोजन के सर्वाधिक उपयुक्त तरीक़े सीखने से व्यक्ति वंचित रह जाता है।

इसी तरह, स्पेन्सर दूसरों की स्वतन्त्रता व न्याय में बाधा डालने को भी समायोजन के विपरीत होने के कारण अशुभ कहता है। उसके अनुसार, चूँकि सभी मनुष्यों की स्वतन्त्रता का समान महत्त्व है अतः प्रत्येक व्यक्ति अपनी स्वतन्त्रता को तब तक बनाये

रख सकता है जब तक वह दूसरे की स्वतन्त्रता में बाधक न बने। न्याय के सन्दर्भ में स्पेन्सर का मानना है कि इसके दो प्रमुख नियम हैं - एक यह कि समाज का जो सदस्य जितना दुर्बल व असहाय है उसे उतना ही सहयोग व संरक्षण मिले तथा दूसरा यह कि समाज के प्रत्येक सदस्य को उसकी क्षमता व योग्यता के अनुसार (न कि आवश्यकतानुसार या बराबर) महत्त्व व अवसर मिले। न्याय के प्रथम नियम के अनुसार ही मनुष्य व समूह में रहनेवाले अन्य प्राणी अपनी सन्तान की रक्षा व पालन-पोषण करते हैं। दूसरे नियम का प्रगटीकरण तब होता है जब यह स्वीकार किया जाता है कि जो व्यक्ति जितना योग्य होता है, उसे विकास के उतने ही अधिक अवसर प्राप्त होने चाहिए।

पूर्ण विकास की चरम स्थिति की स्वीकृति के सन्दर्भ में स्पेन्सर की स्वाभाविक मान्यता है कि समाज के विकास के साथ-साथ प्रचलित व सामान्य रूप से सर्वस्वीकृत नैतिक नियमों को ऊपर से लागू करने की आवश्यकता कम-से-कमतर होती जाती है। व्यक्ति तथा सामाजिक वातावरण के मध्य परस्पर पूर्ण सामंजस्य की स्थिति में ये नैतिक नियम इस अर्थ में अनावश्यक हो जाते हैं कि इस आदर्शात्मक स्थिति में चूँकि व्यक्तियों की इच्छाओं व शुभत्व में विरोध समाप्त हो जाता है तो उन बाध्यकारी नैतिक नियमों की आवश्यकता नहीं रह जाती जो समाज के अपूर्ण विकास की स्थिति में आवश्यक माने जाते हैं। उदाहरण के लिए, स्वतन्त्रता की बात की जा सकती है। सामान्यतः समाज में दो व्यक्तियों की स्वंतत्रता के बीच संघर्ष की स्थिति अक्सर उत्पन्न हो जाती है। मगर 'मेरी स्वतन्त्रता वहीं समाप्त हो जाती है जहाँ दूसरे की नाक शुरू होती है', सरीखे विचार की स्वीकृति के साथ ही स्पेन्सर विभिन्न व्यक्तियों की स्वतन्त्रता में सामंजस्य का मार्ग खोलता है और मानता है कि पूर्ण विकास की आदर्शात्मक अवस्था में मेरी व अन्य लोगों की स्वतन्त्रता के बीच का संघर्ष समाप्त हो जायेगा। ऐसे ही, न्याय के दोनों नियमों में भी संघर्ष होता है जब अवसरों का बँटवारा योग्यतानुसार न होकर समान रूप से किया जाये और कमज़ोर को संरक्षण देने के नाम पर योग्य के अवसर उसे दे देने की चेष्टा हो। मगर विकास की प्रक्रिया में अन्ततोगत्वा इन दोनों में भी उसी प्रकार समन्वय हो जाता है जैसे स्वार्थ व परार्थ में। और तब न्याय, स्वतन्त्रता, सत्य, ईमानदारी, कृतज्ञता, इत्यादि के मूल्य व सद्‌गुण स्वाभाविक रूप से प्रतिष्ठापित होंगे और इन्हें बनाये रखने के प्रयास हेतु प्रचलित नैतिक नियमों की आवश्यकता नहीं पड़ेगी। वस्तुतः तब ये नियम मनुष्य के स्वभाव का ही अंग बन जायेंगे क्योंकि तब हमारा आचरण पूर्ण विकसित यानी वातावरण व समाज से पूरी तरह से समन्वित हो जायेगा। स्पेन्सर के अनुसार, यह स्थिति 'निरपेक्ष नैतिकता' (**Absolute Morality**) की स्थिति होगी। ऐसी अवस्था में मनुष्य स्वभाव से ही नैतिक आचरण करेगा फलतः कर्त्तव्य या दायित्व के भाव की भी आवश्यकता नहीं होगी जो अपूर्ण विकास की अवस्था में नैतिक दृष्टि से वांछनीय है। "कर्त्तव्य या नैतिक दायित्व का भाव परिवर्तनशील है और नैतिकता के बढ़ने के साथ

तेज़ी से घट जायेगा। ....चूँकि दायित्व-चेतना वातावरण या सामाजिक स्थितियों से अपूर्ण समायोजन से उत्पन्न होती है अतः समाज से पूर्ण समायोजन के साथ नैतिक अन्तश्चेतना के वे तत्त्व जो दायित्व या कर्त्तव्य शब्द द्वारा अभिव्यक्त होते हैं, तिरोहित हो जायेंगे।'' स्पेन्सर की इस मान्यता की तुलना काण्ट के 'पवित्र संकल्प' (Holy Will) तथा श्रीमद्भगवद्गीता के 'स्थितप्रज्ञ' के विचारों से की जा सकती है। ये वे आदर्शात्मक स्थितियाँ हैं जिनमें कर्त्तव्य या दायित्व-बोध का दबाव नहीं रहता, बल्कि व्यक्ति सहज स्वाभाविक रूप से प्रसन्नतापूर्वक नैतिक नियमानुकूल आचरण करता है, कर्त्तव्य-बोध से स्वयं को संयमित करके नहीं।

स्पष्ट है, जीवन-विकास की स्पेन्सर द्वारा प्रस्तावित आदर्शात्मक चरम स्थिति के प्रति वही प्रश्न उठाये जा सकते हैं जो काण्ट व गीता के क्रमशः 'पवित्रसंकल्प' और 'स्थितप्रज्ञ' के प्रति व्यक्त किये जा चुके हैं। यह एक ऐसा आदर्श है जो एक जीवन में अप्राप्य लगता है। 'निरपेक्ष नैतिकता' व 'पूर्ण विकसित आचरण' की अवधारणा (जिसे उसने स्वयं भी बहुत स्पष्टता से वर्णित नहीं किया है) ऐसी कल्पना है जिसका यथार्थ होना एक जीवन में अत्यन्त कठिन लगता है। इस दृष्टि से स्पेन्सर का सिद्धान्त हमें कुछ निराश भी कर सकता है। मगर 'आत्मा की अमरता' के विचार की स्वीकृति के साथ यह अवश्य ही प्रेरणादायक है।

इसके अलावा, सुख व विकास के सह-सम्बन्ध का केन्द्रीय विचार (इसी के कारण स्पेन्सर को विकासमूलक सुखवाद (Evolutionary Hedonist) माना गया) भी प्रश्नों के घेरे में है। उसने स्वयं भी यह स्वीकार किया है कि इस सह-सम्बन्ध के अपवाद वर्तमान समाज में उपलब्ध हैं। किन्तु स्पेन्सर को यह आशा है कि भविष्य में विकास की चरमावस्था में यह सह-सम्बन्ध पूर्णरूपेण स्थापित हो जायेगा। लेकिन दूरगामी भविष्य की धुँधली-सी आशा पर यथार्थ जीवन सम्बन्धी आचरण का सिद्धान्त स्थापित करना युक्तियुक्त नहीं लगता है।

विकास व सुख के इन दोनों आदर्शों के सह-सम्बन्ध को सिद्ध करने के लिए स्पेन्सर उस 'मनोवैज्ञानिक सुखवाद' का आश्रय लेता है जो अपने-आप में एक अनुचित सिद्धान्त है। 'सुखवाद' (Hedonism) सम्बन्धी अध्याय में इसका निराकरण किया जा चुका है। अतः उसकी पुनः चर्चा करना अनावश्यक होगा। यहाँ मात्र इतना संकेत कर देना पर्याप्त है कि एक मिथ्या सिद्धान्त की स्वीकृति तथा उसके बल पर अपने नैतिक सिद्धान्त को प्रतिष्ठापित करना स्पेन्सर के विचारों को अस्वीकार्य बना देता है।

हर्बर्ट स्पेन्सर के बाद, अब दो उन विद्वानों की संक्षिप्त चर्चा की जायेगी जिन्होंने 'विकासमूलक सुखवाद' के नैतिक सिद्धान्त को आगे बढ़ाने का कार्य किया। ये हैं - लेस्ली स्टीफ़ेन (1832-1904 ई., इंगलैण्ड) एवं सैमुअल अलैक्ज़ैंडर (1859-1938 ई., ऑस्ट्रेलिया)।

लेस्ली स्टीफ़ेन

स्टीफ़ेन ने स्पेन्सर के अनुरूप ही सुख को मानव-जीवन के विकास के साथ संयुक्त किया जो समस्त नैतिक कर्मों व नियमों के मूल्यांकन का आधार है। मगर वह किन्हीं पक्षों में स्पेन्सर से मतभेद रखता है। स्टीफ़ेन ने विकास के सन्दर्भ में व्यक्ति की अपेक्षा समाज को अधिक महत्त्व दिया। उसने समाज के जैविक स्वरूप के सिद्धान्त को प्रतिपादित किया जिसके अनुसार, समाज मानो एक शरीर है और विभिन्न व्यक्ति उसके अंगमात्र। स्पेन्सर ने भी इसी प्रकार के विचार व्यक्त किये थे मगर वह समाज को शरीर व व्यक्तियों को उसके अंग मानने की बात को मात्र एक आलंकारिक दृष्टान्त के रूप में लेता था। किन्तु स्टीफ़ेन ने पूरी गम्भीरता व सुनिश्चितता से, वास्तव में, समाज को एक ऐसा जीव माना व्यक्ति जिसका एक अंग मात्र है। उसकी मान्यता है कि जैसे शरीर से अलग हो जाने पर अंग नष्ट हो जाता है, वैसे ही समाज से पृथक् व्यक्ति का जीवन असम्भव है। शरीर के विभिन्न अंग अपने जीवन के लिए शरीर पर निर्भर हैं, उसी तरह, व्यक्ति भी पूरी तरह समाज पर निर्भर है और उसकी कोई निजी स्वतन्त्र सत्ता नहीं है। उसके जीवन, सभी क्षमताओं, योग्यताओं, विकास, इच्छाओं व आवश्यकताओं की पूर्ति केवल समाज में रहने से ही होती है। जन्मतः प्राप्त समाज की सुरक्षा, संरक्षा व सहयोग ही उसे जीवित रखता है और उसका सम्पूर्ण मानसिक व शारीरिक विकास विभिन्न सामाजिक संस्थाओं, यथा, परिवार, राज्य, इत्यादि में रहकर ही होता है। समाज के बिना उसका अस्तित्व असम्भव है, ऐसा स्टीफ़ेन का मत है। ऐसा लगता है कि स्टीफ़ेन अरस्तू के इस विचार की पुष्टि करता है कि समाज के बिना व्यक्ति या तो जानवर है या देवता। तात्पर्य यह कि मनुष्य या व्यक्ति के लिए समाज अपरिहार्य है। अपने इन विचारों के परिणामस्वरूप ही व्यक्ति के नैतिक लक्ष्य को निर्धारित करते हुए उसका दृढ़ मत है कि 'अधिकतम संख्या के अधिकतम सुख' की बजाय 'सामाजिक जीव या सामाजिक चेतना के स्वास्थ्य व कल्याण' - या कि 'सामाजिक कोशिका का हित' (health or well being of social tissue) वह उद्देश्य है जिसकी पूर्ति करना व्यक्ति का कर्त्तव्य है।[9] नैतिक नियम समाज के जीवित होने की शर्तें हैं और नैतिकता समाज की संरक्षात्मक प्रवृत्तियों का योग है। अर्थात् जो नियम व कर्म सामाजिक कल्याण में सहायक हैं, वे शुभ हैं और इसमें बाधक कर्म अशुभ। इसलिए व्यक्ति को सामाजिक कल्याण हेतु ही कार्य करना चाहिए क्योंकि उसी में उसका कल्याण है। स्टीफ़ेन के अनुसार, 'नैतिक अन्तश्चेतना' (जिसे सामान्यतः व्यक्ति की चेतना माना जाता है) जाति की उस सामूहिक चेतना के लिए प्रयुक्त शब्द है जो व्यक्ति को समाज-कल्याण की प्राथमिक शर्तों को पूरा करने का आदेश देती है।

यद्यपि स्टीफ़ेन को सुखवादी माना जाता है किन्तु वह स्पेन्सर की तुलना में इस दृष्टि से कुछ कम दृढ़ता रखता है। वह मानता है कि सुखवादी व विकासवादी मानदण्ड

परस्पर विरोधी नहीं हैं और उनका रुझान अनिवार्य रूप से एक-दूसरे से संयुक्त हो जाने की ओर होता है। फिर भी उसका विचार है कि यह एक सामान्य नियम है कि प्रत्येक जीव तब श्रेष्ठ होता है जब वह सामाजिक स्वास्थ्य की शर्त (Condition of Social Health) पूरी करता है मगर सुख के लिए ऐसा कोई सामान्य नियम नहीं मिल पाता क्योंकि सुख के मानक जीव के बदलने के साथ बदल जाते हैं। इसलिए स्टीफ़ेन ने सुख को अपेक्षाकृत कम महत्त्व दिया है।

स्टीफ़ेन स्पेन्सर के इस विचार को भी स्वीकार नहीं करता है कि जाति - विकास की एक अन्तिम आदर्श स्थिति है जिसमें व्यक्ति का विकास इस अर्थ में पूर्ण हो जाता है कि तब वातावरण व समाज से उसका पूरा समन्वय हो जाता है और यह अवस्था पूर्ण संघर्ष शान्ति व निरपेक्ष नैतिकता की अवस्था है। इस दृष्टि से स्पेन्सर से विरोध रखते हुए स्टीफ़ेन विकास की किसी अन्तिम भावी आदर्श अवस्था की बजाय समाज के वर्तमान रूप को ही महत्त्व देता है। वह मानता है कि हम समाज-विकास के जिस वर्तमान पड़ाव में हैं उसी के कल्याण के लिए यथासम्भव प्रयत्न करना चाहिए।

मगर यह सोचना थोड़ा विचित्र लगता है कि कोई व्यक्ति अनवरत विकास माने पर उसकी कोई अन्तिम अवस्था या लक्ष्य न माने। यदि यह निश्चेतन पदार्थों का यान्त्रिक विकास है तब तो ठीक है, पर यदि यह चेतन प्राणी सम्बन्धी विकास है तो एक चेतन प्राणी लक्ष्य का विचार न करे, उद्देश्य व प्रेरक हेतु का चिन्तन न करे, यह सम्भव नहीं है क्योंकि ये सब उसके चैतन्य जीवस्वरूप के मूलभूत लक्षण हैं। यह लक्ष्य भले ही स्पेन्सर की भाँति एक सुदूरगामी भावी लक्ष्य या कल्पन के समान न हो किन्तु एक वास्तविक व प्राप्य प्रतीत होनेवाले लक्ष्य का विचार किये बिना विकास की प्रक्रिया की स्वीकृति अस्वाभाविक है।

इसके अतिरिक्त, व्यक्ति समाज का अंगमात्र है और उसकी कोई स्वतन्त्र सत्ता नहीं है, यह विचार भी युक्तियुक्त नहीं है। सत्य तो यह है कि समाज और कुछ नहीं, विभिन्न व्यक्तियों का समूह ही है फलतः व्यक्तियों का विकास ही समाज का विकास है। मगर इसके विपरीत स्टीफ़ेन ने समाज की पृथक् चेतना को स्वीकार किया है और माना कि व्यक्ति उसी सामाजिक चेतना का अंग है। यहाँ यह विचारणीय है कि व्यक्ति व समाज के सम्बन्ध का स्वरूप वास्तव में बड़ा जटिल है। व्यक्ति को मनुष्य व व्यक्ति बने रहने के लिए समाज अपरिहार्य है, यह बात तो स्वीकार करनी ही पड़ती है। किन्तु इसका अर्थ यह नहीं समझना चाहिए कि वह समाज से भिन्न नहीं है। सच्चाई तो यह है कि उसकी स्वतन्त्र चेतना का विकास होता समाज में ही है मगर वह अपने को समाज से स्वतन्त्र रूप से भी स्थापित करता है। समाज व व्यक्ति के सम्बन्ध की जटिलता इस बात से भी प्रकट होती है कि समाज से स्वतन्त्र होकर ही व्यक्ति समाज में वांछनीय परिवर्तन के लिए वैचारिक व व्यावहारिक प्रयत्न करता है जिससे समाज का कल्याण होता है। इसलिए इतने साधारण तरीक़े से व्यक्ति व समाज के सम्बन्ध को वर्णित नहीं

किया जा सकता कि व्यक्ति केवल समाज का अंग है और उसका कोई स्वतन्त्र अस्तित्व व महत्त्व नहीं है। इस बात को न समझ पाने के कारण स्टीफ़ेन की सामाजिक कल्याण की धारणा अस्पष्ट रह जाती है। प्रश्न है कि यदि यह कल्याण व्यक्ति का नहीं है तो किसका है ! अधिकतम व्यक्तियों के कल्याण को ही तो समाज का कल्याण कहेंगे ! वस्तुतः समाज ही सब-कुछ है और व्यक्ति कुछ नहीं, इस तरह की विचारधारा ने ही फ़ासीवाद, साम्यवाद, अधिनायकवाद सरीखे विध्वंसकारी विचारों को जन्म दिया जिनके कारण व्यक्तिगत स्वतन्त्रता व अधिकारों का हनन हुआ। ये सभी विचारक समाज व व्यक्ति के सम्बन्ध को समझाने का प्रयत्न करते हुए शरीर व उसके विभिन्न अंगों के मध्य सम्बन्ध का साम्य देते हैं। किन्तु समाज व व्यक्ति के सम्बन्ध को इस साम्य द्वारा प्रस्तुत करने में एक बहुत बड़ा दोष है। यह स्पष्ट है कि चेतना का केन्द्र पूरे शरीर में (यानी समष्टि में) होता है, न कि उसके विभिन्न अंगों में अलग-अलग, जबकि समाज व व्यक्तियों के सन्दर्भ में चेतना का केन्द्र विशेष-विशेष व्यक्तियों (या कि समाज के अंगों) में है, समाज (या समष्टि) में नहीं। इसीलिए व्यक्तियों के हित से पृथक् करके समाज के विकास व हित को नहीं देखा जा सकता। केवल स्टीफ़ेन ही नहीं, बल्कि अन्य सभी विचारक जो व्यक्ति व समाज के सम्बन्ध को उपर्युक्त साम्य द्वारा समझाने का प्रयास करते हैं, इस गम्भीर भेद की उपेक्षा के दोषी हैं और इसीलिए उनके सिद्धान्त सन्तोषजनक नहीं ठहरते।

सैमुअल अलेक्ज़ैण्डर

अलेक्ज़ैण्डर ने भी स्टीफ़ेन की भाँति व्यक्तियों से इतर सामाजिक जीव का विचार स्वीकार किया। इसे वह 'सामाजिक व्यवस्था' (Social Order) का नाम देता है। अपनी पुस्तक 'मॉरल ऑर्डर एण्ड प्रोग्रेस' में उसने कहा कि सामाजिक व्यवस्था ही वह नैतिक आदर्श है जो व्यक्ति या उसके कर्मों के मूल्यांकन का आधार है। उसके अनुसार, विभिन्न सामाजिक शक्तियों के बीच सन्तुलन या सामंजस्य (equilibrium) ही अन्तिम शुभ है।[10] दूसरे शब्दों में, विभिन्न सामाजिक शक्तियों या आदर्शों के बीच समन्वय, और उसको प्राप्त करने के लिए व्यक्ति के आचरण में एक प्रकार का सन्तुलन पैदा करना ही नैतिक मूल्य है। एक कार्य या व्यक्ति का मूल्यांकन आचरण की उस विशिष्ट कसौटी या मानदण्ड से किया जाता है जिसे नैतिक आदर्श कहा जाता है। अलेक्ज़ैण्डर के विचार में यह नैतिक आदर्श है, आचरण में जो भिन्न-भिन्न लक्ष्यों या आदर्शों की प्राप्ति की प्रवृत्ति है, उनके बीच सन्तुलन। इस तरह, उसके अनुसार, शुभ विभिन्न आदर्शों में समन्वय व आचरण के सन्तुलन में ही निहित है। स्टीफ़ेन व अलेक्ज़ैण्डर द्वारा सामाजिक स्वास्थ्य या सन्तुलन यानी समाज को महत्त्व देने की पृष्ठभूमि में डार्विन के प्राकृतिक चुनाव की प्रक्रिया है जिसका

उद्देश्य व्यक्ति या विशेष जीव के विकास की बजाय पूरी प्रजाति का संरक्षण व वृद्धि है। समाज में बहुत-से समूह या शक्तियाँ होती हैं जिनमें परस्पर तनाव व संघर्ष होता रहता है। इसीलिए इन विचारकों का मत है कि नैतिकता का उद्देश्य उनके बीच समन्वय, सामंजस्य या सन्तुलन स्थापित करना है। इसी कारण स्टीफ़ेन व इस विचारधारा के परवर्ती चिन्तकों ने नैतिकता की दृष्टि से व्यक्ति का महत्त्व कम करके समाज को सर्वोपरि माना और इस मान्यता को स्वीकार किया कि समाज के शुभ में ही व्यक्ति का शुभ निहित है।

अलेक्ज़ैण्डर के अनुसार, नैतिक जीवन में भी एक प्रकार से प्राकृतिक चयन की प्रक्रिया काम करती है जिसमें सर्वाधिक कुशल या सर्वाधिक सन्तुलित प्रकार के आचरण सुरक्षित रह जाते हैं। इस प्राकृतिक चयन का संघर्ष मानव-सन्दर्भों में कमज़ोर या अकुशल व्यक्तियों के विरुद्ध नहीं होता बल्कि उनके आदर्शों, लक्ष्यों या जीवन-पद्धति के विरुद्ध होता है। जो जीवन-पद्धति सामाजिक कल्याण से सामंजस्य रखती है, वही इस संघर्ष में सफल होती है। नैतिकता के सन्दर्भ में हम सामान्य रूप से भौतिक या जैविक शक्तियों के साथ नहीं, बल्कि मानसिक शक्ति या मनों (Minds) से सम्बन्धित होते हैं। इस दृष्टि से अलेक्ज़ैण्डर मानता है कि इस संघर्ष में जैविक गुणों की नहीं, बल्कि अन्य व्यक्तियों के मनोभावों को प्रभावित करने की क्षमता (persuation) जो एक चेतना की दूसरी चेतना पर विजय है, तथा शिक्षा (education), इन दोनों का महत्त्व है। इस तरह, अलेक्ज़ैण्डर ने डार्विन के जैविक विकास व अपने प्रतिपादित सामाजिक विकास में एक समानान्तरता प्रस्तुत की और माना कि सामाजिक विकास में शारीरिक/जैविक संघर्ष के स्थान पर आदर्शों का संघर्ष होता है और इसमें केवल वे आदर्श विजयी होते हैं जिनमें समाज को सफल व अधिकाधिक सुरक्षित रखने की क्षमता होती है।

अलेक्ज़ैण्डर ने स्टीफ़ेन के सिद्धान्तों में कुछ विशेष या नया नहीं जोड़ा अतः उसके विचारों के मूल्यांकन में वे सभी बातें कही जा सकती हैं जो स्टीफ़ेन के विषय में प्रस्तुत की जा चुकी हैं। इसलिए उनका पुनरुल्लेख करने की आवश्यकता नहीं है। वस्तुतः स्पेन्सर, स्टीफ़ेन व अलेक्ज़ैण्डर के अध्ययन से यह स्पष्ट हो जाता है कि उनमें यही एक विचार सार रूप में अन्तर्निहित है कि अन्ततोगत्वा प्रजाति का जैविक कल्याण अथवा संरक्षण व वृद्धि ही मूल्यवान् है। इस दृष्टि से शुभत्व या मूल्य है, व्यक्ति का समाज के साथ समायोजन (स्पेन्सर), सामाजिक स्वास्थ्य (Health of Social Tissue) (स्टीफ़ेन) अथवा सामाजिक सन्तुलन (Equilibrium of Social Order) (अलेक्ज़ैण्डर); और इनके अनुसार, यह सब स्वाभाविक रूप से सुखद है।

अब नैतिक प्रतिमान के इस सिद्धान्त 'विकासवादी सुखवाद' का सामान्यरूप से मूल्यांकन किया जाये। नैतिकता सम्बन्धी इस दृष्टिकोण में मूल्यों का आधार (locus of values) जीवन की सुरक्षा व वृद्धि में है। ये विचारक अपने सिद्धान्त को

व्यक्ति के स्वभाव एवं प्रकृति में उसके स्थान पर केन्द्रित करते हैं। मगर प्रश्न है कि क्या नैतिक मूल्यों, आदर्शों, प्रतिमानों को निर्धारित करने के लिए व्यक्ति का स्वभाव व ब्रह्माण्ड में उसका स्थान ही पर्याप्त है। थॉमस हेनरी हक्सले ने इस ओर ध्यान दिलाया कि इस सिद्धान्त के मूल में 'सन्दिग्धार्थकता तर्कदोष' (Fallacy of Ambiguity) है।[11] 'योग्यतम की उत्तरजीविता' का विचार डार्विन के जैविक सिद्धान्त के केन्द्र में है और योग्यतम का अर्थ है जिसमें वातावरण से समायोजन (adaptation) की सबसे अधिक क्षमता है। अब इस 'योग्यतम' के विचार के साथ 'सर्वोत्तम' (best) का विचार भी कहीं जुड़ जाता है जिसके साथ नैतिक आशय घुले-मिले हैं। मगर सच्चाई यह है कि जैविक दृष्टि से योग्यतम व नैतिक दृष्टि से सर्वोत्तम, दोनों दो भिन्न विचार हैं। पृथ्वी के वातावरण में बदलाव के साथ जिसकी उत्तरजीविता हो, कोई ज़रूरी नहीं है, वह सर्वोत्तम भी हो। अत्यधिक सर्दियों में जो पौधे अपने को सुरक्षित रख पाते हैं, वे तुलनात्मक रूप से छोटे होते हैं; वे जैविक रूप से योग्यतम माने जा सकते हैं मगर वे सर्वोत्तम पौधे नहीं होंगे। इस प्रकार, स्पष्ट हो जाता है कि जैविक अर्थ में योग्यतम व नैतिक अर्थ में उत्तम, इन दोनों में वैध सह-सम्बन्ध नहीं है। सामान्यतः जीवन के निम्न श्रेणी के उदाहरण जैविक दृष्टि से अधिक योग्य होते हैं और उनकी मनुष्य की तुलना में उत्तरजीविता अधिक होती है, यथा कॉक्रोच। इस तरह, 'योग्यतम' के साथ 'सर्वोत्तम' का अर्थ जुड़ जाना केवल एक संयोग माना जा सकता है, जिसे सामान्यतः प्रकृति के विरुद्ध भी कहा जा सकता है। मगर यह तो स्पष्ट ही है कि जैविक विचार वस्तुतः नैतिक विचारों के साथ तादात्म्य नहीं रख सकते और एक जैविक सिद्धान्त को नैतिक सिद्धान्त का जामा नहीं पहनाया जा सकता क्योंकि यह उन विचारों में भ्रम की उत्पत्ति है।

इस भ्रमात्मकता के आगे उपर्युक्त विकासवादी नीतिशास्त्रीय विचार में एक अन्य तर्कदोष भी परिलक्षित होता है जिसे "स्थायी वातावरण सम्बन्धी तर्कदोष" (Fallacy of Static Environment)[12] कहा जा सकता है। विद्वान् लेखक अर्बन का मानना है कि जैविक सिद्धान्त के साथ नैतिक सिद्धान्त को एक धरातल पर रखने के पीछे यह मान लिया गया है कि मनुष्य (जो सार रूप में एक नैतिक प्राणी है) तथा अन्य जीव (जिन पर नैतिक प्रत्यय लागू करना अर्थहीन है), दोनों का प्राकृतिक वातावरण समान होता है। मगर सच्चाई इसके विरुद्ध है। एक अल्पाइन पौधे या सामुद्रिक जीवन का वातावरण स्वरूपतः ही अपरिवर्तनशील है। शुद्ध भौतिक अर्थों में मनुष्य का वातावरण भी स्थायी ही रहता है। मगर उत्तरोत्तर तकनीकी विकास के फलस्वरूप मनुष्य के लिए उसका भौतिक वातावरण एक अन्य दृष्टि से बदल जाता है, जैसे कभी अगम्य अबूझ लगने वाला गहरा सागर भी उसके लिए आज केवल एक तालाब की भाँति नियन्त्रणीय हो गया है। इसके अतिरिक्त, मनुष्य का सामाजिक वातावरण तो निरन्तर परिवर्तनशील होता ही है और तदनुरूप मनुष्य का उसके प्रति

व्यवहार भी दूसरे ढंग का होता है। फलतः व्यक्ति के आचरण के प्रतिमान को भौतिक विकास के सिद्धान्तों पर आधारित करना युक्तियुक्त नहीं है।

हक्सले का मानना है कि उपर्युक्त दोनों तर्कदोषों के मूल में एक अधिक गम्भीर दोष है। उसके अनुसार, हमारी यह मिथ्या धारणा बन जाती है कि चूँकि सामान्य रूप से जानवर व पेड़-पौधे अस्तित्व के लिए संघर्ष के माध्यम से व्यवस्था के पूर्णत्व की ओर बढ़ते हैं तो इसी तरह समाज में, नैतिक प्राणी के रूप में मनुष्य भी पूर्णत्व की प्राप्ति हेतु उसी प्रक्रिया की सहायता लेता है। दूसरे शब्दों में, जानवरों व पेड़-पौधों के साथ मनुष्य के एक मिथ्या साम्य (False Analogy) को स्वीकार करके उसके (मनुष्य के) सम्बन्ध में तर्क किया जाता है।[13] मगर मनुष्य व अन्य निम्न प्राणिजगत् में इतने गहरे अन्तर हैं कि ऐसा साम्य मानना असंगत है। हम न केवल त्रुटिपूर्ण ढंग से यह मान लेते हैं कि दोनों के लिए पूर्णत्व का अर्थ समान है बल्कि यह भी मान बैठते हैं कि उस तक पहुँचने की प्रक्रिया (योग्यतम की उत्तरजीविता - Survival of the Fittest - की प्रक्रिया) भी समान ही है, जबकि दोनों ही मान्यताएँ असत्य हैं।

इस त्रुटि की गम्भीरता और अधिक बढ़ जाती है जब हम पाते हैं कि अन्य प्राणिजगत् के विकास में प्राकृतिक चुनाव की भूमिका है जबकि मनुष्य के विकास का आधार 'बौद्धिक चुनाव' (Rational Selection) है[14] जो एक सामान्य अवैयक्तिक प्राकृतिक नियम नहीं, बल्कि व्यक्ति की निजी अमूल्य विशेषता है जिसके कारण व्यक्ति वातावरण से स्वयं को समायोजित करने की बजाय अपने लक्ष्यों व उद्देश्यों की पूर्ति हेतु प्राकृतिक व सामाजिक वातावरण को अपने से समायोजित करता है। इसी कारण उसके विकास में कुछ नये तत्त्वों का भी समावेश हो जाता है जो निम्न प्राणिजगत् की विकास-प्रक्रिया का अंग नहीं हो सकते। यदि मनुष्य व निम्न प्राणिजगत् की पूर्णता व शुभत्व का अर्थ भिन्न हो तो उस तक पहुँचने की प्रक्रिया व मूल्यांकन की कसौटी समान होगी, यह मानना तर्कसंगत नहीं है।

इसी सन्दर्भ में जी.ई. मूर का भी उल्लेख किया जा सकता है जिसने सामान्य रूप से तथ्यों के बल पर मूल्यों के निगमन को अतार्किक माना और उसे 'प्रकृतिवादी तर्कदोष' (Naturalistic Fallacy) का नाम दिया। सुखवाद की आलोचना में भी इस तर्कदोष का वर्णन किया गया था। 'जैविक विकासवाद' एक वैज्ञानिक सिद्धान्त है जो तथ्यों की सम्भावित व्याख्या हेतु स्वीकृत है। इसके बल पर नैतिक मूल्यों के सिद्धान्त को तर्कसंगत ढंग से पूर्ण निश्चितता से स्थापित नहीं किया जा सकता। इन सब त्रुटियों व आपत्तियों के प्रकाश में कहा जा सकता है कि 'विकासमूलक सुखवाद' एक सन्तोषजनक नैतिक सिद्धान्त के रूप में असफल है।

सन्दर्भ एवं टिप्पणी

1. Urban, W.M.; Fundamentals of Ethics : An Introduction to Moral Philosophy; p. 95
2. Wheelright, Philip; A Critical Introduction to Ethics; p. 112-13
3. Ibid; p. 115
4. Ibid; p. 115
5. Ibid; p. 115
6. Ibid; p. 116
7. Ibid; p. 116-18
8. Ibid; p. 118
9. Chatterjee, Phanibhushan; Principles of Ethics; p. 187
10. Ibid; p. 188
11. Urban, W.M.; Fundamentals of Ethics : An Introduction to Moral Philosophy; p. 110
12. Ibid; p. 110-11
13. Ibid; p. 111
14. Ibid; p. 103-04 ('बौद्धिक चयन' - Rational Selection - के विस्तृत अध्ययन हेतु सन्दर्भ लें)

अध्याय 10

नैतिकता के विकासवादी प्रतिमान फ्रेडरिक. डब्ल्यू. नीत्शे (Evolutionary Ethics : Frederick. W. Neitzsche)

चार्ल्स डार्विन के 'जैविक विकास के सिद्धान्त' (Theory of Biological or Organic Evolution) की हर्बर्ट स्पेन्सर इत्यादि द्वारा स्वीकृत व्याख्या के अनुसार, विकास के पीछे मुख्य विचार है - योग्यतम की उत्तरजीविता (Survival of the Fittest) एवं प्राकृतिक चयन का नियम (Principle of Natural Selection)। इन दार्शनिकों के अनुसार, संसार संघर्ष का एक अखाड़ा है जिसमें वही जीव विजयी यानी जीवित रहते हैं जो इस दृष्टि से अन्य जीवों की तुलना में योग्यतम हैं कि वे निरन्तर परिवर्तनशील वातावरण से समायोजन की क्षमता रखते हैं। इन दार्शनिकों द्वारा विकास की प्रक्रिया को उन्नति की प्रक्रिया के रूप में व्याख्यायित करने के कारण, इस विकास में योगदान करनेवाले जीवों के आचरण को नैतिक रूप से उचित कहा गया है क्योंकि उन्नति श्रेयस्कर अर्थात् शुभ है। इस तरह, कर्मों या आचरण का नैतिक दृष्टि से मूल्यांकन इसी आधार पर हो जाता है कि वे जैविक विकास में योगदान देते हैं या बाधक हैं। यही 'विकासवादी नीतिशास्त्र' (Evolutionary Ethics) है जिसकी व्याख्या पिछले अध्याय में की गयी है।

डार्विन के 'प्राकृतिक चयन' व 'योग्यतम की उत्तरजीविता' के विचारों से प्रभावित होकर स्पेन्सर सरीखे विचारकों के अतिरिक्त एक अन्य कल्पनाशील दार्शनिक ने इन जीवशास्त्रीय सिद्धान्तों को अपने नैतिक विचारों की आधारशिला बनाया। यह दार्शनिक है फ्रेडरिक विल्हेम नीत्शे (1844-1900 ई., जर्मनी) जिसे विल ड्यूरण्ट ने 'डार्विन का पुत्र' (Son of Darwin)[1] कहा है। नीत्शे डार्विन की भाँति वैज्ञानिक नहीं था बल्कि वह एक कल्पनाशील विचारक था, इसलिए उसने जैविक विकास के सिद्धान्त का एक नया ही प्रयोग किया और उसकी पूर्णतः भिन्न व्याख्या की। जब डार्विन ने कहा कि 'योग्यतम जीवित बचता है' (the fittest survives) तो नीत्शे ने उसमें नैतिक सम्प्रत्यय जोड़ा एवं घोषणा की कि 'योग्यतम को जीवित रहना चाहिए' (the fittest ought to survive)।[2] वातावरण से समायोजन के डार्विन के विचार को उसने एक नया पुट दिया तथा कहा कि मनुष्य का विकास वातावरण से समायोजन करने में ही

नहीं, बल्कि अपनी संकल्प शक्ति द्वारा वातावरण को अपने से समायोजित करने अर्थात् अपने अनुकूल ढालने में भी है। 'प्राकृतिक चयन' के विचार को उसने 'बौद्धिक चयन' (Rational Selection) या सोचे-समझे चयन (Conscious Selection) में बदल दिया।[3] नीत्शे पर डार्विन के अतिरिक्त अन्य विचारकों के प्रभाव भी पड़े। वह जर्मनी राष्ट्र के निर्माता लौह-पुरुष ऑटो वॉन बिस्मार्क की भाँति शक्ति का पुजारी था, इसीलिए ड्यूरण्ट ने उसे 'बिस्मार्क के भाई' (Brother of Bismark)[4] की पदवी भी दी है। वह वॉल्टेयर द्वारा प्रस्तुत इस विचार को स्वीकार करता था कि ईसाई धर्म की रूढ़िवादिता जीवन-विकास में बाधक है मगर नीत्शे को वॉल्टेयर की शान्तिवादी व युद्ध-विरोधी विचारधारा पसन्द नहीं थी। इसी तरह, वह आर्थर शोपेनहावर के निरीश्वरवाद को तो समर्थन देता है किन्तु उसका जीवन के प्रति पलायनवादी व निराशावादी दृष्टिकोण नीत्शे को अस्वीकार्य है। इन सभी विचारकों से प्रेरणा लेते हुए नीत्शे ने कुछ ऐसे सिद्धान्त रचे जो युगांतरकारी प्रतीत होते हैं। प्रो. संगम लाल पाण्डेय ने जर्मनी भाषा में उसको वही स्थान दिया है जो ग्रीक भाषा में प्लेटो का है।[5] नीत्शे ने स्वयं कहा था कि भविष्य अतीत को 'नीत्शे के पूर्व' और 'नीत्शे के पश्चात्', इन दो भागों में बाँटेगा।[6] उसके कहने में यद्यपि अतिशयोक्ति है मगर यह भी सत्य है कि आधुनिक साहित्य व दर्शन के अनेक मत नीत्शे को अपना प्रवर्तक मानते हैं। मनोविश्लेषणवाद (Theory of Psycho Analysis), मूल्यवाद (Theory of Standard as Value), प्रयोगवाद (Experimentalism), अस्तित्ववाद (Existentialism), रहस्यवाद (Mysticism), इत्यादि सभी नीत्शे के सिद्धान्तों से उपजे हैं या उससे प्रेरित हैं। यहाँ इनके विस्तार में जाना विषयान्तर होगा क्योंकि प्रस्तुत अध्याय का सम्बन्ध उसके नैतिक विचारों तक ही सीमित है। इस अध्याय में आधुनिक समकालीन दर्शन के इस महत्त्वपूर्ण मगर विवादास्पद दार्शनिक के उस नैतिक सिद्धान्त की विवेचना की जायेगी जिसमें चमत्कारिक अन्तर्दृष्टि पायी जाती है, जो कल्पना की ऊँची उड़ान व अतिशयोक्तियों से परिपूर्ण है, जिसके कारण उस सिद्धान्त के प्रति बहुत सी ग़लतफ़हमियाँ पनपीं व कटु आलोचनाएँ भी हुईं। यह ऐसा सिद्धान्त है जो हममें से अधिकांश को कभी चौंकाता है, हतप्रभ करता है, आशा जगाता है, हिम्मत देता है और फिर कभी-कभी भयभीत करता है।

नीत्शे मानता है कि प्रकृति का निरन्तर विकास हो रहा है। पर वह अन्य जातियों-प्रजातियों के विकास में ज़्यादा रुचि नहीं रखता बल्कि उसका ध्यान केवल मनुष्य के जंगली से सभ्य के रूप में विकसित होने पर है। 'मनुष्य जाति का विकास लगातार हो रहा है क्योंकि मनुष्य जाति में अस्तित्व के लिए संघर्ष हो रहा है, इस संघर्ष में योग्यतम ही सुरक्षित व संरक्षित बचा रहता है और योग्यतम वही है जिसने अपने-आपको बदलकर वातावरण से समायोजन स्थापित किया है' - इस डार्विनीय जैविक विकास की प्रक्रिया के प्रति नीत्शे का प्रश्न है कि आख़िर यह अस्तित्व के लिए संघर्ष होता ही क्यों है; क्यों नहीं हम बिना संघर्ष किये मर जाते ? नीत्शे स्वयं इस प्रश्न का उत्तर देता है कि हम

इस संघर्ष में भाग लेते हैं क्योंकि हम जीना चाहते हैं, मरना नहीं; हम सबमें जीवित रहने की, अपना अस्तित्व बनाये रखने की ललक (Will to Exist) होती है जो हमें इस संघर्ष में भागीदार बनाती है। मगर विकास की व्याख्या करने के लिए केवल 'जीवन की ललक' अपर्याप्त है। वस्तुतः प्रत्येक जीव में जीवित रहने की ही नहीं, बल्कि अपने को विकसित करने की, आगे बढ़ने की, ऊँचा होने की लालसा (Will to Excel, to Achieve) होती है और इसके लिए आवश्यकता पड़ने पर दूसरों से प्रबल होने तथा उन पर प्रभुत्व जमाने की इच्छा (Will to Dominate) भी होती है। जीवन के इतने विभिन्न रूप न होते, मनुष्य जैसी इतनी उच्चतर जाति न विकसित हुई होती, यदि प्राणियों में जीने की इच्छा के अलावा ऊँचा उठने व दूसरों से प्रबल होकर उन पर प्रभुत्व स्थापित करके आगे बढ़ने की इच्छा न होती। यह तो स्पष्ट ही है, संघर्ष में जीवित रहने में वही जीव सफल हो सकते हैं जिनमें जीवित रहने के साथ ही इस संघर्ष में दूसरों को परास्त कर आगे बढ़ने का संकल्प हो। इस दृष्टि से नीत्शे के अनुसार, प्रभुत्व की इच्छा के बिना जीवन की ललक अर्थहीन है। मगर अब अगला प्रश्न है कि कोई जीव अन्य जीवों को परास्त कर कैसे जीवित रह सकता व आगे बढ़ सकता है यदि उसके पास **'शक्ति' (Power)** न हो। तो **शक्ति की इच्छा (Will to Power)** वह चीज़ है जो जीवन-संघर्ष में हमें विजय दिलाती है। नीत्शे का दृष्टिकोण है कि वे ही लोग विकास की प्रक्रिया में जीवित रहते तथा आगे बढ़ते हैं जिनमें शक्ति प्राप्त करने की, अपने को सामर्थ्यवान् बनाने की अदम्य लालसा हो। और जैसा कि पिछले अध्याय में यह बताया जा चुका है कि दार्शनिकों की दृष्टि में विकास की प्रक्रिया वस्तुतः वृद्धि की, उन्नति की - निम्नस्तर से उच्चस्तर तक पहुँचने की - प्रक्रिया है अतः कहा जा सकता है कि विकास का लक्ष्य प्रबलतम होना या सबसे अधिक शक्तिशाली होना है और वे लोग ही श्रेष्ठ हैं जिनमें शक्ति की इच्छा है। इस तरह, नीत्शे ने शक्ति को नैतिक मूल्य प्रदान किया और उसके अनुसार, शक्ति ही एकमात्र परम सद्गुण है और दुर्बलता ही एकमात्र दुर्गण।[7] यह बात प्रारम्भ में ही स्पष्ट हो जानी चाहिए कि नीत्शे के नैतिक सिद्धान्त, जिसे **'शक्ति की इच्छा का सिद्धान्त' (Theory of Will to Power)** या 'शक्तिवाद' कहा जा सकता है, के सन्दर्भ में जिस शक्ति को नैतिक मूल्य प्रदान किया गया है, उसे केवल भौतिक (Materialistic) अर्थ में नहीं वरन् कहीं अधिक व्यापक अर्थ में लेना चाहिए। यह भौतिक के अलावा चारित्रिक, नैतिक, आध्यात्मिक, बौद्धिक, सृजनात्मक इत्यादि शक्तियों के रूप में अत्यधिक विस्तारित स्वरूप की है।

शक्ति का यह विचार नीत्शे के नैतिक सिद्धान्त की आधारशिला है। उसका मानना है कि मानव व्यक्तित्व की धुरी 'शक्ति की इच्छा' ही है और व्यक्ति की सभी क्रियाएँ, विचार, इच्छाएँ इसी की अभिव्यक्ति हैं।[8] जीवन-संघर्ष में विजयी होने की यानी जीने की इच्छा, ज्ञान-प्राप्ति का संकल्प, आदि सभी शक्ति प्राप्त करने के साधन

मात्र हैं। साध्य तो एकमात्र शक्ति है, यही सर्वोपरि है, यही स्वतः शुभ एवं अपने-आप में मूल्यवान् है।

इस तरह, नीत्शे सम्पूर्ण मानवीय आचरण व व्यवहार की मूल प्रेरणा 'शक्ति की इच्छा' को ही मानता है। पिछले अध्यायों में हमने देखा है कि सुखवादी विचारकों (Hedonists) की मूलभूत मान्यता है कि प्रत्येक व्यक्ति केवल सुख (Happiness) की कामना करता है और सुख ही उसका एकमात्र साध्य है। वे मानते हैं कि सुख व्यक्ति की समस्त क्रियाओं की मूल प्रेरणा है। मगर नीत्शे 'सुखवाद' की आलोचना करता है और सुखवादियों पर व्यंग्य करते हुए कहता है कि सभी लोग सुख की कामना नहीं करते, केवल अंग्रेज़ लोग ऐसा करते हैं।[9] क्योंकि उसका विचार है कि सामान्यतः मनुष्य सुख की नहीं, शक्ति की इच्छा करता है। इस तरह, नीत्शे के अनुसार, 'सुखवाद' एक निस्सार सिद्धान्त है। उसका मत है कि सुख व्यक्ति को आलसी, विलासी व लापरवाह बनाता है जिससे उसके शक्ति प्राप्त करने के प्रयासों में बाधा आती है। अतः वह साधन के रूप में भी शुभ नहीं है, स्वतः साध्य शुभ के रूप में उसे स्वीकार करने की तो बात ही क्या ! अलबत्ता नीत्शे ने दुःख को साधन के रूप में अवश्य श्रेयस्कर (उपयोगी) माना है क्योंकि दुःख व्यक्ति में संघर्ष करने की, कठिनाइयों पर विजय प्राप्त करने की इच्छा-शक्ति जाग्रत करता है जिसके द्वारा व्यक्ति दूसरों को परास्त कर, आगे बढ़कर उन्नति कर सकता है। इसलिए नीत्शे सुख को नहीं, ऐसे दुःख को आवश्यक व शुभ मानता है जो शक्ति प्राप्त करने में परोक्ष/अपरोक्ष रूप से मनुष्य का सहायक होता है। अतः उसकी दृष्टि में दुःख अवांछनीय नहीं है। इसी कारण उसका मानना है कि दुःखी मनुष्यों पर दया नहीं करनी चाहिए क्योंकि दया व्यक्ति को कमज़ोर बना सकती है। साथ ही, दया इसलिए भी अवांछनीय है क्योंकि ऐसी दया उस व्यक्ति को संरक्षित करने का प्रयास करती है जिसका संरक्षण मानव-जाति की उन्नति के लिए बाधक है। उसने ईसाई धर्म की बड़ी आलोचना की है जो 'दया का धर्म' (Religion of Mercy) माना जाता है। ईसाई धर्म की मान्यता है कि जो जितना कमज़ोर है, वह उतना ही रक्षा के योग्य है। वस्तुतः इस धर्म के अनुसार, दया नैतिकता की चरम अभिव्यक्ति है। ईसाई धर्म के इन्हीं विचारों के कारण नीत्शे ने कहा था कि 'ईसाइयत मानव-जाति के लिए कभी नष्ट न होनेवाला अभिशाप है।'[10] उसका मानना है कि नैतिकता दया में नहीं, बल्कि शक्ति-प्राप्ति के प्रयासों में है। नीत्शे का मत है कि दुःखी मनुष्यों पर दया करने की बजाय उनको अपनी विषम परिस्थितियों से ख़ुद ही जूझने देना चाहिए ताकि वे शक्तिवान् होकर विजित हो सकें और अपनी विजय पर गर्व कर, एक स्वाभिमानी गौरवशाली जीवन-योद्धा के रूप में स्वयं को विकसित कर सकें।

नीत्शे के अनुसार, मानव-जाति के विकास का अन्तिम लक्ष्य है, एक ऐसी उच्चतर प्रजाति की उत्पत्ति जो मनुष्य-जाति से श्रेष्ठ व उसके लिए आदर्श है। यह सम्भवतः वैसे ही है जैसे विकास-क्रम में बन्दर सरीखे जानवर से उस मनुष्य-जाति के

उत्पत्ति हुई जो उनसे श्रेष्ठ थी। नीत्शे उसी क्रम में आगे मनुष्य-जाति से एक और अधिक श्रेष्ठ प्रजाति के विकास की ओर संकेत करता प्रतीत होता है।[11] इस आदर्श व श्रेष्ठतर प्रजाति को नीत्शे **अतिमानव (Super Man)** का नाम देता है। उसकी मान्यता है कि जो भी व्यक्ति अपने-आपको शक्तिवान् बनाने हेतु प्रयत्न करता है, वह अतिमानव नामक प्रजाति की उत्पत्ति व विकास में योगदान देता है। वस्तुतः एक तरह से मनुष्य अपने को शक्तिवान् बनाने, अपने से ऊपर उठने के प्रयास में अतिमानव का निर्माण करता है। यहाँ एक बार पुनः स्पष्ट हो जाना चाहिए कि व्यक्ति के शक्तिवान् होने या शक्ति की इच्छा का अर्थ मात्र भौतिक-शारीरिक शक्ति से नहीं, बल्कि अधिक व्यापक अर्थ में शारीरिक के साथ-साथ, बौद्धिक, कलात्मक, आध्यात्मिक, इत्यादि रूप से समृद्ध हो जाना है। तदनुरूप 'अतिमानव' शब्द का अर्थ भी कोई राक्षस या दैत्य जैसा शारीरिक रूप से बलवान् प्राणी नहीं है। बल्कि यह मनुष्य-जाति के आगे की एक सर्वांगीण विकसित प्रजाति का नाम है जिसकी उत्पत्ति शक्ति की इच्छा का लक्ष्य है और जो प्राकृतिक विकास की चरम परिणति है जिसके प्रादुर्भाव के लिए यथासम्भव अधिकतम प्रयास किये जाने चाहिए। अपने इन्हीं विचारों के कारण नीत्शे उन सभी सिद्धान्तों, संस्थाओं व कर्मों, (जैसे, सुखवाद, दया-धर्म के रूप में ईसाई धर्म या व्यक्ति के कुछ निजी कार्यों) का विरोध करता है जो व्यक्ति द्वारा शक्ति-प्राप्ति में बाधक बनते हैं क्योंकि उसके अनुसार, वे अन्ततः अतिमानवों की प्रजाति के उद्भव का मार्ग अवरुद्ध करते हैं। सुखवाद के प्रति नीत्शे के विचारों से अवगत कराया जा चुका है। यहाँ मात्र इतना कह देना पर्याप्त है कि उसके अनुसार, विकास का शुभत्व अधिकतम जीवन यानी जीवन के पूर्णत्व में है, न कि अधिकतम सुख में। ईसाई धर्म जो सहानुभूति, दया, परोपकार, आत्मत्याग सरीखे मूल्यों पर आधारित है, को भी नीत्शे अस्वीकार कर देता है। क्योंकि वह इस धर्म द्वारा स्वीकृत तथाकथित सद्‌गुणों को अपना खण्डन स्वयं पाता है। उसकी दृष्टि में ये सब व्यक्ति के जीवन की इच्छा के विपरीत पड़ते हैं। यदि परोपकार व आत्मत्याग अपने-आप में ही साध्य हों तो ये इन गुणों को अपनानेवाले व्यक्ति या धारक का ही अन्त कर देते हैं, फलतः इन गुणों का भी नाश हो जाता है। नीत्शे आत्म-प्रेम का पोषक है यद्यपि उसका आत्म-प्रेम निकृष्ट स्वार्थ के अर्थ में नहीं, बल्कि स्वयं के चहुँमुखी विकास, उन्नति व समृद्धि के अर्थ में हैं जिसमें वह व्यक्ति के जीवन की महत्ता को स्थापित करता है। इसके अलावा, उसके नैतिक दर्शन में स्वार्थ से परे एक बड़े ऊँचे आदर्श के लिए भी स्थान है जिसकी चर्चा आगे यथास्थान की जायेगी। मगर यहाँ इतना तो कहा ही जा सकता है कि उसकी दृष्टि में, व्यक्ति के जीवन को आगे बढ़ाते हुए उसको पूर्णत्व तक पहुँचाना ही परम साध्य है, ऐसे में, स्पष्ट ही, आत्मत्याग, परोपकार तथा वैराग्य, इत्यादि बाधा रूप ही हैं। नीत्शे का आरोप है कि ईसाई धर्म ने इनसे व्यक्ति के मन को एक तरह से आच्छादित कर दिया है जिसके कारण व्यक्ति की आत्म-विकास

यानी शक्ति प्राप्त करने की इच्छा अवरुद्ध हो गयी है जो अतिमानव के प्रादुर्भाव को दुस्तर कर देती है। इसलिए नीत्शे ईसाई धर्म को प्राकृतिक विकास-क्रम में बाधक मान अस्वीकार करता है। अपने इन्हीं विचारों के कारण उसे 'ईसा-विरोधी (Anti-Christ)' का तमग़ा मिला है।[12]

जैसा कि ऊपर कहा गया, नीत्शे के अनुसार, विकास का लक्ष्य मानव नहीं, अतिमानव है। यह अतिमानव सभी दृष्टियों से वर्तमान मानव से कहीं अधिक श्रेष्ठ होगा, इसीलिए उसके लिए मानव की बजाय 'अतिमानव' शब्द का प्रयोग करना अधिक उपयुक्त लगता है। अतिमानव महान् कलाकार, दार्शनिक तथा योद्धा, सभी एक साथ होगा, क्योंकि नीत्शे का विचार है कि "चेतना-शक्ति (energy), बुद्धिमता (intellect) और आत्मगौरव (pride) - ये गुण ही अतिमानव का निर्माण करते हैं।"[13] उसमें जूलियस सीज़र, नेपोलियन बोनापार्ट जैसे लक्षण होंगे तो वह ईसामसीह व विश्वामित्र[14] जैसा भी होगा। इसके साथ ही, वह सुकरात, गेटे जैसा रचनात्मक भी होगा। इस तरह, वह कवि, योद्धा व सन्त, सब एक साथ होगा। इस अतिमानव में वे सभी शारीरिक व मानसिक लक्षण होंगे जो उसे प्रत्येक दृष्टि से श्रेष्ठ बनाते हैं। उसमें स्वाभिमान व साहस के गुण होंगे तो वह विद्रोही, संघर्षशील, कठोर भी होगा। अनुशासन, दृढ़ता, निर्भीकता, स्वतन्त्रता से युक्त यह अतिमानव महत्त्वाकांक्षी, तेजस्वी, बलवान्, प्रतिभासम्पन्न, बुद्धिमान् व अदम्य इच्छा-शक्ति से युक्त होगा। अपनी स्वतन्त्रता के लिए पूर्णतः सजग, आत्मनिर्णय में समर्थ यह अतिमानव शारीरिक, बौद्धिक व चारित्रिक रूप से दृढ़ व उत्तम होगा। अपने मूल्यों का स्वयं निर्माण करनेवाला यह आत्मनिर्भर अतिमानव सारी परम्पराओं को तोड़कर अपने नियम ख़ुद बनानेवाला होगा। नीत्शे अनीश्वरवादी है मगर मानना होगा कि शक्तिशाली व प्रभुत्वसम्पन्न अत्युत्कृष्ट अतिमानव बहुत-कुछ ईश्वर जैसा ही है यद्यपि वह सृष्टि का जनक तथा धर्म के ईश्वर की भाँति भक्तों द्वारा पूजित या उपास्य नहीं है। जैसा कि पहले भी कहा गया है, यह कोई एक व्यक्ति नहीं, बल्कि एक पूरी-की-पूरी नयी प्रजाति होगी जो वर्तमान मानव-जाति से भिन्न व श्रेष्ठ होगी। नीत्शे का मानना है कि यह प्रजाति अपनी श्रेष्ठता के कारण सम्पूर्ण पृथ्वी पर शासन करेगी। वह इन्हें "पृथ्वी के भावी स्वामी"[15] का नाम देता है। चूँकि यह जाति सम्पूर्ण संसार में विद्यमान होगी अतः इसे नीत्शे 'अन्तर्राष्ट्रीय शासक जाति' भी कहता है। प्रत्येक दृष्टि से सम्पन्न यह प्रजाति, स्पष्ट ही है, साधारण मनुष्यों पर शासन करने का नैतिक अधिकार रखती है।

नीत्शे के मतानुसार, वर्तमान मानव-जाति ऐसे अतिमानव तक पहुँचने का साधन मात्र है। अतिमानव संसार के उत्कृष्टतम प्राणी हैं, ऐसा मानते हुए नीत्शे कहता है कि अतिमानव ही पृथ्वी की सार्थकता है।[16] इस प्रकार, नीत्शे के सम्पूर्ण दर्शन का केन्द्र **शक्ति की इच्छा का साकार रूप यह अतिमानव** ही है। नीत्शे यह स्वीकार करता है कि अभी तक इस पृथ्वी पर किसी अतिमानव का प्रादुर्भाव नहीं हुआ है। मगर उसका

मानना है कि ऐसे प्राणी का जन्म सम्भव है और हम सबको इसके लिए अधिकाधिक प्रयास करना चाहिए।

नीत्शे के अनुसार, मनुष्य-समाज, धर्म व राजनीति के प्रचलित नियम ऐसे अतिमानव की प्रजाति के आविर्भाव में बाधक हैं क्योंकि ये नियम शक्ति की महत्त्वाकांक्षावाले व्यक्तियों को, जो संख्या में हमेशा कम होते हैं, आगे बढ़ने का अवसर देने की बजाय उन कमज़ोर लोगों के संरक्षण हेतु होते हैं जो बहुत बड़े समूह में हैं तथा जिनका लक्ष्य मात्र जीवित रहना या सुरक्षित रहना है, आत्म-विकास नहीं। परम्परागत सामाजिक, धार्मिक तथा राजनीतिक नियम दया, प्रेम, सेवा, त्याग, सहानुभूति, समानता, न्याय इत्यादि को सद्‌गुणों के रूप में प्रश्रय देते हैं। यह सभी तथाकथित सद्‌गुण दुर्बल व्यक्तियों के संरक्षण के लिए हैं। नीत्शे का मानना है कि इनकी स्वीकृति से समाज ऐसे कमज़ोर लोगों का समूह बनकर रह जाता है जो अपने को केवल दूसरे लोगों की सहायता से मात्र सुरक्षित रख पाते हैं, साथ ही, जिसमें सहायता करनेवाले समर्थ लोगों की शक्ति भी केवल कमज़ोरों को बचाये रखने में अपव्यय हो जाती है। इस तरह, दोनों श्रेणी के लोग स्वयं को पूर्णतम शक्तिवान् बनाने में असफल रह जाते हैं। ऐसा समाज दुर्बल, शक्तिहीन, नाक़ाबिल लोगों का समाज होता है। स्पष्ट है, ऐसा समाज अतिमानव के जन्म में कोई योगदान नहीं करता। ऐसे तथाकथित सद्‌गुणों व नैतिक नियमों को नीत्शे **समूह की नैतिकता (Morality of the Herd)** कहता है। इसे वह **दास नैतिकता (Slave Morality)** का भी नाम देता है क्योंकि यह परोपजीवी मानसिकता (parasitical mentality) का पोषण करती है। इस नैतिकता के अनुसार जीवन-संरक्षण ही सब कुछ है, उत्कृष्टता की प्राप्ति नहीं। नीत्शे की दृष्टि में आम, कमज़ोर, अर्थहीन अस्तित्ववाले व्यक्तियों को महत्त्व देनेवाली जनतान्त्रिक व्यवस्था और समाजवाद इस समूहवादी 'दास नैतिकता' का ही पोषण करते हैं तथा उत्कृष्ट अतिमानव के विकास में बाधा पहुँचाते हैं। इसलिए वह इनका भी कठोर विरोधी है। अपने इन्हीं विचारों के कारण नीत्शे को 20वीं शताब्दी के तत्कालीन यूरोप में प्रचलित फ़ासीवाद व अधिनायकवाद के जनकों में से एक मान लिया गया था।

नीत्शे के अनुसार, यह 'दास नैतिकता' एक तरह से उस जीवन के अपव्यय का द्योतक है जो ऐश्वर्ययुक्त, शक्तिवान्, सामर्थ्यपूर्ण हो सकता था। ऐसी नैतिक व्यवस्था शक्ति, प्रभुत्व तथा शासक बनने की कामना को हेय दृष्टि से देखती है। यह 'दास नैतिकता' ऐसे लोगों की निन्दा करती है जो महत्वाकांक्षी हैं, अपनी स्वतन्त्रता को मूल्य देते हैं, अपने सामर्थ्य-विकास हेतु अन्यों से बेपरवाह निरन्तर कठोर श्रम करते हैं व ख़तरे मोल लेते हैं। ऐसे लोग, स्पष्ट ही, उन कमज़ोर परोपजीवी लोगों की अवहेलना करते हैं व उनके संरक्षण में अपनी शक्ति का अपव्यय नहीं करते जो इस दृष्टि से मूल्यहीन हैं कि वे उत्तमता की प्राप्ति हेतु प्रयासरत ही नहीं हैं और इसीलिए अतिमानव के विकास में कोई योगदान नहीं दे सकते।

नीत्शे का मानना है कि प्रत्येक समाज में कुछ लोग अवश्य ऐसे होते हैं जो स्वयं की सर्वांगीण श्रेष्ठता हेतु प्रयासरत होते हैं। वे इस 'दास नैतिकता' से एक तरह से बाधित व प्रताड़ित महसूस करते हैं अतः सामाजिक-धार्मिक निन्दा के बावज़ूद स्वयं के लिए अकेले राह चुनते हैं। ऐसे व्यक्ति अपने लिये इस 'दास नैतिकता' से अलग नैतिक नियम व मूल्य गढ़ते हैं। ये नियम आत्म-विकास व आत्म-शक्ति के पोषक होते हैं। यह नैतिकता **'स्वामी नैतिकता' (Master Morality)** है। यह नैतिकता समूह की नहीं बल्कि **व्यक्ति केन्द्रित (Individual centric)** है। शक्तिसम्पन्न व्यक्तियों की इस 'स्वामी नैतिकता', जिसे नीत्शे **'शासक व आभिजात्य मूल्यों (Knightly Aristocratic Values) से सम्बन्धित नैतिकता'** कहता है, का आधार होता है व्यक्ति की शारीरिक, मानसिक व चारित्रिक शक्ति, समृद्धि व स्वास्थ्य। ये व्यक्ति जीवन-सुरक्षा की आवश्यकता (preservation) से आगे बढ़कर, ख़तरे मोल लेकर, अतिमानव की उत्पत्ति के लिए मार्ग प्रशस्त करने हेतु क्रियाशील होते हैं। नीत्शे का विचार है कि वास्तव में समाज में इस तरह शक्तिवान् बनने के इच्छुक लोगों को ही जीवित रहना चाहिए और उन्हीं का शासन होना चाहिए ताकि अतिमानव सम्भव हो सके।

प्रत्येक समाज में ये दोनों विपरीत नैतिक व्यवस्थाएँ एक साथ उपस्थित देखी जा सकती हैं। 'दास नैतिकता' हीन लोगों (inferiors) की नैतिकता है और 'स्वामी नैतिकता' उत्कृष्ट व्यक्तियों (superiors) से सम्बन्धित है। सभी समाजों में इस 'स्वामी नैतिकता' को बुरा ठहराया जाता है। एक चीनी कहावत है कि "A great man is a public misfortune"। नीत्शे कहता है कि यह बात सब जगह सब समाजों में सत्य है, यद्यपि केवल चीनी समाज ने इसे ईमानदारी से स्वीकार किया है। एक शक्तिवान् महान् व्यक्ति हीन लोगों के सामने एक दैत्य की भाँति, एक ख़तरे के रूप में प्रकट होता है क्योंकि उसके सामने छोटे लोगों की हीनता और अधिक उभरकर आ जाती है तथा वे बौने नज़र आते हैं। इसीलिए सारे निम्नस्तर के लोग मिलकर शक्ति-प्राप्ति के प्रयास में लगे व्यक्ति की भर्त्सना करने की कोशित करते हैं। देखा गया है कि सर्वाधिक बुद्धिमान्, साहसी व बहादुर व्यक्ति हमेशा ही आम लोगों के प्रतिमानों का उल्लंघन करते हैं क्योंकि उन्हें अपनी उन्नति के लिए नयी व्यवस्था की आवश्यकता होती है जबकि समाज, धर्म व राजनीति जिस व्यवस्था को पोषित करते हैं, वह नाक़ाबिल व अयोग्य लोगों की व्यवस्था होती है। तो जो शक्ति की कामना करता होगा, वह इस व्यवस्था को तोड़ेगा ही और अपने लिये नये मूल्यों का निर्माण करेगा ही। वह 'दास नैतिकता' व उसके मानदण्डों का एक तरह से मूल्यान्तरण करता है यानी उन्हें स्वयं के लिए अनुपयोगी व बाधक मान उनको मूल्यहीन ठहराता है व अपने लिये नये नैतिक मूल्यों को गढ़ता है। इस प्रक्रिया को नीत्शे ने **'मूल्यों के मूल्यान्तरण' (Transvaluation of Values)** का नाम दिया है।

शक्ति-उपासक अपनी नैतिकता का निर्माणकर्त्ता होगा। नीत्शे के अनुसार, चूँकि ईश्वर जैसी किसी सत्ता का अस्तित्व नहीं है जो व्यक्ति के लिए नैतिक नियम व मूल्य की व्यवस्था बनाये तो व्यक्ति अपने नैतिक मूल्यों का स्वयं स्रष्टा होता है, साथ ही, वह अपना मूल्यांकनकर्त्ता भी स्वयं ही होगा। ऐसा व्यक्ति समानता का विरोधी होगा क्योंकि समानता आगे बढ़ने, उन्नति करने के रास्ते बन्द करती है। वस्तुतः उसे विशेषाधिकार चाहिए। उसका न्याय का विचार भी प्रचलित विचारों से भिन्न होगा जिसके अनुसार जो योग्य हैं, उन्हें ही अवसर मिलें, संसाधन मिलें, सहयोग मिले। अयोग्य को भी न्याय के नाम पर योग्य के बराबर नहीं बिठाया जा सकता।

नीत्शे का कहना है कि ईश्वर के विचार ने समानता व न्याय के सम्प्रत्ययों को प्रश्रय दिया है। वस्तुतः किसी समय समानता व न्याय के लिए ईश्वर का विचार या सम्प्रत्यय प्रतिपादित किया गया था। मगर चूँकि आज ये मूल्य प्रगति में बाधक हैं तो ईश्वर की उपयोगिता समाप्त हो गयी है। अतः अब समय आ गया है कि ईश्वर के विचार को तिलाञ्जलि दे दी जाये और इसी सन्दर्भ में वह घोषणा करता है कि 'ईश्वर मर चुका है'[17]। वस्तुतः समानता व न्याय का विचार इस नैतिक मान्यता की पूर्वस्वीकृति पर आधारित है कि विश्व एक नैतिक व्यवस्था है, मात्र एक प्राकृतिक व्यवस्था नहीं। क्योंकि, देखा जाये तो प्राकृतिक व्यवस्था में तो कोई समानता या न्याय प्रदर्शित ही नहीं होता। यदि प्राकृतिक व्यवस्था के ऊपर उठकर विश्व एक नैतिक व्यवस्था नहीं है तो समानता व न्याय के आदर्शों का भी कोई तार्किक औचित्य नहीं है। नीत्शे मानता है कि ईश्वर का विचार यदि पूरी तरह से ख़त्म नहीं हुआ है तो कम-से-कम वह समापन की ओर अग्रसरित अवश्य है और वह इस समापन को त्वरित करने में सहयोग देने की वकालत करता है। शुभ को शक्ति के साथ संयुक्त करने के कारण वह समानता व न्याय के आदर्शों को अमान्य करता है एवं इनको औचित्यहीन ठहराता है। इसके लिए वह ईश्वर को अनावश्यक मान अस्वीकार कर देता है। वह व्यक्ति की स्वतन्त्रता व शक्ति पर आधारित नयी नैतिक व्यवस्था के रूमानी परिदृश्य में ईश्वर को अनावश्यक बाधा पाता है और इसी कारण जगत् की अनीश्वरवादी व्याख्या को मान्यता देता है।

इस तरह, नीत्शे के अनुसार, योग्य, बुद्धिमान्, महत्त्वाकांक्षी व स्वतन्त्र व्यक्ति शक्ति की इच्छा की पूर्ति में सहायक मूल्यों को ही अपनाते हैं और एक नयी नैतिक व्यवस्था को स्थापित करते हैं। परम्परागत मूल्यों को जो कमज़ोरों व अयोग्य लोगों के मूल्य हैं, शक्ति-उपासक निरस्त कर देते हैं। नीत्शे स्नेह, सहानुभूति, सहिष्णुता, सहयोग, परोपकार, दया, उदारता, त्याग आदि मूल्यों को अस्वीकार करता है और उन्हें कायरों व दुर्बलों के मूल्य कहता है। शक्ति की इच्छा रखनेवाले को इन्हें त्यागना होगा। केवल दुर्बल व्यक्ति ही अपनी शक्तिहीनता के कारण इन्हें स्वीकार करते हैं और इनको नैतिक रूप से औचित्यपूर्ण ठहराते हैं। नीत्शे इनकी जगह पर साहस, दृढ़ता, अनुशासन,

निर्भीकता, स्वाभिमान, महत्त्वाकांक्षा, बुद्धिमत्ता, स्वतन्त्रता, दुःख सहने की क्षमता, आत्म-विकास, दुर्दम्यता, कठोरता, असहयोग इत्यादि को मूल्यवान् मानता है।

नीत्शे का मानना है कि कोई भी विशिष्ट नैतिक नियम या मूल्य, यथा, सत्य बोलना, परोपकार, अहिंसा, इत्यादि, निरपेक्ष व शाश्वत नहीं हैं। केवल शक्ति की इच्छा से किया गया कार्य उचित है व अतिमानव को सम्भव बनानेवाले मूल्य ही शुभ हैं अतः मूल्य सापेक्ष, परिवर्तनशील, निरन्तर विकसित होनेवाले हैं। इस सन्दर्भ में यह उल्लेख करना समीचीन होगा कि वह काण्ट के 'कर्त्तव्य के लिए कर्त्तव्य के सिद्धान्त' (Theory of Duty for Duty's Sake) को अस्वीकार कर देता है। काण्ट के सिद्धान्त की दृष्टि से अहैतुक आदेश (Categorical Imperatives) शाश्वत रूप से मूल्यवान् हैं और उन आदेशों का पालन बिना शर्त होना चाहिए, परन्तु यह बात नीत्शे के विचारों से किसी भी तरह मेल नहीं खाती। इसी तरह, वह सुखवादियों के "अधिकतम संख्या के अधिकतम सुख" (Greatest Happiness for Greatest Number) की आलोचना करता है क्योंकि नीत्शे अधिकतम संख्या (व्यक्तियों) की परवाह नहीं करता, बल्कि चुने हुए कुछ व्यक्तियों से सरोकार रखता है, साथ ही, वह अधिकतम सुख नहीं, बल्कि शक्ति को महत्त्व देता है। पहले भी चर्चा की जा चुकी है कि वह सुख को निकृष्ट समझता है, बल्कि शक्ति-प्राप्ति के साधन के रूप में दुःख को प्रभामण्डित करता है। इस तरह, नीत्शे पूरे नैतिक परिदृश्य को उलट देता है और परम्परागत नैतिक मूल्यों को तिरस्कृत कर, शक्ति-प्राप्ति हेतु तथा अतिमानव के आविर्भाव को सम्भव बनाने के लिए नये मूल्यों की स्थापना-यानी मूल्यों की मूल्यान्तरण-की वकालत करता है।

यहाँ यह स्पष्ट कर दें कि ऐसा नहीं है कि शक्ति-उपासक किसी की सहायता नहीं करेगा या किसी से सहयोग नहीं करेगा। ऐसा वह अपनी शक्ति से ओत-प्रोत होकर, अपनी क्षमता-योग्यता से सम्पन्न होने के कारण अवश्य करेगा, मगर दया के कारण नहीं, किसी कमज़ोर व अर्थहीन जीवन के संरक्षण व सुरक्षा के लिए नहीं। उसकी उदारता व सहयोग किसी संघर्षशील व्यक्ति के उन्नति के प्रयास में सहयोग देने के लिए होगा क्योंकि तभी भविष्य में अतिमानव की आशा फलित हो सकेगी। साथ ही, ऐसा व्यक्ति आत्म-त्याग में भी समर्थ होगा मगर उसका आत्म-त्याग अतिमानव को सम्भव बनाने के लिए होगा, निरर्थक जीवन की संरक्षा-सुरक्षा हेतु नहीं। इन सब बातों से स्पष्ट है कि उसका दर्शन 'स्वार्थवाद' (Egoism) का पोषक नहीं है और वह यह मानता है कि नैतिकता का लक्ष्य 'स्व' से परे एक ऊँचे आदर्श अर्थात् अतिमानव की सृष्टि में योगदान देना है। नीत्शे का मानना है कि जो व्यक्ति शक्तिवान् होने के प्रयास में मूल्यों का मूल्यान्तरण करता है, वह अन्ततः वातावरण, समाज व धर्म को अपने से समायोजित कर लेता है अर्थात् उन्हें अपने अनुकूल बना लेता है। यह मत स्पेन्सर के उस विचार के विपरीत है जिसमें वह 'व्यक्ति द्वारा स्वयं को प्राकृतिक व सामाजिक वातावरण से

समायोजित करने' को मूल्य प्रदान करता है। इसीलिए नीत्शे ने स्पेन्सर सरीखे लोगों को 'पढ़े-लिखे बैल' (Scholarly Oxen)[18] कहा है जो डार्विन के जीवशास्त्री सिद्धान्त का मात्र शाब्दिक रूप से अनुसरण करते हैं और उसके सारतत्त्व व गूढ़ अर्थ को नहीं समझ पाते। नीत्शे का विचार है कि जैविक विकास का लक्ष्य मात्र मानव-जीवन की जैविक वृद्धि नहीं, बल्कि शक्ति-सामर्थ्यवान् होकर अतिमानव के आविर्भाव का मार्ग खोलना है। इस सन्दर्भ में यह भी स्पष्ट कर दिया जाये कि नीत्शे का विचार है कि अतिमानव का प्रादुर्भाव मात्र 'प्राकृतिक चयन' (Natural Selection) की प्रक्रिया से नहीं, बल्कि 'मानवीय चयन' (Human Selection) की प्रक्रिया से होगा क्योंकि "अतिमानव सप्रयास प्रजनन व सावधानीपूर्वक पोषण से पैदा होता है, न कि जोख़िम भरे चयन से। प्रकृति अपने उत्तमतम उत्पादों के प्रति सर्वाधिक क्रूर है, बल्कि वह औसत व अतिसामान्य को प्रेम व संरक्षित करती है। अतिमानव केवल मानवीय चुनावों से, सुजननिक दूरदर्शिता से और परिष्कृत व उन्नत बनानेवाली शिक्षा से सुरक्षित रह सकता है।"[19]

नीत्शे का उपर्युक्त सिद्धान्त अति कटु आलोचना का विषय रहा है। उसके विचार अतिशयोक्तिपूर्ण हैं, यह तो उन पर एक दृष्टि डालने से ही स्पष्ट हो जाता है। मगर शक्ति की महत्ता और अतिमानव सम्बन्धी उसके विचारों का यदि कोई थोड़ी-सी भी अपरिपक्वता व जल्दबाज़ी से परीक्षण करेगा तो हो सकता है कि उसके विचार अधिनायकवाद, फ़ासीवाद, दमनकारी व्यवस्था, दास प्रथा, अतिव्यक्तिवाद, स्वार्थवाद, अधार्मिकता जैसे विचारों के पोषक प्रतीत हों। कमज़ोर व दीन-हीन के प्रति निर्दयी दृष्टिकोण तथा उनको जीवन जीने योग्य न समझने की नीत्शे की दृष्टि दूसरे विचारकों को उसके प्रति अति असहिष्णु बना सकती है। कोप्लेस्टन ने कहा कि अतिमानव वह सब-कुछ है जो रोगी, एकाकी, पीड़ित, उपेक्षित, प्रोफ़ेसर डॉक्टर फ्रेडरिक नीत्शे बनना चाहेंगे।[20] यहाँ यह बता दें कि नीत्शे अपने जीवन-काल में काफ़ी समय बीमार व दुर्बल रहा और उसका बहुत समय मानसिक रोग चिकित्सालय में बीता। इसी तथ्य की ओर इंगित करते हुए कोप्लेस्टन ने नीत्शे पर उपर्युक्त व्यंग्य किया है। मगर नीत्शे की निजी मानसिक दशा पर आक्षेप करते हुए उसके सिद्धान्तों की आलोचना करना मूल्यांकन की सही दृष्टि नहीं है। उससे अपने को बचाते हुए हम उसके विचारों की कुछ तर्कसंगत आलोचनाएँ प्रस्तुत करने का प्रयास करेंगे।

सर्वप्रथम जिस ओर हम ध्यान आकर्षित करना चाहेंगे, वह है उसके अतिमानव के रूप में नयी प्रजाति के आविर्भाव का विचार। विल ड्यूरण्ट ने इस ओर संकेत किया है कि नीत्शे इस बात में स्पष्ट नहीं था कि अतिमानव मनुष्यों-प्राणियों की एक नयी, भिन्न व श्रेष्ठतर प्रजाति है, या फिर जब व्यक्ति अपने व्यक्तित्व के सभी पक्षों को पूरी तरह से विकसित कर लेता है तो वही अतिमानव कहलाता है।[21] नीत्शे ने कहा था कि मानव-विकास के लम्बे काल-क्रम में अभी तक कोई व्यक्ति अतिमानव नहीं बन सका

है यद्यपि सुकरात, सिकन्दर, नेपोलियन, गेटे, शेक्सपियर इत्यादि व्यक्तियों में उसकी झलक अवश्य मिल जाती है। ऐसा लगता है कि नीत्शे इस सम्बन्ध में स्वयं थोड़ा अस्पष्ट था।

दूसरी बात यह है कि उसके 'मूल्यों के मूल्यान्तरण' का सिद्धान्त सन्तोषजनक नहीं है क्योंकि परम्परागत सद्‌गुणों का पूर्ण परित्याग औचित्यपूर्ण नहीं लगता। करुणा, प्रेम, मैत्री, सहयोग, इत्यादि ही वे गुण हैं जो मनुष्य को सच्चे अर्थों में मनुष्य बनाते हैं। दूसरे, यदि कमज़ोरों, बीमारों, वृद्धों की देखभाल न हो तो मानव व जानवरों में अन्तर ही क्या है ! अगर कमज़ोर व दुर्बल का संरक्षण (चाहे प्रेमवश या चाहे दयावश) करना अनैतिक हो और अगर कोई माता-पिता अपनी सन्तान का पालन-पोषण करने में अपना जीवन न लगायें तो मानव-जाति की आगे वृद्धि के सभी रास्ते बन्द हो जायेंगे। मगर इनके अतिरिक्त एक महत्त्वपूर्ण बात यह भी है कि अनेक ऐसे व्यक्ति हैं जिन्होंने बीमारी, कमज़ोरी व अपंगता के बावज़ूद मानव-जाति की समृद्धि में अभूतपूर्व योगदान किया है। इस सम्बन्ध में हेलेन केलर, स्टीफ़ेन हॉकिंग, बीथोवन, सूरदास जैसे कई दृष्टान्त प्रस्तुत किये जा सकते हैं। यदि इनका व इन जैसे अनेक व्यक्तियों का संरक्षण न किया गया होता तो मनुष्य-जाति की समृद्धि अवश्य ही कुछ कम गरिमामयी हो जाती। सहयोग व प्रेम प्राप्त कर अभूतपूर्व प्रदर्शन करनेवाले इन व इन जैसे व्यक्तियों का जितना महत्त्व है, वस्तुतः उनको सहयोग, प्रेम व सहारा देनेवाले लोग भी उतने ही सम्माननीय हैं, भले ही उन्होंने स्वयं कोई ऐसा विलक्षण प्रदर्शन न किया हो जो मानव-इतिहास में नज़ीर बन सके। मगर यदि व्यक्तित्व के सभी पक्षों में शक्तिवान् या उत्कृष्ट बनना ही व्यक्ति का साध्य है तो भावनात्मक रूप से उत्कृष्ट होना भी उतना ही महत्त्वपूर्ण है जितना बौद्धिक या कलात्मक रूप से श्रेष्ठ बनना और प्रेम, करुणा, मैत्री, सहयोग, इत्यादि वे श्रेष्ठतम भावनाएँ हैं जिनका विकास वांछनीय है। इन भावनाओं के कारण कभी-कभी व्यक्ति अप्रतिम साहस व दृढ़ता का परिचय भी देता है। देश के प्रेम के लिए अद्‌भुत शौर्य का प्रदर्शन करनेवालों की कमी नहीं है। ऐसे ही, किसी अन्य व्यक्ति के प्रेम में व्यक्ति ऐसे-ऐसे कार्य कर डालता है जो उसे भीड़ से पृथक् व श्रेष्ठ बना देते हैं। यहाँ दशरथ माँझी का उदाहरण लिया जा सकता है जिन्होंने पत्नी के लिए अकेले पहाड़ काटकर सड़क बनायी और अपने गाँव को शेष दुनिया से जोड़ा। माँझी जैसे कई व्यक्तियों का उदाहरण प्रस्तुत किया जा सकता है। इसलिए इन सब भावनाओं को एक सिरे से नकार देना अनौचित्यपूर्ण प्रतीत होता है।

नीत्शे द्वारा प्रजातन्त्र व समाजवाद का विरोध, धर्म व सुख की अस्वीकृति भी पक्षपातपूर्ण लगती है। मनुष्य को मनुष्य होने की गरिमा प्रदान करनेवाले प्रजातन्त्र व समाजवाद के प्रति उसके विचार व्यक्ति को समूह या भीड़ से अलग स्थापित करने के अतिउत्साही दृष्टिकोण की देन हैं। मगर इन्हीं व्यवस्थाओं, विशेष रूप से प्रजातन्त्र, में

ऐसे साधारण व्यक्तियों को विकास के अवसर मिलते हैं जो अन्य राजनीतिक-सामाजिक व्यवस्थाओं में सम्भवतः न मिल पाते। समाजवाद भी एक तरह से व्यक्ति के जीवित रहने सम्बन्धी समस्त आवश्यकताओं की देखभाल का ज़िम्मा लेकर उसे अधिक सार्थक जीवन हेतु मुक्त कर सकता है, जबकि तानाशाही या फ़ासीवाद, जो शक्ति के एक ही हाथ से केन्द्रीकरण व उसकी दमनकारी नीतियों को महत्त्व देते हैं, में बहुत-से ऐसे व्यक्तियों का आत्म-विकास असम्भव प्रतीत होता है जिनमें उत्कृष्ट होने की क्षमता होती है।

नीत्शे द्वारा सुख का विरोध भी उचित नहीं लगता। मनुष्य के लिए जो भी परम शुभ हो या चरम मूल्यवान् हो, उसे किसी-न-किसी अर्थ में, किसी-न-किसी रूप में सुखद अवश्य होना चाहिए, अन्यथा उसके मूल्यवान् होने पर ही सन्देह होने लगेगा। यह माना जा सकता है कि सुख या आनन्द अपने-आप में मूल्य न हो, पर वह मूल्य की पहचान अवश्य है। दूसरे शब्दों में, सुख किसी मूल्य, आदर्श या शुभ लक्ष्य का संकेतक (sign or indicator) अवश्य है। अगर कोई आदर्श हमें अन्ततः दुःख या कष्ट दे तो वह किस अर्थ में आदर्श है, यह समझना तनिक कठिन हो जाता है। हम सुख का पीछा भले ही न करें, उसे अपना लक्ष्य न बनायें, मगर जो कुछ भी हमारा लक्ष्य हो, उसकी प्राप्ति सुखपूर्ण तो होनी ही चाहिए तभी हम उसे शुभ कह सकते हैं। आख़िर शक्ति के लक्ष्य को पाना किसी-न-किसी रूप में सुख तो देगा ही ! अतः पूर्णतः सुखविहीन आदर्श या शुभ वांछनीय प्रतीत नहीं होता।

नीत्शे के सिद्धान्त को 'प्राकृतिक पूर्णतावाद' (Naturalistic Perfectionism) कहा जाता है क्योंकि उसने अपने सिद्धान्त को जैविक-विकास के सिद्धान्त पर आश्रित किया था और उसके लिए जीवन को आगे बढ़ाकर उसको पूर्णत्व तक पहुँचाना ही विकास का परम साध्य है। मगर यह नाम उचित प्रतीत नहीं होता क्योंकि अन्ततः व्यक्ति के विकास के जिस रूप को नीत्शे प्रतिपादित करता है, वह रूप आदर्शात्मक है, प्राकृतिक नहीं। इसीलिए इसे 'आदर्शात्मक पूर्णतावाद' (Idealistic Perfectionism) की संज्ञा देना अधिक उपयुक्त होगा।

इन कमियों के बावजूद नीत्शे के सिद्धान्त को इतना श्रेय तो अवश्य दिया जाना चाहिए कि उसने हमें स्थापित मूल्यों पर प्रश्न उठाने के लिए प्रेरित किया और मूल्यों के स्रोत या जड़ तक जाने को मजबूर किया। साथ ही, उसने कुछ ऐसे मूल्यों की ओर ध्यान आकर्षित किया जो परम्परागत मूल्य-व्यवस्था में उपेक्षित रहे। विभिन्न क्षेत्रों में उत्कृष्टता और शक्ति-सामर्थ्य प्राप्त करना ऐसे ही कुछ मूल्य हैं। अन्य विचारकों द्वारा उपेक्षित इन मूल्यों को नीत्शे ने प्रधानता देकर एक कमी को पूरा किया है।

सन्दर्भ एवं टिप्पणी

1. Durant, Will; The Story of Philosophy; p. 301
2. Joad, C.E.M.; Guide to Philosophy of Morals and Politics; p. 632
3. Urban; W.V.; The Fundamental of Ethics : An Introduction to Moral Philosophy; p. 103
4. Durant, Will; The Story of Philosophy; p. 301
5. पाण्डेय, संगमलाल (1989); नीतिशास्त्र का सर्वेक्षण; सेण्ट्रल पब्लिशिंग हाउस, इलाहाबाद; पृ. 325
6. Durant, Will; The Story of Philosophy; p. 333
7. Ibid; p. 301
8. वर्मा, डॉ. वेद प्रकाश; नीतिशास्त्र के मूल सिद्धान्त; पृ. 407
9. पाण्डेय, संगमलाल; नीतिशास्त्र का सर्वेक्षण; पृ. 330

   स्मरणीय रहे कि आधुनिक युग के सभी सुखवादी दार्शनिक बेन्थम, लॉक, मिल, स्पेन्सर, इत्यादि अंग्रेज़ थे।
10. वर्मा, डॉ. वेद प्रकाश; नीतिशास्त्र के मूल सिद्धान्त; पृ. 412
11. Joad, C.E.M.; Guide to Philosophy of Morals and Politics; p. 636-37
12. नीत्शे की एक प्रमुख पुस्तक का शीर्षक ही है 'The Anti Christ' .
13. Durant, Will; The Story of Philosophy; p. 320
14. पांडेय, संगम लाल; नीतिशास्त्र का सर्वेक्षण; पृ. 328
15. वर्मा, डॉ वेद प्रकाश; नीतिशास्त्र के मूल सिद्धान्त; पृ. 409
16. Joad, C.E.M.; Guide to Philosophy of Morals and Politics; p. 637
17. Durant, Will; The Story of Philosophy; p. 313
18. पाण्डेय, संगम लाल; नीतिशास्त्र का सर्वेक्षण; पृ. 326

    नीत्शे ने एक लेख भी लिखा था जिसका शीर्षक था - 'Anti Darwin'
19. Durant, Will; The Story of Philosophy; p. 319
20. Copleston, Frederick Charles (1993); A History of Philosophy; Double Day, New York; Vol. 2, Part 7; p. 188
21. Durant, Will; The Story of Philosophy; p. 319

अध्याय 11

पूर्णता का नैतिक मानदण्ड : पूर्णतावाद
(Perfection as the Moral Standard Perfectionism)

परिणाम-सापेक्षतावादी सिद्धान्तों (Teleological Theories) की शृंखला की अन्तिम कड़ी के रूप में इस पुस्तक के अध्ययन का विषय एक ऐसा सिद्धान्त है जिसके बीज प्राचीन यूनानी दार्शनिकों, विशेषतः अरस्तू में मिलते हैं किन्तु जिसे आधुनिक चैतन्यवादी दार्शनिकों (Idealists), यथा जॉर्ज डब्ल्यू.एफ़. हीगल, टी० एच० ग्रीन, एफ़० एच० ब्रैडले, बर्नार्ड बोसांके इत्यादि, ने विकसित किया। मगर अर्बन के अनुसार, इसे मात्र तत्त्वदार्शनिक चैतन्यवाद (Metaphysical Idealism) से संयुक्त करना ग़लत होगा क्योंकि जॉन डेवी, जो एक अर्थक्रियावादी विचारक (Pragmatist) था, ने भी नैतिकता के क्षेत्र में इसी मत को स्वीकार किया है।[1] यह सिद्धान्त है **पूर्णतावाद (Perfectionism)** जिसे 'आत्मसिद्धि का सिद्धान्त' (Theory of Self Realisation) भी कहा जाता है। नैतिकता के फलवादी दृष्टिकोण के अनुसार, व्यक्ति के कर्मों या नैतिक निर्णयों का अन्तिम मानदण्ड मनुष्य के जीवन के चरम लक्ष्य या उसके सर्वोच्च शुभ में निहित है। इस मान्यता की स्वीकृति मनुष्य-जीवन के चरम लक्ष्य या परम शुभ को सुनिश्चित करना अपरिहार्य बना देती है। सभी परिणाम-सापेक्षतावादी विचारकों ने मानव-जीवन के इस चरम लक्ष्य/परम शुभ की व्याख्या करने का प्रयास किया है। उदाहरण के लिए, सुखवादी विचारकों (Hedonists) के मतानुसार, अन्तिम शुभ केवल सुख (Happiness) में है जबकि स्पेन्सर जैसे विकासवादी विद्वानों (Evolutionists) की मान्यता है कि वह मनुष्य की उस जैविक वृद्धि या विकास (Biological Evolution) में निहित है जो अन्ततः सुखद होता है। नीत्शे की दृष्टि में अपने विभिन्न रूपों में शक्ति (Power) ही मनुष्य-जीवन का चरम लक्ष्य है। मगर, पिछले अनेक अध्यायों में वर्णित इन विचारधाराओं को किसी-न-किसी दृष्टि से अपूर्ण पाया गया जिसके कारण परम लक्ष्य के विषय में आगे विचार करने तथा उसके स्वरूप

को सुनिश्चित करने की आवश्यकता बनी रहती है। केवल परिणाम-सापेक्षतावादी सिद्धान्तों के लिए ही नहीं, वरन् पुस्तक के प्रारम्भिक अध्यायों में वर्णित परिणाम-निरपेक्षतावादी सिद्धान्तों (Deontological Theories) की आलोचना में भी यह विचार सामने आया कि नैतिकता कुछ बाह्य, अथवा आन्तरिक (बटलर, काण्ट इत्यादि) नैतिक नियमों के बिना शर्त पालन मात्र में निहित नहीं है क्योंकि अनेक सन्दर्भों में ये नियम नैतिकता की दृष्टि से तभी मान्य हो सकते हैं जब वे किसी शुभ लक्ष्य को प्राप्त करने में सहायक हो। फलतः मनुष्य के सर्वोच्च शुभ पर विचार करना अत्यन्त महत्त्वपूर्ण हो जाता है।

मानव-जीवन के चरम लक्ष्य या परम शुभ को 'पूर्णता' (Perfection) के रूप में प्रतिपादित करनेवाले सिद्धान्त 'पूर्णतावाद' के परिप्रेक्ष्य में सर्वप्रथम इस 'पूर्णता'' का अर्थ समझना आवश्यक है। यह स्पष्ट है कि मनुष्य का सर्वोच्च शुभ आत्मनिषेधक, आत्मदमन या आत्मत्याग जैसी निषेधात्मक अवस्था में नहीं हो सकता जिसमें व्यक्ति की सभी कामनाओं, आशाओं, आकांक्षाओं का निराकरण हो जाये तथा जिसमें उसके 'स्व' के सभी हितों की अवहेलना की जाती हो। स्पष्ट ही, मनुष्य के जीवन के चरम लक्ष्य व परम शुभ को विधानात्मक होना चाहिए एवं उसे व्यक्ति की विशिष्टता व निजता की पूर्णता से सम्बन्धित होना चाहिए, न कि उनके निषेध से। 'पूर्णतावाद' का सिद्धान्त प्रस्तावित करनेवाले चैतन्यवादी दार्शनिक मानव-जीवन के सर्वोच्च शुभ को इसी विधानात्मक दृष्टि से खोजते व परिभाषित करते हैं। उनके अनुसार, मनुष्य का अन्तिम लक्ष्य अपने सम्पूर्ण स्वरूप के सामंजस्यपूर्ण विकास (harmoneous development) में है। यही आत्मपूर्णता (Self Fulfillment or Perfection) है और इसी को आत्मसिद्धि या आत्मसाक्षात्कार (Self Realisation) कहा जाता है। तदनुसार, पूर्णतावादी दार्शनिकों की दृष्टि में, कर्म नैतिक रूप से उचित होते हैं जब वे इस उच्चतम विकास या पूर्णता में सहायक हों। इस तरह, आत्मपूर्णता का विचार एक नैतिक मानदण्ड बन जाता है।

अब इस 'पूर्णतावाद' के नैतिक सिद्धान्त की विस्तार से चर्चा की जाये। इस सिद्धान्त की सरलतम व्याख्या है कि मनुष्य का शुभ या मूल्य मनुष्य के रूप में उसके उन कार्य-व्यापारों/क्रियाओं की पूर्णता में है जो उसके स्वरूप को परिभाषित करती हैं। इस सन्दर्भ में प्रसिद्ध ग्रीक दार्शनिक **अरस्तू** (384-322 ई.पू.) का तर्क है कि प्रत्येक चीज़ जिसका कोई स्वरूपगत कार्य होता है, का शुभ उसी कार्य के सफलता व कुशलतापूर्वक सम्पादन में निहित होता है।[2] उदाहरण के लिए, हम विचार करें कि एक चाकू कब अच्छा कहा जाता है। उत्तर स्पष्ट है कि तभी, जब वह अपना काटने का काम अच्छी तरह से करे जिसके लिए वह निर्मित है। एक अच्छी मशीन वह है जो उस काम को दक्षतापूर्वक सम्पादित करे जिस काम के लिए वह बनायी गयी है। यही बात एक अच्छे बढ़ई या अच्छे चिकित्सक के बारे में कही जा सकती है। ऐसे ही, एक बाँसुरी-

वादक, शिल्पकार या किसी भी अन्य कलाकार का एक विशेष कार्य है और वह अच्छा तभी होगा जब वह अपने कार्य को अच्छी तरह से सम्पन्न करता हो। पुनः, यह कहा जा सकता है कि शरीर के अंग जैसे लिवर, स्प्लीन इत्यादि का शुभत्व भी उनके सफल कार्य-सम्पादन से ही परिभाषित किया जाता है। जानवरों की प्रवृत्त्यात्मक क्षमताएँ भी इसीलिए अच्छी मानी जायेंगी क्योंकि वे जीवन-संरक्षण व वृद्धि के अपने कार्य में सक्षम होती हैं। इन सभी दृष्टान्तों के समान ही यह माना जा सकता है कि मनुष्य की अच्छाई भी उन क्रियाओं या कार्य-व्यापारों को अच्छी तरह से सम्पन्न करने में निहित है जिन्हें 'मात्र मनुष्य' होने के नाते उसे सम्पादित करना चाहिए। अरस्तू की दृष्टि में इस कार्य-व्यापार के सम्पादन का अर्थ है 'मनुष्य' के रूप में उसकी जो भी विशिष्टताएँ हैं, उनका पूर्ण विकास। इसे ऐसे भी कहा जा सकता है कि जो भी क्षमताएँ, योग्यताएँ, प्रवृत्तियाँ मनुष्य को 'मनुष्य' बनाती हैं, उनका विकास करना ही उसका कर्त्तव्य है और इस कार्य का सम्पादन उसे एक अच्छा मनुष्य बनाता है। तो अब प्रश्न है कि वह क्या है जो एक मनुष्य को 'मनुष्य' बनाता है। दूसरे शब्दों में, मनुष्य का स्वरूप वास्तव में क्या है ?

अरस्तू का मानना है[3] कि सत्ता के तीन स्तर (three levels of Being) हैं और प्रत्येक स्तर की सत्ता में कुछ ऐसे लक्षण होते हैं जो उसकी अपनी निजी विशिष्टता को प्रदर्शित करते हैं जिन्हें उनका व्यच्छेदक लक्षण (differentia) कहा जा सकता है। तदनुसार, तीनों स्तरों की सत्ताओं के लिए अलग-अलग आदर्श भी हैं। सबसे निचले स्तर पर 'अजैविक सत्ताएँ' (Inorganic Beings) हैं जिनका विशेष लक्षण 'यान्त्रिकता' (Mechanism) है और इसीलिए 'कुशलता' (Efficiency) उनका आदर्श है। स्पष्ट ही है कि कोई यन्त्र या मशीन तभी अच्छी है जब वह अपने कार्य में कुशल हो। इससे उच्च स्तर 'जैविक सत्ताओं' (Organic Beings) का है जिनका व्यच्छेदक है 'जीवन' (Life) और उनका शुभ उनकी 'जीवन-क्षमता' (Viability) में है क्योंकि इस स्तर की सत्ताओं के लिए उत्तरजीविता (Survival), जैविक कल्याण (Organic Welfare) व जीवन-वृद्धि (Furthering of Life), इत्यादि का ही महत्त्व है। अन्तिम व सर्वोच्च स्थान पर है वह सत्ता जो 'पराजैविक' (Hyper Organic or Supra Organic) है। इसका विशिष्ट लक्षण है 'व्यक्तित्व' (Personality) एवं 'सामाजिकता' (Sociality)। अरस्तू के मतानुसार, इस स्तर पर मनुष्य है। मनुष्य निस्सन्देह एक जीव (organism) है मगर वह अन्य जीवों की तुलना में इस दृष्टि से उच्चतर है कि वह मात्र एक जीव नहीं है और केवल जीवित बचे रहने के लिए नहीं है। उसकी उच्चता एक तो उसके 'व्यक्तित्व' यानी उस अनूठी क्षमता में है जिसे बौद्धिकता या विवेकपूर्णता (Rationality) कहा जाता है, इसके साथ ही, 'सामाजिकता' वह दूसरा विशिष्ट लक्षण है जो उसे मात्र जैविक जीवन से ऊँचा उठाता है और उदात्त भावों, यथा मित्रता, सहयोग, प्रेम, सहानुभूति इत्यादि, से युक्त बनाता है। इसीलिए उसका शुभ अपने स्वरूप के इन दोनों

तत्त्वों के विकास व परिपूर्णता (Perfection) यानी 'आत्मसिद्धि' (Self Realisation) में निहित है।

मगर इसका यह अर्थ नहीं है कि यह आत्मसिद्धि यानी पूर्णता व्यक्ति की जैविक प्रवृत्तियों या प्राकृतिक इच्छाओं की पूर्ति के अभाव में सम्भव है। वस्तुतः आत्मसिद्धि में इनकी विवेकसम्मत सन्तुष्टि भी शामिल है।[4] इस तरह, पूर्णता का अर्थ है, बुद्धि के निर्देशन में मनुष्य के जैविक व पराजैविक, सभी तत्त्वों से सम्बन्धित कार्य-व्यापारों का सफलतापूर्वक सम्पादन या उन तत्त्वों का सामंजस्यपूर्ण विकास व पूर्णता। यह पूर्णता व्यक्ति का अन्तिम शुभ है। अर्बन के शब्दों में, अपने बौद्धिक या आध्यात्मिक कार्य-व्यापारों का पूर्ण सशक्तीकरण ही व्यक्ति का शुभ है और इस सशक्तीकरण के फलस्वरूप जो उत्कृष्टता प्राप्त होती है, वही सद्गुण (virtue) है।[5]

'पूर्णतावाद' द्वारा प्रस्तावित मानव-जीवन के परम शुभ सम्बन्धी इस विचार के प्रति कई बार यह सन्देह पैदा होता है कि यह एक नितान्त निजी विकास-सम्बन्धी लक्ष्य है अतः यह आदर्श एक स्वार्थ का पोषण करता है जिसे सामान्यतः नैतिकता की मूल चेतना के विरुद्ध समझा जाता है। किन्तु इस सन्देह का निराकरण दो दृष्टियों से हो जाता है। पहली दृष्टि के अनुसार, समाज या अन्य व्यक्ति किसी भी व्यक्ति की निजी चेतना के विकास की अपरिहार्य पृष्ठभूमि होते हैं। अरस्तू का कथन है कि समाज के बिना मनुष्य की कल्पना भी नहीं की जा सकती और बिना समाज के वह या तो एक देवता है या एक जानवर। उसकी मान्यता है कि मनुष्य का एक 'मनुष्य' के रूप में विकास समाज के भीतर ही हो सकता है, उसके बिना नहीं। अरस्तू के इस विचार की चर्चा पहले भी की जा चुकी है तथा भेड़िया बालक इत्यादि के उदाहरणों से प्रथम अध्याय में यह स्पष्ट भी किया जा चुका है। इसके प्रकाश में यह माना जा सकता है कि पराजैविक सत्ता के रूप में मनुष्य के व्यक्तित्व व उसके विकास यानी पूर्णता के रूप में निर्धारित इस आदर्श की सिद्धि समाज के एक सदस्य के रूप में ही हो सकती है अतः **समाज एक अपरिहार्य पृष्ठभूमि या सहायक के रूप में** व्यक्ति के विकास का अभिन्न अंग है।

पूर्णता के लक्ष्य के स्वार्थपरक होने सम्बन्धी यह ग़लतफ़हमी एक अन्य दृष्टि से भी दूर हो जाती है। स्पष्ट किया जा चुका है कि अरस्तू तथा आधुनिक चैतन्यवादी विचारक, यथा हीगल, ग्रीन, ब्रैडले आदि के अनुसार, **सामाजिकता यानी सामाजिक चेतना वस्तुतः व्यक्ति की चेतना का ही सार रूप** है। दूसरे शब्दों में, इन विद्वानों की मान्यता है कि पराजैविक सत्ता के रूप में मनुष्य का एक विशिष्ट स्वरूप लक्षण जहाँ व्यक्तित्व (बौद्धिकता) है, वहीं दूसरा सारभूत लक्षण सामाजिकता भी है। अरस्तू ने मनुष्य को परिभाषित करते हुए एक ओर उसे बौद्धिक प्राणी (Rational Animal) कहा है, तो साथ ही, उसे सामाजिक प्राणी (Social Animal) भी कहा है, यह सर्वविदित है। मैत्री, प्रेम, सहयोग, सहानुभूति, इत्यादि की उदात्त भावनाएँ मनुष्य की सामाजिकता की ही अभिव्यक्ति हैं जिनके द्वारा वह अन्यों के साथ सामंजस्यपूर्ण सम्बन्ध

बनाता है, इस तरह, मनुष्य के स्वरूप की पूर्णता बौद्धिकता के साथ-साथ सामाजिकता के विकास में भी निहित है। इस दृष्टि से देखा जाये तो इस सिद्धान्त को स्वार्थवाद का पोषक नहीं माना जा सकता।

जब मनुष्य को सामाजिक प्राणी कहा जाता है तो उसके पीछे तीन प्रकार के चिन्तन निहित होते हैं जो जीवविज्ञान, मनोविज्ञान एवं सामान्य दार्शनिक अध्ययन से उपजे हैं। उन सभी को एक साथ रखकर सही दृष्टि से समझने पर मनुष्य के सामाजिक प्राणी होने के विचार को दृढ़ता मिल जाती है। जीवविज्ञान इस विचार को प्रश्रय देता है कि एक ही जीवन उन सभी कोशिकाओं में व्याप्त रहता है जिनसे मिलकर एक जीवित शरीर बनता है। इसी के साम्य को कुछ ज़्यादा ही खींचकर आगे बढ़ाने पर समाज व व्यक्ति के सम्बन्ध का यह विचार बना कि मानो समाज एक जीवित शरीर है और समस्त व्यक्ति-चेतनाएँ उसकी कोशिकाएँ हैं; और विभिन्न सामाजिक-समूह शरीर के अंगों की भाँति ही समाज के अंग हैं। किसी ग़लतफ़हमी के कारण ऐसा माना जाता है कि आधुनिक चैतन्यवादी विचारकों द्वारा व्यक्ति व समाज के मध्य ऐसा ही सम्बन्ध स्वीकार किया गया है। इस स्वीकृति से यह निष्कर्ष निकाला जाता है कि व्यक्ति एक विशाल समष्टि का भाग या अंश मात्र है और उसका कोई अपना स्वतन्त्र अस्तित्व नहीं है। स्टीफ़ेन व अलेक्ज़ैण्डर आदि इसी मत के पोषक हैं और इसका उल्लेख अध्याय ९ में किया जा चुका है। मगर सच्चाई यह है कि हीगल, ग्रीन, ब्रैडले, इत्यादि, पूर्णतावादी विचारकों ने इस विचार से थोड़ा अलग होते हुए वास्तव में यह प्रतिपादित किया है कि अंगी-अंग (Whole and Part) सम्बन्ध का यह जैविक विचार व्यक्ति व समाज के सम्बन्ध की उचित व्याख्या नहीं है। समाज व व्यक्ति में यह अंगी-अंग सम्बन्ध उस तरह से प्राकृतिक प्रतीत नहीं होता जैसा किन्हीं अन्य जीवों, यथा चीटियों व मुधमक्खियों में। मनुष्यों की अपेक्षा उनमें यह अंगी-अंग सम्बन्ध कहीं अधिक सहज व विकसित रूप से दिखायी देता है। हम जानते हैं कि चींटियाँ, मधुमक्खियाँ सहज व प्राकृतिक प्रवृत्ति के अधीन होकर पूरे समाज के एक अंग मात्र के रूप में ही कार्य करती हैं। मगर इन विचारकों के अनुसार, मनुष्य की सामाजिकता इससे भिन्न है और यह मात्र समष्टि का अंग होने की स्वाभाविक प्रवृत्ति नहीं है। सच्चाई तो यह है कि मनुष्य में यह उसका प्रबुद्ध व सचेतन रूप से निश्चित किया गया संकल्प (Conscious or Rational Will) है। इस तरह, मनुष्य की सामाजिकता उसकी एक सामाजिक चेतना (Social Consicousness) के रूप में उभरती है जब वह समग्र का अंग बनने का सोचा-समझा निर्णय लेता है। दूसरे शब्दों में, उसकी सामाजिक चेतना में एक ऐच्छिक तत्त्व (voluntary element) है जिसे संकल्प (Will) कहा जा सकता है जो स्वेच्छा से सामाजिकता को अपना लक्ष्य बनाता है और वस्तुतः इसी संकल्प के द्वारा वह अपनी निजी परिपूर्णता को भी प्राप्त कर सकता है। जैविक प्राणियों व मनुष्य के इसी अन्तर को प्रदर्शित करने के लिए मनुष्य-समाज को पराजैविक (Hyper Organic) कहा जाता है जिसका अर्थ है कि वह मात्र जैविक नहीं है।

मनुष्य के सामाजिक प्राणी होने के विचार के पीछे उपर्युक्त समाज व व्यक्ति सम्बन्धी पराजैविक अवधारणा के अतिरिक्त, यह मनोवैज्ञानिक अवधारणा भी कार्य करती है कि व्यक्ति स्वरूपतः जितना स्वार्थपूर्ण है, उतना ही परोपकारी भी है, अर्थात् दोनों ही उसके स्वरूप के अभिन्न अंग हैं। इसके अलावा, एक दूसरा मनोवैज्ञानिक विचार यह भी है कि जिसे 'स्व' या 'व्यक्तित्व' कहा जाता है, वह जन्मजात नहीं होता, बल्कि सामाजिक आदान-प्रदान के परिणामस्वरूप बाद में प्राप्त होता है। उपर्युक्त दोनों मनोवैज्ञानिक अवधारणाओं के कुछ परिणाम निकलते हैं। पहली अवधारणा कि 'व्यक्ति स्वरूपतः एक साथ स्वार्थी व परोपकारी है', से यह निष्कर्ष निकलता है कि 'स्व' या 'व्यक्तित्व' वस्तुतः एक 'सामाजिक स्व' (Social Self) भी है जिसके विकास में, स्पष्ट ही, सामाजिक प्रवृत्तियों का विकास शामिल है। दूसरी अवधारणा कि "व्यक्ति का स्व या व्यक्तित्व जन्मजात नहीं होता बल्कि सामाजिक आदान-प्रदान के परिणामस्वरूप बाद में निर्मित होता है," से यह विचार आपादित होता है कि व्यक्ति का 'स्व' या व्यक्तित्व' सार रूप में एक 'सामाजिक उत्पाद' (Social Product) है। इसलिए मानना होगा कि 'स्व' के विकास में सामाजिक तत्त्वों का योगदान है। एक बच्चा तब तक "सहज वृत्तियों (instincts) का बण्डल मात्र" है और उसका सार्थक रूप में तब तक कोई व्यक्तित्व या 'स्व' नहीं बनता जब तक उसके कोई सामाजिक आदान-प्रदान नहीं होते। कहा जा सकता है कि वह मात्र एक 'सम्भावना' (potential) है और सामाजिक जीवन के साथ ही उसकी यह सम्भावना 'स्व' के रूप में पुष्पित-पल्लवित होती है।

उपर्युक्त (परा) जैविक व मनोवैज्ञानिक, दोनों ही अध्ययनों ने इस सामान्य दार्शनिक विचार की स्थापना में योगदान दिया कि एक व्यक्ति को अन्य व्यक्तियों के साथ उसके सम्बन्धों के यानी समष्टि या पूर्णता (totality/whole) में उसकी स्थिति के, सन्दर्भ में परिभाषित किया जा सकता है, यद्यपि वह कुछ अपनी विशिष्टताएँ भी रखता है। जैसे कोई भी विशिष्ट चीज़ अपनी निजी विशेषताओं के साथ-साथ अनिवार्यतः कुछ सम्बन्धों का केन्द्र भी होती है और ये सम्बन्ध उसके स्वरूप का सारभूत अंग होते हैं, वैसे ही मनुष्य के बारे में भी यह माना जा सकता है कि व्यक्ति के सम्बन्ध उसके सच्चे स्वरूप के अभिन्न अंग हैं। व्यक्ति के स्वरूप के बारे में यह दार्शनिक अवधारणा इस तथ्य से भी पुष्ट होती लगती है कि कोई व्यक्ति अपना जीवन तभी अर्थहीन मानता है जब वह किसी-न-किसी रूप में अपने सम्बन्धों से निराश या असफल होता है। तात्पर्य यह है कि जीवन तभी है जब सम्बन्ध हैं और सम्बन्धों का समाप्त हो जाना जीवन के समाप्त हो जाने के बराबर है। व्यक्ति आत्महत्या तभी करता है जब वह प्रेम में असफल हो जाता है अथवा धन-सम्मान गवाँ दे और उन लोगों के बीच उठने-बैठने में असमर्थ हो जाये जिनके बीच रहने का वह आदी हो। या फिर ऐसी निराशा तब उत्पन्न होती है जब वह अपनी पत्नी, मित्र, बच्चे अथवा किसी ऐसे सम्बन्ध

को खो दे जिससे उसने अपना जीवन व व्यक्तित्व बाँध रखा हो। संक्षेप में, इस दार्शनिक विचार के अनुसार, व्यक्ति के जीवन के निर्माणकतत्त्व उसके अन्य व्यक्तियों से सम्बन्ध हैं और इन सम्बन्धों की समाप्ति मानो उसके जीवन की समाप्ति है। आत्महत्या के प्रयास हेतु दण्ड के प्रावधान के पीछे भी यही विचार काम करता है कि व्यक्ति का जीवन केवल उसका अपना नहीं होता और उसकी अनेक सामाजिक क्रियाएँ (Social Functions) हैं व वह एक सामाजिक 'स्व' भी है। इस समस्त चर्चा से पूर्णतावादी विचारकों का दावा आसानी से समझा जा सकता है कि सही अर्थों में कोई केवल तभी एक व्यक्ति है जब वह सामाजिक सम्बन्धों का एक केन्द्र हो। इससे यह स्पष्ट हो जाता है कि सच्ची आत्मसिद्धि में निजी वैशिष्ट्य के अतिरिक्त सामाजिक सम्बन्धों की पहचान व विकास यानी सामाजिक कल्याण की प्रवृत्ति भी शामिल है। व्यक्ति की सामाजिक प्रवृत्तियों, यथा, मित्रता, प्रेम, सहानुभूति की परिपूर्ति हुए बिना उसका व्यक्तित्व पूर्णतः विकसित नहीं माना जा सकता। साथ ही, उसका सुख भी इन्हीं सामाजिक प्रवृत्तियों की सन्तुष्टि से आता है।

इन्हीं (परा) जैविक, मनोवैज्ञानिक व दार्शनिक अवधारणाओं के प्रकाश में यह कहा जा सकता है कि व्यक्ति की पूर्णता केवल उसके निजी व एकान्तिक 'स्व' की पूर्णता नहीं, वरन् 'अपना विकास-सबका विकास' की तर्ज पर अन्यों की पूर्णता, यानी सर्वकल्याण (Common Good) से अनिवार्य रूप से जुड़ी हुई है। इसलिए 'पूर्णतावाद' के इस नैतिक सिद्धान्त में स्वार्थ व परार्थ में कोई संघर्ष ही नहीं है क्योंकि अन्ततोगत्वा स्वार्थ की पूर्ति परार्थ के माध्यम से ही सम्भव होती है।

इस पूर्णतावादी विचारधारा के समर्थन में बाइबिल की इन उक्तियों कि 'आत्मत्याग से ही आत्मलाभ होता है' (Self realisation is possible only through self sacrifice) या 'जीने के लिए मरो' (Die to live) को इस तरह व्याख्यायित किया जा सकता है कि अपने निम्न स्वार्थों, प्रवृत्तियों का त्याग करके ही व्यक्ति अपने सच्चे (उदात्त व व्यापक) स्वरूप को प्राप्त करता है। भारतीय दर्शन में भी यह विचार मिलता है कि व्यक्ति के जीवन का लक्ष्य अपने निजीपन को मिटाकर सामान्य परम चेतना, ब्रह्म या ईश्वर में एकाकार हो जाना है और यही उसका अन्तिम आदर्श या मोक्ष है। हीगल भी जब 'व्यक्ति बनो और दूसरों को व्यक्ति के रूप में सम्मान दो' (Be a person and respect others as persons) का उद्घोष करता है तो उसका आशय भी यही होता है कि मनुष्य को अपनी बौद्धिकता तथा सामाजिकता, दोनों पर बल देकर अपना पूर्णतम विकास करना चाहिए। उसका विश्वास है कि उपर्युक्त उक्ति के अनुसार आचरण करके व्यक्ति स्वयं व समाज के अधिकतम विकास में समुचित योगदान कर सकता है। अरस्तू की भाँति ग्रीन ने भी मनुष्य के विशिष्ट लक्षण के रूप में 'आध्यात्मिकता' (Spirituality) को स्वीकार किया है जिसकी अभिव्यक्ति विवेकशीलता तथा सामाजिक चेतना, दोनों के रूप में होती है। ग्रीन भी मानता है कि वैयक्तिक तथा सामाजिक हित

में कोई मौलिक भेद नहीं है क्योंकि अन्ततः व्यक्ति का कल्याण समाज के कल्याण में ही निहित है। समाज में रहकर ही मनुष्य अपने कर्त्तव्यों की पूर्ति कर सकता है एवं अपनी समस्त क्षमताओं का पूर्ण विकास कर सकता है अतः समाज के अभाव में उसके नैतिक जीवन की कल्पना भी नहीं की जा सकती। इन सब विचारों के परिप्रेक्ष्य में यह माना जा सकता है कि पूर्णता या आत्मसिद्धि का जीवन आदर्श निस्सन्देह स्वार्थपरक नहीं है, यह निजी व सामाजिक कल्याण का समन्वय है, यह बुद्धि व भावना का समन्वय है, बल्कि यदि जॉन एच. म्योरहेड के शब्दों में कहा जाये तो यह एक **'सर्वकल्याण का आदर्श' (Ideal of Common Good)** है।[6]

मनुष्य के इस पूर्णता रूपी परम शुभ के लिए अरस्तू ने 'यूडायमोनिया' (Eudaemonia) शब्द का प्रयोग किया है। यूनानी भाषा में इसका लगभग वही अर्थ है जो आनन्द (Happiness) का है। 'यूडायमोनिया' के विचार का उल्लेख 'सुखवाद' नामक अध्याय में किया जा चुका है। वहाँ भी यह स्पष्ट किया गया है कि अरस्तू ने 'यूडायमोनिया' को मनुष्य के 'स्व या चेतना का व्यापार' (exercise of a man's soul) और उसकी क्षमताओं की उत्कृष्टतम सिद्धि या परिपूर्ति कहा है। अब यदि व्यक्ति में एक से ज़्यादा ऐसी क्षमताएँ हैं तो जो सर्वोत्तम है, उसका सर्वोत्कृष्ट विकास ही 'यूडायमोनिया' है।[7] इस शब्द 'यूडायमोनिया' से ही 'एनर्जी' (energy) शब्द बना है जिसका भावार्थ है 'सक्रिय कार्य-व्यापार' (active working)। इस तरह, अरस्तू द्वारा प्रदत्त 'यूडायमोनिया' का सिद्धान्त व्यक्ति की उस सक्रिय कल्याणकारी अवस्था (active wellbeing) से सम्बन्धित है जिसमें मनुष्य के रूप में उसकी क्षमताओं का विकास निहित है, जो जीवन का सर्वोच्च शुभ है और जो सच्चे आनन्द से युक्त है। अरस्तू का मानना है कि यह कहना कि 'सुख ही परम शुभ है' एक सत्य किन्तु घिसी-पिटी बात लगती है। मगर यह बात या कथन तब तक कोई अर्थ नहीं रखता जब तक हम यह तय न कर लें कि सुख निहित किसमें है। और उसका मानना है कि 'सुख व्यक्ति के स्वरूपगत कार्य-व्यापारों यानी बौद्धिकता व सामाजिकता सम्बन्धी स्वरूप की पूर्णता में निहित है।[8]

जैसा कि पहले भी कहा जा चुका है कि पूर्णता रूपी परम शुभ में व्यक्ति की प्राकृतिक जैविक प्रवृत्तियों का बुद्धिसम्मत सन्तोष भी शामिल है क्योंकि पराजैविक होने के कारण वह जीव तो है ही। 'यूडायमोनिया' मनुष्य के जीवन का वह परम शुभ है जिसमें व्यक्ति की कामनाओं, क्षमताओं व हितों का विवेकपूर्ण व्यवस्थीकरण, विकास व पूर्णता शामिल है, यानी यह 'सम्पूर्ण आत्मसिद्धि' (Total Self Realisation) है जो आत्मसन्तोष से युक्त और आनन्ददायक है। इस प्रकार का सिद्धान्त बुद्धि और भावना (यानी सुख इत्यादि) के बीच समन्वय स्थापित करता हुआ प्रतीत होता है। इस दृष्टि से, यह 'बुद्धिवाद' (Rationalism) व 'सुखवाद' (Hedonism) के एकतरफ़ा मतों में सुधार करके उनके मूल्यवान् पक्षों को अपने में समायोजित कर लेता है।

एक अत्याधुनिक रिपोर्ट के अनुसार, ज़्यूरिख यूनिवर्सिटी के शोधकर्त्ताओं ने दावा किया है कि जब व्यक्ति उदार होता है तो उसके मस्तिष्क में कुछ ऐसे परिवर्तन होते हैं जो उस व्यक्ति को प्रसन्नता के भाव से भर देते हैं। शोधकर्त्ता फ़िलिप टॉबलर ने बताया है कि प्रसन्न होने के लिए पूर्ण आत्मत्याग यानी दूसरों के लिए शहीदाना भाव की आवश्यकता नहीं है, बल्कि थोड़ा-सा उदार होना ही प्रसन्नता के भाव को महसूस करने के लिए पर्याप्त है। इन शोधकर्त्ताओं का मानना है कि दूसरों का ध्यान रखनेवाले लोग उन लोगों की तुलना में अधिक ख़ुश रहते हैं जो केवल अपने स्वार्थ में ही लगे रहते हैं। यहाँ तक कि जिन लोगों ने उदार होने का संकल्प या इरादा मात्र किया था, वे भी प्रसन्नता की अनुभूति से परिपूर्ण रहे, ऐसा इस शोध में पाया गया। इस तरह, यह शोध भी अरस्तू के 'यूडायमोनिया' के इस विचार को पुष्ट करता प्रतीत होता है कि सर्वकल्याण का लक्ष्य अन्ततः व्यक्ति को भी आनन्द प्रदान करता है। इस दृष्टि से जीवन का यह आदर्श स्वार्थ व परार्थ के द्वन्द्व को समाप्त कर देता है।

यहाँ यह समझ लेना चाहिए कि अरस्तू के अनुसार 'यूडायमोनिया' की यह स्थिति मानव जीवन का लक्ष्य है, किसी अन्य वांछनीय साध्य हेतु साधन नहीं। यह मनुष्य की स्वरूपगत क्रिया की अवस्था है। यही अन्तिम शुभ है जो पूरे जीवन अनवरत चलनेवाली क्रिया है, अर्थात् ऐसा नहीं कि एक बार इस 'यूडायमोनिया' की स्थिति प्राप्त कर ली तो प्रयोजन सम्पन्न हो गया, बल्कि यह आजीवन चलनेवाली क्रिया है।

'पूर्णतावाद' के नैतिक सिद्धान्त की व्याख्या के सन्दर्भ में यह स्पष्ट हो जाना चाहिए कि व्यक्ति के मूलभूत स्वरूप के अनुकूल ही उसकी आत्मसिद्धि के कई स्तर या अशांक (degree) हो सकते हैं। जब वह मात्र अपने जैविक स्वरूप को विकसित करता है तो ऐसी आत्मसिद्धि अपेक्षाकृत निम्नस्तर की होगी। परन्तु जब व्यक्ति अपने पराजैविक स्वरूप के अनुकूल कार्य करे एवं अपने 'स्व' को बौद्धिक व सामाजिक स्तरों पर विकसित करे तो उसकी आत्मसिद्धि निस्सन्देह उच्चस्तर की मानी जायेगी और अधिक मूल्यवान् होगी। उदाहरण के लिए, शारीरिक व आर्थिक क्रियाओं में सफलता या तत्सम्बन्धी क्षमताओं की परिपूर्णता उतना अधिक मूल्य नहीं रखती क्योंकि इन कार्यों में मनुष्य की चेतना या स्वरूप का विकास मात्र जैविक स्तर पर ही होता है। इससे भिन्न, व्यक्तियों के बीच बुद्धिसम्मत प्रेम, मित्रता आदि की स्थापना व विकास का अधिक मूल्य होगा क्योंकि यह व्यक्ति के कहीं अधिक मूलभूत स्वरूप की सिद्धि से सम्बन्धित है। अतः इस अवस्था में पूर्णता का अंशांक (degree) भी अधिक होगा। लेकिन इससे भी गहरी व उच्चस्तरीय उन लक्ष्यों की प्राप्ति है जो व्यक्ति के सामाजिक बौद्धिक स्वरूप के चरमोत्कर्ष की अभिव्यक्ति हैं जिन्हें **'सत्य' (Truth), 'शुभ' (Goodness) और 'सौन्दर्य' (Beauty)** के सामान्य पदों से अभिहित किया जाता है। ये वे मूल्य हैं जो मनुष्य के श्रेष्ठ बौद्धिक व सामाजिक स्वरूप की उन आधारभूत क्रियाओं के अनुकूल हैं

जो उसका व्यक्तित्व बनाते हैं। इन मूल्यों की सिद्धि महत्तम स्तर की पूर्णता का प्रतीक है।

'पूर्णतावाद' के नैतिक सिद्धान्त की इस सामान्य व्याख्या के उपरान्त, अब इस पर आलोचनात्मक दृष्टि डाली जाये। कहना होगा, यह सिद्धान्त स्वार्थ व परार्थ में समन्वय करने में सफल हुआ है। स्वार्थवाद के अनुसार, प्रत्येक व्यक्ति को दूसरों की परवाह किये बिना केवल अपना हित साधना चाहिए जबकि परार्थवाद कहता है कि प्रत्येक व्यक्ति को अपनी परवाह किये बिना केवल दूसरों के हित को पूरा करना चाहिए। इन दोनों से भिन्न, एक सच्चे नैतिक सिद्धान्त के रूप में 'पूर्णतावाद' यह प्रतिपादित करता है कि निजी व सामान्य शुभ एक-दूसरे के सापेक्ष अर्थात् अन्योन्याश्रित हैं। अतः इस सिद्धान्त में स्वार्थवाद व परार्थवाद का पुराना संघर्ष समाप्त हो जाता है।[9] स्वार्थ व परार्थ अर्थात् व्यष्टि व समष्टि में समन्वय के अतिरिक्त यह सिद्धान्त भावना व बुद्धि में भी एकत्व स्थापित करता है। इतना ही नहीं, बुद्धिवाद, अन्तःप्रज्ञावाद (Intuitionism) जैसे परिणाम-निरपेक्षतावादी सिद्धान्तों तथा 'सुखवाद' जैसे फलवादी सिद्धान्त के बीच तकनीकी भेदों को धूमिल करते हुए, उनकी अच्छाई को ग्रहण करके, उनकी एकपक्षीयता को दूरकर, यह 'पूर्णतावाद' उन सबका एकीकरण करता प्रतीत होता है। इसी कारण, ऐसा लगता है कि यह एक परिपूर्ण नैतिक सिद्धान्त है।

प्रथम दृष्ट्या भले ही यह पूर्ण व आकर्षक प्रतीत हो, किन्तु सच्चाई यह है कि इनमें भी अनेक विचार ऐसे है जो असन्तोषजनक हैं। व्यक्ति व समाज के सम्बन्ध को जिस रूप में इस सिद्धान्त में स्वीकृति मिली है, वह रूप पूरी तरह से सत्य प्रतीत नहीं होता। क्या वास्तव में व्यक्ति का हित अनिवार्य रूप से सदैव समाज के हित से जुड़ा हुआ यानी समाजसापेक्ष है ? अनेक ऐसे विचारक व आम लोग मिल जायेंगे जो इसका घोर विरोध करेंगे एवं उचिततः ही इस बात पर ज़ोर देंगे कि यह अनिवार्य नहीं है और कई ऐसी स्थितियाँ है जहाँ बिना किसी सामाजिक परिप्रेक्ष्य के, व्यक्ति का हित देखना ही श्रेयस्कर होता है। व्यक्ति के हित को पूरी तरह से सामाजिक सरोकार से बाँध देने का ही परिणाम हुआ है कि 'साम्यवाद' तथा 'फ़ासीवाद' जैसी अधिनायकवादी व सर्वाधिकारवादी व्यवस्थाओं का जन्म हुआ जिनमें व्यक्ति इतना गौण हो गया कि उसका मूल्य ही समाप्त हो गया और एकमात्र राज्य ही महत्त्वपूर्ण हो गया। व्यक्ति की ऐसी उपेक्षा के कारण ही ये व्यवस्थाएँ इतनी असन्तोषजनक हो गयीं कि एक के बाद एक ध्वस्त होती चली गयीं। आज भी जहाँ ये जीवित हैं, यथा उत्तर कोरिया, वहाँ इन्हें एक ख़तरे के रूप में देखा जाता है।

आलोचना का दूसरा बिन्दु 'पूर्णतावाद' के सिद्धान्त की व्यावहारिकता के सन्दर्भ में है। क्या यह सम्भव है कि एक व्यक्ति अपनी समस्त जैविक व पराजैविक क्षमताओं का पूर्णतम विकास कर सके ? मेरी शारीरिक व मानसिक उन्नति एवं कल्याण, दोनों ही अपने-आप में उत्तम चीज़ें हैं, मगर दोनों में संघर्ष हो सकता है क्योंकि एक उच्च

श्रेणी के खिलाड़ी या श्रेष्ठ भौतिक जीवन की प्राप्ति के साथ ही एक उत्तम विचारक बनना किसी के लिए भी कठिन हो सकता है। मानसिक क्षेत्र में भी अक़्सर एक साथ कलाकार व दार्शनिक होना विरोधात्मक ही लगता है।[10] इस तरह, यह असम्भव प्रतीत होता है कि एक व्यक्ति अपने व्यक्तित्व के सभी पक्षों को चरम स्थिति तक विकसित कर पाये। और यदि उनमें से किसी एक पक्ष का विकास हेतु चुनाव किया जाये तो यह सम्पूर्ण विकास नहीं माना जा सकता।

इसी तरह, यदि मैं स्वयं को दूसरों के शुभत्व हेतु पूरी तरह से समर्पित कर दूँ और अपने विकास को दूसरों की उन्नति में मात्र साधन मानूँ तो भी मुझे उन दूसरे लोगों के मानसिक व शारीरिक विकास में से किसी एक का चुनाव करना पड़ेगा और इस चुनाव में एक-न-एक पक्ष छूट जायेगा। अब यदि कोई सीमित प्राणी, सीमित जीवन में अपने द्वारा स्वीकृत पूर्णता के आदर्श को प्राप्त नहीं कर सकता तो मानना होगा कि ऐसी पूर्णता मात्र ईश्वर या उस जैसी किसी सत्ता के लिए है। मगर कठिनाई यह है कि ईश्वर को नैतिक चुनाव से युक्त नहीं माना जा सकता क्योंकि उसके कर्त्तव्य की बात करना अनर्गल होगा।[11]

इसके अतिरिक्त एक अन्य महत्त्वपूर्ण कमी इस सिद्धान्त में यह है कि यह एक ऐसा आदर्श हमारे सम्मुख रखता है जो बहुत ही उच्च श्रेणी का है मगर जब जीवन की ठोस ज़मीन पर व्यक्ति कार्य का चुनाव करता है तो यह उसे कोई दिशा निर्देश नहीं देता। स्वतन्त्रता के आन्दोलन में कॉलेज, नौकरी, व्यवसाय, पारिवारिक ज़िम्मेदारी इत्यादि को छोड़ने का निर्णय उस स्थिति में कुछ लोगों ने अपना कर्त्तव्य समझा, मगर ऐसा करना पूर्णता की प्राप्ति के मार्ग में बाधक ही सिद्ध हुआ प्रतीत होता है। किसी अपवादात्मक स्थिति में कभी-कभी नैतिकता व कर्त्तव्य की माँग होती है कि व्यक्ति अपने जीवन का उत्सर्ग कर दे। अब इस स्थिति में पूर्णता किसकी व कैसी ? सम्भवतः इन्हीं सब कारणों से एडेमसन ने कहा था कि 'आत्मसिद्धि' मुझे हमेशा समस्या के समाधान के बजाय एक समस्या लगती है।[12]

जैसा कि प्रारम्भ में ही उल्लेख किया जा चुका है कि 'पूर्णतावाद' के इस नैतिक सिद्धान्त के विकास में हीगल (1770-1831 ई., जर्मनी), ग्रीन (1836-1882 ई., इंग्लैण्ड), ब्रैडले (1846-1924 ई., इंग्लैण्ड), इत्यादि, आधुनिक चैतन्यवादियों का अत्यधिक योगदान रहा है। वस्तुतः इसको 'यूडायमोनियावाद' से 'पूर्णतावाद' या 'आत्मसिद्धि' के सिद्धान्त के रूप में प्रतिष्ठित करने का श्रेय इन्हीं विचारकों को जाता है। इस सिद्धान्त की सामान्य व्याख्या में स्थान-स्थान पर इन विचारकों का सन्दर्भ लिया भी गया है। किन्तु इनके विशिष्ट योगदान को दृष्टि में रखते हुए इन विद्वानों के विचारों पर संक्षेप में अलग से भी कुछ प्रकाश डालना उचित ही होगा, क्योंकि उनके तत्त्वदार्शनिक विचारों ने इस सिद्धान्त के आधुनिक रूप को निर्धारित किया है।

जॉर्ज डब्ल्यू.एफ़. हीगल[13]

'पूर्णतावाद' के महत्त्वपूर्ण आधुनिक प्रतिष्ठाताओं में से एक, हीगल ने अपनी दो पुस्तकों 'फ़िनॉमेनॉलॉजी ऑफ़ माइण्ड' तथा 'फ़िलॉसॉफ़ी ऑफ़ राइट' में नैतिकता की समस्याओं एवं नैतिकता की उत्पत्ति व विकास का विस्तृत विवेचन किया है। उसके नैतिक दर्शन का आधार उसके तत्त्वदार्शनिक विचार हैं। वह सम्पूर्ण चैतन्यवादी (Absolute Idealist) व बुद्धिवादी (Rationalist) दार्शनिक है। उसने सम्पूर्ण विश्व में एक ही अमूर्त चैतन्य तत्त्व (Abstract Idea) को व्याप्त माना जिसे बुद्धि या मन (Reason or Mind) कहा जा सकता है। इस तरह, हीगल के मतानुसार, एक अमूर्त चैतन्य बौद्धिक तत्त्व समस्त सृष्टि में निहित है। वस्तुतः सम्पूर्ण सृष्टि इस अमूर्त चैतन्य बौद्धिक तत्त्व के विकास के ही विभिन्न पड़ाव हैं। विकासवादियों (Evolutionists) की भाँति हीगल विश्व के क्रमिक विकास को स्वीकार करता है किन्तु उसके अनुसार, यह विकास यान्त्रिक नियमों द्वारा शासित जैविक विकास न होकर मूलतः बौद्धिक नियमों द्वारा संचालित आध्यात्मिक विकास है। यह अमूर्त चैतन्य बौद्धिक तत्त्व क्रमशः निम्न से उच्चतर स्थिति में विकसित होता हुआ उस उच्चतम स्थिति को प्राप्त करने की ओर अग्रसर है जिसे हीगल सम्पूर्ण चैतन्य (Absolute Idea) यानी परम सत्, निरपेक्ष ज्ञान व पूर्ण सत्य की स्थिति मानता है। यह इस अर्थ में परम स्थिति है कि उसके परे व बाहर कुछ भी नहीं है, सब-कुछ उसमें ही निहित है। इसे निरपेक्ष तत्त्व की स्थिति भी कहा जाता है क्योंकि यह किसी अन्य पर निर्भर नहीं है बल्कि सब उस पर निर्भर करते हैं।

हीगल के अनुसार, विकास की प्रारम्भिक अवस्था अपूर्णता की अवस्था है। निर्जीव पदार्थ भी इसी चैतन्य तत्त्व की अवस्था हैं किन्तु उनमें यह चैतन्य तत्त्व अपनी प्रारम्भिक व अविकसित रूप में है। उनमें चैतन्य (Consciousness) व ज्ञान (Knowledge) मानो सुप्त हैं। पेड़-पौधों, पशु-पक्षियों तथा मनुष्यों में यही चैतन्य तत्त्व अधिकाधिक विकसित रूप में है। विवेकशील आत्मचेतन मनुष्य में इस तत्त्व का अब तक का सर्वाधिक विकास दृष्टिगोचर होता है। इसीलिए मनुष्य विकास-क्रम में अन्य प्राणियों की अपेक्षा उच्चतर स्थिति में है और इसी कारण वह अपनी बुद्धि की सहायता से इस सम्पूर्ण विकास-क्रम को समझ सकता है तथा उसमें व्याप्त चैतन्य तत्त्व को जान सकता है।

हीगल की मान्यता है कि सृष्टि का यह विकास-क्रम द्वन्द्वात्मक (Dialectical) है। इसका अभिप्राय है कि मूल स्थिति जो अपूर्ण है (पक्ष, Thesis), की अपूर्णता को दूर करने के लिए विरोधी स्थिति (विपक्ष, Anti thesis) उत्पन्न होती है जो मूल स्थिति की भाँति ही अंशतः सत्य व चैतन्य से युक्त है। पूर्णता प्राप्त करने की यात्रा में प्रथम दोनों स्थितियों के सारतत्त्व का समन्वय (संपक्ष, Synthesis) हो जाता है यानी पक्ष व विपक्ष, दोनों स्थितियों का विरोध शान्त हो जाता है। अतः यह अपेक्षाकृत अधिक पूर्ण

व सत्य के अधिक निकट होता है। सम्पूर्ण सृष्टि इसी द्वन्द्वात्मक प्रक्रिया से विकसित हो रही है। सृष्टि की किसी भी विशिष्ट घटना, विचार, संस्था, जाति, साहित्य, कला, धर्म, इतिहास, इत्यादि के विकास में यह परिलक्षित होता है, ऐसा हीगल का मानना है। यह द्वन्द्वात्मक विकास तब तक चलता रहेगा जब तक सम्पूर्णता की अवस्था नहीं आ जाती, जब तक सृष्टि का मूलभूत तत्त्व यानी अमूर्त चैतन्य पूर्ण चैतन्य नहीं बन जाता जो पूर्ण आत्मज्ञान, सत् व स्वतन्त्रता की अवस्था है।

हीगल की इस तत्त्वमीमांसा से यह स्पष्ट हो ही जाता है कि उसके नैतिक विचारों का पर्यवसान उस 'पूर्णतावाद' के सिद्धान्त में ही होना था जिसमें समस्त व्यक्तिगत-सामाजिक द्वन्द्वों के लोप के साथ ही, व्यक्ति बुद्धि व स्वतन्त्र संकल्प द्वारा अपनी पूर्णता को प्राप्त करता है।

व्यक्ति में नैतिकता के विकास को हीगल द्वन्द्वात्मक प्रणाली के आधार पर प्रदर्शित करता है। उसकी मान्यता है कि प्रारम्भ में यह नैतिकता निचले स्तर की होती है। उस अवस्था में व्यक्ति अन्य व्यक्तियों के साथ अपने सम्बन्ध बाह्य बाध्यता के कारण बनाता है और इस बाध्यता के कारण ही वह उचित सामाजिक कार्यों हेतु प्रेरित होता हैं। यह बाह्यारोपित नैतिकता है जहाँ राज्य व समाज द्वारा दिये गये दण्ड का भय व पुरस्कार का लालच शुभ कार्य हेतु उसकी प्रेरणा होते हैं। दूसरा स्तर तब आता है जब व्यक्ति अन्य व्यवितयों के कल्याणार्थ कर्म करने हेतु आन्तरिक रूप से प्रेरित होता है, बाह्य शक्तियों से बाध्य होकर नहीं। वह स्वतन्त्र इच्छा से राज्य व समाज द्वारा सबके कल्याण हेतु बनाये गये नियमों का पालन करता है। स्पष्ट ही, नैतिकता की यह अवस्था प्रथम अवस्था से उच्चतर व उत्कृष्ट है। किन्तु इस अवस्था में भी स्वहित व व्यापक सामाजिक कल्याण में टकराव की सम्भावना बनी रहती है क्योंकि इस अवस्था में भी व्यक्ति अपने निजी हित के लिए अत्यधिक सजग रहता है। फलतः सामाजिक हित के साथ उसके निजी हित का पूर्ण सामंजस्य नहीं हो पाता। यह पूर्ण सामंजस्य की अवस्था तब प्राप्त होती है जब व्यक्ति में बुद्धि-विवेक का पर्याप्त विकास हो जाता है तथा वह यह बात पूरी तरह से समझ लेता है कि व्यक्तिगत व सामाजिक हित अन्योन्याश्रित व सापेक्ष हैं और उनमें कोई वास्तविक भेद नहीं है। यह व्यक्ति में नैतिकता के विकास की 'सापेक्ष' की अवस्था है जो पूर्ण सामंजस्य की स्थिति होने के कारण उच्चतम अवस्था है। इस अवस्था में व्यक्ति अपने निजी हिंतों का ध्यान रखते हुए भी सामाजिक कल्याण की उपेक्षा नहीं कर सकता क्योंकि वह दोनों में समन्वय स्थापित कर चुका है। नैतिक विकास की यह अन्तिम सर्वश्रेष्ठ अवस्था ही उच्चतम नैतिक आदर्श है जिसकी ओर क्रमशः अग्रसरित होना व्यक्ति का कर्त्तव्य है।

व्यक्ति के इस नैतिक विकास-क्रम में हीगल ने परिवार, समाज व राज्य को विशेष महत्त्व दिया है। परिवार के सदस्यों की आन्तरिक एकता, उनके मध्य नैसर्गिक स्नेह की उपस्थिति व्यक्ति द्वारा अन्य सदस्यों के हितों का ध्यान रखने की

आदर्श व्यवस्था का प्रथम चरण है। इसके ऊपर समाज है जो अपेक्षाकृत अधिक व्यापक संस्था है जहाँ सदस्यों के मध्य एकता आन्तरिक न होकर, बाह्य होती है जिसे प्रशासन, क़ानून, न्याय-प्रणाली, श्रम-विभाजन व दण्डविधान द्वारा स्थापित किया जाता है। हीगल की दृष्टि में इससे भी ऊपर राज्य है जो व्यक्ति, परिवार व समाज में पूर्ण सन्तुलन बनाता है और सबके कल्याण हेतु उचित प्रयास करता है।

हीगल की उक्ति 'व्यक्ति बनो और अन्यों का व्यक्तियों के रूप में सम्मान करो' उसके 'पूर्णतावाद' के नैतिक सिद्धान्त को भलीभाँति व्यक्त करती है। इसकी व्याख्या इसी अध्याय में यथास्थान की जा चुकी है। बाइबिल की उक्ति 'जीने के लिए मरो' (यानी आत्मत्याग द्वारा आत्मलाभ) को भी हीगल ने संशोधित अर्थ में स्वीकार किया और माना कि इसका वास्तविक अर्थ है 'विवेकसम्मत जीवन जीने के लिए अपनी निम्न जैविक प्रवृत्तियों को बुद्धि द्वारा नियन्त्रित करो।' वह मानव-जीवन में भावना व बुद्धि, दोनों के महत्त्व को स्वीकार करता है तथा अरस्तू की भाँति मानता है कि स्वाभाविक इच्छाओं एवं भावनाओं के पूर्ण दमन के स्थान पर बुद्धि के नियन्त्रण में उनकी तृप्ति की जानी चाहिए। इसलिए 'आत्मत्याग द्वारा आत्मलाभ' या 'जीने के लिए मरो' का अर्थ नैसर्गिक इच्छाओं की बुद्धिसंगत संयमपूर्ण तृप्ति है क्योंकि ऐसा करके ही मनुष्य वास्तव में नैतिक जीवन व्यतीत कर सकता है और तभी व्यक्ति वैयक्तिक व सामाजिक जीवन में पूर्णता प्राप्त कर सकता है। वस्तुतः "व्यक्ति बनो" तथा "जीने के लिए मरो", ये दोनों उक्तियाँ हीगल के नैतिक दर्शन का सार हैं।

टी.एच.ग्रीन

अपनी पुस्तक 'प्रोलेगोमेना टू इथिक्स' में ग्रीन ने अपने हीगल से प्रभावित चैतन्यवादी तत्त्वदार्शनिक विचारों के आधार पर (द्वन्द्वात्मक प्रणाली के अतिरिक्त) नैतिकता सम्बन्धी समस्याओं का विवेचन किया। ग्रीन ने स्वीकार किया कि मानव में समाहित जीवन्त बौद्धिक या आध्यात्मिक तत्त्व ही प्रकृति का सारभूत द्रव्य है। मनुष्य के अन्दर जानवरों सरीखी जैविक प्रवृत्तियाँ होती हैं मगर यह बौद्धिक या आध्यात्मिक तत्त्व ही है जो उसे अन्य प्राणियों से पृथक् करता है। इस आध्यात्मिक तत्त्व के कारण उसकी निम्न प्रवृत्तियाँ (impulses, instincts) मात्र प्रवृत्तियाँ न होकर ऐसी कामनाएँ (desires) बन जाती हैं जो थोड़ी-बहुत बौद्धिक होती हैं। इसी तत्त्व के कारण उसके संवेदन मात्र संवेदन (sensations) नहीं रहते, प्रत्यक्ष (perception) बन जाते हैं। पशु व तथाकथित जड़ प्रकृति में भी यह आध्यात्मिक तत्त्व होता है, मगर सुप्त अवस्था में, जबकि मनुष्य में यह व्यक्त है, जाग्रत है। ग्रीन के अनुसार, नैतिक जीवन का अर्थ है

इस तत्त्व को अधिकाधिक व्यक्त करने की निरन्तर चेष्टा। अभी तक मनुष्य में इस आध्यात्मिक तत्त्व की पूर्णतम अभिव्यक्ति या विकास नहीं हुआ है किन्तु इतना विकास अवश्य हो चुका है कि वह 'पूर्ण आध्यात्मिकता के विकास या आत्मसिद्धि' के साध्य को किसी सीमा तक समझ सके तथा यह जान सके कि इसके लिए उसे किस दिशा में प्रयास करना चाहिए।

मनुष्य के आध्यात्मिक तत्त्व की विकसित अवस्था की पहचान है स्थायी सन्तुष्टि या आनन्द। जब मनुष्य मात्र निम्नप्रवृत्तियों के संसार में लिप्त होता है तो उसकी इच्छाएँ जल्दी ही ऊब जाती हैं, उसे स्थायी सन्तुष्टि नहीं मिल पाती, अन्ततः वह उनसे दूर जाने का प्रयास करता है। ग्रीन का मानना है कि जब मनुष्य अपने आदर्श आध्यात्मिक संसार में नहीं होता तो कभी-कभी उसे 'अन्तरात्मा के दंश' (pricks of conscience) का सामना करना पड़ता है जो सूचित करता है कि वह जानता है कि उच्चतम आध्यात्मिक संसार क्या है जिसमें उसे रहना चाहिए।

ग्रीन का विचार है कि सच्चा आध्यात्मिक तत्त्व वस्तुतः बौद्धिक आत्मा ही है और इसकी प्राप्ति की अवस्था वह अवस्था है जो गहरी प्रज्ञा व अन्तर्दृष्टि के क्षणों में हमारे सामने प्रकट होती है। जैसा कि पहले भी कहा गया है, इस अवस्था के बारे में पूरी तरह से बताना अभी सम्भव नहीं होगा क्योंकि इसको बताने का अर्थ है उस आध्यात्मिक संसार को व उससे अपने सम्बन्धों को पूरी तरह से समझ लेना और तदनुसार निरन्तर कर्म करते रहना, जो विकास की वर्तमान अवस्था में हमारे वश में नहीं है। फ़िलहाल हम केवल इतना कर सकते हैं कि उसको अधिकाधिक समझने की स्वयं भी कोशिश करें और ऐसा करने में दूसरों की सहायता भी करें। इस तरह जीवन बिताना ही वास्तव में आत्मसिद्धि है, ऐसा ग्रीन का मत है।[14]

यहाँ ग्रीन के विषय में एक विशेष उल्लेख करना आवश्यक है कि उसके अनुसार बौद्धिकता का विचार काण्ट द्वारा स्वीकृत तर्कणात्मकता या बौद्धिकता के सम्प्रत्यय से भिन्न है। वह कहता है कि काण्ट ने बौद्धिकता को अमूर्त व आकारिक (abstract and formal) माना था और उसे इच्छाओं से पूर्णतः विरोधी समझा था। ग्रीन का मानना है कि बौद्धिकता के ऐसे स्वरूप की स्वीकृति काण्ट को 'सुख' की स्वीकृति का अधिकार नहीं देती। काण्ट से भिन्न होते हुए ग्रीन ने बौद्धिकता को ठोस रूप देकर मनुष्य की इच्छाओं, संवेदनाओं को भी उससे ओतप्रोत माना, फलतः उसके लिए आनन्द को स्वीकार करना आसानी से सम्भव हो सका। मगर ग्रीन काण्ट से इस बात से सहमति रखता है कि वह सुख या आनन्द को साध्य के रूप में मान्यता नहीं देता। ग्रीन जीवन-साध्य की प्राप्ति में सुख को एक अवियोज्य व आवश्यक तत्त्व मानता है तथा मानता है कि आत्मसाक्षात्कार या आत्मसिद्धि के साध्य से उसका अटूट सम्बन्ध है। इसका आशय यह है कि यदि आत्मसिद्धि का लक्ष्य प्राप्त होगा तो स्थायी प्रसन्नता या सन्तुष्टि भी अवश्य प्राप्त होगी।

एफ़.एच. ब्रैडले

तत्त्वमीमांसीय संपूर्ण या निरपेक्ष चैतन्यवादियों (Absolute Idealists) में सबसे सम्मानित नाम ब्रैडले का है। हीगलीय तत्त्वदर्शन को उसने नयी ऊचाइयाँ प्रदान कीं और उसमें अपना विशिष्ट योगदान भी दिया यद्यपि अक़्सर उसने अपने को हीगल का अनुयायी मानने से इन्कार किया क्योंकि उसने कहा कि "मैं नहीं जानता कि क्या और कितना मैंने हीगल से लिया है।"[15] वह हीगल के प्रति ऋण व्यक्त करते हुए भी यह कहता है कि "पाठक को यह समझ लेना चाहिए कि जो भी कुछ मैंने कहा, उसके लिए केवल मैं ही उत्तरदायी हूँ।"[16]

ब्रैडले के अनुसार, नैतिक लक्ष्य आत्मसिद्धि (self realisation) या पूर्णता (fulfillment of the self) है। मगर ब्रैडले यह प्रश्न पूछता है कि यह 'आत्म' या 'स्व' (self) है क्या। उसकी दृष्टि में यह 'स्व' निश्चित रूप से वह 'मानवीय स्व' (human self) नहीं है जो विशेष भावों, कर्मों या संवेदनों का पुंज या शृंखला मात्र है; बल्कि यह वह 'स्व' है जो आरम्भ से ही 'एक व व्यवस्थित समष्टि' (a Single and Systematic Whole) के रूप में प्रकट होता है। यह एक ऐसा ठोस मूर्त सामान्य (Concrete Universal) है विभिन्न विशेष जिसके मात्र पक्ष या तत्त्व हैं। यहाँ यह स्पष्ट करना समीचीन होगा कि 'सामान्य' (Universals) से साधारणतः उस अमूर्त तत्त्व (abstract) का आशय लिया जाता है जो विभिन्न विशेषों में एक-सा है, जैसे भूरा रंग जो विभिन्न भूरी चीज़ों में है। सामान्य के इस साधारण अर्थ से भिन्न, ब्रैडले ने 'समष्टि स्व' को मूर्त सामान्य (Concrete Universal) कहा जिसका अर्थ है कि उस सामान्य में सभी विशेष समाहित हैं; साथ ही, यह नैतिक दृष्टि से प्रासंगिक ऐसा उच्च, सार्वभौम स्व या आत्म है जिसकी सत्ता इस, उस, मेरे, तुम्हारे या किसी अन्य के विशिष्ट 'स्व' से अलग है। इस तरह, मनुष्य का सच्चा मूलभूत 'स्व' ऐसा मूर्त 'सामान्य स्व' है जो सभी विशेष मनों को अपने भीतर समाहित करते हुए भी उनसे परे है। इसीलिए ब्रैडले के इस नैतिक कथन कि 'अपने-आपको असीमित समष्टि के रूप में अनुभूत करो' (Realise yourself as infinite whole) का अभिप्राय है "स्वयं को असीमित समष्टि के आत्मचेतन सदस्य के रूप में स्पष्ट अनुभव करना।" यही आत्मसाक्षात्कार है। यही आत्मपूर्णता का उच्चतम नैतिक आदर्श है। इस नैतिक आदर्श की प्राप्ति को सम्भव बनाने के लिए उस समष्टि को अपने भीतर महसूस करना ही एकमात्र मार्ग है।[17]

'सुख के लिए सुख' (Pleasure for Pleasure's Sake) तथा 'कर्त्तव्य के लिए कर्त्तव्य' (Duty for Duty's Sake) के नैतिक सिद्धान्तों को ब्रैडले एकपक्षीय मानता है। बेन्थम, मिल, सिजविक तथा स्पेन्सर आदि द्वारा प्रस्तावित सुख या उपयोगिता के नैतिक मानदण्ड, उसके अनुसार, सतही हैं। इसी तरह, काण्ट के

सिद्धान्त को वह मात्र आकारिक ठहराता है जो विशिष्ट कर्त्तव्यों के प्रति कोई दिशा निर्देश नहीं देता। उपर्युक्त दोनों एकांगी सिद्धान्तों के परे, ब्रैडले एक नैतिक विचार देता है - **मेरा स्थान, मेरा कर्त्तव्य (My Station, My Duty)**। जैसा कि ऊपर स्पष्ट किया जा चुका है, उसके मतानसुार, मनुष्य समष्टि से स्वतन्त्र व असम्पृक्त, एक व्यक्ति मात्र नहीं है। उसका मानना है कि ऐसे व्यक्ति की कल्पना एक अर्थहीन विचार है। ब्रैडले की दृष्टि में मनुष्य एक सामाजिक प्राणी है और वह अपने सच्चे स्वरूप यानी शुभ (Good) या सामाजिक संकल्प (Social Will) को तभी सिद्ध या प्राप्त कर सकता है जब स्वयं को इस नितान्त निजी सुख की इच्छा करनेवाले 'स्व' से पृथक् करे। यह केवल तब सम्भव है जब वह एक सामाजिक समष्टि या सम्पूर्णता के भीतर अपने कार्य-व्यापारों यानी समाज में अपने स्थान और उससे सम्बन्धित कर्त्तव्यों को समझ लेगा। इसी विचार को ब्रैडले 'मेरा स्थान, मेरा कर्त्तव्य' के सिद्धान्त के माध्यम से व्यक्त करता है। मान्यता है कि समाज में व्यक्ति का जो स्थान है, वही उसके कर्त्तव्यों को तय करता है और इन कर्त्तव्यों की वास्तविक पूर्ति द्वारा ही आत्मसिद्धि के नैतिक आदर्श की प्राप्ति होती है। वह स्वीकार करता है कि विभिन्न व्यक्तियों की योग्यताओं एवं क्षमताओं में भिन्नता पायी जाती है और उन्हें अपनी रुचियों व क्षमताओं के अनुसार समाज में अपने लिये उपयुक्त स्थान अथवा पद चुनने का अधिकार है। किन्तु एक बार इस स्थान का चुनाव कर लेने के बाद वह व्यक्ति उस स्थान या पद से सम्बन्धित कर्त्तव्यों से बँध जाता है। यदि श्रमिक, कृषक, अध्यापक, वकील, प्रशासक, चिकित्सक, माता-पिता, पति-पत्नी, भाई-बहन आदि के रूप में प्रत्येक व्यक्ति अपने सभी कर्त्तव्यों का पालन भलीभाँति करे तो इससे व्यक्ति व समाज का समन्वित विकास हो सकेगा। अपने स्थान या पद के अनुसार अपने समस्त कर्त्तव्यों का निष्ठापूर्वक पालन करके ही व्यक्ति अपना नैतिक उत्थान कर सकता है तथा समाज की उन्नति में भी योगदान दे सकता है। इस तरह, ब्रैडले नैतिक आचरण के मानदण्डों को उस समाज से ही प्राप्त करता है जिसमें व्यक्ति रहता है और उन्हें समाज के रीति-रिवाजों, नियमों व संस्थाओं में ही निहित मानता है। वस्तुतः ब्रैडले ने 'मेरा स्थान, मेरा कर्त्तव्य' के इस सिद्धान्त द्वारा आत्मसाक्षात्कार के नैतिक आदर्श को व्यावहारिक ठोस आधार प्रदानकर उसे वास्तविक व यथार्थ बनाया और इस तरह, उसे मात्र एक कोरा सिद्धान्त या कि अमूर्त या मात्र वैचारिक अभिव्यक्ति बनने से बचा लिया। 'मेरा स्थान, मेरा कर्त्तव्य' की स्वीकृति ही अपने सुखोपभोगी निजी 'स्व' के त्याग तथा अपने भीतर समष्टि को महसूस करने का वास्तविक आशय है। इसी सन्दर्भ में 'आत्मत्याग द्वारा आत्मसिद्ध' (Self Realization through Self Sacrifice), इस उक्ति का ब्रैडले द्वारा स्वीकृत अर्थ भी समझा जा सकता है।

आत्मसाक्षात्कार के रूप में परिभाषित नैतिक शुभ की प्राप्ति को वास्तविक व यथार्थ ठहराकर ब्रैडले इस स्तर से ऊपर भी उठता है और एक ऐसी 'आदर्श नैतिकता' (Ideal Morality) - उच्चस्तरीय नैतिक व्यवस्था (a Moral Order of Higher Level) - को प्रस्तावित करता है जिसमें 'स्व' समाज से बँधा नहीं है। ऐसा लगता है कि अपनी पूर्वस्वीकृत वैचारिक स्थिति का अंशतः परित्याग करते हुए वह मूल्यों के ऐसे संसार की झलक भी दिखलाता है जिसमें समाज के साथ सीधे सम्बन्ध की आवश्यकता नहीं है। ये मूल्य स्वयं अपने लिये मूल्यवान् हैं, न कि इसलिए कि वे किसी सामाजिक शुभ (Social Good) को प्राप्त करते हैं। अतः इन मूल्यों को केवल उनके अपने महत्त्व के लिए ही प्राप्त करना चाहिए। **सत्य (Truth) व सौन्दर्य (Beauty)** के मूल्य ऐसे ही हैं जिनकी प्राप्ति को ब्रैडले अन-सामाजिक पूर्णता का स्तर (Sphere of Non-Social Perfection) मानता है।[18] मगर यहाँ यह समझ लेना चाहिए कि नैतिकता का यह उच्चतर प्रतिमान पूर्वोक्त सामाजिकता से बँधी नैतिकता या शुभत्व (Goodness) के स्तर पर ही आधारित है और उसी से उपजता है (Ideal Morality rests on Social Morality)।[19] ब्रैडले द्वारा इस उच्चतर नैतिकता की स्थिति की स्वीकृति वस्तुतः मनुष्य की संवेदनशीलता के सभी पक्षों को सन्तुष्ट कर देती है क्योंकि सामाजिक कल्याण जिसमें 'स्व' का कल्याण भी शामिल है, के अलावा सत्य की खोज और सौन्दर्य का सृजन भी मनुष्य की आध्यात्मिक (Spiritual) आवश्यकताएँ हैं। इस तरह, नैतिकता का चरम आदर्श शुभ, सत्य व सौन्दर्य (Godness, Truth and Beauty) का वह समवेत रूप है जो इस स्तर पर प्राप्त हो जाता है।

मगर ब्रैडले केवल यहीं नहीं रुकता। वह इस उच्चतर नैतिकता से ऊपर भी एक ऐसा स्तर स्वीकार करता है जो सच्ची पूर्णता का वह स्तर है जहाँ नैतिकता व कर्त्तव्य के विचार अप्रासंगिक हो जाते हैं। कर्त्तव्य के विचार में एक व्याघात है क्योंकि यह विचार तभी सार्थक हो सकता है जब नैतिकता में अपूर्णता हो। 'हमें सत्य बोलना चाहिए', तभी अर्थपूर्ण है जब हम असत्य भाषण की सम्भावना से युक्त हों। मगर यह भी स्पष्ट ही है कि जब सत्य-भाषण की स्थिति पूर्णता को प्राप्त हो जाती है तो सत्य बोलना हमारा कर्त्तव्य है', ऐसा कहना कोई अर्थ नहीं रखेगा। और जहाँ कर्त्तव्य या दायित्व का विचार नहीं, वहाँ नैतिकता का भी कोई अर्थ नहीं है। अब यदि नैतिक आदर्श 'पूर्णता की प्राप्ति' है तो यह पूर्णता नैतिकता को वस्तुतः अनावश्यक व अर्थहीन ठहरा देती है। इस दृष्टि से पूर्णता के स्तर की प्राप्ति का अर्थ है नैतिकता के क्षेत्र से आगे बढ़ जाना एवं एक पर-नैतिकता के स्तर (Supra Moral Sphere)[20] में पहुँचना जहाँ कर्त्तव्य, दायित्व इत्यादि अप्रासंगिक हो जाते हैं। काण्ट के 'पवित्र संकल्प' (Holy Will), स्पेन्सर के 'निरपेक्ष नैतिकता' (Absolute Morality) तथा भगवद्गीता के 'स्थितप्रज्ञ' का स्तर भी यही है। ब्रैडले के अनुसार, यह उच्चतम स्तर धर्म का क्षेत्र है जो इस अर्थ में

नैतिकता की परिपूर्ति है कि इसमें अब उस 'आदर्श स्व' (Ideal Self) की प्राप्ति हो जाती है व वह वास्तविक हो उठता है जो नैतिकता के स्तर पर सदैव ही ऐसा कुछ बना रहता है जो हमें होना चाहिए पर हम हैं नहीं। भारतीय विचारों में यह आध्यात्मिकता का क्षेत्र है जो नैतिकता से ऊपर है।

सन्दर्भ एवं टिप्पणी

1. Urban, W.M.; Fundamentals of Ethics : An Introduction to Moral Philosophy; p. 120
2. Ibid; p. 121-22
3. Ibid; p. 123-24
4. Ibid; p. 125
5. Ibid; p. 122
6. Muirehead, G.H.; Book 4 Chapter 1, p. 167-87
7. Aristotle : Nicomachean Ethics, Bk 1, 7 (1098 a)
8. Urban, W.M.; Fundamentals of Ethics : An Introduction to Moral Philosophy; p. 119
9. Chatterjee, Phanibhushan; Principles of Ethics; p. 212
   Urban, W.M.; Fundamentals of Ethics : An Introduction to Moral Philosophy; Chapter 7, p. 235-55
10. Carritt, E.F.; (1952) The Theory of Morals : An Introduction to Ethical Philosophy; Oxford University Press, London; p. 52
11. Ibid; p. 53
12. Mackenzie , J.S.; A Manual of Ethics; हिन्दी अनुवाद, p. 236
13. Ibid; p. 208-10 (हीगल सम्बन्धी अध्ययन के लिए सन्दर्भ लें)
14. Ibid; p. 201
15. Metz, Dr. Rudolf; (Eng. Edition 1950) ed. by Muirhead G.H.; A Hundred Years of British Philosophy; George Allen & Unwin, London; p. 323
16. Ibid; p. 323
17. Ibid; p. 226-27
18. Ibid; p. 328
19. Ibid; p. 328
20. Ibid; p. 329

अध्याय 12

नैतिकता की पूर्वमान्यताएँ (Postulates of Morality)

पुस्तक के प्रथम अध्याय में ही यह स्पष्ट कर दिया गया है कि नीतिशास्त्र एक ऐसा नियामक विज्ञान (Normative Science) है जिसमें उन मानदण्डों व आदर्शों की खोज व विवेचना की जाती है जिनके आधार पर मानवीय आचरण का नैतिक दृष्टि से मूल्यांकन किया जा सकता है। इसी परिभाषा के प्रकाश में विभिन्न अध्यायों में आचरण के मूल्यांकन हेतु प्रस्तावित नैतिक मानदण्डों व आदर्शों सम्बन्धी अनेक सिद्धान्तों का वर्णन किया गया एवं उन पर आलोचनात्मक दृष्टि भी डाली गयी। सारी चर्चा के मूल में यह स्वीकृति निहित है कि नैतिकता जीवन की एक वास्तविकता है और सामान्यतः उस पर प्रश्नचिह्न नहीं लगाया जाता।

पुस्तक के इस अन्तिम अध्याय में हमारी चर्चा का विषय नैतिक मानदण्ड व आदर्श न होकर कुछ दूसरा ही है जो नैतिकता से एक भिन्न अर्थ में जुड़ा हुआ है। अपनी इस विशेष चर्चा का प्रारम्भ हम अब नैतिकता के सम्बन्ध में कुछ मूलभूत प्रश्नों को उठाकर करते हैं। क्या हम मानते हैं कि व्यक्ति के कर्मों को उचित या अनुचित कहा जा सकता है ? क्या उसके लक्ष्य या प्रेरक हेतु (Motives) या चरित्र नैतिक दृष्टि से अच्छे या बुरे होते हैं ? क्या हम यह स्वीकार करते हैं कि व्यक्ति के कुछ कर्त्तव्य हैं जिन्हें उसे अवश्य पूरा करना चाहिए और जीवन में कुछ आदर्श ऐसे हैं जिन्हें व्यक्ति को प्राप्त करने का प्रयास करना ही चाहिए ? हममें से अधिकांश व्यक्ति इन प्रश्नों का उत्तर 'हाँ' में देंगे। मतभेद इस बात में हो सकता है कि कौन-से विशेष कर्म उचित हैं या अनुचित, कौन-सी विशिष्ट चीजें शुभ हैं या अशुभ, अथवा हमारे सुनिश्चित कर्त्तव्य या आदर्श क्या हैं। मगर शायद ही कोई ऐसा होगा जो उचित, शुभ, आदर्श, इत्यादि, के नैतिक सम्प्रत्ययों के अर्थपूर्ण एवं वास्तविक होने से इन्कार करेगा। निस्सन्देह, सैद्धान्तिक रूप से यह माना जा सकता है कि शुभ-अशुभ कुछ नहीं होता, यह केवल मतिभ्रम है। इसका अर्थ यह होगा कि उचित-अनुचित, कर्त्तव्य-अकर्त्तव्य तथा आदर्श केवल व्यक्तिगत या सामूहिक भाव हैं और इनमें कोई वस्तुनिष्ठता (objectivity) नहीं है। किन्तु व्यावहारिक जीवन में इस दृष्टिकोण को बनाये रखना अत्यधिक कठिन है, और नैतिक सम्प्रत्ययों पर सन्देह करना केवल 'सन्देह के लिए सन्देह करना' (doubt for doubt's sake)

प्रतीत होता है। इस प्रकार का सन्देहवाद कोई सच्चा अर्थ नहीं रखता। क्या कोई वास्तव में संशय कर सकता है कि सामान्य रूप से सत्य बोलना व ईमानदारी शुभ व प्रशंसनीय हैं जबकि धोखाधड़ी व क्रूरता बुरी व भर्त्सनायोग्य ? क्या कोई व्यक्ति एक वयस्क व्यक्ति द्वारा किसी छोटे बच्चे को अत्यधिक हिंसात्मक ढंग से प्रताड़ित करते हुए देख नैतिक दृष्टि से तटस्थ रह सकता है ? क्या हम सचमुच उस व्यक्ति के प्रति आदर व प्रशंसा महसूस करने से स्वयं को रोक सकते हैं जिसने अपने जीवन की परवाह किये बिना अनेक व्यक्तियों को जलते हुए घर से निकालकर उनकी जान बचायी ? इन सबका स्पष्ट उत्तर होगा, 'नहीं'। यही इस बात की स्वीकृति है कि नैतिकता ऐसा कुछ है जो वास्तविक है।

अब यह जानना रुचिकर होगा कि नैतिकता की वास्तविकता की यह स्वीकारोक्ति हमें कुछ अन्य आधारभूत विश्वासों की ओर ले जाती है जिनकी सत्यता के अभाव में, ऐसा लगता है कि नैतिकता या तो अयथार्थ (unreal) हो जाती है या कम-से-कम उतने महत्त्व की नहीं रहती जितना महत्त्व उसे सामान्यतः दिया जाता है। वस्तुतः प्राचीन काल से ही अनेक नीतिदार्शनिकों ने अनुभव किया कि यदि नैतिकता के विषय में हमें तार्किक या औचित्यपूर्ण होना है तो कुछ विश्वासों की पूर्वस्वीकृति अपरिहार्य है क्योंकि नैतिकता उन पर निर्भर है। मगर इस बात के स्पष्ट कथन के लिए हम काण्ट के ऋणी हैं जिसने कुछ ऐसे आधारभूत विश्वासों का वर्णन किया जिनके अभाव में, उसके अनुसार, नैतिकता सम्बन्धी सारा ढाँचा ध्वस्त हो जाता है। इन्हें उसने **'नैतिकता की पूर्वमान्यताओं' (Postulates of Morality)** का नाम दिया। यदि नैतिक चिन्तन-मनन व मूल्यांकन एक सार्थक व वास्तविक क्रिया है तो इन पूर्वमान्यताओं की स्वीकृति भी अपरिहार्य होगी और यदि इनको अस्वीकार कर दिया जाये तो नैतिक आदर्शों व मूल्यांकन की वास्तविकता को भी तर्कतः अस्वीकार करना होगा, ऐसा काण्ट का दावा है। काण्ट के अनुसार, ये वे आधार हैं जिनके बल पर नैतिकता स्थापित होती है। उसने नैतिकता की पूर्वमान्यताओं के रूप में तीन विश्वासों को प्रस्तावित किया था- संकल्प की स्वतन्त्रता (Freedom of Will), आत्मा की अमरता (Immortality of Soul) तथा ईश्वर का अस्तित्व (Existence of God)। इनका वर्णन उसने अपनी पुस्तक 'द क्रिटीक ऑफ़ प्रैक्टिकल रीज़न' में किया है। उपर्युक्त तीनों पूर्वमान्यताओं का और अधिक पूर्णता से विवरण काण्ट ने अपनी एक अन्य पुस्तक 'द फ़ण्डामेण्टल प्रिन्सिपल्स ऑफ़ द मेटाफ़िज़िक्स ऑफ़ मॉरल्स' में किया है।

सामान्यतः यह स्वीकार किया जाता है कि किसी भी प्रकार का ज्ञान-विज्ञान किन्हीं ऐसी निश्चित पूर्वस्वीकृतियों के आधार पर खड़ा होता है जिनकी सत्यता उस विज्ञान में प्रदर्शित नहीं की जा सकती। प्रकृति की एकरूपता (Uniformity of Nature), सामान्य कारणता (General Causation), प्रकृति के नियम (Laws of Nature), आगमनात्मक तर्क का सिद्धान्त (Principle of Induction), ऐसे ही कुछ विश्वास हैं जिनकी पूर्वस्वीकृति के बिना कोई विज्ञान अपना ज्ञान-प्रासाद निर्माण नहीं कर सकता, यद्यपि इनकी सत्यता स्वयं वे विज्ञान सिद्ध करने का प्रयत्न नहीं करते। इन पर चर्चा दर्शनशास्त्र की विभिन्न शाखाओं, यथा तत्त्वदर्शन (Metaphysics), की विषयवस्तु होती है। ठीक इसी प्रकार, सही अर्थों में, नैतिकता की पूर्वमान्यताओं की सत्यता की विवेचना स्वयं नीतिशास्त्र का विषय न होकर तत्त्वदर्शन का अंग है। इसीलिए इन पूर्वमान्यताओं को नैतिकता का तत्त्वदार्शनिक आधार (Metaphysical Foundations of Ethics) कहा जा सकता है। मगर नैतिकता के लिए इनके महत्त्व को समझते हुए इन्हें नीतिशास्त्रीय अध्ययन में सम्मिलित कर लिया जाता है। यहाँ यह स्पष्ट कर दें कि केवल काण्ट ने ही नहीं, बल्कि कतिपय आधुनिक चिन्तकों, जैसे, हेस्टिंग्स रैशडल व फ़िलिप व्हीलराइट, ने भी कुछ दूसरी अन्य पूर्वमान्यताओं की स्वीकृति व उनकी सत्यता का दावा किया है। प्रस्तुत अध्याय में उन सबका वर्णन प्रस्तुत किया जायेगा और यह जानने का प्रयास किया जायेगा कि क्या वे सचमुच नैतिकता हेतु तार्किक रूप से अपरिहार्य हैं और यदि ऐसा है तो क्या वे सत्य हैं।

यहाँ एक बात स्पष्ट हो जानी चाहिए कि इन सभी तथाकथित पूर्वमान्यताओं का सत्य होना स्वयंसिद्ध (self evident) नहीं है।[1] गणित का यह कथन कि 'यदि दो संख्याएँ किसी तीसरी के बराबर हों तो वे तीनों आपस में भी बराबर होंगी', की सत्यता को न मानना अचिन्तनीय है किन्तु नीतिशास्त्रीय मान्यताओं को तार्किक दृष्टि से अस्वीकार किया जा सकता है क्योंकि उनकी सत्यता उनके अपने आन्तरिक स्वरूप पर तार्किक अनिवार्यता से निर्भर नहीं है। फलतः नैतिकता की तथाकथित पूर्वमान्यताएँ ऐसी स्वयंसिद्धियाँ (axioms) नहीं हैं जिनकी अस्वीकृति तर्कतः असम्भव है। इसके बावज़ूद इन्हें विवेकपूर्ण (reasonable) इसलिए माना जाता है कि इनकी स्वीकृति के बिना सारा नैतिक चिन्तन बेमानी हो जाता है। वस्तुतः ये नैतिकता के विचार में निहित किन्हीं आधारभूत अर्थों से निष्पन्न होती हैं। अतः यह मानने पर कि नैतिकता की सम्भावना है, कुछ विश्वासों को पहले ही मान लेना अवश्यम्भावी हो जाता है और यदि इन पूर्वविश्वासों को अस्वीकृत कर दिया जाता है तो उनके साथ ही नैतिकता को भी अस्वीकृत करना होगा। इस तरह, ये विश्वास नैतिकता हेतु अपरिहार्य प्रतीत होते हैं।

नैतिकता की पूर्वमान्यताओं के रूप में कुछ विश्वासों की अपरिहार्यता की स्वीकृति के प्रकाश में अब सर्वप्रथम **काण्ट** द्वारा प्रस्तावित तीन पूर्वमान्यताओं-संकल्प की स्वतन्त्रता, आत्मा की अमरता व ईश्वर का अस्तित्व-का वर्णन किया जायेगा जिनमें से पहली सर्वाधिक महत्त्वपूर्ण है।

संकल्प की स्वतन्त्रता
(Freedom of Will)

पूरी पुस्तक में स्थान-स्थान पर यह बात दोहरायी जा चुकी है कि यदि व्यक्ति किसी कार्य को करने के लिए स्वतन्त्र नहीं है तो उस कार्य के आधार पर उसका नैतिक मूल्यांकन नहीं किया जा सकता। अतः मानना पड़ता है कि नैतिकता को सार्थक होने के लिए मनुष्य में चुनाव की स्वतन्त्रता की स्वीकृति आवश्यक है। इसीलिए नैतिकता के लिए संकल्प की स्वतन्त्रता को एक तार्किक रूप से अनिवार्य पूर्वमान्यता के रूप में काण्ट तथा अधिकाधिक नीतिशात्रियों द्वारा मान्यता मिली है। वस्तुतः स्वतन्त्रता को अस्वीकार करना नैतिक निर्णयों - यानी यह करना चाहिए, वह नहीं करना चाहिए - की सार्थकता व सत्यता को अस्वीकार करना है। काण्ट का कथन है कि 'मुझे करना चाहिए अतः मैं कर सकता हूँ' (I ought therefore I can)। यदि यह 'चाहिए' (ought) का विचार सत्य है जैसा कि नैतिकता की माँग है, तो यह 'कर सकने' (can) का विचार भी अपरिहार्य रूप से स्वीकार करना होगा जो स्वतन्त्रता की माँग है। जब तक व्यक्ति को किसी कर्म हेतु स्वतन्त्र नहीं माना जायेगा तब तक उसे उस कर्म हेतु नैतिक दृष्टि से उत्तरदायी भी नहीं ठहराया जा सकता। फलतः उस व्यक्ति के कर्म या चरित्र का नैतिक मूल्यांकन भी नहीं किया जा सकता। क्या हम कह सकते हैं कि अमुक व्यक्ति ने अमुक कार्य करके अच्छा/बुरा किया जबकि वह उस कार्य के अलावा दूसरा कुछ करने के लिए समर्थ ही नहीं था ? यदि व्यक्ति कोई कर्म करने के लिए पूर्णतः प्रतिबन्धित है और उसके पास उसे न करने की आज़ादी नहीं है तो चुनाव का कोई प्रश्न ही नहीं उठता। फिर ऐसे चुनाव की अनुपस्थिति में कर्त्तव्य-अकर्त्तव्य, अच्छा-बुरा, शुभ-अशुभ, सभी नैतिक सम्प्रत्यय मात्र खोखले शब्द रह जायेंगे, कोई अर्थपूर्ण विचार नहीं। स्पष्ट है, व्यक्ति की चुनाव की आज़ादी ही उसे अपने चुनावों हेतु उत्तरदायी बनाती है और यह उत्तरदायित्व ही उसके नैतिक मूल्यांकन को अर्थपूर्ण बनाता है। इस तरह, काण्ट ने स्वतन्त्रता को नैतिकता की एक तार्किक पूर्वमान्यता के रूप में स्थापित किया।

विचार करने पर यह स्पष्ट हो जाता है कि काण्ट की यह स्थापना सही है क्योंकि यदि व्यक्ति का संकल्प स्वतन्त्र नहीं है तो यह कहना कि उसे कोई दूसरा कार्य करना चाहिए था, वैसे ही अनर्गल होगा जैसे यह कहना कि सेब को पेड़ से नीचे ज़मीन पर गिरने की बजाय ऊपर आसमान में उड़ जाना चाहिए। स्वतन्त्र चुनाव की शक्ति के अभाव में किसी भी नैतिक निर्णय की सार्थकता अचिन्तनीय है। अतः नैतिकता को अर्थपूर्ण होने के लिए व्यक्ति को स्वतन्त्र चुनाव की योग्यता से युक्त होना ही चाहिए। इस दृष्टि से संकल्प-स्वातन्त्र्य निस्सन्देह नैतिकता की तार्किक रूप से अनिवार्य पूर्वमान्यता है, ऐसा प्रतीत होता है।

एक बार संकल्प की स्वतन्त्रता के विचार को नैतिकता हेतु तर्कतः अपरिहार्य मान लेने के बाद, अब यह आवश्यक हो जाता है कि यह पड़ताल की जाये कि क्या यह सत्य भी है। यानी यह स्वतन्त्रता मात्र वैचारिक - एक कोरी कल्पना - न होकर एक वास्तविकता है, यह जाँचा जाये।

संकल्प की स्वतन्त्रता की यथार्थता (Reality of Freedom of Will) के सम्बन्ध में दो विरोधी दृष्टिकोण प्रचलित हैं जिन्होंने अपने-अपने पक्ष में दृढ़ तर्कों को देने का दावा किया है। एक दृष्टिकोण है कि व्यक्ति की स्वतन्त्रता मात्र एक प्रतीति, एक भ्रम है, न कि कोई वास्तविकता। इसके विपरीत दूसरा दृष्टिकोण है कि मनुष्य की स्वतन्त्रता यथार्थ है जो उसके चुनावों में झलकती है। पहले दृष्टिकोण को नियतवाद (Determinism) कहा जाता है और दूसरे को संकल्प-स्वातन्त्र्यवाद (Theory of Free Will) का नाम दिया गया है। अब इन दोनों दृष्टिकोणों का विस्तार से वर्णन व उनके तर्कों की परीक्षा की जाये।

नियतवाद
(Determinism)

रिचर्ड टेलर के अनुसार, नियतवाद वह सामान्य दार्शनिक मान्यता है कि कोई भी चीज़ जैसी है, उसके अलावा किसी अन्य तरह की हो ही नहीं सकती और जो कुछ भी घटित हुआ, उसके अतिरिक्त अन्य नहीं घटित हो सकता था।[2] व्यक्ति के कर्म भी घटनाएँ हैं तो वे जैसे हैं, उससे भिन्न हो ही नहीं सकते थे। इस दृष्टि से व्यक्ति के कर्म पूर्वनिर्धारित हैं। इस दृष्टिकोण के परिणामस्वरूप इस बात की कोई सम्भावना नहीं बनती कि मनुष्य ने जो कुछ किया, उसे छोड़कर वह कुछ दूसरा चुन सकता था। वस्तुतः अगर वह ऐसा सोचता भी है तो यह उसका मात्र भ्रम है। उसके पास चुनाव की कोई स्वतन्त्रता नहीं है और यदि वह किसी भी प्रकार की स्वतन्त्रता की अनुभूति करता है तो उस अनुभूति का विषय यानी स्वतन्त्रता अवास्तविक है। डियोडोरस क्रोनस और उसके समर्थकों तथा स्टोइक विचारकों द्वारा प्रस्तावित 'भाग्यवाद' (Fatalism) इस नियतवाद का ही एक रूप है जिसके अनुसार, सभी कुछ ईश्वर, प्रकृति या किसी अन्य शक्ति द्वारा पहले से सुनिश्चित व सुनियत है और मनुष्य के वश में कुछ नहीं है; वह जो कुछ भी करता है, उसे बदला नहीं जा सकता। स्पष्ट है, इस दृष्टिकोण में संकल्प-स्वातन्त्र्य का कोई स्थान नहीं है।

संकल्प-स्वातन्त्र्य का सिद्धान्त
(Theory of Free Will)

नियतवाद के विरोध में संकल्प-स्वातन्त्र्य का सिद्धान्त है जो संकल्प की स्वतन्त्रता को वास्तविक मानता है और उसका दावा है कि मनुष्य का संकल्प इस अर्थ में स्वतन्त्र है कि जब किसी परिस्थिति में उसके सामने विभिन्न विकल्प आते हैं तो वह उनमें से किसी एक को वास्तव में, सच्चे अर्थों में, चुन सकता है अर्थात् उसका चुनाव एक वास्तविकता है, भ्रम नहीं। इस सिद्धान्त के अनुसार, अधिकांश मानव-कर्म पूरी तरह से निर्धारित नहीं होते और एक वयस्क व सन्तुलित बुद्धिवाला व्यक्ति अपने कतिपय कर्मों को चुनने की क्षमता रखता है।

जब स्वतन्त्र संकल्प की बात की जाती है तो प्रथमतः इसका अर्थ निषेधात्मक होता है, यानी इससे हमारा आशय होता है, बाह्य दबावों की अनुपस्थिति। माना जाता है कि हमारे संकल्प के बाहर कोई अन्य शक्ति हमें किसी दिशा में जाने के लिए बाध्य नहीं कर सकती। दूसरे विधानात्मक अर्थ में स्वतन्त्र संकल्प का तात्पर्य है कि कर्म या चुनाव कर्त्ता-व्यक्ति के 'स्व-विवेक' से उपजा है, किसी वर्तमान या भूतकालीन दशा या परिस्थिति से नहीं। इस सिद्धान्त को 'अनियतवाद' (Indeterminism) भी कहा जाता है।

नियतवाद के समर्थन में प्रस्तुत तर्क
(Arguments in Favour of Determinism)

नियतवाद के स्वरूप को स्पष्ट करने के प्रयास में अभी पहले बताया जा चुका है कि यह विचारधारा मनुष्य के कर्मों में किसी भी बदलाव की सम्भावना को अस्वीकार करती है। अपनी इस स्थापना के लिए यह विचारधारा मुख्यतः उस 'सामान्य कारणता के सिद्धान्त' (Universal Law of Causation) पर आश्रित है जो समस्त अन्य भौतिक विज्ञानों की पूर्वमान्यता के रूप में स्वीकृत है। दूसरे शब्दों में, यह **सामान्य कारणता का नियम (Law of Universal Causation)** 'नियतवाद' की स्वीकृति का प्रथम व प्रमुख तर्क है। समस्त भौतिक विज्ञानों में (कुछ आधुनिकतम अपवादों को छोड़कर) एक पूर्वमान्यता सामान्यतः स्वीकृत रही है कि भौतिक संसार की समस्त घटनाएँ कारणता नियमों (causal laws) से बँधी हुई हैं। इसका अर्थ है कि प्रत्येक घटना का एक निश्चित कारण होता है तथा प्रत्येक घटना किसी-न-किसी निश्चित कार्य-घटना को उत्पन्न करती है। कारणता की इस सामान्य स्वीकृति के फलस्वरूप विज्ञान के क्षेत्र में जगत् सम्बन्धी एक विशेष दृष्टिकोण ने जन्म लिया जिसे 'जगत् विषयक यान्त्रिक दृष्टिकोण' (Mechanistic View of the World) कहा जा

सकता है। इसके अनुसार, भौतिक जगत् में सभी कुछ कारणात्मक नियमों से संचालित होने के कारण पूर्वनिर्धारित (predetermined) है। इसी कारण विज्ञान में भविष्यवाणियाँ की जाती हैं जो अधिकांशतः सत्य निकलती हैं। उनके असत्य निकलने की स्थिति में भी, माना जाता है कि कुछ ऐसे कारण होते हैं जिनकी गणना में या तो चूक हो गयी है या जिनका अभी तक ज्ञान नहीं है। फ्रान्सीसी वैज्ञानिक लाप्लास का मानना था कि अगर हमें सम्पूर्ण ब्रह्माण्ड की स्थिति एक ही समय में एक साथ ज्ञात हो जाये, साथ ही, यदि संसार को व्यवस्थित करनेवाले सभी वैज्ञानिक नियमों की जानकारी भी मिल जाये तो इनकी सहायता से ब्रह्मांड की समस्त भविष्यकालीन घटनाओं को कम-से-कम सैद्धान्तिक रूप से पहले से ही जाना जा सकता है, क्योंकि उसके अनुसार, भविष्य व वर्तमान स्थितियाँ अतीत की घटनाओं के अवश्यम्भावी परिणाम हैं। भौतिक जगत् के सम्बन्ध में लाप्लास का यह पूर्वनिर्धारणता का विचार अत्यन्त स्वाभाविक प्रतीत होता है। मगर उसने इससे भी आगे बढ़कर दावा किया कि भौतिक जगत् के समान ही, मानव-व्यवहार भी कारणता के नियमों द्वारा नियत है। दूसरे शब्दों में, कारण-कार्य सम्बन्ध बिना किसी अपवाद के जड़ व चेतन, सभी पर लागू होता है और सभी को प्रतिबन्धित करता है। इस तरह, कारणता की सर्वव्यापकता को स्वीकार कर मनुष्य की स्वतन्त्रता को अवास्तविक व असम्भव माना गया। यदि कारणता की व्यापकता का क्षेत्र सृष्टि के समस्त जड़-चेतन तत्त्वों तक फैला हुआ है तो मानना ही होगा कि मनुष्य के समस्त विचार, चुनाव, क्रियाएँ वैसे ही पूर्वनिर्धारित हैं जैसे भौतिक जगत् की समस्त घटनाओं के विषय में दावा किया जाता है। यह नियतवाद के समर्थन में सबसे प्रभावी तर्क है।

मगर नियतवादी विचारक इस सामान्य कारणता नियम पर ही नहीं रुकते, वरन् वे उन **विशिष्ट कारण नियमों (Particular Causal Laws)** को भी रेखांकित करते हैं जिनकी उपस्थिति व्यक्ति के संकल्पों व कर्मों को नियत करती है। वे शरीरविज्ञानी, मनोविज्ञानी व मानवविज्ञानी कारणों का हवाला देकर यह व्याख्यायित करने का प्रयास करते हैं कि मनुष्य की समस्त क्रियाएँ पूरी तरह से निश्चित हैं। मनुष्य जो भी करता है, वह इन कारणों से प्रतिबन्धित होकर ही करता है। इसी कारण कहा जा सकता है कि जो कुछ भी घटित हुआ, उसके अतिरिक्त कुछ अन्य नहीं घटित हो सकता था और यदि स्वतन्त्रता का अर्थ है कि व्यक्ति कुछ भिन्न चुन सकता था तो नियतवादी विचारकों के अनुसार ऐसी स्वतन्त्रता यथार्थ नहीं है।

शारीरिक कारण सम्बन्धी तर्क (Argument from Physiological Causes) है कि चूँकि मनुष्य एक मनोभौतिक प्राणी है तो उसका स्वभाव/प्रकृति और उससे उत्पन्न होनेवाले उसके कर्म अधिकांशतः उसकी शरीरिक अवस्था से बँधे हैं। उदाहरण के लिए, एक स्वस्थ व्यक्ति का मिज़ाज एक बीमार व्यक्ति से भिन्न होगा। एक अपंग व्यक्ति की मानसिकता, स्पष्ट है कि सर्वांगसम्पन्न व्यक्ति से अलग होगी। ऐसे ही, रक्त के शर्करा की मात्रा की अधिकता व्यक्ति को निष्क्रिय बना देती है। जैसे-

जैसे शरीरविज्ञान में नये-नये अध्ययन व खोजें हो रही हैं, उनसे यह स्पष्ट होता जा रहा है कि हमारे व्यक्तित्व के अनेक लक्षण शरीर की वाहिनीहीन ग्रन्थियों (ductless glands) के स्रावों (secretions) या क्रिया-कलापों पर निर्भर करते हैं। उदाहरण के लिए, माना जाता है कि थायरॉयड ग्रन्थि की निष्क्रियता व्यक्ति को मन्दबुद्धि तथा अतिरिक्त सक्रियता उसे अतिचंचल बुद्धिवाला बनाती है। एड्रेनालिन हार्मोन की अधिकता व्यक्ति को डरपोक या कायर बना देती है। तन्त्रिकाविज्ञान (Neurology) व जीन्स (genes) सम्बन्धी खोजें शारीरिक अवस्था पर मन (Mind) की निर्भरता को प्रकट करती लगती हैं। ये तथा ऐसे ही अन्य अध्ययन 'नियतवाद' के लिए इस 'शारीरिक कारण सम्बन्धी युक्ति' की रचना के आधार बनते हैं जो इनसे व्यक्ति को व्यवहार को नियन्त्रित सिद्ध करने का दावा करती है।

'नियतवाद' के लिए **मनोवैज्ञानिक कारण सम्बन्धी युक्ति (Argument from Psychological Causes)** भी दी जाती है जो 'शारीरिक कारण सम्बन्धी युक्ति' की तुलना में अधिक प्रभावशाली प्रतीत होती है। इसके अनुसार, मनुष्य की मानसिक अवस्था के अनेक तत्त्व उसके तथाकथित चुनावों या ऐच्छिक क्रियाओं को तय करते हैं। ये मानसिक तत्त्व वे उद्देश्य (motives), कामनाएँ (desires) और मनोवेग (impulses) हैं जो किसी भी संकल्पित कार्य के पीछे काम करते हैं। जब व्यक्ति कोई कार्य करता है तो उसके पीछे सदैव किसी वस्तु की कामना या विशेष उद्देश्य या लक्ष्य एक प्रेरक के रूप में होता है। मन में किसी विशेष प्रेरक के रहते वही कार्य सम्भव था जो हुआ, उसके अतिरिक्त कोई दूसरा कर्म हो ही नहीं सकता था। मन में अनेक प्रेरकों की एक साथ उपस्थिति की दशा में उनके बीच संघर्ष होता है और वही विजित होता है जो तीव्रतम होता है। मगर प्रश्न है कि क्या मनुष्य कोई दूसरा लक्ष्य नहीं चुन सकता और भिन्न कार्य नहीं कर सकता ! मनोवैज्ञानिक कहते हैं- "नहीं।" क्योंकि उनके अनुसार, कामनाएँ, लक्ष्य या उद्देश्य व्यक्ति की बाह्य परिस्थितियों (environment) के साथ-साथ उसके व्यक्तित्व/चरित्र से निर्धारित होते हैं जो आनुवंशिक प्रवृत्तियों (heredity) व बचपन, विशेषकर उसके जीवन के पहले पाँच वर्षों की परवरिश (upbringing) से बनता है। अब बाह्य परिस्थितियाँ तथा आनुवंशिक प्रवृत्तियाँ व परवरिश, ये सब ऐसे तत्त्व हैं जिन पर व्यक्ति का कोई वश नहीं है और ये उसे बने-बनाये तैयार मिलते हैं; बल्कि इन सबके निर्धारण हेतु पूर्ववर्ती कारण दशाओं की एक अनन्त शृंखला है। तो नियतवादी विचारकों का दावा है कि अन्ततः व्यक्ति के कर्म उसका स्वतन्त्र चुनाव नहीं, बल्कि अनेक मनोवैज्ञानिक शक्तियों के अपरिहार्य उत्पाद या परिणाम हैं। इस प्रकार, कारणात्मक 'नियतवाद' से कोई बचाव नहीं है और मनुष्य यह ग़लत सोचता है कि वह स्वतन्त्र है। वस्तुतः उसका संकल्प उतना ही स्वतन्त्र है ज़ितनी पहाड़ से नीचे की ओर लुढ़कते हुए एक पत्थर की गति।

नियतवादी विचारक शारीरिक व मानसिक कारणों के साथ-साथ **मानवविज्ञान यानी सांस्कृतिक कारण सम्बन्धी युक्ति (Argument from Anthropological Causes)** को भी प्रस्तुत कर अपने सिद्धान्त को दृढ़ आधार प्रदान करने की चेष्टा करते हैं। मानवविज्ञान के अनुसार, एक व्यक्ति अपने समाज व संस्कृति की उपज है, वह परम्पराओं का वाहक-धारक है। इसे ऐसे भी कहा जा सका है कि वह अपने युग और काल की उत्पत्ति (child of its age) है। वह तथा उसके मूल्य व शुभ/अशुभ, कर्त्तव्य/अकर्त्तव्य सम्बन्धी दृष्टिकोण, सभी कुछ उस सांस्कृतिक परम्परा व देश-काल पर निर्भर करते हैं जिसमें उसका जन्म व पालन-पोषण हुआ है। प्लेटो ने इस ओर संकेत किया है कि कोई भी साधारण व्यक्ति अपने लिये नैतिक मूल्य, नियम, धर्म या राजनीति तय नहीं करता, वह उन्हें वातावरण से बने-बनाये रूप में प्राप्त करता है। नियतिवादी विचारकों का मानना है कि यह बात केवल साधारण व्यक्ति के लिए नहीं, बल्कि निरपवाद रूप से सभी मनुष्यों के सम्बन्ध में सत्य है। इस तरह, वे मानव-मात्र के संकल्प की स्वतन्त्रता का खण्डन करते हैं।

'नियतवाद' के पक्ष में केवल ये **कारणता सम्बन्धी वैज्ञानिक युक्तियाँ (Causal Arguments from Sciences)** ही नहीं प्रस्तुत की जातीं, बल्कि कुछ भिन्न प्रकार के तर्क भी दिये जाते हैं। इनमें एक तर्क **नीतिशास्त्र सम्बन्धी तर्क (Argument from Ethics)** है जो सुकरात के सिद्धान्त से लिया गया है। सुकरात का एक कथन है कि 'ज्ञान ही सद्गुण है', जिसका अर्थ है कि यदि व्यक्ति को शुभ का ज्ञान है तो वह अशुभ का चुनाव नहीं कर सकता। प्रत्येक व्यक्ति वही चुनता है जो उसे सर्वोत्तम शुभ प्रतीत होता है और कोई व्यक्ति जान-बूझकर अशुभ को नहीं चुन सकता। प्लेटो भी इसी बात का समर्थन करता है कि अशुभ कार्य का चुनाव या तो अनैच्छिक है या अज्ञानता का परिणाम। यदि एक प्याले में विष हो और प्यासे व्यक्ति को इसका ज्ञान हो तो वह जानते हुए भी विषपान तभी करेगा जब उसे बाध्य किया गया हो। इस प्रकार, सुकरात, साथ ही, उसके शिष्य प्लेटो, दोनों के विचारों में नियतवादियों ने अपने सिद्धान्त की झलक पायी और माना कि मनुष्य के तथाकथित ऐच्छिक कर्म वस्तुतः एक प्रतीयमान शुभ (जो व्यक्ति को शुभ के रूप में प्रतीत होता है) से निर्धारित हैं और वे ऐच्छिक लगते हैं, किन्तु वास्तव में हैं नहीं। क्योंकि मनुष्य जिसे शुभ के रूप में मानता है, उससे भिन्न कुछ अन्य चुन ही नहीं सकता। इस तरह, यह युक्ति दावा करती है कि शुभ का तथाकथित ज्ञान व्यक्ति के चुनावों को नियन्त्रित करता है।

'नियतवाद' के पक्ष में एक अन्य युक्ति तर्कशास्त्र से सम्बन्धित है जिसके अनुसार, तर्कशास्त्र की कुछ मान्यताओं के बल पर कुछ विद्वानों द्वारा यह माना गया है कि मनुष्य की क्रियाएँ पूर्वनिर्धारित हैं। यह **तर्कशास्त्र से ली गयी युक्ति (Argument from Logic)** इस प्रकार है। किसी समय यह एक सामान्य तर्कशास्त्रीय मान्यता रही

है कि प्रत्येक तर्कवाक्य/कथन (proposition/statement) या तो सत्य होता है या असत्य। अब यदि ऐसा है तो यह बात समस्त भविष्य-कथनों (future statements) पर भी लागू होगी। इसका अर्थ है कि भविष्य की क्रियाओं सम्बन्धी सभी कथन वर्तमान में ही या तो सत्य हैं या असत्य। इस मान्यता के अनुसार, 'मोहन दो साल बाद जनवरी के दूसरे बुधवार को विद्यालय जायेगा', यह कथन आज ही सत्य (अथवा असत्य) है। यदि यह कथन आज ही सत्य है तो भविष्य में दो साल बाद जनवरी के दूसरे बुधवार को मोहन का विद्यालय जाना आज ही से निर्धारित है। ऐसे ही, उक्त कथन के आज ही असत्य होने की दशा में उसका भविष्य के उस निश्चित दिन विद्यालय न जाना भी अभी आज से ही तय हो जाता है। इस प्रकार, स्टोइक विचारकों का मानना है कि तर्कवाक्य या कथन सम्बन्धी उपर्युक्त सर्वाधिक मूलभूत मान्यता मनुष्य के कर्मों के सन्दर्भ में 'नियतवाद' को सत्य ठहराती है। चूँकि प्रत्येक भविष्य-कथन पहले से ही सत्य अथवा असत्य होता है अतः तदनुरूप ही उस भविष्य-घटना (जिसकी सूचना उस भविष्य-कथन में है) का होना या न होना पूर्वनिर्धारित है। इससे यह निगमित किया जा सकता है कि मनुष्य जो कर्म वास्तव में करता है, उससे भिन्न कुछ करने की सामर्थ्य उसमें नहीं है।

कुछ धार्मिक मान्यताएँ भी नियतवाद को सिद्ध करती हैं, ऐसा लगता है। **धर्मशास्त्र सम्बन्धी युक्ति (Argument from Theology)** इसी प्रकार का तर्क है जो प्रस्तावित करता है कि ईश्वर एक ऐसी परम सत्ता है जिस पर संसार के सभी पदार्थ अपने अस्तित्व व स्वरूप के लिए पूरी तरह से निर्भर हैं। ईश्वर सम्बन्धी इस सामान्य अवधारणा से 'नियतवाद' को आधार मिलता है। तर्क इस प्रकार है कि यदि ईश्वर सर्वोच्च शुभ (Supreme Good), साथ ही, सर्वशक्तिमान् (Omnipotent) भी है तो वह अशुभ का स्रोत नहीं हो सकता, यानी उसकी क्रियाएँ शुभ ही होंगी। यहाँ तक कि उन क्रियाओं के कम या अधिक शुभ/अच्छे होने का भी प्रश्न नहीं है क्योंकि ईश्वर के सर्वोच्च शुभ होने के कारण वह जो भी करेगा, वह श्रेष्ठतम होगा और उससे अधिक श्रेष्ठ अचिन्तनीय है। फलतः मानना होगा कि ईश्वर द्वारा रचित यह संसार सर्वोत्तम/सर्वश्रेष्ठ है और इसके अलावा, इससे अच्छे (या बुरे) किसी दूसरे संसार की कोई सम्भावना नहीं है। ईश्वर व संसार-सम्बन्धी इस मान्यता के आधार पर मनुष्य के कर्मों सम्बन्धी 'नियतवाद' को सिद्ध किया जा सकता है। यदि यह एकमात्र सम्भावित जगत् है और किसी अन्य विकल्प की कोई सम्भावना नहीं है तो इसका अर्थ है कि इस संसार में सभी कुछ जैसा था, है या होगा, उससे भिन्न नहीं हो सकता। अतः इस संसार का अंग होने के कारण मनुष्य तथा उसकी क्रियाएँ जैसी भी थीं, हैं या होंगी, उससे पृथक् नहीं हो सकती। स्पष्ट है, इस विचारधारा की स्वीकृति यह अनुगमित करती है कि संसार में व्यक्ति के संकल्प की स्वतन्त्रता का कोई स्थान नहीं है।

इस धर्मशास्त्रीय युक्ति का एक अन्य रूप भी है। इस युक्ति में ईश्वर के सर्वज्ञ (Omnicient) होने के लक्षण को आधार बनाया गया है। चूँकि ईश्वर सर्वज्ञ है, त्रिकालदर्शी है अतः वह भूत, भविष्य, वर्तमान, तीनों को जानता है। सन्त ऑगस्टाइन के अनुसार, ऐसा ईश्वर प्रत्येक व्यक्ति के सभी अच्छे-बुरे कर्मों को पहले से ही जानता है। ईश्वर जानता है कि एक निश्चित समय में मैं एक निश्चित कार्य करूँगा और यदि मैं समय आने पर उस कार्य को न करने की सोचूँ भी, तो उसका अर्थ होगा कि मैं ईश्वरीय ज्ञान के एक अंश को झुठलाने में सफल हो सकता हूँ। मगर यह एक असंगत विचार है क्योंकि धार्मिक आस्था के अनुसार, यह असम्भव है कि ईश्वर किसी ऐसी बात को सत्य के रूप में जाने जो वास्तव में सत्य नहीं भी हो सकती है। इससे यह निष्कर्ष निकलता है कि यदि ईश्वर सर्वज्ञ है और सब-कुछ पहले से ही जानता है तो मनुष्य इस ईश्वरीय ज्ञान से पूर्णतः बाधित है। इस तरह, 'नियतवाद' ईश्वर की सर्वज्ञता के लक्षण का अनिवार्य परिणाम है।

ऊपर प्रस्तुत विज्ञान तथा नीतिशास्त्र, तर्कशास्त्र व धर्मशास्त्र सम्बन्धी तर्कों के प्रकाश में, ऐसा प्रतीत होता है कि 'नियतवाद' को एक बलशाली आधार मिल जाता है। मगर ऐसा नहीं है कि ये तर्क पूर्णतः अखण्डनीय हैं। अनेक विचारकों ने इनमें दोष दिखाकर इनको अस्वीकृत किया है। अब बारी-बारी से इन तर्कों की परीक्षा की जाये। सर्वप्रथम विज्ञान द्वारा दी गयी युक्तियों की जाँच की जाये। सामान्य कारणता के सिद्धान्त पर आधारित युक्ति के उत्तर में यह तथ्य प्रस्तुत किया जा सकता है कि कारणता के सार्वभौमिक रूप को किसी भी वैज्ञानिक या दार्शनिक ने निर्णायक रूप से सिद्ध नहीं किया है। क्या प्रमाण है कि सृष्टि की सभी घटनाएँ पूर्ववर्ती दशाओं से नियत हैं ? अधिकांश विचारकों का मानना है कि यह स्वतः प्रमाणित सिद्धान्त तो है नहीं, साथ ही, अनुभव द्वारा भी इसे सिद्ध नहीं किया जा सकता क्योंकि अनुभव सीमित है और किसी ने भी सभी घटनाओं का कारण खोज निकालने का दावा नहीं किया है। इससे भी आगे बढ़कर प्रसिद्ध दार्शनिक डेविड ह्यूम का वह दृष्टिकोण है जिसके अनुसार, अनुभव से किन्हीं दो घटनाओं व चीज़ों के बीच किसी भी सम्बन्ध की अनिवार्यता सिद्ध नहीं की जा सकती, चाहे वह सम्बन्ध कारणता का हो या अन्य कोई। अनुभव केवल यह प्रकट कर सकता है कि कोई एक घटना एक अन्य दूसरी घटना के बाद घटी, और पहली के समरूप घटनाएँ दूसरी के समरूप घटनाओं के बाद नियमित रूप से उपस्थित होती हैं। दूसरे शब्दों में, अनुभव से केवल पूर्वापर क्रम या नियमित अनुक्रम (regular sequence) प्रकट होता है, उस क्रम में वह अनिवार्यता प्रकट नहीं होती जो कारण सम्बन्ध के लिए आवश्यक है। परिभाषतः कारणता का सम्बन्ध किन्हीं दो घटनाओं के मध्य नियमित व निरपवाद अर्थात् अनिवार्य सम्बन्ध है। अनिवार्यता कारणता का स्वरूप है, अन्यथा एक समान-घटना के होने पर दूसरी समान-घटना का निश्चित अनुमान करना असम्भव होगा। अब यदि कारणता के विचार से अनिवार्यता का सम्प्रत्यय निकाल

दिया जाये तो नियतवाद की सिद्धि असम्भव हो जायेगी क्योंकि तब यह कहने का कोई आधार नहीं होगा कि जो कर्म-घटना घटित हुई, उसके अतिरिक्त कोई अन्य कर्म-घटना नहीं घट सकती।

ह्यूम के इस 'सैद्धान्तिक मोहनिद्रा' (dogmatic slumber) से जगानेवाले विचार के अतिरिक्त ठोस विज्ञान की कुछ खोजों ने भी सामान्य कारणता के विचार पर प्रश्न लगाया है। प्रसिद्ध भौतिकशास्त्री बर्नर हाईज़ेनबर्ग के 'अनियतता सिद्धान्त' (Principle of Indeterminacy) के अनुसार, उन इलेक्ट्रॉन के व्यवहार में अनिश्चितता पायी गयी है जो जगत् की सूक्ष्मतम मूलभूत कणिकाएँ हैं और अन्य मूलभूत कणिकाओं-प्रोट्रोन व न्यूट्रॉन-से मिलकर समस्त भौतिक पदार्थों का निर्माण करती हैं। कारणता सम्बन्धी इस 'अनियतता सिद्धान्त' ने भौतिकशास्त्र में एक लम्बे विवाद को जन्म दिया है। इस विवाद में न पड़ते हुए इतना तो अवश्य कहा जा सकता है कि जब भौतिक पदार्थ के स्वरूप में पूर्वनिर्धारणता के विषय में सैद्धान्तिक रूप से शंका उठायी जा सकती है यानी कारणता की सार्वभौमिकता पर प्रश्नचिह्न लगाया जा सकता है तो यह बात मनुष्य के सन्दर्भ में भी 'नियतवाद' को सन्देहयुक्त बना देती है।

जब विज्ञान की सर्वाधिक विकसित शाखा भौतिकशास्त्र में ही कारणता के सामान्य नियम की सार्वभौमिकता को चुनौती मिली है तो कम विकसित विज्ञानों में इसकी स्थिति और भी कमज़ोर है। नियतवादी विचारक अपने सिद्धान्त के पक्ष में शरीरविज्ञान, मनोविज्ञान तथा मानवविज्ञान की कारणात्मक खोजों को तर्क के रूप में प्रयोग करते हैं, मगर हम जानते हैं कि इन विज्ञानों में मनुष्य के व्यवहार को पूरी तरह से नियत करनेवाले विस्तृत कारण नियमों की खोज अभी तक नहीं हो सकी है। भौतिकविज्ञान में कारण नियमों के आधार पर अनेक भौतिक घटनाओं की सफल भविष्यवाणियाँ की जाती रही हैं। मगर कोई शरीर, मानव या मनोविज्ञानी किसी व्यक्ति के भविष्यकालीन चुनावों व कार्यों के विषय में भविष्यवाणी नहीं कर सका है। वस्तुतः व्यक्ति के चुनावों को जान लेने के बाद उस व्यक्ति की शारीरिक, मानसिक व सांस्कृतिक परिस्थितियों के आधार पर उन चुनावों की व्याख्या तो वे कर सकते हैं किन्तु किसी व्यक्ति की पूर्ववर्ती परिस्थितियाँ जानकर उसके द्वारा आगामी समय में किये जानेवाले चुनाव का निश्चित निष्कर्ष वे नहीं निकल सके हैं। इसका उत्तर देते हुए वे विशिष्ट विज्ञानी कहते हैं कि चूँकि उनके विज्ञान अभी अविकसित अवस्था में हैं इसलिए व्यक्ति के सम्बन्ध में निश्चित भविष्यवाणियाँ करना अभी कठिन लगता है किन्तु जब ये विज्ञान विकसित हो जायेंगे एवं हम मनुष्य के शरीर, आनुवंशिकता तथा वातावरण इत्यादि के समस्त प्रभावों को विस्तार से जान लेंगे तो व्यक्ति के क्रिया-कलापों के बारे में उतनी ही निश्चितता से भविष्यवाणियाँ की जा सकेंगी जितनी निश्चितता से अचेतन पदार्थों की गतिविधियों के विषय में की जाती

हैं। लेकिन इस दावे के विरुद्ध केवल इतना ही कहना पर्याप्त है कि भविष्य की आशा पर कोई गम्भीर सिद्धान्त नहीं रचा जा सकता और यह केवल इच्छाजनित विश्वास या धारणा (Wishful Thinking) के अतिरिक्त अन्य कुछ नहीं है।

इसके अलावा, शरीर, मानव व मनोवैज्ञानिक तर्कों के विरूद्ध एक अन्य बात भी कही जा सकती है जो मानवीय व्यवहार के क्षेत्र में कारणता सिद्धान्तों को कठोर रूप में लागू करने व सुनिश्चित भविष्यवाणियाँ करने को पूरी तरह से नकार देती है। मनुष्य के स्वभाव का एक पक्ष ऐसा है जो विभिन्न परिस्थितियों व दशाओं द्वारा नियन्त्रण को अस्वीकृत कर सकता है और वह पक्ष है उसकी 'स्वयं के प्रति जागरूक होने की क्षमता' (ability to become self aware)। यानी व्यक्ति अपने स्वभाव, शारीरिक दशाओं, वातावरण, आनुवंशिकता, सांस्कृतिक धरोहर, इन सब के प्रति सजग हो सकता है। उदाहरण के लिए, यदि किसी व्यक्ति के अन्दर ज़्यादा-से-ज़्यादा नशा करने की जन्मजात प्रवृत्ति है तो इस आन्तरिक प्रवृत्ति के प्रति सचेतनता से वह स्वयं को इसके वशीभूत होने से रोक सकता है। पालन-पोषण के वातावरण से उत्पन्न दशाओं को संयमित करना तो और भी आसान है। यदि किसी के पारिवारिक या सामाजिक वातावरण के कारण यह अत्यधिक सम्भाव्य माना जाता है कि वह भी नशे की लत का शिकार बनेगा तो इस सम्भावना के प्रति उस व्यक्ति के आत्मचेतन होने से वातावरण का प्रभाव कम या समाप्त किया जा सकता है।

व्यक्ति की 'सृजनशीलता' (creativity) भी उसके व्यक्तित्व का एक ऐसा तत्त्व है जो उसके चिन्तन व व्यवहार को प्रभावित करनेवाले समस्त कारणों की अवहेलना या निषेध करके सम्पूर्ण स्वतन्त्रता में क्रियाशील होता है। सृजनात्मक क्षणों में व्यक्ति समस्त शारीरिक, मानसिक व सांस्कृतिक प्रतिबन्धों से मुक्त होकर ही कर्म करता है। यह इन कारणों से अप्रभावित बने रहने की सम्भावना की स्वीकृति है।

इसके अतिरिक्त, मनुष्य की कुछ भावनाएँ भी इस बात की सूचना हैं कि व्यक्ति ने विभिन्न प्रभावों के अधीन जो कुछ किया, उससे भिन्न, उन प्रभावों का प्रतिकार करते हुए भी कर्म किया जा सकता था। पश्चात्ताप, अपराध-बोध इत्यादि के भाव इसी तरह के हैं जिनकी उपस्थिति में व्यक्ति बहुत गहराई से अनुभव करता है कि यदि वह जागरुक रहता तो शारीरिक इत्यादि कारणों के रहते भी, उनके विभिन्न प्रभावों से मुक्त होकर भी चिन्तन व कर्म कर सकता था।

वस्तुतः नियतवादी विचारक मनुष्य के स्वभाव के इस विशिष्ट आत्मचेतन, सृजनात्मक व भावात्मक पक्ष की उपेक्षा करते हैं। इससे इन्कार नहीं किया जा सकता कि अनेकानेक तत्त्व व्यक्ति को प्रभावित व कुछ प्रतिबन्धित करते हैं मगर यह भी स्वीकार करना पड़ता है कि वे तत्त्व उसको पूर्णरूपेण नियत नहीं कर सकते तथा उनके बावजूद व्यक्ति द्वारा स्वतन्त्र चुनाव की गुंजाइश हमेशा बनी रहती है।

सामान्य कारणता तथा अन्य विशिष्ट कारण सम्बन्धी युक्तियों के अलावा, 'नियतवाद' के पक्ष में नीतिशास्त्र, तर्कशास्त्र व धर्मशास्त्र से ली गयी युक्तियाँ भी दी गयी हैं। अनेक दार्शनिक इनका भी निराकरण करते हैं। 'ज्ञान ही सदगुण है', सुकरात के इस कथन की यह व्याख्या कि 'हमारे चुनाव शुभ के ज्ञान से बाधित हैं क्योंकि यदि हम जानते हैं कि क्या सही है तो ग़लत का चुनाव नहीं कर सकते', यदि 'नियतवाद' का समर्थन करती प्रतीत होती है तो इसका जबाव अरस्तू से मिल सकता है जिसने असंयम या अनियन्त्रण (incontinence) के तथ्य का हवाला दिया। साधारण व्यक्ति इस तथ्य से अच्छी तरह परिचित है क्योंकि उसके अनुभव बताते हैं कि कभी-कभी उसकी इच्छाएँ व प्रवृत्तियाँ (मनोवेग) उसके विवेक पर हावी हो जाती हैं और वह ऐसे कुछ की कामना करने लगता है जिसके अशुभत्व को वह जानता है। इसी को असंयम कहते हैं। एक मधुमेह का रोगी जानता है कि मिठाई उसके लिए घातक है किन्तु अक्सर वह अपने को रोक नहीं पाता। आधुनिक ब्रिटिश दार्शनिक जॉन लॉक ने भी इसी मत का समर्थन किया था। असंयम या अनियन्त्रण की वास्तविकता सिद्ध करती है कि शुभ का ज्ञान सदैव बाध्यकारी नहीं होता। मगर सुकरात व अरस्तू के विचारों की इस प्रस्तुति से यह अर्थ नहीं निकालना चाहिए कि यदि व्यक्ति में असंयम का तत्त्व न होता या किसी व्यक्ति ने अपने को पूर्ण संयमित कर रखा हो तो उसके कर्म पूर्णतः नियत होते। मनुष्य के भीतर सोचने की शक्ति और विभिन्न विकल्पों में से चुनाव की क्षमता के कारण जब व्यक्ति शुभ को जानकर, फिर उसको चुनता है तो यह उसकी स्वतन्त्रता का ही द्योतक है, न कि किसी बाह्य शक्ति द्वारा प्रतिबन्धित होने का।

तर्कशास्त्र से ली गयी युक्ति के अनुसार, भविष्य घटना सम्बन्धी कथन का वर्तमान में ही सत्य होना भविष्य की घटना को कथनानुसार घटने के लिए बाध्य करता है और 'नियतवाद' का पोषण करता है। मगर स्वयं तर्कशास्त्र के जनक अरस्तू का मानना है कि भविष्यकालीन घटना या कर्म सम्बन्धी कथनों को उस घटना या कर्म के घटित या अघटित होने से पूर्व सत्य अथवा असत्य कहना औचित्यपूर्ण नहीं है और ऐसे कथन वस्तुतः अनिश्चित (indeterminate) होते हैं। सम्भवतः उसने तर्कवाक्यों या कथनों के तीन वैकल्पिक मूल्यों की ओर संकेत किया था - सत्य, असत्य एवं अनिश्चित। गिल्बर्ट राइल[3] ने तो मनुष्य के ऐच्छिक कर्म सम्बन्धी भविष्य-कथनों को वस्तुतः कथन मानने से ही इन्कार किया है क्योंकि उसके मतानुसार, वे किसी कार्य की सूचना नहीं है जो सत्य या असत्य हो सके, बल्कि कर्म के घटित होने के अपेक्षा की अभिव्यक्ति (expression of expectations) मात्र हैं जिन अपेक्षाओं की या तो पूर्ति (fulfillment) होती है या अपूर्ति; सत्य/असत्य के विशेषण यहाँ लागू नहीं होते। यदि ऐसा है तो तर्कशास्त्रीय युक्ति भी प्रभावहीन हो जाती है।

धर्मशास्त्रीय युक्ति के खण्डन में इस ओर ध्यान आकर्षित किया जा सकता है कि सन्त ऑगस्टाइन, सन्त अक्वीनस, पीटर ऑरिऑल, हार्टशॉर्न, कार्निएडीज़, इत्यादि,

अनेक प्राचीन दार्शनिकों व सन्तों ने ईश्वर की सर्वशक्तिमत्ता व सर्वज्ञता तथा व्यक्ति के संकल्प की स्वतन्त्रता में कोई विरोध नहीं देखा है। एक साधारण-सा विचार यह भी है कि सर्वशक्तिमान् ईश्वर ने समस्त सृष्टि की रचना की और अपनी उस सृष्टि में मनुष्य को स्वतन्त्र छोड़ दिया ताकि वह अपने मूल्यों की स्वयं खोज कर सके या उनका सृजन कर सके। स्पष्ट है, स्वतन्त्रताविहीन सृष्टि की तुलना में स्वतन्त्रतायुक्त सृष्टि श्रेष्ठ ही है तो ईश्वर की श्रेष्ठतम रचना स्वतन्त्ररहित नहीं हो सकती। इसी तरह, सर्वज्ञता का अर्थ भी यही निर्धारित किया गया है कि ईश्वर प्रत्येक उस बात को पहले से जानता है जिसे जानना तर्कतः सम्भव (logically possible) है। अब जो अभी घटित ही नहीं हुआ (भविष्यकालीन कर्म) और जिसका घटित होना व्यक्ति के स्वतन्त्र चुनाव पर निर्भर है तो उसे पहले से जानना तर्कतः सम्भव नहीं है अतः ईश्वर के भविष्य-कथन सम्बन्धी ज्ञान का तथा उस ज्ञान से व्यक्ति के प्रतिबन्धित होने का प्रश्न ही नहीं उठता। मनुष्य को ईश्वर प्रदत्त संकल्प की स्वतन्त्रता की स्वीकृति के प्रकाश में ईश्वर द्वारा मनुष्य के भविष्यकालीन कर्मों को जानना तर्कतः असम्भव (logically impossible) है क्योंकि वे कर्म तो अभी अघटित ही हैं। अतः ईश्वर को ऐसे कर्मों सम्बन्धी ज्ञान हो ही नहीं सकता तो उस ज्ञान से मनुष्य के प्रतिबन्धित होने का प्रश्न भी नहीं उठता। और अन्त में, इस धर्मशास्त्रीय युक्ति के खण्डन में एक बात यह भी उठायी जाती है कि क्या ईश्वर अस्तित्ववान है और यदि है तो क्या उसमें सर्वज्ञता, सर्वशक्तिमत्ता और सर्वशुभ होने के गुण हैं ! साथ ही, क्या वह जगत् का एकमात्र सृजनकर्त्ता है ? इन सब सन्देहों के प्रकाश में धर्मशास्त्रीय युक्ति शक्तिविहीन हो जाती है। इस तरह, धर्मशास्त्रीय आधार पर मनुष्य के समस्त कर्मों को पूर्वनिर्धारित मानना सन्तोषजनक प्रतीत नहीं होता।

'नियतवाद' के पक्ष में दिये गये तर्कों की उपर्युक्त आलोचनाएँ उन तर्कों को प्रभावहीन कर 'नियतवाद' की जड़ को कमज़ोर कर देती हैं और 'संकल्प-स्वातन्त्र्यवाद' के लिए मार्ग खुल जाता है। मगर संकल्प की स्वतन्त्रता के सिद्धान्त को सत्य स्वीकार करने के लिए केवल इतना ही पर्याप्त नहीं है बल्कि उसके लिए कुछ ऐसे तर्क भी दिये जाने चाहिए जिनसे स्वतन्त्र संकल्प को विधानात्मक रूप से सिद्ध किया जा सके। क्योंकि जैसा कि पहले भी स्पष्ट किया जा चुका है, 'संकल्प-स्वातन्त्र्यवाद' केवल दबावों का अभाव मात्र नहीं है, सकारात्मक रूप से इसका अर्थ है आत्म-विवेक या स्व-विवेक से उपजा कोई निर्णय या तदनुरूप किया गया कर्म।

संकल्प-स्वातन्त्र्य के समर्थन में दिये गये तर्क (Arguments in Favour of Free Will)

'संकल्प-स्वातन्त्र्यवाद यानी अनियतवाद' (Indeterminism) की स्वीकृति हेतु सबसे प्रमुख व प्रभावशाली तर्क है, मनुष्य द्वारा **स्वतन्त्रता की सहज अनुभूति**

(Intuition of Freedom)। वस्तुतः स्वतन्त्रता एक ऐसी अनुभूति है जिसके सहभागी संसार के सभी मनुष्य हैं। व्यक्ति सीधे-सीधे जानता है कि वह चाहता तो कुछ दूसरा चुन सकता था। स्वतन्त्रता का यह तात्कालिक किन्तु गहन व सुनिश्चित तुरन्त प्रत्यक्ष (immediate but deep and certain aprehension) किसी अनुमान की मध्यस्थ प्रक्रिया के बिना होनेवाला सीधा सहज अनुभव है। हम अपने को स्वतन्त्र महसूस करते हैं और हमारी इस अनुभूति के समक्ष सभी तर्क परास्त हो जाते हैं। जैसा कि किसी ने कहा है कि एक अनुभव टनों सिद्धान्तों पर भारी पड़ता है।

स्वतन्त्रता के इस अननुमानिक सहज बोध के विपक्ष में यह तर्क दिया जाता है कि स्वतन्त्रता की अनुभूति वास्तव में व्यक्ति का भ्रम हो सकता है। जैसे कोई वस्तु दूर से देखने पर काली लगती है मगर पास से देखने पर ज्ञात होता है कि वह काली नहीं, नीली है, उसी तरह से यह सम्भव है कि हम स्वयं को स्वतन्त्र महसूस करें पर वास्तव में हों नहीं। मगर इसका उत्तर दिया जा सकता है कि स्वतन्त्रता की यह अनुभूति किसी एक या दो व्यक्तियों को नहीं वरन् सभी व्यक्तियों को प्राप्त होती है। यह सही है कि कभी-कभी हम भ्रम का शिकार होते हैं तथा हमारे तुरन्त प्रत्यक्ष के निर्णय त्रुटिपूर्ण हो जाते हैं। परन्तु स्वतन्त्रता की बात दूसरी है। प्रत्येक अवसर पर जब भी मेरे सामने विकल्प आते हैं, मैं बार-बार अपनी स्वतन्त्रता का अनुभव करता हूँ और ऐसा केवल मेरे साथ नहीं है, बल्कि यह सभी मनुष्यों की सब समय की अनुभूति है। अब अगर यह माना जाये कि पूरी मनुष्य-जाति सभी समय एक भ्रम का शिकार है तो यह नितान्त दुराग्रह ही नहीं, बल्कि अनर्गल व हास्यास्पद भी है।

स्वतन्त्रता की यथार्थता के लिए **नैतिकता पर आधारित तर्क (Argument from Morality)** की चर्चा की ही जा चुकी है। नैतिकता की वास्तविकता व मूल्य तभी है जब स्वतन्त्रता एक यथार्थ तत्त्व है। तो नैतिकता स्वतन्त्रता की स्वीकृति का एक अच्छा आधार है। वस्तुतः सहज बोध के अलावा हमारी नैतिक चेतना (Moral Conscience) भी स्वतन्त्रता के लिंए दृढ प्रमाण है। क्योंकि स्वतन्त्रता के निषेध का अर्थ है सारे नैतिक अनुभवों को झुठला देना। इस तरह, स्वतन्त्रता का खण्डन करने से स्वतन्त्रता के साथ-साथ उस नैतिकता का भी समापन होगा जो एक सार्वजनिक अनुभूति है जिसका खण्डन, हम देख चुके हैं कि स्वीकारयोग्य नहीं है।

स्वतन्त्रता के पक्ष में एक **परोक्ष तर्क (Indirect Argument)** या तर्कशास्त्रीय युक्ति (Logical Argument) को सी० ई० एम० जोड़ ने प्रस्तुत किया कि नियतवाद का सिद्धान्त अन्ततः अपना खण्डन स्वयं करता है। यदि नियतवादियों का यह निष्कर्ष सत्य है कि हमारे समस्त क्रिया-कलाप, संकल्प, चुनाव, विश्वास, निर्णय, इत्यादि सभी प्रकट व अप्रकट पूर्ववर्ती कारणात्मक शक्तियों से निर्धारित हैं तो मानना होगा कि नियतवादियों का संकल्प-स्वातन्त्र्य से इन्कार करने का दावा भी किन्हीं पूर्ववर्ती कारणों का ही अनिवार्य परिणाम है। इस कारण, नियतवादी निष्कर्ष

कि व्यक्ति की स्वतन्त्रता वास्तविक नहीं है, को सत्य ठहराना असंगत है क्योंकि तब मानना होगा कि उसको (नियतवादी निष्कर्ष को) सत्य मानने सम्बन्धी निर्णय भी पूर्ववर्ती शारीरिक, मानसिक व सांस्कृतिक कारणों से उपजा है, न कि इस बात से कि 'नियतवाद' को वास्तव में सत्य पाया गया है। दूसरे शब्दों में, यदि 'नियतवाद' सत्य है तो प्रत्येक विश्वास या निर्णय की स्वीकृति (जिसमें स्वयं 'नियतवाद' की स्वीकृति भी शामिल है) अतीत कारणों से निर्धारित है, न कि उनके सत्य होने के कारण। फलतः हमें 'नियतवाद वास्तव में एक सत्य सिद्धान्त है', यह कहने का कोई अधिकार नहीं है। यदि एक बार मान लिया जाये कि 'नियतवाद' सत्य है तो फिर मानना होगा कि उसकी स्वीकृति वैध तर्कों के आधार पर नहीं, बल्कि इसलिए है कि हम उसे स्वीकार करने के लिए पहले से ही प्रवृत्त (predisposed) हैं और यह वस्तुतः 'नियतवाद' की सत्यता के दावे को त्याग देना है। चूँकि यह सिद्धान्त स्वयं को सत्य सिद्ध नहीं कर सकता अतः यह एक तरह से आत्मखण्डन करना है। यदि 'नियतवाद' सत्य है तो संकल्प-स्वातन्त्र्य के न होने पर जैसे उचित-अनुचित का भेद समाप्त हो जाता है, वैसे ही सत्य-असत्य का भेद भी समाप्त हो जाता है। अर्बन ने भी इसी प्रकार का तर्क प्रस्तुत करके 'नियतवाद' का सशक्त खण्डन किया है।[5]

इस तरह, 'नियतवाद' समर्थक तर्कों के खण्डन तथा 'अनियतवाद' हेतु प्रस्तुत तर्कों का औचित्यपूर्ण होना संकल्प-स्वातन्त्र्य को वास्तविक सिद्ध करता है। चर्चा के इस पड़ाव पर अब यह स्पष्ट किया जाना शेष रह जाता है कि नैतिकता की पूर्वमान्यता के रूप में अपरिहार्य इन **स्वतन्त्र कर्मों का वास्तविक स्वरूप (Real Nature of Free Actions)** क्या है। यदि स्वतन्त्र आचरण समस्त प्रतिबन्धों का अभाव मात्र है और व्यक्ति के कर्मों का किसी भी प्रकार का कोई पूर्ववर्ती कारण नहीं होता तो यह मान्यता उसके कर्मों को पूर्णतः अबोधगम्य (unintelligible) बना देती है। क्योंकि तब हम उसके कर्मों का किसी भी प्रकार का विश्लेषण करने में असमर्थ होंगे। यह वैसी ही स्थिति है जैसे अचानक मेज अख़बार के ढेर में बदल जाये, पानी पौधे में या गाय पहाड़ बन जाये। अगर इन घटनाओं का कोई कारण है तो हम इन परिवर्तनों को समझ सकते हैं, किन्तु यदि ऐसी घटनाएँ अकारण हों तो ये हमारी जगत् सम्बन्धी समझ को अस्त-व्यस्त कर देती हैं और जगत् से हमारा व्यवहार असम्भव हो जाता है। ऐसे ही, यदि व्यक्ति के कर्म बिना किसी कारण के अचानक घटित होते हों तो वे तथा व्यक्ति, दोनों पूरी तरह से अबूझ हो जायेंगे। इस स्थिति में एक अन्य बात यह होगी कि तब ऐसे अकारण, यकायक घटनेवाले कर्मों के प्रति व्यक्ति को नैतिक रूप से उत्तरदायी भी नहीं माना जा सकता क्योंकि नैतिक उत्तरदायित्व का प्रश्न तो तब उठता है जब व्यक्ति के कर्म उसकी सोच-समझ, लक्ष्य या प्रयोजन यानी चरित्र या व्यक्तित्व की उपज हों। इसलिए कोई विचारधारा सामान्यतः कर्मों को अकारण मानने की ग़लती नहीं कर सकती, यद्यपि कतिपय विचारकों ने 'संकल्प-स्वातन्त्र्यवाद' या 'अनियतवाद' की ऐसी

व्याख्या की है जिसके अनुसार, स्वतन्त्र आचरण का अर्थ पूर्णतः अनियन्त्रित या कारणता से मुक्त होना है अतः कर्म अकस्मात् घटित हो जाते हैं। मगर अब यह स्पष्ट हो चुका है कि इस ढंग की व्याख्या त्रुटिपूर्ण है। 'संकल्प-स्वातन्त्र्यवाद' के सन्दर्भ में जब व्यक्ति के कर्मों को अप्रतिबन्धित माना जाता है तो इसका आशय यह है कि उसके कर्मों का कारण या स्रोत उसके 'स्व' के नियन्त्रण से परे की कोई सत्ता या शक्ति (यथा, ईश्वर), संस्था (यथा, समाज) या अवस्था (जैसे, जीन्स या हार्मोन्स) इत्यादि नहीं है; बल्कि उसके कर्म उसकी अपनी स्वतन्त्र वैचारिक क्षमता या संकल्प से उत्पन्न होते हैं। इस तरह, 'संकल्प-स्वातन्त्र्यवाद' या 'अनियतवाद' की विधानात्मक व्याख्या यह है कि स्वतन्त्र कर्म वे हैं जिनका कारण स्वयं व्यक्ति का अपना वास्तविक बौद्धिक स्वरूप है जो आवेगों व वासनाओं का दास नहीं है। इस दृष्टि से **स्वतन्त्र आचरण अकारणता की स्थिति नहीं, बल्कि असम्मोहित (unconditioned) सोच से उत्पन्न दशा है**। यह 'सम्मोहन से मुक्ति' (free from any conditioning) का विचार महत्त्वपूर्ण है क्योंकि अक्सर देखा जाता है कि तानाशाही या आतंकवादी संगठनों में व्यक्ति की सोचने-समझने की शक्ति को मानो जादू से पूरी तरह एक ख़ास विचारधारा के अनुसार इस तरह ढाल दिया जाता है कि अन्य कुछ भिन्न सोचने में वह मानो असमर्थ हो जाता है और ऐसी दशा में जब व्यक्ति कर्म करता है तो वह उस कर्म को अपने 'स्वतन्त्र' चिन्तन से उत्पन्न मानता है। मगर ऐसी स्वतन्त्रता वस्तुतः छद्म स्वतन्त्रता है। वास्तव में, स्वतन्त्रता वैचारिक क्षमता के पूरी तरह से अबाधित व विनिर्मुक्त स्वरूप में निहित है। इस प्रकार की स्वतन्त्र बौद्धिक क्षमता या संकल्प से उत्पन्न कर्म सकारण होंगे, अतः बोधगम्य भी हो सकेंगे, साथ ही, उनके प्रति व्यक्ति को नैतिक रूप से उत्तरदायी भी माना जा सकेगा। इस उपर्युक्त अर्थ में 'संकल्प-स्वातन्त्र्य के सिद्धान्त' यानी 'अनियतवाद' के लिए एक अन्य उपयुक्त नाम प्रस्तावित किया जा सकता है - **'स्वनिर्धारणवाद' (Theory of Self-Determination)**। 'स्वनिर्धारणवाद' का अर्थ है कि व्यक्ति के चुनाव उसके चरित्र या व्यक्तित्व से उत्पन्न होते हैं यानी कर्म का कारण व्यक्ति का चरित्र है जिसमें स्वतन्त्रता का एक तत्त्व अवश्य होना चाहिए जो व्यक्ति का वह आध्यात्मिक गुण है जो उसे अन्य जीवों से पृथक् करता है। बाधित व सम्मोहित मनःस्थिति (conditioned mind set) से भी एक प्रकार का चरित्र बनता है मगर चूँकि उसमें स्वतन्त्रता का वह महत्त्वपूर्ण गुण नहीं होता जो उसके मूलभूत स्वरूप का अंग है, इसीलिए ऐसे चरित्र से उत्पन्न कर्म उसी तरह से यान्त्रिक व प्रतिबन्धित माने जायेंगे जैसे बटन दबाने से बल्ब का प्रकाशित होना, और तब यह 'नियतवाद' की अभिव्यक्ति होंगे, न कि स्वातन्त्र्य की। 'स्वनिर्धारणवाद' की यह स्वीकृति वास्तव में विधानात्मक रूप से परिभाषित 'अनियतवाद' या 'संकल्प-स्वातन्त्र्यवाद' ही है।

नैतिकता की पूर्वमान्यता के रूप में स्वतन्त्रता की अनिवार्य अपरिहार्यता की स्वीकृति, साथ ही, उसकी यथार्थता की स्थापना के बाद, अब काण्ट द्वारा प्रस्तावित

अन्य दो पूर्वमान्यताओं 'ईश्वर के अस्तित्व' तथा 'आत्मा की अमरता' की विवेचना की जाये। किन्तु यह प्रारम्भ में ही स्पष्ट हो जाना चाहिए कि इन दोनों विश्वासों की स्थिति स्वतन्त्रता से भिन्न है। जहाँ तक स्वतन्त्रता का प्रश्न है, बिना इसके मनुष्य न केवल नैतिक मूल्यों को नहीं प्राप्त कर सकता बल्कि इसके बिना नैतिक उत्तरदायित्व के मूलभूत विचार का ही कोई अर्थ नहीं रह जाता। इस तरह, स्वतन्त्रता की अनुपस्थिति में नैतिकता तर्कतः असम्भव है। लेकिन आत्मा की अमरता व ईश्वर के अस्तित्व, इन दोनों विश्वासों व नैतिकता का सम्बन्ध ऐसा नहीं है। क्योंकि इन दोनों को स्वीकार किये बिना भी उचित-अनुचित में भेद स्थापित किया जा सकता है और नैतिक मूल्यों की प्राप्ति के प्रयास सम्भव हैं। अतः ये दोनों तार्किक पूर्वमान्यताएँ तो नहीं हैं मगर इनको एक अन्य दृष्टि से नैतिकता की पूर्वमान्यता मानने का आग्रह किया जा सकता है। कुछ अन्य विद्वानों का मानना है कि 'आत्मा की अमरता' व 'ईश्वर के अस्तित्व' के बिना नैतिकता का वह महत्त्व व मूल्य नहीं रह जायेगा जो मनुष्य उसे देता है। अब बारी-बारी से इनका अध्ययन किया जाये।

आत्मा की अमरता
(Immortality of Soul)

अमरता के पक्ष में तर्क देते हुए काण्ट का कहना है कि अपने-आपको नैतिक दृष्टि से पूर्ण (Perfect) बनाना मनुष्य का नैतिक कर्त्तव्य (moral obligation) है। पर यदि कोई नैतिक आदर्श सच्चा है तो उसे प्राप्त करना सम्भव होना चाहिए। लेकिन मनुष्य की विषयासक्त प्रवृत्ति अर्थात् विषय-वासनाओं एवं इच्छाओं से युक्त स्वभाव को देखते हुए ऐसा प्रतीत होता है कि स्वयं को पूर्ण करने के नैतिक लक्ष्य की उपलब्धि असीमित समय ले सकती है। अतः काण्ट के अनुसार, मनुष्य को अमर होना चाहिए अन्यथा हमें नैतिकता को एक छलावा मान लेना पड़ेगा क्योंकि तब मानना होगा कि यह हमारे सामने ऐसे लक्ष्य व आदर्श रखती है जो कभी प्राप्त नहीं किये जा सकते। केवल यही नहीं, एक अन्य दृष्टि से भी आत्मा की अमरता को महत्त्व दिया जा सकता है। आत्मा को अमर मानने के पीछे एक सारभूत बात यह भी है कि इससे नैतिक संघर्ष व नैतिकता की साधना की अर्थवत्ता के साथ-साथ मानव व्यक्तित्व को महत्ता या गरिमा प्रदान की गयी है। यदि मृत्यु 'स्व' या 'आत्मा' का पूर्ण विनाश कर देती है तो यह समझना कठिन है कि नैतिकता के बारे में हम इतना क्यों उद्विग्न या परेशान हों ! मृत्यु के साथ पूर्ण अन्त की दशा में नैतिक सिद्धान्तों व आदर्शों के लिए बड़े-से-बड़ा आत्मत्याग, यहाँ तक कि कभी-कभी जीवनोत्सर्ग की क्या सार्थकता रह जाती है ? यदि मृत्यु का अर्थ पूर्ण समाप्ति है तो मानव व्यक्तित्व का मूल्य साबुन के एक बुलबुले से अधिक नहीं है जो केवल कुछ समय तक ही अस्तित्व में रहकर शून्य में विलीन हो जाता है। केवल आत्मा की अमरता में विश्वास

ही मानवीय मूल्यों को यथोचित महत्त्व प्रदान कर सकता है और लोगों को अपने जीवन में नैतिक आदर्शों की प्राप्ति के लिए प्रेरित कर सकता है। इस अर्थ में इसे नैतिकता की पूर्वमान्यता के रूप में स्वीकृति दी जा सकती है यद्यपि यह वैसी तार्किक पूर्वमान्यता नहीं हो सकती जैसी संकल्प की स्वतन्त्रता है, यह बात उपर्युक्त चर्चा से स्पष्ट हो जाती है।

ईश्वर का अस्तित्व
(Existence of God)

ईश्वर के अस्तित्व को नैतिकता की पूर्वमान्यता के रूप में स्वीकार करने की वकालत करते हुए काण्ट निम्नलिखित तर्क देता है। काण्ट ने 'सर्वोच्च शुभ' (Supreme Good) या स्वतःशुभ (Intrinsic Good) व 'पूर्ण शुभ' (Perfect Good) में भेद किया है और उसके अनुसार केवल 'शुभ संकल्प' (Good Will) ही स्वतः शुभ है। मगर 'पूर्ण शुभ' को परिभाषित करते हुए उसने माना कि यह शुभ संकल्प के साथ यथोचित मात्रा में सुख का संयुक्त होना है। इसके समर्थन में काण्ट एक ऐसे सिद्धान्त की चर्चा करता है जिसकी नैतिक मान्यता निर्विवाद है। इस सिद्धान्त को 'कर्मफल का नियम' अथवा 'पुरस्कार व दण्ड का सिद्धान्त' (Principle of Desert) कहा जा सकता है। इसके अनुसार, यह सर्वथा उचित ही है कि सद्‌गुण यथोचित मात्रा में सुख से पुरस्कृत हो। हमारी अन्तरात्मा को आघात पहुँचता है जब हम देखते हैं कि अच्छे व्यक्ति कष्ट भोगते हैं जबकि दुष्ट लोग अपने बुरे कर्मों का फल पाये बग़ैर जीवन का आनन्द लूटते हैं। हम महसूस करते हैं कि यह अन्याय है और ऐसा नहीं होना चाहिए। लेकिन जिसे होना चाहिए, काण्ट तर्क करता है कि वह सम्भव भी तो हो ! इसलिए ऐसी स्थितियाँ एवं दशाएँ वास्तव में अस्तित्ववान् होनी चाहिए जो सद्‌गुण को उसके अनुपात में सुख की मात्रा से संयुक्त कर दें। अब चूँकि सद्‌गुण के विचार में सुख का प्रत्यय शामिल नहीं है यानी सुख सद्‌गुण के विचार का अविभाज्य अंग नहीं है (जैसे पुरुष होना पिता के विचार का सारभूत अंग है), अतः इन दोनों में कोई अनिवार्य तार्किक सम्बन्ध नहीं बताया जा सकता। ये दोनों किसी प्राकृतिक नियम के माध्यम से भी एक-दूसरे से संयुक्त नहीं हैं। दोनों एक-दूसरे से अलग होकर अस्तित्ववान् हो सकते हैं। फलतः काण्ट के अनुसार, सद्‌गुण या नैतिकता का सुख के साथ संयोग स्थापित करने का एक ही मार्ग है कि हम मान लें कि कोई ऐसी शक्ति है जो प्रकृति की व्यवस्था को परिवतर्तित करते हुए उसे इस प्रकार शासित करती है कि अन्ततोगत्वा सद्‌गुणों के परिणामस्वरूप सुख मिले जो नैतिकता की माँग है। सुख व सद्‌गुण के संयोग को प्राप्त करने के लिए मानना पड़ेगा कि प्रकृति किसी ज्ञानी, शक्तिवान् तथा शुभ सत्ता अर्थात् ईश्वर पर निर्भर है जो ऐसी व्यवस्था बनाता है कि अन्ततः या तो इस जीवन में या इसके बाद अगले जीवन में

सद्गुणों यानी नैतिकता के पारितोषिक के रूप में यथोचित मात्रा में सुख को सुनिश्चित कर दे, ऐसा काण्ट का विचार है।

इसके विरोध में यह कहा जा सकता है कि काण्ट का तर्क इस सम्भावना की उपेक्षा करता है कि नैतिकता व सुख के बीच ऐसा कोई प्राकृतिक सम्बन्ध हो सकता है जो प्रथम दृष्ट्या स्पष्ट नहीं हो पाता। इसके अलावा, यह भी माना जा सकता है कि एक निर्वैयक्तिक नैतिक विधान (Impersonal Moral Law) सृष्टि में कार्यशील है (जैसे 'ऋत्' का भारतीय सिद्धान्त) जो दूरवर्ती परिणाम के रूप में सद्गुण एवं सुख में आवश्यक संयोग स्थापित कर देता है। परन्तु इन जायज़ विरोधों के बावज़ूद, 'ईश्वर की अस्तित्व' के विचार का बचाव करते हुए मानना होगा कि एक ऐसी वैयक्तिक सत्ता जिसकी ओर हम अपने विशिष्ट संकट के क्षणों में उन्मुख हो सकें, का अस्तित्व नैतिक सिद्धान्तों में हमारे विश्वास को बचाये रखता है व उसे और अधिक बल प्रदान करता है। यद्यपि यह मात्र एक मनोवैज्ञानिक सन्तोष हेतु स्वीकार किया गया बचाव है किन्तु यह भी सत्य है कि अधिकांशतः ईश्वर की स्वीकृति नैतिकता में व्यक्ति की आस्था को बचाने में कारगर होती है। इसके अतिरिक्त, ईश्वर की सत्ता की स्वीकृति की एक अन्य वजह भी है। यदि नैतिक नियमों व मूल्यों का स्रोत ईश्वर को मान लिया जाये तो वे मनुष्य के लिए अधिक सार्वभौमिक एवं वस्तुनिष्ठ हो जाते हैं। नैतिक संघर्ष की स्थिति में व्यक्ति को इस आश्वस्ति की आवश्यकता होती है कि उसके प्रयास व त्याग बेकार नहीं जायेंगे और श्रेष्ठतम नैतिक लक्ष्य को प्राप्त करना उसके लिए असम्भव नहीं है। ईश्वर का विचार प्रथमतः तो इसलिए नैतिक सार्थकता रखता है क्योंकि ईश्वर ही वह नैतिक आदर्श बन जाता है जिसकी प्राप्ति के लिए व्यक्ति प्रयास करता है और द्वितीयतः, यह वह शक्ति है जो उचित या शुभत्व की विजय को सुनिश्चित करती है। केवल एक ऐसे ईश्वर में विश्वास जो हमसे प्रेम करता है और हमारी परवाह करता है, हमें स्थायी रूप से नैतिकता में दृढ़ रख सकता है। यह ध्यान देने की बात है कि ईश्वर सम्बन्धी तर्क अमरता की पुष्टि भी करता है।

उपर्युक्त चर्चा से यह प्रकट हो जाता है कि अमरता एवं ईश्वर नैतिकता सम्बन्धी पूर्वमान्यताओं के रूप में स्वीकृत हो सकते हैं। चूँकि इनमें वह अपरिहार्यता नहीं है जो स्वतन्त्रता में है इसीलिए अधिकांश नीतिशास्त्रियों ने इनकी सत्यता से सम्बन्धित विमर्श को नैतिक अध्ययन के परिप्रेक्ष्य में आवश्यक नहीं माना है यद्यपि यह दर्शन की एक अन्य शाखा 'तत्त्वदर्शन' की अतिप्रमुख विषयवस्तु अवश्य हैं।

जैसा कि अध्याय के प्रारम्भ में उल्लेख किया जा चुका है कि केवल काण्ट ही नहीं, वरन् उसके बाद के कुछ अन्य आधुनिक चिन्तकों ने भी नैतिकता की पूर्वमान्यताओं पर विचार किया है। पूर्वमान्यताओं सम्बन्धी इस अध्ययन को व्यापक बनाने के प्रयास में उन दूसरे कुछ विश्वासों पर भी चर्चा करना आवश्यक होगा जो काण्ट द्वारा प्रस्तावित तीन पूर्वमान्यताओं से भिन्न हैं।

(1) मूल्य-सम्बन्धी पूर्वमान्यता
(Postulate of Values)

फ़िलिप व्हीलराइट का मानना है कि नैतिकता की एक तार्किक पूर्वमान्यता है कि संसार में कुछ मूल्यों का अस्तित्व अवश्य है। इसका आशय है कि मूल्य सत् का एक महत्त्वपूर्ण प्रकार (important category of reality) है और कुछ चीजें, चाहे वे काल्पनिक हों या वास्तविक, मूल्ययुक्त होती हैं। इसको स्वीकार किये बिना नैतिक चुनाव सम्भव नहीं है क्योंकि नैतिक चुनाव का अर्थ है विभिन्न मूल्यों के बीच अधिक श्रेयस्कर को चुनना। स्पष्ट है, यह तभी हो सकता है जब संसार में मूल्यों का अस्तित्व हो। यदि मूल्यों का अस्तित्व नहीं है तो नैतिकता का अस्तित्व भी असम्भव है।

(2) अपूर्णता सम्बन्धी पूर्वमान्यता
(Postulate of Non-Actuality)

जगत् में न केवल मूल्यों का अस्तित्व नैतिकता के लिए अपरिहार्य है, बल्कि मानना होगा कि उनमें से कुछ मूल्य ऐसे भी हैं जिसकी पूर्णरूपेण सिद्धि अभी तक नहीं हुई है। कुछ मूल्यों का अभी तक असिद्ध रहना नैतिकता हेतु इसलिए आवश्यक है क्योंकि मूल्यों की प्राप्ति का प्रयास ही हमारा नैतिक कर्त्तव्य व दायित्व है। यदि संसार में अस्तित्ववान् सभी मूल्य सभी समय सभी पक्षों में पूरी तरह से प्राप्त हो चुके हों और इसी कारण संसार पूरी तरह से अच्छाईयुक्त हो अर्थात् पूर्ण हो तो प्राप्त करने के लिए बचेगा ही क्या ! फलतः कोई भी नैतिक प्रयत्न व्यर्थ होगा। इसलिए संसार में कुछ मूल्य ऐसे मानने होंगे जिनकी प्राप्ति पूर्णरूप से नहीं हुई है और वे ही हमारी नैतिकता के लक्ष्य हो सकते हैं। इस तरह, मूल्यों की अपूर्णता या अधूरी सिद्धि नैतिकता की एक अनिवार्य पूर्वमान्यता है, यह स्पष्ट ही है।

(3) सम्भावना सम्बंन्धी पूर्वमान्यता
(Poslulate of Possibility)

जहाँ एक ओर मूल्यों की अपूर्णता नैतिक प्रयासों की सार्थकता हेतु तर्कतः आवश्यक है, वहीं यह भी समझ लेना चाहिए कि इन मूल्यों के प्राप्य होने (attainability) अर्थात् प्राप्ति की सम्भावना (achievability) का विचार भी उतना ही अपरिहार्य है। अगर वे मूल्य स्वरूपतः अप्राप्य होंगे तो उनकी सिद्धि के नैतिक प्रयास क्यों किये जायें ? यदि यह कहा जाता है कि हमें श्रेयस्कर की प्राप्ति का प्रयत्न करना चाहिए और यह हमारा कर्त्तव्य है तो वह श्रेयस्कर प्राप्त किया जा सकता है,

यह स्वीकार किये बिना नहीं रहा जा सकता। मूल्यों का प्राप्य होना, वस्तुतः कर्त्ता के संकल्प-स्वातन्त्र्य का भी परिचायक है। जैसा कि काण्ट का विचार था और इसका उल्लेख किया जा चुका है कि 'मुझे करना चाहिए अतः मैं कर सकता हूँ' (I ought therefore I can)। दूसरे शब्दों में, 'कर सकना' 'करना चाहिए' की पूर्वमान्यता है (ought presupposes can)।

अभी तक वर्णित तीनों पूर्वमान्यताएँ नैतिकता के अस्तित्व के लिए अनिवार्य शर्त (necessary condition) हैं, यह स्वीकार करने में कोई संकोच नहीं है, किन्तु इससे भी आगे बढ़कर इन तीनों को एक साथ रखने पर इनसे नैतिक उत्तरदायित्व या कर्त्तव्य की वैधता सिद्ध होती है। कर्त्ता जब किसी चीज़ को अच्छा समझता है, जब उस अच्छी चीज़ की प्राप्ति अभी तक नहीं हुई है, जब वह चीज़ प्राप्य है यानी उसको प्राप्त करने की स्वतन्त्रता या सामर्थ्य उस कर्त्ता में है, तब उस अच्छी चीज़ को प्राप्त करना कर्त्ता का कर्त्तव्य हो जाता है यदि वह किसी दूसरे उच्चतर कर्त्तव्य के विरुद्ध न हो तो।[5]

(4) स्थायित्व सम्बन्धी पूर्वमान्यता
(Postulate of Permanence)

संसार में कुछ चीज़ें मूल्यवान् हैं, (इस प्रथम पूर्वमान्यता) की स्वीकृति के साथ ही, यह भी मानना अनिवार्य है कि उनकी प्राप्ति के प्रयास की अवधि में उनके मूल्यों का मूल्यान्तरण (बदलाव) नहीं होता। वस्तुतः मूल्यों में यह स्थायित्व होना नैतिक प्रयासों को बेकार व बेमानी नहीं होने देता। इस पूर्वमान्यता को इस तरह भी रखा जा सकता है कि मूल्यों में वस्तुनिष्ठता (objectivity) होनी चाहिए। इसका तात्पर्य है कि वे कम या ज़्यादा श्रेयस्कर या कि. जैसे भी हैं, स्थायी रूप से वैसे ही बने रहते हैं, कर्त्ता की इच्छा या उसकी पसन्द-नापसन्द के अनुसार उनमें परिवर्तन नहीं आता अर्थात् वे विषयीनिष्ठ (subjective) व मनमाने (arbitrary) नहीं हैं। स्पष्ट है, वस्तुनिष्ठ मूल्य ही उनकी प्राप्ति के प्रयासों को औचित्यपूर्ण ठहरा सकते हैं।

(5) सामाजिक सापेक्षता की पूर्वमान्यता
(Postulate of Social Objectivity)

समस्त नैतिकता को मात्र सामाजिक माननेवाले विचारकों का दावा है कि समाज के अभाव में नैतिकता का अस्तित्व असम्भव है। इसलिए उनकी दृष्टि में सामाजिकता नैतिकता की एक अनिवार्य पूर्वमान्यता है।

"नैतिकता का एकमात्र लक्ष्य 'समन्वित शुभ' (common good) की प्राप्ति है", इस विचार के समर्थक विद्वानों के लिए समाज का होना व व्यक्तियों के परस्पर

सम्बन्ध ही नैतिकता की नींव है। उनके अनुसार, यदि संसार में एक अकेला व्यक्ति ही हो तो उस दशा में नैतिकता के कोई मायने ही नहीं हैं क्योंकि तब 'उसे चोरी नहीं करनी चाहिए', 'कृतघ्नता अनुचित आचरण है', 'किसी को कष्ट देना बुरा है', 'स्वार्थी नहीं होना चाहिए', इत्यादि नियमों का कोई प्रश्न ही नहीं उठता। अकेला व्यक्ति किसकी चोरी करेगा और क्यों, किसके प्रति कृतघ्न होगा या किसको कष्ट देगा ? ये नियम तभी अस्तित्व में आते हैं और सार्थक होते हैं जब व्यक्तियों से भरा समाज हो जहाँ जीवन-संघर्ष हो। फलतः समाज या अन्य व्यक्तियों की उपस्थिति नैतिकता हेतु एक अनिवार्य पूर्वमान्यता है, ऐसा कुछ विचारक मानते हैं। ये वे विचारक है जो नैतिकता को परोपकार व न्याय के रूप में परिभाषित करते हैं।

मगर इस समाजसापेक्षता के विचार को नैतिकता की पूर्वमान्यता मानने में संकोच होता है क्योंकि कुछ ऐसी स्थितियों के बारे में सोचा जा सकता है जब शुभ-अशुभ, कर्त्तव्य-अकर्त्तव्य एकमात्र कर्त्ता के अलावा किसी अन्य का सन्दर्भ नहीं लेते। इसकी चर्चा प्रथम अध्याय में की जा चुकी है। मान लीजिये, संसार को त्याग चुके गहन गिरि-कन्दराओं में रहनेवाले एक संन्यासी द्वारा अपनी आध्यात्मिक उन्नति हेतु विशेष प्रकार की तपस्या का कर्त्तव्य निर्धारित किया जाता है। उसके कर्त्तव्य की पूर्ति या अपूर्ति से सृष्टि के किसी अन्य प्राणी या पदार्थ पर कोई भी प्रभाव नहीं पड़ता। किन्तु स्पष्ट है, उस संन्यासी के लिए वह कर्त्तव्य की पूर्ति मात्र निजी कारणों से महत्त्वपूर्ण हो जाती है और उसको पूरा करना उस संन्यासी को अपना नैतिक दायित्व लगता है तथा पूरा न कर पाने की स्थिति में वह अन्तरात्मा के दंश को सहता है। इस दृष्टान्त से यह स्पष्ट हो जाता है कि नैतिकता सदैव सामाजिक नहीं होती बल्कि कभी-कभी व्यक्ति-सापेक्ष भी होती है, यद्यपि स्पष्ट ही इस तरह की परिस्थितियाँ अत्यन्त अपवादात्मक हैं। इसी तरह, कल्पना कीजिये कि एक व्यक्ति अपने-आपको किसी ऐसे टापू पर पाता है जहाँ कोई अन्य मनुष्य नहीं है, केवल जानवर, पेड़-पौधे, नदी, पहाड़ इत्यादि ही हैं। तो क्या उस व्यक्ति की कोई नैतिकता नहीं रहेगी ? कुछ विचारकों का मानना है कि हमारा नैतिक उत्तरदायित्व केवल मनुष्यों के प्रति न होकर, दूसरे जीवों व प्रकृति के प्रति भी है और मनुष्यविहीन वातावरण में भी नैतिक दृष्टि से उचित-अनुचित का भेद अक्षुण्ण बना रहता है। इन विचारों के प्रकाश में मनुष्य-समाज की उपस्थिति को नैतिकता की पूर्वमान्यता के रूप में स्वीकार करना विवादास्पद है।

हेस्टिंग्स रैशडल ने भी **अशुभ के अस्तित्व (Existence of Evil)** व **समय/काल (Time) की प्रक्रिया** को नैतिकता की पूर्वमान्यताओं के रूप में प्रस्तावित किया है जिनकी स्वीकृति, स्पष्ट ही, निर्विवाद है।

सन्दर्भ एवं टिप्पणी

1. Wheelright, Philip; A Critical Introduction to Ethics; p. 220
2. Edwards, Paul (Ed.-in-Chief); The Encyclopeadia of Philosophy Vol 2, MacMillan & Publishing Co., Inc and The Free Press, New York; p 359
3. Ibid; p. 361
4. Joad, C.E.M.; Guide to the Philosophy of Morals and Politics; p. 273-74
5. Urban, W.V.; Fundamentals of Ethics : An Introduction to Moral Philosophy; p. 418-19
6. Wheelright, Philip; A Critical Introduction to Ethics; p. 220-24

परिशिष्ट
(Appendix)

सद्गुण नीति
(Virtue Ethics)

अत्याधुनिक काल में नीतिदर्शन/नीतिशास्त्र में एक नये सिद्धान्त का जन्म व विकास हुआ है जिसे 'सद्गुण नीति'(Virtue Ethics) कहा गया जो एक सद्गुण सम्बन्धी नैतिक दृष्टिकोण है। प्रारम्भ में तो इसे इस पुस्तक में विवेचित 'परिणाम-निरपेक्षतावादी' (Deontological) एवं 'परिणाम-सापेक्षतावादी (Teleological) सिद्धान्तों के विरोधी विचार के रूप में प्रस्तुत किया गया था मगर बाद में इस 'सद्गुण नीति के सिद्धान्त' को उनका विरोधी न मानकर उन परम्परागत सिद्धान्तों के सहायक या पूरक विचार के रूप में देखा गया। सद्गुण नीति के इस नये सिद्धान्त का प्रारम्भ अरस्तू की 'नाइकोमेकियन इथिक्स' नामक पुस्तक से प्रेरित माना जाता है और इसलिए इसे बहुधा नव्य अरस्तूवादी (Neo Aristotalian) मत कहा गया। इस सिद्धान्त के विकास में सहयोगी प्रारम्भिक विचारकों में एन्सकोम्ब, विलियम्स और मैकिन्टायन का नाम प्रमुख है।

परिणाम-निरपेक्षतावादी (Deontological) (यथा, काण्ट) तथा परिणाम-सापेक्षतावादी (Telcological) (फलवादी Consequentialist) विद्वानों (जैसे, मिल) ने कर्म के नैतिक दृष्टि से उचित व अनुचित होने के मानदण्डों के प्रश्न पर बल दिया गया था और इन दोनों वर्गों के दार्शनिकों ने विभिन्न नैतिक प्रतिमानों को प्रस्तावित किया जिनकी सहायता से कर्मों के नैतिक रूप से उचित/अनुचित होने का निर्णय किया जा सकता है। मगर इनसे भिन्न, 'सद्गुण नीति के सिद्धान्त' के व्याख्याता-विद्वानों ने अपना ध्यान व्यक्ति के नैतिक चरित्र पर केन्द्रित किया जो सद्गुणों के विकास का ही दूसरा नाम है। यदि कोई दयालु, क्षमाशील, न्यायप्रिय है तो ये सद्गुण उसके अच्छे चरित्र के द्योतक हैं या उसके अच्छे चरित्र का निर्माण करते हैं। अब चूँकि चरित्र व्यक्ति के सद्गुणों की स्थायी अवस्था है जो उसके सम्पूर्ण जीवन तक विस्तारित है तो स्पष्ट है कि सद्गुण नीति को स्वीकार करने वाले विद्वान व्यक्ति के जीवन को उसकी पूरी समग्रता में लेते हैं।

उनके अनुसार, नीतिदर्शन का केन्द्रीय प्रश्न यह होना चाहिए कि 'मैं कैसा जीवन जिऊँ' या 'मुझे किस प्रकार का व्यक्ति होना चाहिए'। उन्होंने यह भी कहा कि चिन्तन-मनन इस बात पर होना चाहिए कि कौन से सद्‌गुणों को व्यक्ति अपने भीतर उत्पन्न करे जो उसे एक सच्ची नैतिक सत्ता के रूप में पुष्पित-पल्लवित करें।

अरस्तू का अनुसरण करते हुए इस 'सद्‌गुण नीति' के विचारकों ने व्यक्ति की उन आन्तरिक अभिवृत्तियों (dispositions) और साथ ही, भावों (emotions, feelings) को महत्व दिया जो अन्ततः कर्मों में परिणत होते हैं। इस तरह उन्होंने व्यक्ति के सम्पूर्ण व्यक्तित्व पर बल दिया है। उदाहरण के लिए, एक सद्‌गुण के रूप में करूणा (compassion) मनुष्य के भीतर का एक विशिष्ट भाव है जिसके साथ अन्य व्यक्तियों के प्रति उचित कर्म करने की इच्छा या अभिवृत्ति भी संयुक्त होती है। यह तो स्पष्ट है कि चरित्र के जिस भी लक्षण को सद्‌गुण कहा जाए, उसे अनिवार्यतः व्यक्ति के मन में स्थायी (stable) और विश्वसनीय (reliable) प्रवृत्ति के रूप में विद्यमान होना चाहिए।

अरस्तू का मत है कि मनुष्य मूलभूत रूप से एक बौद्धिक (Rational) व सामाजिक (Social) प्राणी है और इसीलिए उसके चरित्र के केवल उन्हीं लक्षणों को सद्‌गुण कहा जा सकता है जो उसके इस मूलभूत स्वभाव के साथ सामंजस्य रखते हैं। उसके अनुसार, मानव-जीवन का उद्‌देश्य है सद्‌गुणों का विकास करना और सच्चे मनुष्य के रूप में फलना-फूलना या समृद्ध होना। व्यक्ति के प्रयासों का अन्तिम लक्ष्य है अस्तित्व की एक ऐसी अवस्था को प्राप्त करना जिसे अरस्तू ने 'यूडायमोनिया' (Eudaemonia) का नाम दिया है। 'यूडायमोनिया' की अवस्था का उल्लेख इस पुस्तक के अनेक अध्यायों में किया जा चुका है। इस शब्द 'यूडायमोनिया' को केवल सुख या आनन्द (happiness) के रूप में अनुवाद करना इसके पूरे अर्थ के साथ न्याय नहीं करता। वस्तुतः यह सफलतापूर्वक विवेकपूर्ण सद्‌गुणों के अनुरूप जीवन जीने का वह तरीका है जो जीवन को समृद्ध करता है और आनन्द की अनुभूति जिसका एक स्वाभाविक अवयव है।

'सद्‌गुण नीति' अरस्तू के इस यूडायमोनिया के सिद्धान्त को स्वीकार करती है और सद्‌गुणों के विकास को ही सही अर्थ में नैतिकता मानती है जिसमें व्यक्ति तथा समाज, दोनों का कल्याण सुनिश्चित हो जाता है। इस विचारधारा के अनुसार, नैतिकता सार रूप में एक अच्छा जीवन (Good life) जीने की कला है।

'सद्‌गुण नीति' का सिद्धान्त नैतिक परिदृश्य सम्बन्धी एक ऐसा दृष्टिकोण है जो परम्परागत सिद्धान्तों से अलग है। इसीलिए नैतिक दार्शनिक-विमर्श या नीतिशास्त्र की समृद्धि में इसका महत्त्वपूर्ण योगदान है। किन्तु यह समझ लेना चाहिए कि इसे नीतिदर्शन के इतिहास में प्रमुखता रखने वाले परिणाम-निरपेक्षतावाद और फलवाद, इन दोनों का विरोधी या स्थानापन्न सिद्धान्त नहीं माना जा सकता, यद्यपि इस 'सद्‌गुण

नीति' के सिद्धान्त को स्वीकार करने वाले कुछ विचारकों का यही मानना है। इस बात से कोई इंकार नहीं कर सकता कि किसी परिस्थिति में कठिनाइयों के बावजूद उचित कर्म करने की आदत या अभिवृत्ति नैतिक जीवन के लिए अनिवार्य सद्‌गुण है। मगर इसके लिए इस बात का ज्ञान अपरिहार्य है कि किसी विशेष परिस्थिति में 'कौन सा कर्म उचित है'। और इस ज्ञान के लिए हमें कुछ मानदण्डों की आवश्यकता होती है जिनके आधार पर उचित-अनुचित कर्मों में भेद स्थापित किया जा सके। हमारे कर्म सम्बन्धी चुनाव विवेकपूर्ण होने चाहिए और इसके लिए मानदण्ड-निर्धारक विभिन्न नैतिक सिद्धान्तों की सहायता वांछनीय है। इसलिए इन परम्परागत सिद्धान्तों की अवहेलना या त्याग नहीं किया जा सकता।

'सद्‌गुण नीति' के सिद्धान्त पर 'आत्मकेन्द्रित' (self centred) होने का आरोप लगाया जाता है। सामान्यतः नैतिक आचरण को साररुप में अन्य मनुष्यों के कल्याण से सम्बन्धित माना जाता है जबकि 'सद्‌गुण नीति' सद्‌गुण को कर्ता-व्यक्ति के चरित्र (कर्म) और व्यक्ति के कल्याण (यूडायमोनिया) के रूप में ही देखता है। फलतः यह नीतिशास्त्रीय सिद्धान्त नैतिकता के मूलभूत विचार के विरूद्ध प्रतीत होता है। किन्तु यह आलोचना एक ग़लतफ़हमी पर आधारित है। वास्तव में, सद्‌गुण अपने स्वरूप से ही अन्य दूसरे व्यक्तियों की भलाई से जुड़ होते हैं। उदाहरण के लिए, एक सद्‌गुण के रूप में करूणा क्या है, सिवाय दूसरों की आवश्यकताओं के प्रति संवेदनशीलता होने के! माना जाता है कि अधिकांश सद्‌गुणों से चरित्र का ऐसा विकास होता है जो स्वयं के साथ ही दूसरे मनुष्यों के कल्याण की परवाह करे। अतः उपर्युक्त आलोचना का कोई औचित्य प्रतीत नहीं होता। हम देख चुके हैं कि इसी तरह का आरोप आत्मसिद्धि (Self Realisation) यानी पूर्णता (Perfection) के नैतिक प्रतिमान को स्वीकार करने वाले विचार 'पूर्णतावाद' (Perfectionism) पर भी लगाया गया है, मगर तत्सम्बन्धी अध्याय में यह स्पष्ट किया जा चुका है कि यह आरोप वैध नहीं है। सद्‌गुण नीति और पूर्णतावाद, दोनों ही प्रकार के नैतिक सिद्धान्त अन्ततः आत्म-कल्याण व नैतिकता (यानी अन्य व्यक्तियों के हित) के ऐक्य में विश्वास करते हैं।

सद्‌गुण नीति के विरूद्ध एक अन्य मुख्य आरोप यह है कि इसके समर्थक-विचारकों में इस बात को लेकर कोई मतैक्य नहीं है कि आचरण की कौन सी आदतों, कौन सी कामनाओं (desires) व भावों (feelings) को सद्‌गुण की संज्ञा दी जा सकती है। इन विचारकों ने उन सद्‌गुणों के चयन हेतु कोई सर्वसम्मत आधार भी प्रदान नहीं किया गया है जिनकी व्यक्ति को 'यूडायमोनिया' के अन्तिम आदर्श या अन्य किसी स्वीकृत लक्ष्य की प्राप्ति हेतु आवश्यकता होती है। सद्‌गुणों के विषय में एकमत के अभाव तथा सद्‌गुणों के चयन हेतु सर्वसम्मत आधार के अभाव में इस सिद्धान्त को परम्परागत नैतिक सिद्धान्तों की सहायता की आवश्यकता होती है। सद्‌गुण की माँग है कि हम उचित कर्म करें मगर उचित कर्म कैसे तय हो सकता

है, जब तक हमारे पास उचित-अनुचित का मानदण्ड न हो? इस दृष्टि से 'सद्गुण नीति' के सिद्धान्त को सदैव ही नैतिक मानदण्ड सम्बन्धी परम्परागत सिद्धान्तों की शरण में जाना होगा। इसीलिए उचिततः ही इस सद्गुण केन्द्रित नैतिक सिद्धान्त को पूर्ववर्णित पुराने सिद्धान्तों के पूरक के रूप में ही देखा जाना चाहिए, किसी पूर्णतः नये नैतिक सिद्धान्त के रूप में नहीं।

ग्रन्थ-सूची
(Bibliography)

1. Aristotle ; Nicomachean Ethics, BK 1, 7 (1098a) .
2. Benn, Piers ; (1998) Ethics ; Routledge Taylor & Francis Group, London & New York .
3. Bradley, F.H. ; (IInd Ed. 1952), Ethical Studies ; Clarendon Press, Oxford .
4. Broad , C.D. ; (1952) Ethics and The History of Philosopy ; Routledge and Kegan Paul, London .
5. Broad, C.D. ; (Latest Edition, 2001) Five Types of Ethical Theories ; Routledge Publication, London .
6. Chatterjee, Phanibhushan ; (12th Ed., 1945) Principles of Ethics (2 Vols.) ; The Author, 32, Beadon Street, Calcutta .
7. Copleston, Frederick Charles ; (1993) A History of Philosophy (2 Vols.) ; Double Day, New York .
8. Carritt, E.F. ; (reprint 1952) The Theory of Morals : An Introduction to Ethical Philosophy ; Oxford University Press, London .
9. Dawkins, Rechards ; (2016) The God Delusion ; Transworld Publishers, London .
10. Durant, Will ; (1966) The Story of Philosophy ; Simon and Schuster, New York .
11. Edwards, Paul (ed) ; The Encyclopeadia of Philosophy : MacMillan and Publishing Co. Inc and The Free Press, New York .
12. Ewing, A.C. ; (1953) Ethics ; Macmillan Co, New York .
13. Frankena, William K. ; (IInd Ed. 2001) Ethics ; Prentice-Hall of India Pvt. Ltd., New Delhi .

14. Hare, R.M. ; (1952) The Language of Morals ; Clarendon Press, Oxford .

15. Hartmann, Nicolai ; (Eng. Pub. 1932) Ethics (3 Vols) ; George Allen & Unwin Ltd, New York .

16. Joad, C.E.M. ; (1948) Guide to the Philosophy of Morals and Politics ; Victors Gollanez Ltd., London .

17. Lillie, William ; (1967) An Introduction to Ethics ; Allied Publishers Pvt. Ltd. ; New Delhi .

18. Mackenzie, J.S. ; (1929) A Manual of Ethics ; University Tutorial Press Ltd., London .

हिन्दी अनुवाद (द्वितीय संस्करण 1972) ; भट्ट, श्री गोवर्धन, पाण्डे, श्री गंगारत्न एवं त्रिपाठी, श्रीमती शशि प्रभा ; राजकमल प्रकाशन, दिल्ली-6 व पटना-6 .

19. Moore, G.E. ; (1903) Principia Ethica ; Cambridge University Press, U.K.

हिन्दी अनुवाद (द्वितीय संस्करण 1992) ; अनुवादक : वर्मा, डॉ. अशोक कुमार सम्पादक : झा, प्रो. हरिमोहन ; बिहार हिन्दी ग्रन्थ अकादमी, पटना

20. Moore, G.E. ; (1912) Ethics ; Home University Library), London, and Holt & Co., New York .

21. Metz, Dr. Rudolf ; (1938) A Hundred Years of British Philosophy ; George Allen & Unwin Ltd., New York .

22. Muirhead, John H. ; (IIIrd Ed. 1910, reprint 1928) The Elements of Ethics ; John Murray, Albemarle Street W ; London .

23. Paton, H.J. ; The Moral Law ; Hutchinson & Co. (Pub.) Ltd., London (A Translation of Kant's 'Groundwork of the Metaphysics of Morals') .

हिन्दी अनुवाद : (1978) नैतिक नियम ; दुबे, श्री राजाराम ; मध्यप्रदेश हिन्दी ग्रन्थ अकादमी, भोपाल .

24. Ross, Sir David ; (1939) Foundations of Ethics ; Oxford University Press, London .

25. Ross, Sir David ; (1954) Kant's Ethical Theory ; Oxford University Press ; London .

26. Ross, Sir David ; (1931) The Right and The Good ; Oxford University Press, London .

27. Sahakian, William S. ; (1974) ; Ethics : An Introduction of Theories and Problems ; Barnes Noble Books, London .

28. Sidgwick, Henry ; (1907) Methods of Ethics ; Macmillan & Co Ltd., London .

29. Singh, Dr. Manendra Pratap ; (1989) ; A Monograph on the Philosophy of Kant ; Nandish Prakashan, M.M.-61, Govindpur, Allahabad .

30. Sinha, Jadunath ; (revised Ed. 1984) A Manual of Ethics ; New Central Book Agency, Calcutta .

31. Toulmin, S.E. ; (1953) The Place of Reason in Ethics ; Cambridge University Press, London .

32. Urban, W.M. ; (1930) Fundamentals of Ethics : An Introduction to Moral Philosophy ; Henry Hold & Co., New York .

33. Wheelright, Philip ; (1935) A Critical Introduction to Ethics ; Doubleday, Doran & Company, Garden City, New York .

हिन्दी अनुवाद (1953) ; श्री मधुकर ; सेण्ट्रल बुक डिपो, इलाहाबाद .

34. Warnock, Mary ; (1960) Ethics Since 1900 ; Oxford University Press, London .

35. डॉ. जटाशंकर ; (2003) नैतिक दर्शन के विविध आयाम ; श्री भुवनेश्वरी विद्या प्रतिष्ठान, इलाहाबाद .

36. मिश्र, नित्यानन्द ; (2004) नीतिशास्त्र : सिद्धान्त और व्यवहार ; मोतीलाल बनारसीदास; दिल्ली

37. पाण्डेय, संगमलाल ; (1957) गीता, गाँधी, नीत्शे और मार्क्स के नीतिशास्त्र ; सेंट्रल बुक डिपो, इलाहाबाद .

38. पाण्डेय, संगमलाल ; (1989) नीतिशास्त्र का सर्वेक्षण ; सेण्ट्रल पब्लिशिंग हाउस, इलाहाबाद .

39. पाण्डेय, संगमलाल ; (1955) नीति-विग्रह ; गर्ग ब्रदर्स, प्रयाग .

40. श्रीमद्भगवद्गीता। (मूल संस्कृत-अंग्रेजी व्याख्या); (1982) स्वामी चिद्भवानन्द, रामकृष्ण मिशन, तिरुचिरापल्ली, तमिलनाडु

41. वर्मा, डॉ. वेद प्रकाश ; (1984) नीतिशास्त्र के मूल सिद्धान्त ; अलाईड पब्लिशर्स प्रा० लि०, नयी दिल्ली .

अनुक्रमणिका
(Index)

●●●